स्वर्ग की यातना

कश्मीर-कश्मीरियत और
कश्मीरियों के संकट का आख्यान

स्वर्ग की यातना

कश्मीर-कश्मीरियत और
कश्मीरियों के संकट का आख्यान

अशोक चन्द्र

वाणी प्रकाशन

सजिल्द प्रथम संस्करण : 2023

वाणी प्रकाशन

4695, 21-ए, दरियागंज, नयी दिल्ली 110 002

फ़ोन : +91 11 23273167 फ़ैक्स : +91 11 23275710

शाखाएँ

अशोक राजपथ, पटना 800 004, बिहार

कॉफ़ी हाउस कैम्पस, महात्मा गांधी मार्ग, इलाहाबाद 211 001, उत्तर प्रदेश

महात्मा गांधी अन्तरराष्ट्रीय हिन्दी विश्वविद्यालय, वर्धा 442 001, महाराष्ट्र

36/ए, शेक्सपीयर सरणी, रानी बिरला गर्ल्स कॉलेज के पास, कोलकाता 700 017, प. बंगाल

www.vaniprakashan.com
marketing@vaniprakashan.in
sales@vaniprakashan.in

Swarg Ki Yatna
by Ashok Chandra

ISBN : 978-93-5518-862-5
History/Social Science

मूल्य : ₹ 895

आर. टेक ऑफ़सेट प्रिंटर्स, दिल्ली-110 032 में मुद्रित

वाणी प्रकाशन का लोगो मक़बूल फ़िदा हुसेन की कूची से

'भोले-अनिकेत' (दिवंगत) जिसे मानवीय अत्याचार असह्य था, की स्मृति को समर्पित, के साथ उस कश्मीरी अवाम के लिए, जो कश्मीरियत को बचाने के लोकतान्त्रिक संघर्ष का परचम उठाये है।

अपनी बात

एक ऐसे समय में जब कश्मीर को लेकर किसी वस्तुनिष्ठ निष्कर्ष पर पहुँचने की कोशिश को समकालीन विमर्श में राष्ट्रद्रोह के रूप में प्रस्तुत किया जा सकता है तो सवाल उठता है, यह जोखिम क्यों ? मुझे लगता है, इसका उत्तर भी इस प्रश्न में ही निहित है। मैं इसे अपने नागरिक कर्तव्य की तरह लेता हूँ। अपने तईं बात करूँ तो कश्मीर का संकट एवं उसकी त्रासदियाँ अन्य प्रबुद्ध देशभक्त भारतीयों की तरह पिछले तीन दशक से लगातार मेरा पीछा करती रही हैं। अपनी जटिल बुनावट में कश्मीर का प्रश्न न केवल भारत की केन्द्रीय सत्ता की विफलता का विरल उदाहरण है, बल्कि इतिहास और राजनीति के विशेषज्ञों के लिए भी बड़ी चुनौती रहा है। कश्मीर की यातना के अनेकों आयाम रहे हैं, जिन्हें अलग-अलग विश्लेषित करते हुए समग्र रूप से देखने की ज़रूरत है।

कश्मीर पर सबसे बड़ी मार उसके भूगोल से पड़ती है। फिर इतिहास, राजनीति, आर्थिक और समाजशास्त्रीय समस्याओं से उसे टकराना पड़ता है। हद तो तब हो जाती है जब उसे भारतीय राष्ट्र (जिसका वह अभिन्न अंग है) की केन्द्रीय सत्ता की उपेक्षा, उत्पीड़न और दमन का भी सामना करना पड़ता है। ऐसे में उसका दुख कितना गाढ़ा हो जाता है, एक भारतीय नागरिक की सामान्य चिन्ताओं मे उसे ढूँढ़ना बहुत मुश्किल है।

हमें पता है वर्तमान जम्मू-कश्मीर राज्य, आंग्ल-सिख युद्ध (1846) में ईस्ट इंडिया कम्पनी की विजय के बाद एक रियासत के रूप में इतिहास में दर्ज़ हुआ और 1947 तक ब्रिटिश भारत में अपने अस्तित्व को मोटे

तौर पर कायम रखा। कम्पनी प्रभुत्व के काफ़ी पहले एक दुर्लभ नक़्शे (जिसे इस पुस्तक का हिस्सा बनाया गया है) तत्कालीन राजनीतिक विभाजन का नज़ारा मिलता है, जिससे पता चलता है कि यह क्षेत्र अनेकों प्रशासनिक इकाइयों (मूलतः क़बाइली) में बँटा हुआ था। इस क्षेत्र की सामाजिक और सांस्कृतिक संरचना कितनी जटिल रही होगी, इसका महज़ अनुमान ही लगाया जा सकता है।

कश्मीर की दिक़्क़त शुरू होती है, जब अंग्रेज़ फ़ैसला लेते हैं कि ब्रिटिश भारत को दो स्वतन्त्र डोमिनियन (भारत एवं पाकिस्तान) में बाँट दिया जाए। भारत के बँटवारे की शुरुआती ब्रिटिश योजना (बालकान प्लान) में तत्कालीन रियासतों को स्वयं की सार्वभौमिकता की छूट थी, परन्तु स्वाधीनता संघर्ष की क़तारों, प्रमुखतः भारतीय राष्ट्रीय कांग्रेस के घोर विरोध के कारण रियासतों को किसी एक डोमेनियन में शामिल होने का विकल्प ही बचा रह गया, वह भी इस शर्त के साथ कि उसकी सीमाएँ साझा हों। ऐसे में कश्मीर को भावी राष्ट्रों में मिलन के दोनों विकल्प उपलब्ध थे। कश्मीर की दुविधा यहीं से शुरू होती है।

अपनी भौगोलिक और सामरिक स्थिति के कारण उसे उम्मीद थी कि एक स्वतन्त्र राज्य के रूप में उसका अस्तित्व बना रहेगा। तत्कालीन महाराजा हरिसिंह की महत्त्वाकांक्षा भी इससे मेल खाती थी। उन्हें विश्वास था कि अन्तर्राष्ट्रीय परिस्थितियों का कूटनीतिक उपयोग करते हुए वे अपना राज्य बचा ले जाएँगे। यहाँ हमें ध्यान रखना होगा कि अंग्रेज़ों द्वारा पाकिस्तान की माँग स्वीकार करना दो राष्ट्रों के सिद्धान्तों की मान्यता देना नहीं था बल्कि द्वितीय विश्व युद्ध के बाद सोवियत संघ के बढ़ते प्रभाव से ब्रिटिश शासन की चिन्ताएँ इस निर्णय के लिए उन्हें विवश कर रही थीं। पाकिस्तान की मान्यता के पीछे उनकी मूल मंशा उसे एक सैन्य राज्य (Garrison State) के रूप में उसका उपयोग करने की थी। स्वतन्त्र भारतीय राज्य से उन्हें ऐसे किसी आश्वासन की उम्मीद भी नहीं थी। मुमकिन है, स्वतन्त्र कश्मीर राज्य के लिए कुछ ऐसा ही विचार महाराजा के साथ अंग्रेजों के मन में भी चल रहा होगा।

14 अगस्त, 1947 को पाकिस्तान की आज़ादी के तुरन्त बाद कश्मीर रियासत का पाकिस्तान राज्य से किया गया यथावत् समझौता (Stand Still Agreement) ऐसी ही योजना की दिशा में उठाया गया क़दम था। महाराजा की इच्छा भारतीय राज्य से भी यथावत समझौते की थी परन्तु भारत का ऐसा करना, कश्मीर को अपने समकक्ष, राज्य को मान्यता देना होता है जो तत्कालीन नेतृत्व को मंजूर नहीं था। उसका यह विचार तकनीकी रूप से उचित भी था। यह अलग बात है कि कश्मीर को हड़पने के मामले में पाकिस्तान का सब्रेक़रार बहुत जल्दी टूट गया और समझौते का उल्लंघन करते हुए उसने सैन्य अभियान को हरी झण्डी दे दी (बलोचिस्तान का उदाहरण भी सामने है, जिससे पाकिस्तान ने यथावत् समझौता तोड़ जनवरी 1948 में जबरन राज्य में मिला लिया था, जिसका विरोध आज तक जारी है) अक्टूबर 1947 में कश्मीर पर पाकिस्तानी आक्रमण ने महाराजा को विवश कर दिया कि उन्हें स्वतन्त्र राज्य के अस्तित्ववादी विचार को छोड़ भारत से सैन्य सहायता माँगनी पड़ी। ज़ाहिर था कि भारतीय राज्य को रियासत के विलयन के बिना यह सहायता मुहैया कराना मंज़ूर नहीं होता। अन्ततः 26 अक्टूबर 1947 कश्मीर भारतीय राज्य का अंग बन गया। यहाँ से कहानी कैसे मोड़ लेती है, उसे आप किताब में पढ़ेंगे।

एक सफ़ाई देना ज़रूरी लगता है कि इसे इतिहास-लेखन के अनुशासन एवं दृष्टि की शर्तों को पूरा करने वाली किताब न माना जाय। विषय के केन्द्रक के रूप में कश्मीर और उसके अवाम का दुख एवं उसका संघर्ष ही रखने का प्रयास किया गया है। इतिहास को अवान्तर सन्दर्भ के रूप में लिया गया है (यद्यपि वह परिमाण में काफ़ी बड़ा लग सकता है)। मेरा मानना है कि किसी भी समस्या को समझने में उसका ऐतिहासिक परिप्रेक्ष्य हमारी मदद कर सकता है। कश्मीर और उसके अन्य इलाक़ों के इतिहास का उल्लेख का मन्तव्य इतना भर ही है। कहने की ज़रूरत नहीं है कि मनुष्य के जीवन को मूलतः राजनीति ही संचालित करती है। कश्मीर से जुड़े राजनीतिक क़िस्से यही सोचकार किताब में

शामिल किये गये हैं। भूगोल, अर्थशास्त्र और संस्कृति के विश्लेषण के बिना कोई क़िस्सा कैसे मुकम्मल हो सकता है, इस नाते कश्मीर के सन्दर्भ में इन पहलुओं पर भी पर्याप्त रोशनी डाली गयी है, फिर भी असली कथा का केन्द्र तो राजनीति ही है। कथा समापन के रूप में अन्तिम अध्याय मूलतः विधि का विषय है, जिसे नये कोण से विश्लेषित करने का प्रयास किया गया है, जिसके तहत कश्मीर के प्रति किये गये असंवैधानिक कृत्यों का ब्योरा दिया गया है।

नये साल में जब हम 'आज़ादी का अमृत महोत्सव' मना रहे हैं, तब कश्मीर और उसका अवाम हमें लाचार नज़रों से देख रहा है, जो मेरे जैसे ग़ैर-कश्मीरी के लिए गहरी शर्मिन्दगी का बायस है। अगस्त 2019 में हमने उनके साथ जो सलूक (जो आज भी जारी है) किया है, उसने हमारी बीच की दरारें और बढ़ा दी हैं। उनकी उम्मीदों को गहरा झटका लगा है। उनका अँधेरा और घना हो गया है। इस घाव की भरपाई कब और कैसे होगी? यह किताब कश्मीर, कश्मीरी और कश्मीरियत पर छाये संकटों और घटाटोप का आख्यान है। सम्भव है, आने वाले समय में कुहासा छँटेगा और उम्मीद का सूरज निकलेगा। इसी इन्तज़ार में आपका साथी—

दि. 1 जनवरी, 2023 **अशोक चन्द्र**

पुनश्च:

रस्मो-रिवाज के मुहावरे में मैं यहाँ उन शख़्सियतों का ज़िक्र करना चाहूँगा, जो प्रत्यक्ष अथवा अप्रत्यक्ष रूप से मेरे सोच-विचार को पुस्तक तक ले गए। वरिष्ठ साहित्यकार बन्धु कुशावर्ती अपने ढंग से रचना-यात्रा में मेरा साथ देते रहे हैं। युवा लेखक एवं सम्पादक अरुण सिंह ने शुरुआती सामग्री को मासिक पत्रिका 'इंडिया इनसाइड' में लेख माला के रूप में छापा, जिसके बाद ही इसे किताब का रूप देने का विचार आया। पाण्डुलिपि तैयार करने में सहकर्मी आशीष आशुतोष ने अथक श्रम किया है। पाण्डुलिपि के पहले पाठक बने लेखक एवं

चिन्तक कॉ. अवधेश सिंह, जिन्होंने पुस्तक को बारीक़ी से पढ़, मुझे अनेक अनमोल सुझाव दिये। चिन्तक एवं समाजशास्त्री अभय दुबे और विषय के जानकार लेखक/पत्रकार उर्मिलेश के मन्तव्य मिले, जिनका विशेष आभार प्रकट करना चाहूँगा। अनुज कथाकार दीपक श्रीवास्तव एवं इतिहासकर/कथाकार मित्र प्रियवन्द ने भी इस पुस्तक को समृद्ध करने में अपना योगदान किया है। कवि भगवान स्वरूप कटियार, अजय सिंह, कौशल किशोर की प्रतिक्रियाओं ने भी मुझे ताक़त दी।

इस पुस्तक का परिशिष्ट, जो स्वयं में एक किताब बन गया है, को तैयार करने में मुझे उर्मिलेश की किताब 'कश्मीर–विरासत और सियासत' एवं अशोक कुमार पाण्डेय की पुस्तक 'कश्मीरनामा' से मिली सहायता के लिए मैं लेखकद्वय का अलग से शुक्रगुज़ार हूँ। इन सबके सहित ढेर सारे साथियों की शुभकामनाएँ मेरा सम्बल रही है, सबका कर्ज़दार हूँ।

अनुक्रम

परिशिष्ट

अध्याय-एक

वर्तमान के बहाने अतीत पर एक नज़र

केन्द्र की भाजपा सरकार के भारतीय संविधान के अनुच्छेद 370 को निष्प्रभावी करने के ताज़ातरीन फ़ैसले ने भारतीय उपमहाद्वीप के देशों में नया बवाल खड़ा कर दिया है। पाकिस्तान की उग्र प्रतिक्रिया के बरक्स भारत के अन्य पड़ोसी देश खुलकर बोलने से परहेज़ ज़रूर कर रहे हैं, परन्तु उनके अन्दर भी भारत सरकार के इस निर्णय से बेचैनी ज़रूर है। पाकिस्तान के अलावा चीन ने भारत पर यथास्थिति का उल्लंघन करने का आरोप मढ़ा है और क्षेत्रीय अशान्ति का भय जताया है। ग़ौरतलब है कि अक्साई चिन पर क़ब्ज़े के बाद उसकी नज़र लद्दाख पर शुरू से है, जिसे वह तिब्बत का भाग मानते हुए अपना हक़ जताता रहा है। 1962 का भारत-चीन युद्ध मुख्यत: उत्तर के लद्दाख और पूर्व के अरुणाचल प्रदेश के भूभाग विवाद का ही परिणाम था।

भारत सरकार के इस क़दम से पाकिस्तान का तिलमिलाना एक स्वाभाविक प्रक्रिया है। 1947 में भारत में विलय के बाद कश्मीर उसकी दुखती रग रहा है। इसी वजह से जब भी उसे मौक़ा मिलता है, वह इस सवाल का अन्तर्राष्ट्रीयकरण करने का प्रयास करता है और भारत से किये गये तमाम समझौतों को प्रावधानों को भी भूल जाता है। आपसी मामलों को द्विपक्षीय वार्ता से हल करने का संकल्प दोनों देशों ने ले रखा है, परन्तु उनका पालन करने में कोताही दोनों देश लगातार करते हैं। दोनों की दिक़्क़त एक ही है कि दोनों के कश्मीर अलग-अलग हैं तथा ज़मीनी सच्चाइयों को तसलीम करने के लिए कोई भी तैयार नहीं है।

इस पेचीदा समस्या को समझने के लिए हमें तहों में जाने की ज़रूरत है और कश्मीर के ऐतिहासिक, भौगोलिक और सांस्कृतिक पहलुओं के अध्ययन की आवश्यकता है। पहले भूगोल से बात शुरू करते हैं। जम्मू-कश्मीर प्रान्त भौगोलिक बुनावट में एक पर्वतीय क्षेत्र है और अनेकों पर्वत शृंखलाओं से घिरा हुआ है, जिसमें शिवालिक, पीर पंजाल, जुनकर (लद्दाख) एवं काराकोरम पर्वत शृंखलाएँ प्रमुख हैं। शिवालिक पर्वत शृंखला जम्मू क्षेत्र और पंजाब की विभाजन रेखा है, जो पश्चिम में राजौरी होते हुए पीर पंजाल शृंखला से जुड़ती है। पीर पंजाल पर्वत शृंखला जम्मू क्षेत्र के उत्तर ऊधमपुर से शुरू होकर पश्चिम में पुँछ होते हुए बारामुला तक फैली हुई है। यह कश्मीर घाटी और जम्मू क्षेत्र की विभाजन रेखा हैं। कश्मीर घाटी के पूर्व जुनकर जिसे लद्दाख पर्वत शृंखला भी कहा जाता है, घाटी और लद्दाख क्षेत्र की सीमा रेखा है। उत्तर में यह शृंखला कारगिल होते हुए काराकोरम शृंखला से जुड़ती है। लद्दाख के दक्षिण पूर्व से प्रारम्भ होकर, काराकोरम पर्वत शृंखला सियाचिन होते हुए कश्मीर घाटी की उत्तरी सीमा बनती है। इस प्रकार कश्मीर घाटी तीन पर्वत शृंखलाओं से घिरी हुई है। पूर्व में काराकोरम शृंखला लद्दाख और अकसई चिन का विभाजन भी करती हैं। घाटी के उत्तर में गिलगित एवं बाल्तिस्तान क्षेत्र काराकोरम पर्वत शृंखलाओं पर स्थित है एवं अत्यन्त दुर्गम क्षेत्रों में शुमार किये जाते हैं। शिवालिक एवं पीर पंजाल पर्वत शृंखलाएँ भारत वाले कश्मीर की पश्चिमी सीमा का निर्माण करती हैं, जिसके पश्चिम में पाकिस्तान के क़ब्ज़े वाला आज़ाद कश्मीर (मीरपुर, रावलकोट एवं मुजफ़्फ़राबाद) का इलाक़ा है। इस तरह सामाजिक, सांस्कृतिक एवं प्रशासनिक दृष्टि से जम्मू-कश्मीर प्रान्त पाक अधिकृत कश्मीर (POK), गिलगित-बाल्तिस्तान, शक्सगाम घाटी, कश्मीर घाटी, जम्मू क्षेत्र, लद्दाख एवं अक्साई चिन (कुल आठ) क्षेत्रों में बँटा हुआ है।, जिस पर तीन देशों–भारत, पाकिस्तान और चीन की हुकूमत चलती है।

चीन के क़ब्ज़े वाला अक्साई चिन लगभग निर्जन क्षेत्र है, जिसका इस्तेमाल चीन अपने सामरिक हितों के लिए करता है। सड़क मार्ग G219 इसी क्षेत्र से गुज़रता हुआ चीन के पश्चिमी प्रान्त शिंकियांग को तिब्बत

एवं नेपाल से जोड़ता है। इसी प्रकार गिलगित बाल्तिस्तान क्षेत्र की आबादी अत्यन्त क्षीण है और मूलतः पाकिस्तानी सेना के सामरिक उद्यमों के उपयोग में है। शक्सगाम घाटी को पाकिस्तान ने चीन क़ो भेंट कर रखा है ताकि वह सियाचिन पर नज़र रख सके। चीन अरब सागर तक पहुँच बनाने के लिए जिस सड़क मार्ग (काराकोरम हाइवे N35) का निर्माण कर रहा है, वह गिलगित क्षेत्र से गुज़रता है।

भारत के सरकारी नक़्शे में जम्मू एवं कश्मीर (चूँकि भारत में विलय कश्मीर रियासत का हुआ था इसलिए आगे इसे कश्मीर कहना उचित होगा) को जैसा दर्शाया गया है। दरअसल वह तथ्यगत रूप से अत्यन्त भ्रामक और कृत्रिम है, उसका एक बड़ा हिस्सा अपनी दुर्गमता और अलाभकारी होने के नाते लम्बे समय तक ब्रिटिश सत्ता से अनजान और अछूता रहा। यहाँ हम काराकोरम पहाड़ियों के उत्तरी हिस्से की बात कर रहे हैं, जिसे बाल्तिस्तान के रूप में जाना जाता है। दिलचस्प है कि यह इलाक़ा आबादी और संसाधनों की दृष्टि से भी न्यून रहा है। अतीत में यहाँ क़बीलों की शक्ल में मूलतः आदिवासी निवास करते रहे हैं। बाक़ी दुनिया से इस क्षेत्र का सम्पर्क लगभग न के बराबर रहा है। अफ़ग़ानिस्तान, तज़ाकिस्तान (तत्कालीन सोवियत संघ), चीन, भारत जैसे पड़ोसी देशों की विस्तारवादी रुचि के सन्दर्भ में भी यह क्षेत्र किसी के निशाने पर नहीं रहा। लम्बे समय तक यह स्वायत्तशासी रहा, वह भी क़बीलाई सत्ताओं के अधीन। कुछ कालखण्डों में यह कश्मीर रियासत के अधीन आया ज़रूर परन्तु थोड़े समय बाद ही अलग भी हो गया। भारत की बात तो दूर, जम्मू-कश्मीर प्रान्त से भी इस क्षेत्र का समुचित राजनीतिक, सामाजिक एवं सांस्कृतिक एकीकरण न हो पाया।

एक दूसरे हिस्से लद्दाख क्षेत्र की कहानी भी कुछ-कुछ बाल्तिस्तान जैसी है। कश्मीर रियासत से जुड़ने से पहले यह तिब्बत का हिस्सा था। तिब्बत और लद्दाख के बीच अक्साई चिन का बड़ा पठारी भू-भाग है। इसकी वजह से लद्दाख की शक्ल कमोबेश एक द्वीप की तरह है। तत्कालीन ब्रिटिश भारत से उसका भी सम्पर्क न के बराबर रहा है। भारत से उसका एकमात्र सम्पर्क हिमाचल प्रदेश के रास्ते था, जो स्वयं आज़ादी

तक एक रियासत थी। जहाँ तक लद्दाख के कश्मीर घाटी से सम्पर्क का सवाल है, दोनों को जोड़ने वाला एकमात्र रास्ता कारगिल से होकर गुज़रता है। अचरज की बात है कि जम्मू क्षेत्र का लद्दाख के सुगम सम्पर्क के लिए आज तक कोई मार्ग नहीं बन पाया है।

अक्साई चिन लद्दाख क्षेत्र का हिस्सा रहा है और भारत के नक़्शे में वैसा ही दर्शित है, परन्तु अपनी निर्जनता एवं कठिन परिस्थितियों एवं भारतीय प्रशासन की लद्दाख के हिस्से के रूप में न्यून प्राथमिकताओं में होने के कारण देश की व्याप्ति से दूर रहा। कभी-कभार कश्मीर पुलिस की पार्टियाँ क्षेत्र का मुआयना करने जाती रही है। भारतीय अनुपस्थिति का लाभ उठाकर चीन ने इस क्षेत्र को सामरिक उपयोग हेतु अपने क़ब्ज़े में लिया और अपने सुदूर पश्चिमी प्रान्त सिंकियाग को सीधे तिब्बत से जोड़ने के लिए अक्साई चिन को दो फाड़ करते हुए तिब्बत की राजधानी ल्हासा तक एक लम्बे राजमार्ग का निर्माण की योजना पर काम करने लगा। इस निर्माण की शुरुआत 1954 में हो चुकी थी, परन्तु भारत को इसकी भनक 1957 में जाकर लगी, तब तक वहाँ ग्रेवल रोड (पत्थर) बन चुकी थी। इसी दौरान चीनी प्रधानमन्त्री झाउ एन. लाई के भारत दौरे पर नेहरू ने अपना ऐतराज जताया, जिसको झाउ एन. लाई नें गम्भीरता से नहीं लिया और यह कहकर मामले को टाल दिया कि भारत-चीन सीमा विवाद एक बड़ा मसला है, इसलिए अक्साई चिन के मामले को सीमा निर्धारण के साथ ही हल किया जायेगा। साथ ही भारत चीन सीमा, विवाद पर उन्होंने चीन की इस मजबूरी का हवाला भी दिया कि चीन के पश्चिम प्रान्त का तिब्बत से सीधे सम्पर्क के लिए चीन के लिए सड़क बनाना ज़रूरी है। ज़ाहिर है, भारत इसे मुद्दे पर कोई ठोस कार्रवाई नहीं कर पाया। 1962 के भारत-चीन युद्ध तक सड़क पूरी तरह तैयार थी और अक्साई चिन के इलाक़े में चीनी सेना का ख़ासा जमावड़ा था। धीरे-धीरे अक्साई चिन हमारी नज़रों से ओझल हो गया। अभी 6 अगस्त 2020 को कश्मीर को परिभाषित करते हुए गृहमन्त्री अमित शाह ने संसद में अक्साई चिन का भी उल्लेख किया और वापस लेने के लिए खुद की जान की क़ुर्बानी तक का प्रण लिया है। कटु सत्य यही है कि पाक अधिकृत

कश्मीर, गिलगित, बाल्तिस्तान और अक्साई चिन को वापस लेने की घोषणाएँ, अब तक महज़ ज़बानी जमाख़र्च ही साबित हुई हैं।

चीन में इसी के साथ शिंकयांग प्रान्त के कशग़र से गिलगित होते हुए मुजफ़्फ़राबाद राजमार्ग (N 35) का निर्माण भी किया, जिसके रास्ते वह अपना सम्पर्क पश्चिम एशिया तक करना चाहता है। पकिस्तान और चीन के सामरिक और व्यापारिक हितों के लिए ये क़दम जितने मुफीद हैं, भारत के लिए उतना ही बड़ा सरदर्द। लेकिन सत्तर सालों में चूँकि हमारी सारी ऊर्जा कश्मीर घाटी के नियन्त्रित करने में ही ख़र्च होती रही सो इतनी दूरगामी योजना पर हमें सोचने-विचारने की फुर्सत ही नहीं मिली। इसी सिलसिले में सियाचिन की चर्चा कर लेना भी संगत होगा। नक़्शे में सियाचिन लद्दाख के पूरब में दर्शायी गयी सीमा के पार का क्षेत्र है। यहाँ पर चीन एवं गिलगित (POK) की सीमाएँ क़रीब है। लद्दाख के उत्तर स्थित सियाचिन अपनी ऊँचाई के नाते सामरिक दृष्टि से बहुत महत्त्वपूर्ण है। यह इलाक़ा फ़िलहाल भारत के क़ब्ज़े में है, तो इसका कारण है, इसका अब तक सम्पर्क केवल लेह के रास्ते से है। सियाचिन पहाड़ियों के उत्तर तराई में बाल्टिस्तान में शक्सगाम नदी का प्रवाह है। यह क्षेत्र एक छोटी घाटी जैसा है, जिसे नदी के नाम पर शक्सगाम घाटी कहा जाता है। सियाचिन पर भारत के क़ब्ज़े को पाकिस्तान लगातार चुनौती देता है और खुद कुछ न कर पाने की स्थिति के कारण शक्सगाम घाटी को उसने चीन को भेंट कर रखा है, जहाँ से चीनी सेनाएँ सियाचिन पर नज़र रखती हैं। सियाचिन मानव जीवन के लिए अत्यन्त दुर्गम स्थान है। ऊँचाई के कारण ऑक्सीजन की कमी तो है ही साथ ही वहाँ हिम स्खलन में अब तक भारतीय सेना के हज़ारों जवान शहीद हो चुके हैं, परन्तु सामरिक हितों के नाते भारत को जान-माल की क़ीमत चुकाने के सिवा कोई विकल्प नहीं है।

अब आइए पी.ओ.के. की बात करें। इस शब्द को कई तरह से परिभाषित किया जाता है। हम में से बहुतों को कश्मीर (नक़्शे के हिसाब) की समझ अधूरी है। जहाँ पाकिस्तान पूरे जम्मू-कश्मीर प्रान्त को तीन हिस्सों–आज़ाद कश्मीर, मकबूजा (ग़ुलाम) कश्मीर (IOK) और

गिलगित एवं बाल्तिस्तान के रूप में पुकारता है, वहीं भारत इसे दो क्षेत्रों जम्मू एवं कश्मीर (जम्मू, कश्मीर एवं लद्दाख) और पी.ओ.के. (POK) (पाकिस्तानी क़ब्ज़े वाला कश्मीर एवं गिलगित बाल्तिस्तान) के रूप में देखता है। हम में से अधिकांश पी.ओ.के. (POK) का अर्थ पाकिस्तान के क़ब्ज़े वाले कश्मीर तक ही सीमित कर देखते हैं। दरअसल, इसे इतनी असानी से समझना भी मुश्किल है। मैंने इस मुद्दों पर विशेषज्ञों कि चर्चा में पाया है कि वे भी अधिकांशतः सम्पूर्ण सच को सामने रखने में परहेज बरतते हैं।

आइए, थोड़ा तकनीकी हो जाये। भारत और पाकिस्तान के दृष्टिकोणों में भारी भिन्नता है। भारत अपनी शब्दावली गढ़ते समय यह भूल जाता है कि आज़ाद कश्मीर, गिलगित, बाल्तिस्तान संवैधानिक रूप से पाकिस्तान के हिस्से नहीं हैं। (पाकिस्तान की नेशनल एसेम्बली में इन क्षेत्रों का कोई प्रतिनिचित्व नहीं है)। जहाँ आज़ाद कश्मीर काग़ज़ी तौर पर स्वतन्त्र देश (राज्य) है, उसके बरक्स, गिलगित एवं बाल्तिस्तान स्वायत्त शासी क्षेत्र हैं। आज़ाद कश्मीर में तो पाकिस्तान की तरह ही वज़ीर-ए-आज़म (राजप्रमुख) होता है। गिलगित एवं बाल्टिस्तान को यह दर्ज़ा हासिल नहीं है, वहाँ का शासन राज्य परिषद् द्वारा संचालित होता है। उन्नीसवीं सदी की ब्रितानी व्यवस्था के मॉडल पर दोनों क्षेत्रों के लिए पाकिस्तान सरकार के प्रतिनिधि के रूप में कश्मीरी मामलों के सचिव (Ministry of KANA) पाकिस्तानी हुक्मरानों के निर्देश पर नियन्त्रण का काम करते है। यह और बात है कि व्यावहारिक रूप में सचिव, वहाँ के वज़ीर-ए-आज़म से अधिक ताक़तवर होता है। इस तरह संवैधानिक तौर पर दोनों क्षेत्र पाकिस्तान के उपनिवेश (Dominion State) हैं। अभी हाल में पाकिस्तान की नेशनल एसेम्बली ने गिलगित और बाल्तिस्तान को पाकिस्तान के पाँचवें राज्य बनाने की घोषणा की है, जिसका विरोध वहाँ आज़ादी की माँग करने वाले खेमों द्वारा किया गया है। देखना है कि आगे चलकर यह व्यवस्था कैसा आकार लेती है, अगर यह व्यवस्था मूर्त रूप लेती है तो नेशनल असेम्बली में गिलगित और बाल्तिस्तान का प्रतिनिधित्व ज़रूर होगा। साथ ही पाकिस्तान के क़ानूनी प्रावधान भी इन क्षेत्रों पर लागू हो जायेंगे।

प्रारम्भ में गिलगित–बाल्तिस्तान आज़ाद कश्मीर का हिस्सा था परन्तु कालान्तर में इसे दो इकाइयों में विभाजित किया गया। इन दोनों क्षेत्रों को पाकिस्तान राज्य का हिस्सा न बनाये जाने के पीछे पाकिस्तान की सोच यह रही है कि ऐसा करने से संयुक्त राष्ट्र संघ में पूरे जम्मू-कश्मीर पर उसका दावा कमज़ोर होगा।

इस मामले में हालाँकि पाकिस्तान की शब्दावली यथार्थ के थोड़ी क़रीब है, पर ऐतराज का सवाल इतना भर है कि जम्मू-कश्मीर, जिसका विलय वैधानिक रूप से भारत में हो चुका है, जिसे न केवल भारतीय संविधान में दर्शाया गया बल्कि बाद में बने जम्मू-कश्मीर के अपने संविधान में भी जम्मू एवं कश्मीर को भारत का स्थायी तौर पर अभिन्न अंग स्वीकार करने का उल्लेख किया गया है, अतः इस भूभाग को पाकिस्तान द्वारा ग़ुलाम कश्मीर कहना सत्य को झुठलाने और वहाँ के आवाम को गाली देने जैसा है। भारत के ताजा कदम की प्रतिक्रिया में पाकिस्तान ने भी अपना नया मानचित्र जारी किया है जिसमें कश्मीर के साथ जूनागढ़ को भी पाकिस्तान का हिस्सा बताया गया है। यह एक हास्यास्पद उपक्रम लगता है। जूनागढ़ और कश्मीर पर पाकिस्तान का दावा परस्पर अर्न्तविरोधी है। जूनागढ़ के मामले में वह सुलतान (राजप्रमुख) की घोषणा का तर्क देता है परन्तु कश्मीर के महाराज के विलय की घोषणा को मुस्लिम बहुलता के आधार पर नकारता है। यह उसके दोहरे मापदण्ड का उदाहरण है।

लेकिन यहाँ एक दिलचस्प और आश्चर्यजनक तथ्य कश्मीर को लेकर भारतीय सोच पर कई सवाल खड़े करता है। चुनाव आयोग द्वारा जम्मू-कश्मीर की विधान सभा का जो परिसीमन किया गया है, उससे कश्मीर को 46, जम्मू को 37, लद्दाख को 4 (कुल 87) सीटों के साथ पाक अधिकृत कश्मीर (पाकिस्तान वाले क़ब्ज़े के कश्मीर) के लिए 24 सीटों का प्रावधान है। इसका मतलब निकाला जा सकता है कि गिलगित, बाल्तिस्तान और अक्साई चिन जम्मू-कश्मीर की विधान सभा के हिस्से नहीं है, तो इन क्षेत्रों का भारत कि नज़र में संवैधानिक दर्ज़ा क्या है? एवं जम्मू-कश्मीर विधान सभा से इनका रिश्ता क्या है?

वहाँ किस संवैधानिक/प्रशासनिक प्रणाली की परिकल्पना है? इससे स्पष्ट होता है कि न केवल भारत की पी.ओ.के. (POK) की परिभाषा एकांगी है वरन् वर्णित क्षेत्र का प्रशासनिक नियन्त्रण उसकी कल्पना कागजों में भी अधूरी है। एक और मज़ेदार तथ्य है कि चुनाव आयोग के नक़्शे पर पाकिस्तान के क़ब्ज़े वाली 24 विधान सभाओं को भी नहीं दर्शाया जाता, इसका कारण क्या है? समझने की ज़रूरत है।

कश्मीर के सांस्कृतिक और जातीय इतिहास की भी थोड़ी चर्चा ज़रूरी है। सब मानते हैं कि प्राचीन समय में अपनी प्राकृतिक बनावट और रम्यता के कारण यह ऋषि-मुनियों का पसन्दीदा क्षेत्र रहा। इस्लाम के आगमन के बाद भी यहाँ उदार सूफी संस्कृति का प्रभाव था। माना जाता है कि लद्दाख एवं कश्मीर घाटी में बौद्ध धर्म के अनुयायियों का प्रभाव लम्बे समय तक था। कालान्तर में घाटी के बौद्ध अनुयायियों ने हिन्दू धर्म अपनाया। तद्न्तर इस्लाम के बढ़ते प्रभाव में आबादी के एक बड़े हिस्से ने इस्लाम क़बूल किया। कश्मीर में इस्लाम का प्रचार मुख्यत: सूफी-सन्तों के माध्यम से हुआ था न कि तब के मुस्लिम शासकों की ज़ोर-ज़बरदस्ती से। इसलिए प्राय: आर्थिक रूप से पिछड़े लोगों ने ही इस्लाम स्वीकर किया था। काराकोरम की पहाड़ियों के उत्तर लम्बे समय तक क़बीलाई व्यवस्था रही, जिनके लिए धार्मिक पहचान बहुत महत्त्व की नहीं होती। जम्मू क्षेत्र प्रारम्भ से हिन्दू बाहुल्य रहा। वहाँ की आबादी में धार्मिक परिवर्तन के नज़रिए से कोई ख़ास बदलाव पिछली कई सदियों में नहीं हुआ है।

आइए, अतीत में चलते हैं और कश्मीर को इतिहास के पन्नों में ढूँढ़ने की कोशिश करें। पता मिलता है कि विगत में वह कभी सुर्ख़ियों में नहीं रहा। भारत पर विदेशी आक्रमणों के दौरान वह काफ़ी कुछ अलग-थलग मिलता है। कारण कुछ भी हो सकते हैं। क्षेत्र की दुर्गमता या संसाधनों की नज़र से शायद वह उतना आकर्षक न रहा होगा। अमूमन वहाँ की व्यवस्था अपेक्षाकृत कम हलचल भरी है। ऐसा नहीं कि वहाँ सत्ता एवं वर्चस्व के लिए मार-काट न हुई हो, परन्तु बड़े युद्धों का उल्लेख कम ही है।

भारत में बनते-बिगड़ते साम्राज्यों के दौर में बहुत थोड़े-से काल के लिए वह भारतीय शासन व्यवस्था का अंग रहा है। मौर्य साम्राज्य एवं मुग़लों के उत्कर्ष काल को छोड़कर, यह भूभाग अपने तरीक़े से जीवन जीता रहा है।

वर्ष 1320 में अन्त हुए अन्तिम हिन्दू शासन के बाद लगभग पाँच सौ साल तक यह मुस्लिम शासकों के अधीन रहा। 1819 के मुलतान युद्ध में महाराजा रणजीत सिंह ने अफ़ग़ानी शासन से जीतकर कश्मीर को अपने साम्राज्य का हिस्सा बनाया और राज्य प्रबंधन के तहत अपने भरोसेमन्द डोगरा रिसालदार गुलाब सिंह को जागीर के रूप में भेंट दी। उन्नीसवीं शताब्दी में जब अंग्रेज़ अपनी विस्तारवादी नीति पर बढ़ चले, उस समय कश्मीर महाराजा रणजीत सिंह के अधिपत्य में था। प्रथम ब्रिटिश-सिख युद्ध 1846 के दौरान गुलाब सिंह पाला बदल कर अंग्रेज़ों के साथ हो लिये और सिखों की हार के बाद हुई लाहौर सन्धि के बाद कश्मीर कम्पनी के हिस्से में आया। अमृतसर सन्धि (1846) में महाराज रणजीत सिंह के ख़ास डोगरा सिपहसालार को अंग्रेज़ों से इनाम के रूप में कश्मीर रियासत पर शासन का अधिकार मिला, तब से 1947 तक डोगरा शासन चलता रहा। 1857 में हुए प्रथम स्वाधीनता संघर्ष में दिल्ली पर अंग्रेज़ी क़ब्ज़े के अभियान में कश्मीरी सेना और सिख सेना ने अंग्रेज़ों का साथ दिया था। ब्रिटिश अफ़ग़ान युद्ध 1878 तथा प्रथम विश्वयुद्ध में भी डोगरा सेनाएँ अंग्रेज़ों के पक्ष में लड़ीं। इस तरह डोगरा दरबार की छवि अंग्रेज़ी शासन के स्वामि-भक्त के रूप में अन्त तक बनी रही।

कश्मीर के बृहत्तर क्षेत्र को भली भाँति समझने के लिए इसके विभिन्न क्षेत्रों की भौगोलिक ऐतिहासिक, सांस्कृतिक, सामाजिक एवं आर्थिक पारिस्थितिकी एवं विशिष्टियों को व्यापक रूप से विश्लेषित करने की आवश्यकता है, तभी हमें इसकी संश्लिष्टता और पेचीदगियों का बोध हो पायेगा, जिसके आलोक में अब तक की उथल-पुथल के बरअक्स हम कोई राय बना पायेंगे। अगले अध्यायों में हम एक-एक कर कश्मीर की क्षेत्रीय इकाइयों को विस्तार से समझने की कोशिश करेंगे।

क्षेत्र का प्रशासनिक विभाजन : एक नज़र में

प्रशासक	क्षेत्र	क्षेत्रफल (वर्ग किमी)	जनसंख्या	% मुस्लिम	% हिन्दू	% बौद्ध	% अन्य
भारत	कश्मीर घाटी	29948	40 लाख लगभग	95%	4%*	–	–
	जम्मू	25293	30 लाख लगभग	30%	66%	–	4%
	लद्दाख	46100	2.5 लाख लगभग	46%	12%	40%	2%
योग	**110341**						
पाकिस्तान	आज़ाद कश्मीर	13297	40 लाख लगभग	100%	–	–	–
	गिलगित-बाल्टिस्तान	65317	20 लाख लगभग	99%	–	–	–
योग	**78614**						
चाइना	अक्साई चिन	37555	–	–	–	–	–
	ट्रांस-काकोरम	5180	–	–	–	–	–
योग	**42735**						

स्रोत : बीबीसी इन डेप्थ रिपोर्ट के आँकड़े।

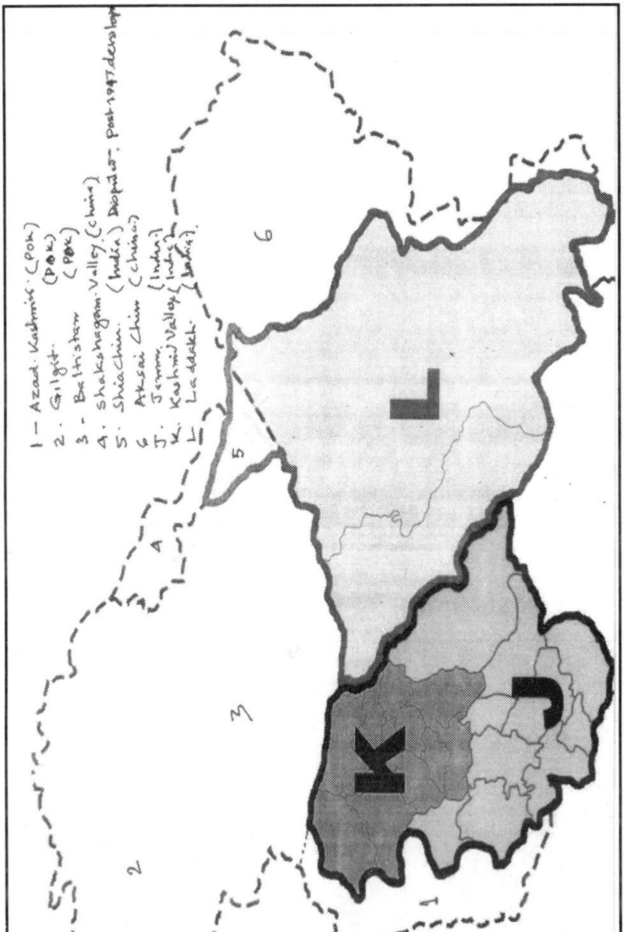
1 — Azad Kashmir (POK)
2. Gilgit (POK)
3. Baltistan (POK)
4. Shakshagam Valley (China)
5. Shiachin (India) Disputed; post 1947 develop
6 Aksai Chin (China)
J. Jammu (India)
K. Kashmir Valley (India)
L. Laddakh (India)
K
J
L

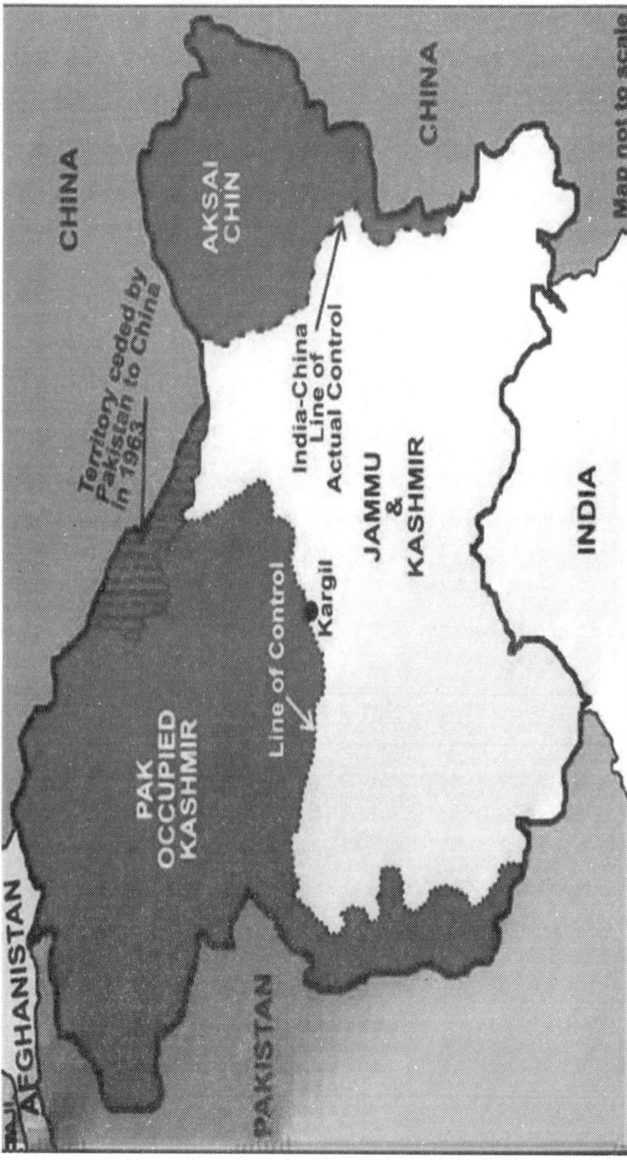
CHINA
AKSAI CHIN
CHINA
Territory ceded by Pakistan to China in 1963
India-China Line of Actual Control
JAMMU & KASHMIR
INDIA
Kargil
Line of Control
PAK OCCUPIED KASHMIR
AFGHANISTAN
PAKISTAN
Map not to scale

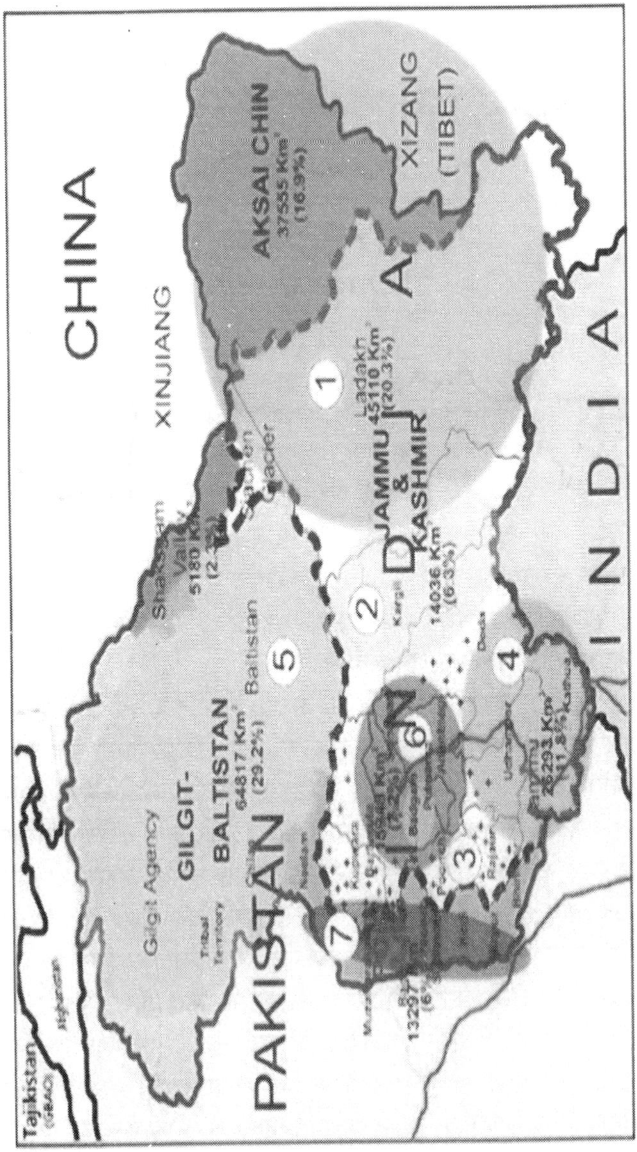
CHINA
XINJIANG
AKSAI CHIN
37555 Km²
(16.9%)
XIZANG
(TIBET)
INDIA
PAKISTAN
GILGIT-
BALTISTAN
64817 Km²
(29.2%)
Gilgit Agency
Baltistan
JAMMU
&
KASHMIR
Ladakh
45110 Km²
(20.3%)
Kargil
14036 Km²
(6.3%)
Tajikistan
5180 Km

अध्याय-दो

जम्मू एवं कश्मीर

कश्मीर भारतीय उपमहाद्वीप का सबसे उत्तरी भौगोलिक क्षेत्र है। 19वीं सदी के मध्य तक, 'कश्मीर' शब्द महान हिमालय और पीर पंजाल रेंज के बीच केवल कश्मीर घाटी को दर्शाता था। आज इस शब्द में एक बड़ा क्षेत्र समाहित है, जिसमें जम्मू, कश्मीर और लद्दाख के भारतीय प्रशासित क्षेत्र, पाक अधिकृत कश्मीर और गिलगित-बाल्टिस्तान के पाकिस्तानी प्रशासित क्षेत्र और अक्साई चिन और ट्रांस-काराकोरम ट्रैक्ट के चीनी प्रशासित क्षेत्र शामिल हैं।

पहली सहस्राब्दी के पूर्वार्द्ध में, कश्मीर क्षेत्र हिन्दू धर्म और बाद में बौद्ध धर्म का एक महत्त्वपूर्ण केन्द्र बन गया था। नौवीं शताब्दी में कश्मीर में शैववाद का उदय हुआ। 1339 में शाह मीर सलातीन-ए-कश्मीर (शाह मीर राजवंश की स्थापना करते हुए), कश्मीर के पहले मुस्लिम शासक बने। यह क्षेत्र 1586 से 1751 तक मुग़ल साम्राज्य का हिस्सा था और उसके बाद 1820 तक अफ़ग़ान दुर्रानी साम्राज्य का। उसी वर्ष रणजीत सिंह के अधीन सिख साम्राज्य ने कश्मीर पर क़ब्ज़ा कर लिया। 1846 में प्रथम आंग्ल-सिख युद्ध में सिखों की हार के बाद और अमृतसर की सन्धि के तहत अंग्रेज़ों से क्षेत्र को ख़रीद कर जम्मू के राजा गुलाब सिंह, कश्मीर के नये शासक बने। उनके वंशजों का शासन ब्रिटिश क्राउन की सर्वोच्चता (संरक्षण) के तहत 1947 में भारत के विभाजन तक चला। ब्रिटिश भारतीय साम्राज्य की यह पूर्व रियासत तत्पश्चात् एक विवादित

क्षेत्र बन गयी, जिसे अब तीन देशों भारत, पाकिस्तान और चीन द्वारा प्रशासित किया जाता रहा है।

कश्मीरी भाषा में कश्मीर को ही काशीर के नाम से जाना जाता है। भारत सरकार और भारतीय स्रोत, पाकिस्तान के नियन्त्रण वाले क्षेत्र को 'पाकिस्तान के क़ब्ज़े वाले कश्मीर' (पीओके) को सन्दर्भित करते हैं। पाकिस्तान सरकार और पाकिस्तानी स्रोत भारत द्वारा प्रशासित कश्मीर के हिस्से को मकबूजा कश्मीर ('भारतीय क़ब्ज़े वाले कश्मीर' (आईओके) या 'भारतीय-अधिकृत कश्मीर' (आईएचके) के रूप में सन्दर्भित करते हैं। नियन्त्रित कश्मीर क्षेत्र के कुछ हिस्सों के लिए 'भारतीय–प्रशासित कश्मीर' और 'पाकिस्तानी प्रशासित कश्मीर' जैसे शब्दों का उपयोग अक्सर तटस्थ स्रोतों एवं अन्य देशों द्वारा किया जाता है।

इतिहास

प्राचीन और मध्ययुगीन काल के दौरान कश्मीर हिन्दू-बौद्ध समन्वयवाद के विकास का एक महत्त्वपूर्ण केन्द्र था, जिसमें मध्यमक और योगाचार को शैववाद एवं अद्वैत वेदान्त के साथ मिश्रित किया गया था। बौद्ध मौर्य सम्राट् अशोक को कश्मीर की पुरानी राजधानी श्रीनगर की स्थापना करने का श्रेय दिया जाता है, जो अब आधुनिक श्रीनगर के बाहरी इलाक़े में खण्डहर के रूप में मौजूद है। कश्मीर लम्बे समय से बौद्ध धर्म का गढ़ रहा। बौद्ध धर्म के अधिगम स्थल के रूप में सर्वास्तिवाद विचारधारा ने कश्मीर को अत्यधिक प्रभावित किया। पूर्व और मध्य एशियाई बौद्ध भिक्षुओं को राज्य का दौरा करने के रूप में दर्ज़ किया गया है। चौथी शताब्दी के उत्तरार्द्ध में एक भारतीय कुलीन परिवार में पैदा हुए प्रसिद्ध कुचानी भिक्षु कुमारजीव ने बन्धुदत्त के तहत कश्मीर में दुर्गगामा और मध्यगामा का अध्ययन किया। बाद में वे एक विपुल अनुवादक बन गये, जिन्होंने बौद्ध धर्म को चीन ले जाने में मदद की। माना जाता है कि उनकी माँ जीवा का देहान्त कश्मीर में ही हुआ था। सर्वास्तिवादक बौद्ध भिक्षु विमलक्ष ने कश्मीर से कूच की यात्रा की और वहाँ विनयपिटक में कुमारजीव को निर्देश दिया था।

कर्कोआ साम्राज्य (625-885 ई.) एक शक्तिशाली हिन्दू साम्राज्य था, जिसकी उत्पत्ति कश्मीर के क्षेत्र में हुई थी। इसकी स्थापना दुर्लभवर्धन ने हर्ष के जीवनकाल में की थी। राजवंश ने दक्षिण एशिया में एक शक्ति के रूप में कश्मीर के उदय को चिह्नित किया। अवन्ती वर्मन 855 ई. में कश्मीर के सिंहासन पर विराजे एवं उत्पल वंश की स्थापना की। उन्होंने कर्कोआ वंश के शासन को समाप्त किया था।

परम्परागत सूत्रों के अनुसार, आदि शंकराचार्य ने 8वीं शताब्दी के अन्त या 9वीं शताब्दी की शुरुआत में कश्मीर में पहले से मौजूद सर्वज्ञपीठ (शारदा पीठ) का दौरा किया था। 'माधवीय शंकरविजयम' में कहा गया है कि इस मन्दिर में चार मुख्य दिशाओं के विद्वानों के लिए चार दरवाज़े थे। सर्वज्ञ पीठ का दक्षिणी द्वार आदि शंकराचार्य द्वारा खोला गया था। परम्परा के अनुसार, आदि शंकराचार्य ने सभी विभिन्न विद्वानों जैसे कि मीमांसा, वेदान्त और हिन्दू दर्शन की अन्य शाखाओं के विद्वानों को वाद-विवाद में हराकर दक्षिणी द्वार खोला तथा उस मन्दिर के पारलौकिक ज्ञान को स्थापित किया।

अभिनवगुप्त (950-1020 ई.) भारत के महानतम दार्शनिकों, मनीषियों और सौन्दर्यशास्त्रियों में से एक थे। उन्हें एक महत्त्वपूर्ण संगीतकार, कवि, नाटककार, व्याख्याता, धर्मशास्त्री और तर्कशास्त्री भी माना जाता था—एक बहुगुणतीय व्यक्तित्व, जिन्होंने भारतीय संस्कृति पर मज़बूत प्रभाव डाला। उनका जन्म कश्मीर घाटी में विद्वानों और मनीषियों के परिवार में हुआ था और उन्होंने अपने समय के दर्शन और कला की सभी धाराओं का अध्ययन पन्द्रह (या अधिक) शिक्षकों और गुरुओं के मार्गदर्शन में किया था। अपने लम्बे जीवन में उन्होंने 35 से अधिक कार्य ग्रन्थों की रचना को पूरा किया, जिनमें से सबसे बड़ा और सबसे प्रसिद्ध तन्त्रलोक है, जो त्रिक और कौला (आज कश्मीर शैववाद के रूप में जाना जाता है) के सभी दार्शनिक और व्यावहारिक पहलुओं पर प्रकाश डालता एक विश्वकोशीय ग्रन्थ है। उनका एक और महत्त्वपूर्ण योगदान सौन्दर्यशास्त्र के दर्शन के क्षेत्र में था, जिसमें भरत मुनि के नाट्यशास्त्र पर उनकी विवेचना की प्रसिद्ध कृति अभिनव भारती के रूप में दर्ज़ है।

10वीं शताब्दी में मोक्षोपया या मोक्षोपाया शास्त्र, (ग़ैर-संन्यासियों के लिए मोक्ष पर एक दार्शनिक पाठ=मोक्ष-उपया: 'मुक्त करने का मतलब') के बारे में कहा जाता है कि इसे श्रीनगर में प्रद्युम्न पहाड़ी पर लिखा गया था। यह एक सार्वजनिक उपदेश के रूप किसी एक मानव लेखक द्वारा रचे होने का दावा करने वाला पहला महाग्रन्थ है। इसमें लगभग 30,000 श्लोक हैं (जो इसे 'रामायण' से बड़ा ग्रन्थ बनाते हैं)। पाठ का मुख्य भाग वशिष्ठ और राम के बीच एक संवाद से बनता है, जो कथ्य को स्पष्ट करने के लिए कई छोटी कहानियों और उपाख्यानों के साथ परस्पर क्रिया करता है। इस पाठ को बाद में (11वीं से 14वीं शताब्दी ई.) विस्तारित और वेदान्तीकृत किया गया, जिसके परिणामस्वरूप योग वशिष्ठ की रचना हुई।

रानी कोटा रानी 1339 तक शासन करने वाली कश्मीर की मध्ययुगीन हिन्दू शासक थीं। वह एक उल्लेखनीय शासक थीं, जिन्हें अक्सर 'कुट्टे कोल' के नाम पर एक नहर का निर्माण करवाकर श्रीनगर शहर को बार-बार आने वाली बाढ़ से बचाने का श्रेय दिया जाता है। यह नहर शहर के प्रवेश बिन्दु पर झेलम नदी से पानी प्राप्त करती है और फिर से शहर की सीमा से परे झेलम नदी में मिल जाती है।

शाह मीर राजवंश

शम्स-उद-दीन शाह मीर (शासनकाल 1339-42) कश्मीर के पहले मुस्लिम शासक और शाह मीर वंश के संस्थापक थे। कश्मीरी इतिहासकार जोनाराज़ा ने अपने द्वितीय 'राजतरंगिणी' में उल्लेख किया कि शाह मीर पंचगहवारा (राजौरी और बुधल के बीच पंजगब्बर घाटी के रूप में पहचाने जाने वाले) देश से थे, और उनके पूर्वज क्षत्रिय थे, जिन्होंने इस्लाम धर्म अपना लिया।

इस्लामिक विद्वान ए.क्यू. रफ़ीक़ी के अनुसार, शाह मीर 1313 में अपने परिवार के साथ सहदेव (1301-20) के शासनकाल के दौरान

कश्मीर पहुँचे। उन्होंने शासन की सेवा में प्रवेश किया। बाद के वर्षों में अपनी चतुराई और क्षमता के माध्यम से, शाह मीर प्रमुखता से उभरे और उस समय के महत्त्वपूर्ण व्यक्तित्वों में से एक बन गये। बाद में 1338 में सहदेव के भाई उदयनदेव की मृत्यु के बाद, वे स्वयं राज करने में सक्षम हो गये और इस तरह उन्होंने कश्मीर में स्थायी मुस्लिम शासन की नींव रखी। शासक वर्गों के बीच मतभेद और विदेशी आक्रमण, दो मुख्य कारक थे, जिन्होंने कश्मीर में मुस्लिम शासन की स्थापना में योगदान दिया।

रिंचन, लद्दाख से और लंकार चक, गिलगित के पास दर्द क्षेत्र से कश्मीर आये और घाटी के बाद के राजनीतिक इतिहास में एक उल्लेखनीय भूमिका निभायी। तीनों पुरुषों को राजा द्वारा जागीर (सामन्ती सम्पदा) प्रदान की गयी थी। रिंचन तीन साल के लिए कश्मीर के शासक भी रहे।

शाह मीर शाह, मीर राजवंश का पहला शासक था, जिसने 1339 में राज्य स्थापित किया था। मुस्लिम उलेमा जैसे—मीर सैयद अली हमदानी मध्य एशिया से कश्मीर में धर्मान्तरण के लिए पहुँचे और उनके प्रयासों ने हज़ारों कश्मीरियों को इस्लाम में परिवर्तित कर दिया। हमदानी के बेटे ने भी सिकन्दर बुतशिकन को इस्लामिक क़ानून लागू करने के लिए मना लिया। 1400 के दशक के अन्त तक अधिकांश कश्मीरियों ने इस्लाम स्वीकार कर लिया था। शाह-मिरी राजवंश (1349-1561) द्वारा कश्मीर में फ़ारसी की शुरुआत हुई और सुल्तान ज़ैन-अल-ओबेदीन (शासन काल 1420-70) के प्रश्रय के तहत फलने-फूलने लगी।

मुग़ल शासन

मुग़ल पदीशाह (सम्राट्) अकबर ने कश्मीर के आन्तरिक सुन्नी-शिया विभाजनों का लाभ उठाते हुए 1585 से 1586 के मध्य कश्मीर पर विजय प्राप्त की और इस तरह स्वदेशी कश्मीरी मुस्लिम शासन को समाप्त कर दिया। अकबर ने इसे काबुल सूबा (आधुनिक उत्तरपूर्वी अफ़ग़ानिस्तान,

उत्तरी पाकिस्तान और भारत की कश्मीर घाटी को शामिल करते हुए) में जोड़ा, लेकिन शाहजहाँ ने इसे श्रीनगर में अपनी राजधानी के साथ एक अलग सूबे (शाही शीर्ष-स्तरीय प्रान्त) के रूप में उकेरा। कश्मीर मुग़ल भारत का सबसे उत्तरी क्षेत्र होने के साथ-साथ गर्मियों में एक आनन्द स्थल बन गया। उन्होंने श्रीनगर में डल झील के किनारे पर फ़ारसी जल-उद्यानों का निर्माण कराया, जिसमें शान्त और सुन्दर अनुपात में छतों, फव्वारे, गुलाब, चमेली और चिनार के पेड़ों की पंक्तियाँ थीं।

अफ़ग़ान शासन

अफ़ग़ान दुर्रानी राजवंश के दुर्रानी साम्राज्य ने 1751 से कश्मीर को नियन्त्रित किया। जब 15वें मुग़ल बादशाह (सम्राट्) अहमद शाह बहादुर के वाइसराय मुइन-उल-मुल्क को अपदस्थ कर दुर्रानी साम्राज्य के संस्थापक अहमद शाह दुर्रानी (जिन्होंने मोटे तौर पर आधुनिक अफ़ग़ानिस्तान और पाकिस्तान पर विजय प्राप्त की) ने मुग़लों और स्थानीय शासकों पराजित कर स्वयं का शासन बहाल किया। उन्होंने 1820 की सिख विजय तक कश्मीर पर राज किया। कश्मीरी इतिहासकारों के अनुसार अफ़ग़ान शासकों ने अपने शासनकाल में सभी धर्मों के कश्मीरियों का बेरहमी से दमन किया।

सिख शासन

1819 में कश्मीर घाटी अफ़ग़ानिस्तान के दुर्रानी साम्राज्य के नियन्त्रण से निकलकर पंजाब के रणजीत सिंह के अधीन सिखों की विजयी सेनाओं के पास चली गयी। इस प्रकार मुग़लों और अफ़ग़ान शासन के तहत मुस्लिम शासन की चार शताब्दियों का अन्त हुआ। कश्मीरियों को अफ़ग़ानों के द्वारा पीड़ित किया गया था। तद्नुरूप उन्होंने शुरू में नये सिख शासकों का स्वागत किया। हालाँकि सिख गवर्नर भी कठोर कार्य करने वाले निकले और सिख शासन को भी आमतौर पर दमनकारी माना जाता था। लाहौर में सिख साम्राज्य की राजधानी से कश्मीर को नियन्त्रित करते

हुए सिखों ने कई मुस्लिम विरोधी क़ानून बनाए, जिसमें गोहत्या के लिए मौत की सज़ा देना, श्रीनगर में जामिया मस्जिद को बन्द करना, और अज़ान पर प्रतिबन्ध लगाना, सार्वजनिक मुस्लिम प्रार्थना प्रतिबन्धित करना शामिल था। कश्मीर ने अब तक यूरोपीय आगन्तुकों को भी आकर्षित करना शुरू कर दिया था, जिनमें से कईयों ने मुस्लिम किसानों की घोर ग़रीबी और सिखों के अधीन अत्यधिक करों के बारे में लिखा था। कुछ समकालीन वृत्तान्तों के अनुसार, करों की ऊँची दर ने ग्रामीण इलाक़ों के बाशिन्दों को बड़े भूभागों को वंचित कर दिया था, जिससे खेती योग्य भूमि के केवल सोलहवें हिस्से पर खेती की जा सकती थी। कई कश्मीरी किसान पंजाब के मैदानी इलाक़ों में चले गये। हालाँकि 1832 में अकाल के बाद सिखों ने भूमि कर को घटाकर आधा कर दिया और किसानों को ब्याज मुक्त ऋण देना भी शुरू कर दिया। इस दौरान कश्मीर सिख साम्राज्य के लिए दूसरा सबसे अधिक राजस्व अर्जित करने वाला क्षेत्र बन गया था। इस समय के मध्य कश्मीर शॉल दुनिया भर में प्रसिद्ध हो गये, और विशेष रूप से पश्चिम में कई ख़रीदारों को आकर्षित किया।

जम्मू राज्य, मुग़ल साम्राज्य के पतन के बाद 1770 में सिखों के अधीन आ गया। इसके पश्चात् 1808 में इसे पूरी तरह से महाराजा रणजीत सिंह द्वारा जीत लिया गया था। उस समय जम्मू के सदन में सिख सेना का एक नौजवान गुलाब सिंह नामांकित हुआ और अभियानों में खुद को शामिल होते हुए धीरे-धीरे सत्ता और प्रभाव में अपना वर्चस्व बढ़ाता गया। 1822 में उन्हें जम्मू के राजा के रूप में स्थापित किया गया। अपने सक्षम जनरल ज़ोरावर सिंह कहलूरिया के साथ उन्होंने राजौरी (1821), किश्तवाड़ (1821), सुरू घाटी और कारगिल (1835), लद्दाख (1834-1840) और बाल्टिस्तान (1840) को जीत लिया और अपने अधीन कर लिया। इस तरह कश्मीर घाटी को अपने दायरे में ले लिया। इस तरह वह सिख दरबार में एक धनी और प्रभावशाली कुलीन व्यक्ति बन गया। 1845 में प्रथम आंग्ल-सिख युद्ध छिड़ गया।

द इंपीरियल गजेटियर ऑफ़ इंडिया के अनुसार, गुलाब सिंह ने सोबराओं (1846) की लड़ाई तक ख़ुद को अलग रखने का प्रयास किया।

इस दौरान वह सर हेनरी लॉरेंस के विश्वसनीय सलाहकार और एक उपयोगी मध्यस्थ के रूप में दिखायी दिये। दो सन्धियाँ सम्पन्न हुईं। पहली सन्धि के अनुरूप लाहौर राज्य (यानी पश्चिम पंजाब) एक करोड़ की क्षतिपूर्ति के साथ अंग्रेज़ों को सौंप दिया गया तथा दूसरी सन्धि के तहत अंग्रेज़ों ने गुलाब सिंह को 75 लाख सालाना कर अदायगी के एवज़ में ब्यास और सिन्धु नदियों के बीच के पहाड़ी क्षेत्र तथा सिन्धु के पूर्व में स्थित सभी पहाड़ी या पहाड़ी देश तथा रावी के उत्तर यानी कश्मीर की घाटी को सौंप दिया।

1820 और 1858 के बीच गठित कश्मीर और जम्मू की रियासत (जैसा कि इसे पहले कहा जाता था) संयुक्त असमान क्षेत्रों, धर्मों और जातियों को मिलाते थे। पूर्व में लद्दाख जातीय एवं सांस्कृतिक रूप से तिब्बती मूल का था। उसके निवासी बौद्ध धर्म के अनुयायी थे। दक्षिण में जम्मू में हिन्दुओं, मुसलमानों और सिखों की मिश्रित आबादी थी। मध्य में घनी आबादी वाले कश्मीर घाटी में आबादी की भारी संख्या सुन्नी मुसलमानों की थी। हालाँकि उसमें एक छोटा, लेकिन प्रभावशाली हिन्दू अल्पसंख्यक, कश्मीरी ब्राह्मण या पण्डित भी था। उत्तर-पूर्व में कम आबादी वाले बाल्टिस्तान की आबादी जातीय रूप से लद्दाख से जुड़ी थी, लेकिन वह शिया इस्लाम का पालन करती थी। उत्तर में बहुत कम आबादी वाला गिलगित एजेंसी विविध (ज़्यादातर शिया) समूहों का एक क्षेत्र था और पश्चिम में (आज का पीओके) मुसलमान बहुल थे, लेकिन वे कश्मीर घाटी के मुसलमानों से अलग नस्ल के थे।

1857 के भारतीय विद्रोह के समय कश्मीर शासन अंग्रेज़ों के पक्ष में खड़ा था। बाद में ग्रेट ब्रिटेन द्वारा प्रत्यक्ष शासन की अवधारणा के बाद कश्मीर की रियासत स्वत: ब्रिटिश क्राउन की आधिपत्य में आ गयी। 1941 की भारत की ब्रिटिश जनगणना में कश्मीर ने 77 प्रतिशत की मुस्लिम बहुसंख्यक आबादी, 20 प्रतिशत की हिन्दू आबादी और शेष 3 प्रतिशत में बौद्धों और सिखों की आबादी दर्ज़ की गयी थी।

उसी वर्ष एक कश्मीरी पण्डित पत्रकार प्रेम नाथ बजाज ने लिखा– "मुस्लिम जनता की ग़रीबी भयावह है। उसका अधिकांश भूमिहीन मजदूर हैं,

जो हिन्दू ज़मींदारों के सेवक के रूप में काम कर रहे हैं। उन्हें लगभग पूरी तरह से वंचित होने का ख़मियाज़ा भुगतना पड़ रहा है। शासन द्वारा किया जाने वाला भ्रष्टाचार इन्हीं ग़रीबों द्वारा सहन किया जा रहा है। हिन्दू शासन के तहत, मुसलमानों को भारी कराधान, क़ानूनी व्यवस्था में भेदभाव का सामना करना पड़ता था और उन्हें बिना किसी मजदूरी के श्रम के लिए मजबूर किया जाता था। उक्त परिस्थितियों ने कश्मीर घाटी ब्रिटिश भारत के पंजाबी लोगों के एक महत्त्वपूर्ण प्रवास स्थल बन गया। 1941 की जनगणना से पूर्व लगभग एक सदी तक, एक छोटे-से हिन्दू अभिजात वर्ग ने एक विशाल और ग़रीब मुस्लिम किसानों पर शासन किया था। ज़मींदारों और साहूकारों के प्रति पुरानी ऋणग्रस्तता के कारण जनता में शिक्षा के अलावा, स्वयं के अधिकारों के बारे में जागरूकता का भाव था, 1930 के दशक तक मुस्लिम किसानों को रियासत में कोई राजनीतिक अथवा प्रशासनिक प्रतिनिधित्व नहीं था।

रणबीर सिंह के पोते हरि सिंह, जो 1925 में कश्मीर के सिंहासन पर बैठे थे, 1947 में उपमहाद्वीप के ब्रिटिश शासन के समापन पर नये स्वतन्त्र डोमिनियन ऑफ़ इंडिया के इतर डोमिनियन में शासन करने वाले अकेले महाराजा थे। भारतीय इतिहास के जानकार बर्टन स्टीन के अनुसार,

"कश्मीर न तो हैदराबाद जितना बड़ा और न ही उतना पुराना एक स्वतन्त्र राज्य था। यह अंग्रेज़ों द्वारा 1846 में सिखों की पहली हार के बाद अंग्रेज़ों द्वारा एक पूर्व रियासत अधिकारी, जिसने अंग्रेज़ों का पक्ष लिया था, को पुरस्कार के रूप में दिया गया था। यह हिमालयी राज्य पंजाब के एक ज़िले (गुरुदासपुर) के माध्यम से स्वतन्त्र भारत से जुड़ा था, लेकिन इसकी आबादी 77 प्रतिशत मुस्लिम थी और इसकी सीमा नये बने पाकिस्तान के साथ लगती थी। इसलिए यह अनुमान लगाया गया था कि 14 अगस्त को ब्रिटिश सर्वोच्चता समाप्त होने पर महाराजा पाकिस्तान में शामिल हो जायेंगे। जब वह ऐसा करने से हिचकिचाया, तो पाकिस्तान ने शासक को अपने अधीन करने के प्रयास के क्रम में डराने के लिए एक छापामार हमला शुरू किया। इसकी वजह से महाराजा ने

माउंटबेटन से सहायता की अपील की और गवर्नर-जनरल इस शर्त पर सहमत हुए कि रियासत को भारत में शामिल होना होगा। भारतीय सैनिकों ने कश्मीर में प्रवेश किया और राज्य के एक छोटे-से हिस्से को छोड़कर सभी से पाकिस्तानी प्रायोजित आक्राताओं को खदेड़ दिया। तब संयुक्त राष्ट्र को झगड़े में मध्यस्थता के लिए आमन्त्रित किया गया था। संयुक्त राष्ट्र मिशन ने ज़ोर देकर कहा कि कश्मीरियों की संख्या का पता लगाया जाना चाहिए, जबकि भारत ने ज़ोर देकर कहा कि कोई भी जनमत संग्रह तब तक नहीं हो सकता जब तक कि पूरे राज्य को बाहरी आक्रान्ताओं से मुक्त नहीं कर दिया जाता।"

1948 के अन्तिम दिनों में संयुक्त राष्ट्र के तत्त्वावधान में युद्धविराम पर सहमति बनी थी। चूँकि संयुक्त राष्ट्र द्वारा प्रस्तावित जनमत संग्रह को कभी आयोजित नहीं किया जा सका, अतः भारत और पाकिस्तान के बीच सम्बन्धों में खटास बढ़ती गयी और अन्ततः 1965 और 1999 में कश्मीर के सवाल पर दो और युद्ध हुए।

वर्तमान स्थिति और राजनीतिक विभाजन

भारत के पास जम्मू और कश्मीर की ब्रिटिशकालीन रियासत के लगभग आधे क्षेत्र का नियन्त्रण है, जिसमें जम्मू और कश्मीर और लद्दाख शामिल हैं, जबकि पाकिस्तान इस क्षेत्र के एक तिहाई हिस्से को नियन्त्रित करता है, जो दो प्रान्तों, आज़ाद कश्मीर और गिलगित-बाल्टिस्तान में विभाजित है। शेष लगभग बीस फ़ीसदी हिस्सा अक्साई चिन एवं शक्सगाम घाटी चीनी गणराज्य द्वारा प्रशासित है।

यद्यपि 1947 के विभाजन से पहले कश्मीर में एक स्पष्ट मुस्लिम बहुमत था और तब के पंजाब के मुस्लिम-बहुल क्षेत्र (पाकिस्तान में) के साथ इसकी आर्थिक, सांस्कृतिक और भौगोलिक निकटता को स्पष्ट रूप से देखा जा सकता था। विभाजन के दौरान और बाद की परिस्थितियों के परिणामस्वरूप क्षेत्र का एक हिस्सा पाकिस्तान के पास चला गया था, जो मूल रूप से मुस्लिम चरित्र में होने के बावजूद कम आबादी वाला,

अपेक्षाकृत दुर्गम और आर्थिक रूप से अविकसित था। क्षेत्र के सबसे बड़े समुदाय मुस्लिम समूह का बड़ा हिस्सा (पूरे क्षेत्र की आधी से अधिक आबादी) कश्मीर की घाटी में बसता है, भारतीय-प्रशासित क्षेत्र में है।

कश्मीर की पूर्व रियासत का पूर्वी क्षेत्र अक्साई चिन भी एक सीमा विवाद में शामिल है। यह विवाद 19वीं सदी के अन्त में शुरू हुआ और आज 21वीं सदी तक जारी है। यद्यपि कश्मीर की उत्तरी सीमाओं पर ग्रेट ब्रिटेन, अफ़ग़ानिस्तान और रूस के बीच कुछ सीमा समझौतों पर हस्ताक्षर किये गये थे, पर चीन ने इन समझौतों को कभी आधिकारिक रूप से स्वीकार नहीं किया और 1949 की कम्युनिस्ट क्रान्ति जिसने पीपुल्स रिपब्लिक ऑफ़ चाइना की स्थापना की, के बाद भी चीन की आधिकारिक स्थिति नहीं बदली। 1950 के दशक के मध्य तक चीनी सेना लद्दाख के उत्तर-पूर्वी हिस्से में गतिशील और सक्रिय हो चुकी थी।

1956-57 तक उन्होंने झिंजियांग और पश्चिमी तिब्बत के बीच बेहतर संचार प्रदान करने के लिए अक्साई चिन क्षेत्र के माध्यम से एक सैन्य सड़क का निर्माण किया था। भारत सरकार द्वारा इस सड़क निर्माण की गतिविधि की जानकारी के दौरान कोई प्रभावशाली प्रतिरोध नहीं किया गया। अन्ततः दोनों देशों के बीच सीमा पर संघर्ष हुआ, जिसकी परिणति अक्टूबर 1962 के भारत-चीन युद्ध में हुई।

समस्त क्षेत्रीय विवाद तीन श्रेणियों में विभाजित है : पाकिस्तान उत्तर-पश्चिमी भाग (उत्तरी क्षेत्रों और कश्मीर) को नियन्त्रित करता है, भारत मध्य और दक्षिणी भाग (जम्मू और कश्मीर) और लद्दाख को नियन्त्रित करता है और पीपुल्स रिपब्लिक ऑफ़ चाइना पूर्वोत्तर भाग को नियन्त्रित करता है (अक्साई चिन और ट्रांस-काराकोरम ट्रैक्ट)। इसके अतिरिक्त भारत साल्टोरो रिज दर्रे सहित सियाचिन ग्लेशियर क्षेत्र के अधिकांश हिस्से को नियन्त्रित करता है, जिसके प्रत्युत्तर पाकिस्तान साल्टोरो रिज के दक्षिण-पश्चिम में निचले क्षेत्र सक्रिय रहा है। रियासत के पूरे क्षेत्रफल के 101,338 वर्ग किलो मीटर को भारत नियन्त्रित करता है, 85,846 वर्ग किलो मीटर क्षेत्र पाकिस्तान के नियन्त्रण में है, शेष 37,555 वर्ग किलो मीटर पीपुल्स रिपब्लिक ऑफ़ चाइना द्वारा नियन्त्रित है।

जम्मू एवं पाक अधिकृत कश्मीर पीर पंजाल रेंज के दक्षिण और पश्चिम में स्थित हैं और क्रमशः भारतीय और पाकिस्तानी नियन्त्रण में हैं। ये आबादी वाले क्षेत्र हैं। गिलगित-बाल्टिस्तान, जिसे पहले नॉर्दर्न रीज़न के रूप में जाना जाता था, चरम उत्तर में इलाक़ों का एक समूह है, जो काराकोरम, पश्चिमी हिमालय, पामीर और हिन्दू कुश पर्वतमालाओं से घिरा है। गिलगित शहर में स्थापित अपने प्रशासनिक केन्द्र के माध्यम से नॉर्दर्न एरिया प्रशासन 72,971 वर्ग किलो मीटर के क्षेत्र को नियन्त्रित करते हैं। यहाँ की अनुमानित जनसंख्या (15 लाख) के क़रीब है। बालिस्तान क्षेत्र का प्रशासन स्कन्र्दू शहर से संचालित होता है, जिसके अधीन 12,925 वर्ग किलोमीटर का क्षेत्रफल एवं लगभग 5 लाख आबादी आती है।

लद्दाख उत्तर में कुनलुन पर्वत शृंखला और दक्षिण में मुख्य महान हिमालय के बीच स्थित है। इस क्षेत्र की राजधानी लेह और कारगिल शहर हैं। यह भारतीय प्रशासन के अधीन है और अक्तूबर, 2019 तक जम्मू और कश्मीर राज्य का हिस्सा था। यह क्षेत्र में सबसे कम आबादी वाले क्षेत्रों में से एक है और मुख्य रूप से इंडो-आर्यन और तिब्बती मूल के लोगों का निवास है। अक्साई चिन नमक भण्डारण का एक विशाल ऊँचाई वाला रेगिस्तान है, जो 5,000 मीटर तक की ऊँचाई पर स्थित है। भौगोलिक रूप से तिब्बती पठार का हिस्से, अक्साई चिन को सोडा का मैदान भी कहा जाता है। यह क्षेत्र लगभग निर्जन है और यहाँ कोई स्थायी बस्तियाँ नहीं हैं।

हालाँकि इन क्षेत्रों को उनके सम्बन्धित दावेदारों द्वारा प्रशासित किया जाता है, परन्तु न तो भारत और न ही पाकिस्तान ने औपचारिक रूप से एक-दूसरे द्वारा दावा किये गये क्षेत्रों के परिग्रहण को मान्यता दी है। भारत उन क्षेत्रों का दावा करता है, जिसमें 1963 में ट्रांस-काराकोरम ट्रैक्ट में (शम्सगाम घाटी) पाकिस्तान द्वारा चीन को 'सौंपा गया' क्षेत्र भी शामिल है, जो इसके क्षेत्र का एक हिस्सा है, जबकि पाकिस्तान अक्साई चिन और ट्रांस-काराकोरम ट्रैक्ट को छोड़कर पूरे क्षेत्र पर दावा करता है। दोनों देशों ने इस क्षेत्र पर कई घोषित युद्ध लड़े हैं। 1947 के भारत-पाकिस्तान

युद्ध ने आज की ऊबड़-खाबड़ सीमाओं (संयुक्त राष्ट्र द्वारा स्थापित नियन्त्रण रेखा) को लगभग स्थिर कर दिया है, जिसमें पाकिस्तान के पास कश्मीर का लगभग एक-तिहाई और भारत के पास आधा हिस्सा था। 1965 के भारत-पाकिस्तान युद्ध के परिणामस्वरूप स्थिति विस्फोटक हुई। संयुक्त राष्ट्र संघ की मध्यस्थता से पुनः युद्धविराम हुआ, परन्तु गतिरोध बना हुआ है।

भूगोल

कश्मीर क्षेत्र 32° और 36° उत्तर अक्षांश और 74° और 80° पूर्व देशान्तर के बीच स्थित है। इसका कुल क्षेत्रफल (22,2,000 वर्ग किलो मीटर) है। यह उत्तर और पूर्व में चीन (शिनजियांग और तिब्बत), उत्तर पश्चिम में अफ़ग़ानिस्तान (वखान कॉरिडोर), पश्चिम में पाकिस्तान (ख़ैबर पख़्तूनख़्वा और पंजाब) और दक्षिण में भारत (हिमाचल प्रदेश और पंजाब) से घिरा है। कश्मीर की स्थलाकृति ज़्यादातर पहाड़ी है। यह मुख्य रूप से पश्चिमी हिमालय से होकर गुज़रती है। हिमालय, कश्मीर की पश्चिमी सीमा में नंगा पर्वत पर समाप्त होता है। कश्मीर तीन नदियों सिन्धु, झेलम और चिनाब से होकर गुज़रता है। ये नदी घाटियाँ इस क्षेत्र को ऊँची पर्वत शृंखलाओं द्वारा अलग-अलग तीन घाटियों में विभाजित करती हैं। सिन्धु घाटी क्षेत्र के उत्तर और उत्तर-पूर्वी हिस्से का निर्माण करती है, जिसमें बाल्टिस्तान और लद्दाख के नंगे और उजाड़ क्षेत्र शामिल हैं। झेलम घाटी का ऊपरी भाग ऊँची पर्वत शृंखलाओं से घिरी कश्मीर की घाटी बनाता है। चिनाब घाटी कश्मीर क्षेत्र के दक्षिणी भाग का निर्माण करती है, जिसकी दक्षिण की ओर खण्डित पहाड़ियाँ हैं। इसमें लगभग पूरा जम्मू प्रान्त शामिल है। कश्मीर की घाटी के निचले हिस्से में मीठे पानी की कई झीलें और दलदली भूमि के बड़े क्षेत्र हैं, जिनमें श्रीनगर के पास वूलर झील, डल झील और होकरसर शामिल हैं।

उत्तर और उत्तर-पूर्व में, महान हिमालय से परे, यह क्षेत्र काराकोरम पहाड़ों से होकर गुज़रता है। उत्तर-पश्चिम में हिन्दु कुश पर्वत शृंखला स्थित है।

ऊपरी सिन्धु नदी हिमालय को काराकोरम से अलग करती है। काराकोरम ध्रुवीय क्षेत्रों के बाहर दुनिया का सबसे भारी हिमाच्छादित हिस्सा है। 76 किलोमीटर पर सियाचिन ग्लेशियर और 63 किलोमीटर पर बियाफ़ो ग्लेशियर ध्रुवीय क्षेत्रों के अलावा दुनिया का दूसरा और तीसरा सबसे लम्बा ग्लेशियर है। काराकोरम में K2 दुनिया की दूसरी सबसे ऊँची चोटी (8,611 मीटर) है। इसके अतिरिक्त आठ-हज़ार से भी अधिक ऊँचे चार पर्वत शिखर हैं।

सिन्धु नदी प्रणाली कश्मीर क्षेत्र के जल निकासी बेसिन का निर्माण करती है। नदी तिब्बत के पठार के अपने दक्षिण-पूर्वी कोने में लद्दाख के क्षेत्र में प्रवेश करती है और पूरे लद्दाख और गिलगित-बाल्टिस्तान के गुज़रती हुई उत्तर-पश्चिम की ओर बहती है। इन क्षेत्रों से निकलने वाली लगभग सभी दूसरी नदियाँ सिन्धु नदी प्रणाली का हिस्सा हैं। ग्रेट हिमालयन रेंज के अन्त तक पहुँचने के बाद सिन्धु तीव्र कोणीय बदलाव करते हुए दक्षिण-पश्चिम में पंजाब के मैदानों की ओर रुख करती है। झेलम और चिनाब नदियाँ भी इसके समानान्तर एक मार्ग का अनुसरण करती हैं और पाकिस्तान में दक्षिणी पंजाब के मैदानों में सिन्धु नदी में मिलती हैं।

कश्मीर क्षेत्र की भौगोलिक विशेषताएँ एक हिस्से से दूसरे हिस्से में काफ़ी भिन्न हैं। इस क्षेत्र के सबसे निचले हिस्से में दक्षिण-पश्चिमी कोने पर जम्मू के मैदान शामिल हैं, जो पंजाब के मैदानी इलाक़ों में 300 मी की ऊँचाई पर बसे हुए हैं। पहाड़ 600 मी ऊँचाई से शुरू होते हैं, फिर 'आउटर हिल्स' में 1,200 मी तक बढ़ते हैं। यह एक ऊबड़-खाबड़ क्षेत्र है जिसमें रिज और लम्बी संकरी घाटियाँ हैं। रास्तों के भीतर मध्य पर्वत है, जो 3500 मी की ऊँचाई पर विशाल घाटियों के साथ है। इन पहाड़ियों से सटे महान हिमालय पर्वतमाला 5,000 मीटर ऊँची हैं, जो सिन्धु नदी से चिनाब और झेलम के जल निकास को विभाजित करते हैं। इस सीमा से परे लद्दाख और बाल्टिस्तान में 7,500 मीटर ऊँचाई पर देश का एक विस्तृत पहाड़ी मार्ग है।

जलवायु

ऊँचाई के स्तर में काफ़ी भिन्नता के कारण कश्मीर में हर क्षेत्र के लिए एक अलग जलवायु है। तापमान गर्मियों की उष्णकटिबन्धीय गर्मी से लेकर ठण्ड की तीव्रता तक होता है, जो पहाड़ों पर सदा बर्फ़ जमाए रखता है। चिनाब घाटी के ऊपरी हिस्सों को छोड़कर जम्मू डिवीज़न में आर्द्र उपोष्णकटिबन्धीय जलवायु है। कश्मीर की घाटी की जलवायु मध्यम है। एस्टोर घाटी और गिलगित-बाल्टिस्तान के कुछ हिस्सों में अर्द्ध-तिब्बत जलवायु है, जबकि गिलगित-बाल्टिस्तान और लद्दाख के अन्य हिस्सों में तिब्बती जलवायु है, जिसे लगभग वर्षा रहित जलवायु माना जाता है।

दक्षिण-पश्चिमी कश्मीर जिसमें जम्मू प्रान्त और मुज़फ़्फ़राबाद का अधिकांश भाग शामिल है, भारतीय मानसून की पहुँच के भीतर आता है। पीर पंजाल रेंज एक प्रभावी अवरोध के रूप में कार्य करती है और इन मानसून पथों को मुख्य कश्मीर घाटी और हिमालयी ढलानों तक पहुँचने से अवरोध बनती है। इन क्षेत्रों में अरब सागर की पवन धाराओं के प्रभाव से अधिक वर्षा होती है। हिमालय की ढलान और पीर पंजाल में मार्च से जून तक सबसे ज़्यादा बर्फ़ पिघलती है। बर्फ़ के पिघलने और वर्षा में इन भिन्नताओं के कारण मुख्य घाटी में विनाशकारी बाढ़ आती रही है। इस तरह के बड़े पैमाने पर कश्मीर में बाढ़ के उदाहरण 12वीं शताब्दी में लिखी गयी पुस्तक 'राजतरंगिणी' (लेखक कल्हण) में दर्ज़ किया गये हैं, जिसे कश्मीरी इतिहास का सबसे प्रामाणिक ग्रन्थ माना जाता है। जुलाई, 1935 में एक बादल फटने से ऊपरी झेलम नदी का स्तर मीटर ऊपर उठ गया। 2014 की कश्मीर की बाढ़ ने श्रीनगर शहर को जलमग्न कर दिया और साथ ही सैकड़ों अन्य गाँव जलमग्न हो गये थे।

वनस्पति और जीव

कश्मीर में कुछ राष्ट्रीय उद्यानों और भण्डारों के साथ 20,230 वर्ग किलोमीटर का वन क्षेत्र दर्ज़ है। यहाँ के वन जलवायु, पारिस्थितिकी

और ऊँचाई के अनुसार भिन्न प्रवृत्ति के होते हैं। कश्मीर के जंगल, जम्मू और मुज़फ़्फ़राबाद की तलहटी में उष्णकटिबन्धीय पर्णपाती जंगलों से लेकर कश्मीर की घाटी में समशीतोष्ण जंगलों और गिलगित-बाल्टिस्तान और लद्दाख में अल्पाइन घास के मैदानों और उच्च ऊँचाई वाले घास के मैदानों तक फैले हुए हैं। ऊँचाई में अन्तर के कारण कश्मीर क्षेत्र में वृक्षों की वृद्धि में वनस्पति के मौलिक रूप से प्रभावित वन क्षेत्र हैं। 1,500 मीटर तक के उष्णकटिबन्धीय वनों को फुलई (बबूल मोडेस्टा) और ओलिव (ओलिया कस्पिड अता) क्षेत्र के रूप में जाना जाता है। शोरिया, रोबस्टा की अर्द्ध-पर्णपाती प्रजातियाँ होती हैं, जैसे बबूल केचु, डालबर्गिया सिसो, अल्बिज़िया लेबेक, गरुगा पिनाटा, टर्मिनलिया बेलिरिका और टी। टोमेंटोसा और पिनस रॉक्सबर्गी उच्च ऊँचाई पर पाये जाते हैं 1,500-3,500 मीटर के बीच के समशीतोष्ण क्षेत्र को चीर पाइन (फ़िंस लॉन्गिफ़ोलिया) के रूप में जाना जाता है। इस क्षेत्र में ओक (क्वार्कस एसपीपी।) और रोडोडेंड्रोन एसपीपी प्रजातियों का प्रभुत्व है। सेड्रस देवदरा, एबीज पिंड्रो और पिसिया स्मिथियाना के साथ ब्लू पाइन (फ़िंस एक्सेलसा) क्षेत्र 2,800 और 3,500 मीटर के बीच की ऊँचाई पर पाये जाते हैं। बर्च (बेतुला यूटिलिस) ज़ोन में एनेमोन, गेरेनियम, आइरिस, लॉयडिया, पोटेंटिला और प्रिमुला की हर्बेसियस जेनेरा है, जो 3,500 मीटर और उससे अधिक ऊँचाई पर अल्पाइन घास के मैदानों में बर्बेरिस, कोटोनिएस्टर, जुनिपरस और रोडोडेंड्रोन के सूखे बौने अल्पाइन स्क्रब के साथ फैली हुई हैं।

कश्मीर को हिमालय के औषधीय और जड़ी-बूटियों के वनस्पतियों के उत्पादन स्थल के रूप में भी जाना जाता है। इस क्षेत्र के अल्पाइन घास के मैदानों में जंगली फूलों की सैकड़ों विभिन्न प्रजातियाँ दर्ज़ हैं। ज़बरवाँ में बने श्रीनगर के बोटॉनिकल गार्डन और ट्यूलिप गार्डन में क्रमश: 300 नस्ल की वनस्पतियाँ और 60 प्रकार के ट्यूलिप उगाये जाते हैं। यह एशिया का सबसे बड़ा ट्यूलिप गार्डन माना जाता है।

कश्मीर क्षेत्र दुर्लभ प्रजातियों के जानवरों का घर है, जिनमें से कई अभयारण्यों और भण्डारों द्वारा संरक्षित हैं। एक मादा हिम तेन्दुआ जिसे

2012 में काराकोरम पर्वत शृंखला में सोस्ट के वाडखुन क्षेत्र में आंशिक रूप से जमी नदी की धारा से बचाया गया था, जो अब नलटार में एक वन्यजीव पालना में है। घाटी में दाचीगाम राष्ट्रीय उद्यान कश्मीरी हिरन (हंगुल) की अन्तिम व्यवहार्य आबादी और एशिया में काले भालू की सबसे बड़ी आबादी रखता है। गिलगित-बाल्टिस्तान में देवसाई राष्ट्रीय उद्यान को पश्चिमी हिमालय में हिमालयी भूरे भालू की सबसे बड़ी आबादी की रक्षा के लिए नामित किया गया है। हिम तेन्दुए लद्दाख के हेमिस नेशनल पार्क में उच्च घनत्व में पाये जाते हैं। यह क्षेत्र कस्तूरी मृग, मार्खोर, तेन्दुआ बिल्ली, जंगली बिल्ली, लाल लोमड़ी, सियार, हिमालयी भेड़िया, सीरो, हिमालयन पीले गले वाला मार्टन, लम्बी पूँछ वाला मर्मोट, भारतीय साही, हिमालयन माउस-हरे, लंगूर और हिमालयन नेवला का आवासीय क्षेत्र है। अकेले घाटी में कम-से-कम 711 पक्षी प्रजातियाँ दर्ज़ की गयी हैं, जिनमें से 31 को विश्व स्तर पर संकटग्रस्त प्रजातियों के रूप में वर्गीकृत किया गया है

जनसांख्यिकी

ब्रिटिश भारतीय साम्राज्य की 1901 की जनगणना में कश्मीर और जम्मू की रियासत की जनसंख्या 2,905,578 थी। इनमें से, 2,154,695 (74.16%) मुसलमान थे, 689,073 (23.72%) हिन्दू, 25,828 (0.89%) सिख, और 35,047 (1.21%) बौद्ध (935 (0.032%) अन्य)। हिन्दू मुख्यत: जम्मू में आबाद थे, जहाँ उनकी संख्या 60% से कुछ ही कम थी। कश्मीर घाटी में हिन्दुओं का प्रतिनिधित्व प्रत्येक 10,000 आबादी में 524 का था (यानी 5.24%), वहीं लद्दाख और गिलगित के सीमान्त वज़रातों में यह आँकड़ा 10,000 व्यक्तियों में से महज़ 94 (0.94%) दर्ज़ किया गया। 1901 की जनगणना, में कश्मीर घाटी में, कुल जनसंख्या 1,157,394 दर्ज़ की गयी थी, जिसमें मुस्लिम आबादी 10,83,766 या 93.6% और हिन्दू आबादी 60,641थी। जम्मू प्रान्त के हिन्दुओं में, जिनकी संख्या 626,177 (रियासत की हिन्दू आबादी का 90.87%) थी।

जनगणना में दर्ज़ सबसे महत्त्वपूर्ण जातियाँ ब्राह्मण (186,000), राजपूत (167,000), खत्री (48,000) और ठक्कर (93,000) थी।

ब्रिटिश भारतीय साम्राज्य की 1911 की जनगणना में, कश्मीर और जम्मू की कुल जनसंख्या बढ़कर 3,158,126 हो गयी थी। इनमें से 2,398,320 (75.94%) मुस्लिम, 696,830 (22.06%) हिन्दू, 31,658 (1%) सिख और 36,512 (1.16%) बौद्ध थे। 1941 में ब्रिटिश भारत की पिछली जनगणना में, कश्मीर और जम्मू की कुल जनसंख्या (जो द्वितीय विश्व युद्ध के परिणामस्वरूप 1931 की जनगणना से अनुमानित थी) 3,945,000 थी। इनमें से कुल मुस्लिम जनसंख्या 2,997,000 (75.97%), हिन्दू जनसंख्या 808,000 (20.48%) और सिखों की 55,000 (1.39%) थी।

कश्मीरी पण्डित, जो डोगरा शासन (1846-1947) के दौरान घाटी की आबादी का लगभग 4 से 5% हिस्सा बन चुके थे , उनमें से एक चौथाई ने 1950 तक कश्मीर घाटी छोड़ दी थी। 1990 के दशक में यह पलायन बहुत अधिक संख्या में होना शुरू हो गया। विशेषज्ञों के अनुसार, उस दशक के दौरान 140,000 की कश्मीरी पण्डितों की कुल आबादी में से लगभग 1,00,000 ने घाटी छोड़ दी है।

जम्मू में लोग हिन्दी, पंजाबी और डोगरी बोलते हैं। कश्मीर घाटी में कश्मीरी बोली जाती है और कम आबादी वाला लद्दाख तिब्बती और बलती बोलता है।

2011 की जनगणना के अनुसार जम्मू और कश्मीर और लद्दाख के भारतीय प्रशासित केन्द्र शासित प्रदेशों की कुल जनसंख्या 12,541,302 आँकी गयी। पाक अधिकृत कश्मीर के पाकिस्तानी प्रशासित क्षेत्र की आबादी 2,580,000 मानी गयी जबकि गिलगित-बाल्टिस्तान की जनसंख्या 870,347 थी।

अर्थव्यवस्था

कश्मीर की अर्थव्यवस्था कृषि पर केन्द्रित है। परम्परागत रूप से घाटी की मुख्य फसल चावल है, जो लोगों का मुख्य भोजन है।

इसके अलावा भारतीय मक्का, गेहूँ, जौ और जई भी उगाए जाते थे। यहाँ की समशीतोष्ण जलवायु को देखते हुए यह शतावरी, आटिचोक, सीकेल, ब्रॉड बीन्स, स्कार्लेट्रनर, चुकन्दर, फूलगोभी और गोभी जैसी फसलों के लिए उपयुक्त है। घाटी में फलों के पेड़ बहुतायत में हैं और खेती वाले बाग़ों में नाशपाती, सेब, आड़ू और चेरी पैदा होते हैं। मुख्य वृक्ष देवदार, चिनार या समतल, मेपल, सन्टी और अखरोट, सेब, चेरी हैं।

ऐतिहासिक रूप से कश्मीर दुनिया भर में अपनी रमणीयता के लिए जाना जाता है। साथ ही अपने कश्मीरी ऊन के लिए भी, जिसे दुनिया के अधिकतर देशों को निर्यात किया जाता था। पश्मीना शॉल, रेशमी कालीन, कालीन, कुर्ता और मिट्टी के बर्तन बनाने और बुनने में कश्मीरी माहिर हैं। केसर भी कश्मीर में उगाया जाता है। श्रीनगर अपने चाँदी के काम, पेपर-माचे, लकड़ी की नक़्क़शी और रेशम की बुनाई के लिए भी जाना जाता है। 8 अक्टूबर 2005 के भूकम्प के परिणामस्वरूप, पाक अधिकृत कश्मीर के पाकिस्तानी प्रशासित क्षेत्र में 70,000 से अधिक मौतें हुईं और जम्मू-कश्मीर के भारतीय प्रशासित क्षेत्र में लगभग 1,500 मौतें हुईं एवं कश्मीर अर्थव्यवस्था बुरी तरह क्षतिग्रस्त हो गयी थी।

परिवहन

इस क्षेत्र में परिवहन मुख्य रूप से हवाई या सड़क वाहनों द्वारा होता है। कश्मीर में 135 किलोमीटर (84 मील) लम्बी आधुनिक रेलवे लाइन है जो अक्टूबर 2009 में शुरू हुई थी और आख़िरी बार 2013 में विस्तारित हुई थी। यह रेलवे लाइन कश्मीर के उत्तर-पश्चिमी भाग में बारामूला को श्रीनगर के रास्ते दक्षिण में बनिहाल को जोड़ती है। जम्मू से बढ़कर ऊधमपुर होते हुए वैष्णोदेवी धाम (कटरा) तक पहले ही पहुँच गयी है। कटरा से बनिहाल तक रेलवे लाइन (निर्माणाधीन) भारतीय रेल का निर्माण पूरा होने के बाद कश्मीर को शेष भारत से जुड़ने का सपना साकार होगा एवं यातायात की सुगमता होगी।

जम्मू एवं कश्मीर (रियासत) (1846-1952)	
राजधानी	श्रीनगर जम्मू
राजभाषा	फ़ारसी (1846–1889), उर्दू (1889–1952)
बोली जाने वाली भाषाएँ	कश्मीरी (कोशुर), हिन्दुस्तानी (हिन्दी-उर्दू), डोगरी, लद्दाखी, बाल्टी, शिना और अन्य
धर्म	इस्लाम, हिन्दू, बौद्ध, जैन, सिख
प्रशासन	
महाराजा	
16 मार्च 1846–30 जून 1857	गुलाब सिंह (प्रथम)
23 सितम्बर 1925–17 नवम्बर 1952	हरि सिंह (अन्तिम)
अन्य तथ्य	
रियासत का गठन	1846
प्रथम कश्मीर युद्ध	22 अक्टूबर 1947
भारतीय संघ में विलय	26 अक्तूबर 1947
युद्धविराम (आज़ाद कश्मीर और गिलगित-बाल्टिस्तान का पाकिस्तानी आधिपत्य)	1 जनवरी 1949
संवैधानिक रूप से भारतीय राज्य	17 नवम्बर 1952
रियासत का समापन	1952
क्षेत्रफल	222 440 वर्ग कि.मी.
पूर्वार्द्ध	उत्तरार्द्ध
सिख साम्राज्य	जम्मू-कश्मीर राज्य
कम्पनी राज्य	आज़ाद कश्मीर
ब्रिटिश राज्य	गिलगित एजेंसी
प्रशासनिक आधिपत्य (अद्धतन)	भारत=(जम्मू एवं कश्मीर, लद्दाख) पाकिस्तान=(आज़ाद कश्मीर, गिलगित-बाल्टिस्तान) चीन=(अक्साई चिन, शक्स्गाम घाटी)

रियासत के महाराज

नाम	अवधि	टिप्पणी
गुलाब सिंह	16 मार्च 1846–20 फ़रवरी 1856	डोगरा राजवंश के संस्थापक और जम्मू और कश्मीर की रियासत के पहले महाराजा, ब्रिटिश राज के तहत सबसे बड़ी रियासतों में से एक, जिसे प्रथम एंग्लो-सिख युद्ध में सिख साम्राज्य की हार के बाद बनाया गया था। अमृतसर की सन्धि (1846) ने अंग्रेजों द्वारा गुलाब सिंह को जम्मू और कश्मीर की भूमि को, 7,500,000 नानकशाही रुपये में बिक्री को औपचारिक रूप दिया, जो लाहौर की सन्धि द्वारा सिखों द्वारा उन्हें सौंप दी गयी थी।
रणबीर सिंह	20 फ़रवरी 1856 –12 सितम्बर 1885	1856 में ख़राब स्वास्थ्य के कारण गुलाब सिंह के त्याग के बाद सिंहासन पर बैठे। उन्होंने सिपाही विद्रोह (1857) के दौरान अंग्रेज़ों के साथ गठबन्धन किया। दिल्ली को घेरने में अंग्रेजों की मदद करने के लिए अपनी सेना भी भेजी। बाद में उन्हें विद्रोह के दौरान उनके सहयोग के लिए अंग्रेज़ों द्वारा पुरस्कृत किया गया। गिलगित पर क़ब्ज़ा स्थापित कर लिया, जिसने पहले राज्य के ख़िलाफ़ विद्रोह किया था।

प्रताप सिंह	12 सितम्बर 1885–23 सितम्बर 1925	1885 से 1925 तक 40 वर्षों तक शासन किया, जो सभी डोगरा शासकों में सबसे लम्बा शासन काल था। अपने शासनकाल के दौरान स्थानीय स्वशासी निकायों, लोकतान्त्रिक प्रक्रियाओं, शैक्षिक प्रणालियों, स्वास्थ्य देखभाल और स्वच्छता और बुनियादी ढाँचे के विकास की स्थापना की।
हरि सिंह	23 सितम्बर 1925–17 नवम्बर 1952 सदरे रियासत	1925 में अपने चाचा महाराजा प्रताप सिंह की मृत्यु के बाद सिंहासन पर बैठे। उन्होंने 26 अक्टूबर, 1947 को भारत के डोमिनियन में जम्मू और कश्मीर के विलय के दस्तावेज़ पर हस्ताक्षर किये। वह 1952 तक नाम के लिए राज्य के महाराजा बने रहे। भारत सरकार द्वारा राजशाही को 1952 में समाप्त कर दिया गया था।
कर्ण सिंह (राजकुमार/ रीजेंट/ सदरे रियासत)	20 जून 1949–17 नवम्बर 1952 1952-1967	1949 में अठारह वर्ष की आयु में जम्मू और कश्मीर के राजकुमार (रीजेंट) के रूप में नियुक्त हुए और 1952 में राजशाही के उन्मूलन तक सेवा की। उन्हें 1952 में सदर 1949 में अठारह वर्ष की आयु में जम्मू और कश्मीर के राजकुमार (रीजेंट) के रूप में नियुक्त हुए और 1952 में राजशाही के उन्मूलन तक सेवा की। उन्हें 1952 में 'सदर-ए-रियासत' ('राज्य का प्रमुख') और 1965 में राज्य का पहला राज्यपाल नियुक्त किया गया।

रियासत के वज़ीरे आजम (प्रधानमन्त्री)

क्रम स.	नाम	अवधि	
1.	राजा दलजीत सिंह	1917	1921
2.	राजा हरि सिंह	1925	1927
3.	सर एल्बियन बनर्जी	1927	1929
4.	जी.ई.सी. वेकफ़ील्ड	1929	1931
5.	हरि कृष्ण कौल	1931	1932
6.	इलियट जेम्स डॉवेल कोल्विन	1932	1936
7.	सर बरज़ोर जे. दलाल	1936	1936
8.	सर एन. गोपालस्वामी अय्यंगारी	1937	जुलाई 1943
9.	कैलाश नारायण हक्सर	जुलाई 1943	फ़रवरी 1944
10.	सर बी.एन. राव	फ़रवरी 1944	28 जून 1945
11.	राम चन्द्र काक	28 जून 1945	11 अगस्त 1947
12.	जनक सिंह	11 अगस्त 1947	15 अक्तूबर 1947
प्रान्त के (प्रधानमन्त्री) वज़ीरे आजम			
13.	मेहर चन्द महाजन	15 अक्तूबर 1947	5 मार्च 1948
14.	शेख़ अब्दुल्ला	5 मार्च 1948	8 अगस्त 1953
15.	बख़्शी गुलाम मोहम्मद	9 अगस्त 1953	12 अक्तूबर 1963
16.	ख़्वाजा समशुद्दीन	12 अक्तूबर 1963	29 फ़रवरी 1964
17.	गुलाम मोहम्मद सादिक़	मार्च 1964	21 फ़रवरी 1967

जम्मू एवं कश्मीर (राज्य)-1952-2019

राजधानी	श्रीनगर (मई–अक्टूबर), जम्मू (नवम्बर–अप्रैल)
क्षेत्रफल	101387 वर्ग किलोमीटर
जनसंख्या	35,60,976 (1961 जनगणना के अनुसार)
प्रशासन	
महाराजा (1947-1952)	महाराज हरि सिंह
रीजेंट (1949–1952)	राजकुमार कर्ण सिंह
राज्यपाल	
1952–1967 (1965 तक सदरे रियासत)	(प्रथम)–राजकुमार कर्ण सिंह
2018–2019	(अन्तिम)–सत्य पाल मलिक
मुख्यमन्त्री	
1947–1948 (प्रधानमन्त्री)	प्रथम–मेहर चन्द महाजन
2016–2018	अन्तिम–महबूबा मुफ़्ती
विधायिका	
विधान परिषद्	जम्मू और कश्मीर विधान परिषद् (36 सीटें)
विधान सभा	जम्मू और कश्मीर विधान सभा (87 सीटें)
राज्य की स्थापना	
भारत के राज्य के रूप में स्थापित, (1954 का राष्ट्रपति का आदेश लागू हुआ)	14 मई 1954
केन्द्र शासित क्षेत्र की स्थापना	
जम्मू और कश्मीर और लद्दाख में पुनर्गठित	31 अक्तूबर 2019
स्थानीय प्रशासन	22 ज़िलें
पूर्वार्द्ध–	उत्तरार्द्ध–
जम्मू एवं कश्मीर (रियासत)	1. जम्मू और कश्मीर (केन्द्र शासित क्षेत्र)
	2. लद्दाख (केन्द्र शासित क्षेत्र)

ज़िले

प्रभाग	नाम	मुख्यालय	2007 से पहले	2007 के बाद		
			क्षेत्रफल (वर्ग किमी)	क्षेत्रफल (वर्ग किमी)	ग्रामीण क्षेत्रफल (वर्ग किमी)	शहरीय क्षेत्रफल (वर्ग किमी)
जम्मू	कठुआ	कठुआ	2,651	2,502	2,458.84	43.16
	जम्मू	जम्मू'	3,097	2,342	2,089.87	252.13
	साम्बा	साम्बा	नया ज़िला	904	865.24	38.76
	ऊधमपुर	ऊधमपुर	4,550	2,637	2,593.28	43.72
	रियासी	रियासी	नया ज़िला	1,719	1,679.99	39.01
	राजौरी	राजौरी	2,630	2,630	2,608.11	21.89
	पुँछ	पुँछ	1,674	1,674	1,649.92	24.08
	डोडा	डोडा	11,691	8,912	8,892.25	19.75
	रामबन	रामबान	नया ज़िला	1,329	1,313.92	15.08
	किश्तवार	किश्तवार	नया ज़िला	1,644	1,643.37	0.63
	योग	जम्मू	26,293	26,293	25,794.95	498.05
कश्मीर	अनन्तनाग	अनन्तनाग	3,984	3,574	3,475.76	98.24
	कुलगाम	कुलगाम	नया ज़िला	410	360.20	49.80
	पुलवामा	पुलवामा	1,398	1,086	1,047.45	38.55
	शोपियाँ	शोपियाँ	नया ज़िला	312	306.56	5.44
	बडगाम	बडगाम	1,371	1,361	1,311.95	49.05
	श्रीनगर	श्रीनगर'	2,228	1,979	1,684.42	294.53
	गनदेरबल	गनदेरबल	नया ज़िला	259	233.60	25.40

	बन्दीपुरा	बन्दीपुरा	नया ज़िला	345	295.37	49.63
	बारामूला	बारामूला	4,588	4,243	4,179.44	63.56
	कुपवाड़ा	कुपवाड़ा	2,379	2,379	2,331.66	47.34
	योग	श्रीनगर	15,948	15,948	15,226.41	721.54
लद्दाख	कारगिल	कारगिल	14,036	14,036	14,033.86	2.14
	लेह	लेह	45,110	45,110	45,085.99	24.01
	योग	लेह और कारगिल	59,146	59,146	59,119.85	26.15
			101,387	**101,387**	**100,141.21**	**1,245.74**

जनसांख्यिकी

जनगणना वर्ष	जनसंख्या	प्रतिशत वृद्धि
1961	3,560,976	—
1971	4,616,632	29.6%
1981	5,987,389	29.7%
1991	7,837,051	30.9%
2001	10,143,700	29.4%
2011	12,541,302	23.6%

राज्य की प्रमुख भाषाएँ (प्रतिशत में)

डोगरी	**भद्रवाही**	**गोजरी**	**हिन्दी**	**पहाड़ी**	**कश्मीरी**	**सिराजी**
20.04%	0.78%	9.05%	2.43%	7.80%	51.72%	0.62%
पंजाबी	**बौती**	**पुरखी**	**अन्य**			
1.75%	0.80%	0.74%	4.27%			

स्रोत : भारत की जनगणना (2001 के आँकड़े)

जम्मू एवं कश्मीर राज्य में मातृभाषाएँ

क्र. स.	मातृ भाषा	जम्मू क्षेत्र		कश्मीर क्षेत्र		लद्दाख क्षेत्र		जम्मू एवं कश्मीर राज्य का योग	
		जनसं.	%	जनसं.	%	जनसं.	%	जनसं.	%
1	असमी	2930	0.05	4341	0.06	571	0.21	7842	0.06
2	बंगाली	8826	0.16	9839	0.14	1146	0.42	19811	0.16
3	डोगरी	2505677	46.59	7004	0.10	1031	0.38	2513712	20.04
4	गुजराती	2581	0.05	2409	0.03	438	0.16	5428	0.04
5	पुंछी	13651	0.25	38	0.00	0	0.00	13689	0.11
6	भद्रावाही	98159	1.83	27	0.00	10	0.00	98196	0.78
7	भरमौरी/ गड्डी	24019	0.45	139	0.00	3	0.00	24161	0.19
8	भोजपुरी	6455	0.12	2187	0.03	182	0.07	8824	0.07
9	बुन्देली / बुन्देलखण्डी	1303	0.02	51	0.00	0	0.00	1354	0.01
10	छत्तीसगढ़ी	9287	0.17	33	0.00	6	0.00	9326	0.07
11	धुँधरी	2073	0.04	23	0.00	2	0.00	2098	0.02
12	गढ़वाली	794	0.01	483	0.01	267	0.10	1544	0.01
13	गोजरी / गुज्जरी	703049	13.07	432024	6.27	123	0.04	1135196	9.05
14	हरियाणवी	10230	0.19	860	0.01	86	0.03	11176	0.09
15	हिन्दी	186204	3.46	93480	1.36	24511	8.94	304195	2.43
16	कुमाऊँनी	946	0.02	1084	0.02	66	0.02	2096	0.02
17	मगधी/ मगही	1133	0.02	77	0.00	5	0.00	1215	0.01
18	पडरी	17225	0.32	37	0.00	3	0.00	17265	0.14
19	पहाड़ी	711587	13.23	266105	3.86	168	0.06	977860	7.80
20	राजस्थानी	2119	0.04	1703	0.02	139	0.05	3961	0.03
21	कन्नड़	3445	0.06	2994	0.04	472	0.17	6911	0.06
22	कश्मीरी	595290	11.07	5889909	85.50	1020	0.37	6486219	51.72

23	किश्तवाड़ी	39606	0.74	13	0.00	17	0.01	39636	0.32
24	सिराजी	77355	1.44	5	0.00	2	0.00	77362	0.62
25	डार्दी	3669	0.07	19215	0.28	2072	0.76	24956	0.20
26	मैथिली	578	0.01	131	0.00	25	0.01	734	0.01
27	मलयालम	5994	0.11	4221	0.06	797	0.29	11012	0.09
28	मणिपुरी	1195	0.02	1021	0.01	151	0.06	2367	0.02
29	मराठी	11007	0.20	9932	0.14	2001	0.73	22940	0.18
30	नेपाली	17214	0.32	3284	0.05	1516	0.55	22014	0.18
31	ओडिया	4923	0.09	4012	0.06	594	0.22	9529	0.08
32	पंजाबी	167602	3.12	48609	0.71	2747	1.00	218958	1.75
33	तमिल	6984	0.13	6701	0.10	1009	0.37	14694	0.12
34	तेलुगु	7214	0.13	5723	0.08	1011	0.37	13948	0.11
35	उर्दू	9702	0.18	9410	0.14	226	0.08	19338	0.15
36	अफ़ग़ानी/ पश्तो	559	0.01	17350	0.25	18	0.01	17927	0.14
37	बाल्ती	76	0.00	2497	0.04	9825	3.58	12398	0.10
38	बौती	1971	0.04	24	0.00	97979	35.72	99974	0.80
39	अंग्रेज़ी	398	0.01	540	0.01	29	0.01	967	0.01
40	गूजरी	22063	0.41	12764	0.19	31	0.01	34858	0.28
41	खासि	1195	0.02	141	0.00	14	0.01	1350	0.01
42	लदाखी	596	0.01	1402	0.02	5640	2.06	7638	0.06
43	शिना	613	0.01	19560	0.28	11798	4.30	31971	0.25
44	तिब्बती	24	0.00	1731	0.03	6393	2.33	8148	0.06
45	पूर्खी	125	0.00	44	0.00	92176	33.61	92345	0.74
46	अन्य	90892	1.69	5298	0.08	7969	2.91	104159	0.83
	योग	**5378538**	**100**	**6888475**	**100.00**	**274289**	**100**	**12541302**	**100.00**

स्रोत : 2011 की जनगणना के आँकड़े।

जम्मू एवं कश्मीर (केन्द्र शासित क्षेत्र)

प्रशासन देश	**भारत**
केन्द्र शासित क्षेत्र गठन की तिथि	31 अक्तूबर 2019
राजधानी	श्रीनगर (मई-अक्तूबर) जम्मू (नवम्बर-अप्रैल)
ज़िलों की संख्या	20
प्रशासक	जम्मू और कश्मीर सरकार
• उपराज्यपाल	मनोज सिन्हा
• मुख्यमन्त्री	-
• विधान सभा	-
• संसदीय क्षेत्र	राज्य सभा (4), लोक सभा (5)
• उच्च न्यायालय	जम्मू एवं कश्मीर और लद्दाख उच्च न्यायलय
कुल क्षेत्रफल	42,241 वर्ग किलोमीटर
उच्चतम ऊँचाई (नून चोटी)	7,135 मीटर
न्यूनतम ऊँचाई (चिनाब नदी)	247 मीटर
जनसंख्या (2011)	
• कुल	12,267,013
• घनत्व	290 प्रति वर्ग किलोमीटर
भाषाएँ	
• राजभाषा	कश्मीरी, डोगरी, उर्दू, हिन्दी, अंग्रेज़ी
• बोलचाल की भाषा	पंजाबी, पहाड़ी, गोजरी, दादरी, भादरवाही, बटेरी, शिना, बुरुशस्की और खोवार

भाषा विवरण (प्रतिशत में)

कश्मीरी	डोगरी	गूजरी	पहाड़ी	अन्य
51.72	20.04	9.05	7.80	11.39

धार्मिक विवरण (प्रतिशत में)

इस्लाम	हिन्दू	सिख	ईसाई	बौद्ध	जैन	अघोषित	अन्य
68.8	28.8	1.9	0.28	0.03	0.01	0.15	0.01

स्रोत : 2011 के जनगणना के आँकड़े।

जम्मू एवं कश्मीर में लोकसभा क्षेत्र

क्रम संख्या	चुनाव क्षेत्र	आरक्षित
1	बारामुला	
2	श्रीनगर	
3	अनन्तनाग	
4	ऊधमपुर	
5	जम्मू	

प्रशासनिक प्रभाग

प्रभाग	ज़िले का नाम	मुख्यालय	क्षेत्रफल (वर्ग किमी)	ग्रामीण क्षेत्रफल (वर्ग किमी)	शहरी क्षेत्रफल (वर्ग किमी)
जम्मू	कठुआ	कठुआ	2,502	2,458.84	43.16
	जम्मू	जम्मू	2,342	2,089.87	252.13
	साम्बा	साम्बा	904	865.24	38.76
	ऊधमपुर	ऊधमपुर	2,637	2,593.28	43.72
	रेयसी	रेयसी	1,719	1,679.99	39.01
	राजौरी	राजौरी	2,630	2,608.11	21.89
	पुँछ	पुँछ	1,674	1,649.92	24.08
	डोडा	डोडा	8,912	8,892.25	19.75
	रामबन	रामबन	1,329	1,313.92	15.08
	किश्तवार	किश्तवार	1,644	1,643.37	0.63
	योग	जम्मू	26,293	25,794.95	498.05
कश्मीर	अनन्तनाग	अनन्तनाग	3,574	3,475.76	98.24
	कुलगाम	कुलगाम	410	360.20	49.80
	पुलवामा	पुलवामा	1,086	1,047.45	38.55
	शोपियाँ	शोपियाँ	312	306.56	5.44
	बडगाम	बडगाम	1,361	1,311.95	49.05
	श्रीनगर'	श्रीनगर	1,979	1,684.42	294.53
	गनदेरबल	गनदेरबल	259	233.60	25.40
	बन्दीपुरा	बन्दीपुरा	345	295.37	49.63
	बारामुला	बारामुला	4,243	4,179.44	63.56
	कुपवाड़ा	कुपवाड़ा	2,379	2,331.66	47.34
	योग	कश्मीर	15,948	15,226.41	721.54

जम्मू-कश्मीर रियासत का एक पुराना नक़्शा

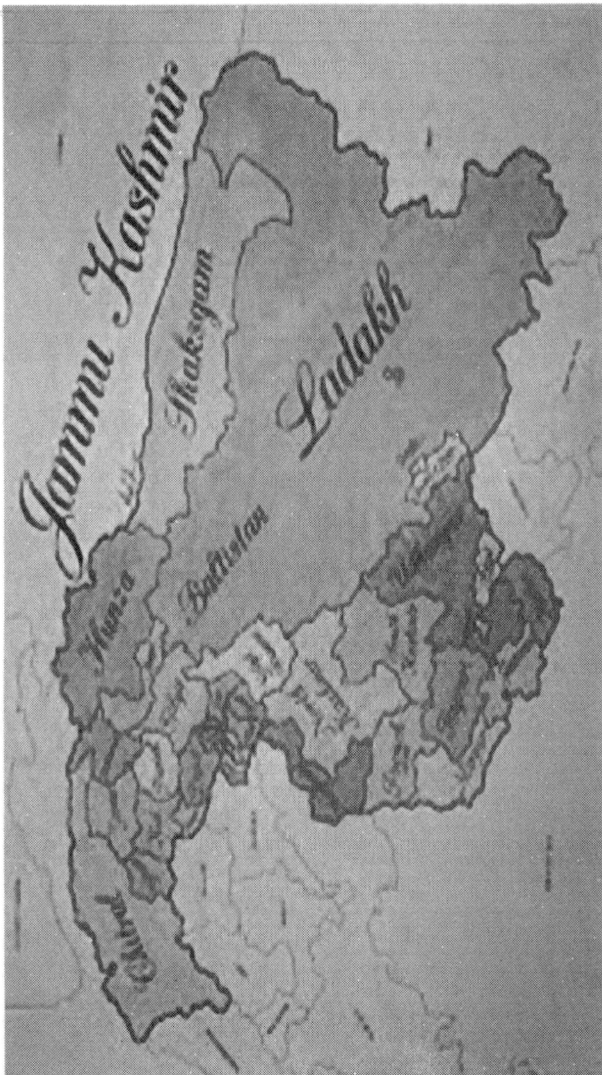

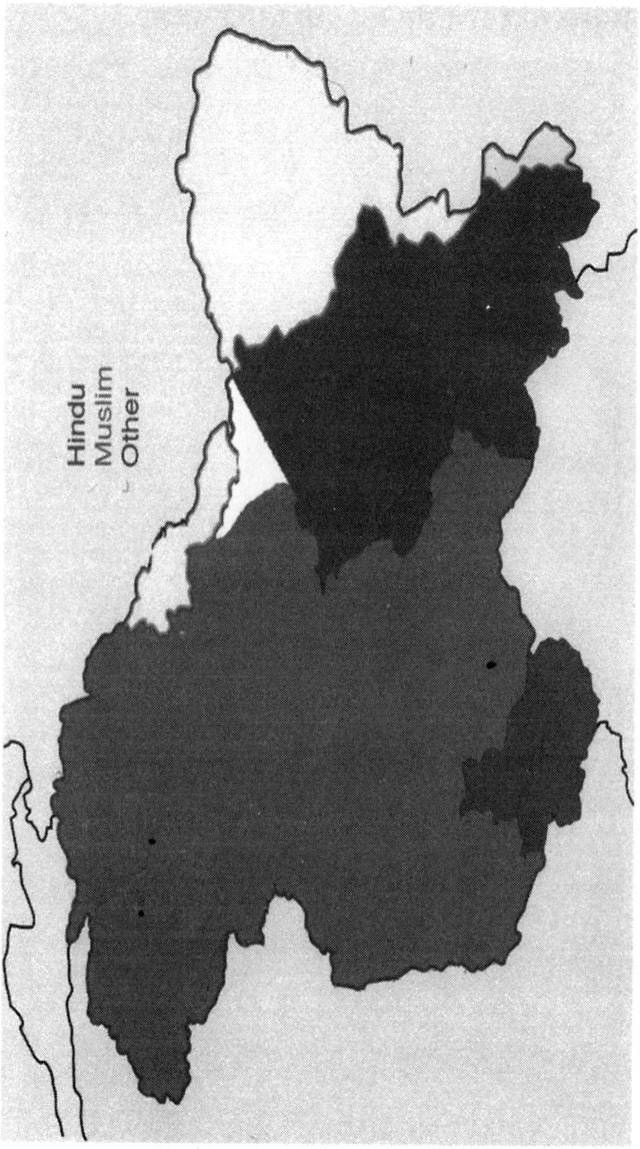
Hindu
Muslim
Other

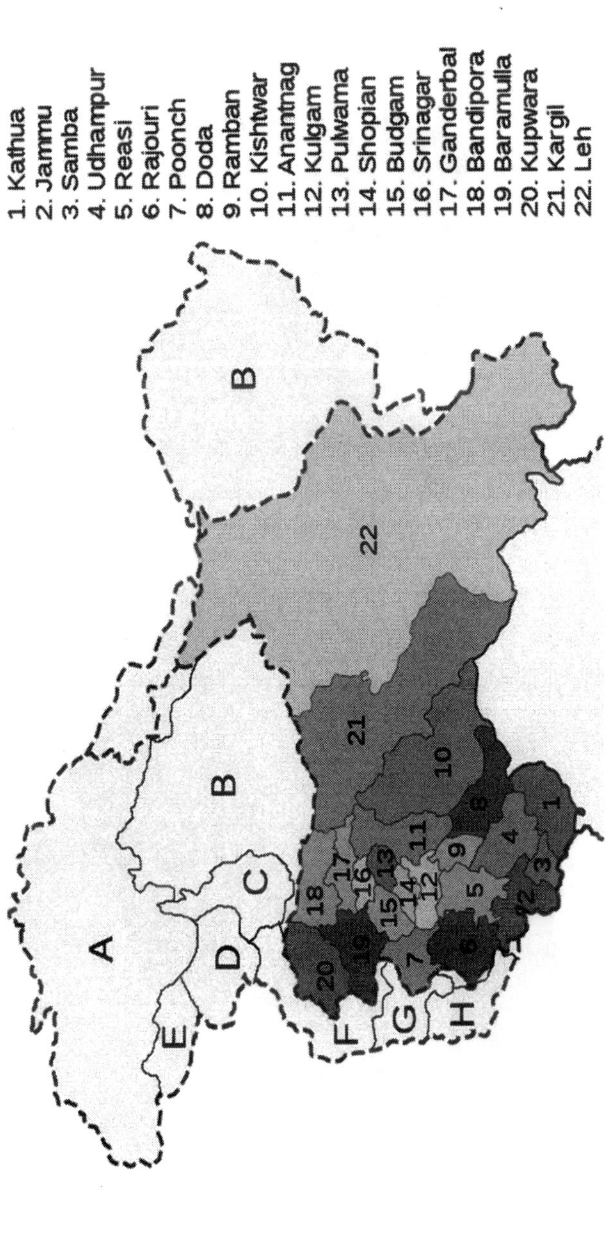
1. Kathua
2. Jammu
3. Samba
4. Udhampur
5. Reasi
6. Rajouri
7. Poonch
8. Doda
9. Ramban
10. Kishtwar
11. Anantnag
12. Kulgam
13. Pulwama
14. Shopian
15. Budgam
16. Srinagar
17. Ganderbal
18. Bandipora
19. Baramulla
20. Kupwara
21. Kargil
22. Leh
A
B
C
D
E
F
G
H

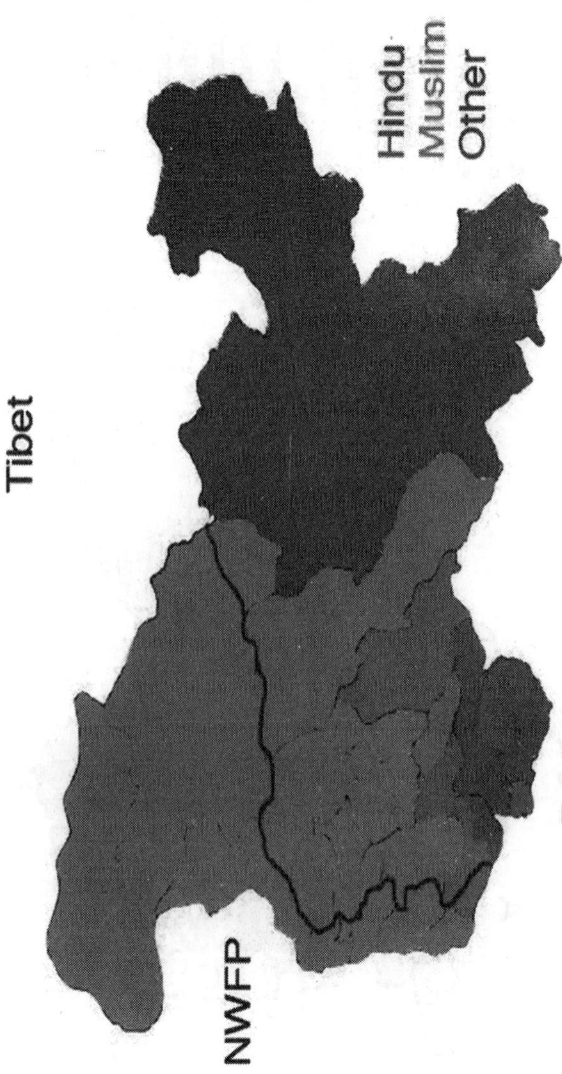
Tibet
Hindu
Muslim
Other
Punjab
NWFP

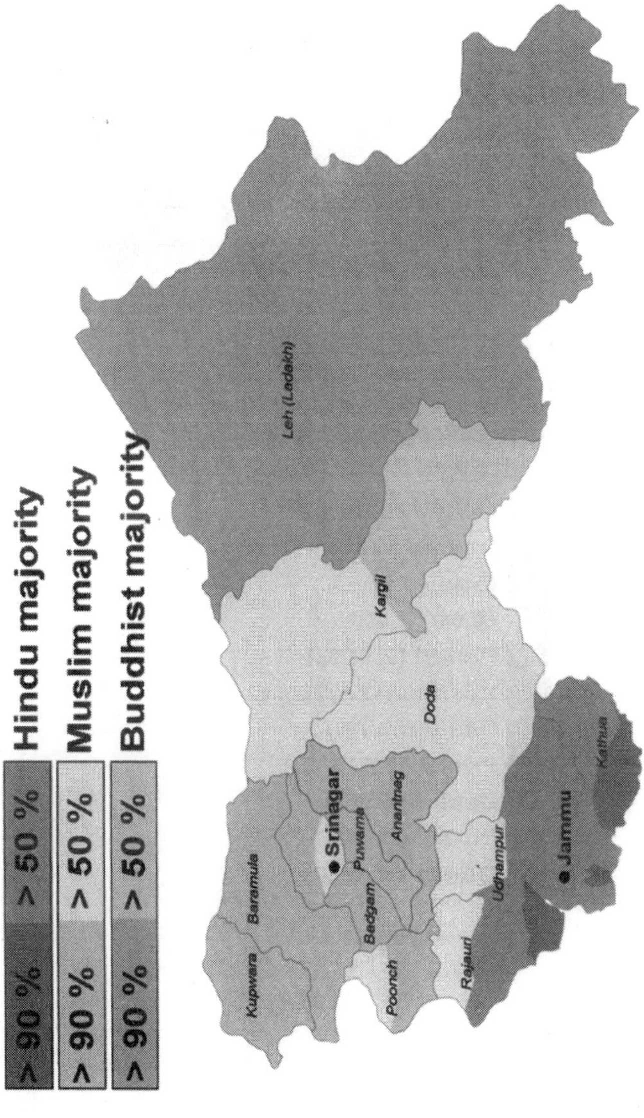

> 90 % > 50 % Hindu majority
> 90 % > 50 % Muslim majority
> 90 % > 50 % Buddhist majority
Leh (Ladakh)
Kargil
Doda
Kathua
Jammu
Udhampur
Rajauri
Poonch
Anantnag
Srinagar
Pulwama
Badgam
Baramula
Kupwara

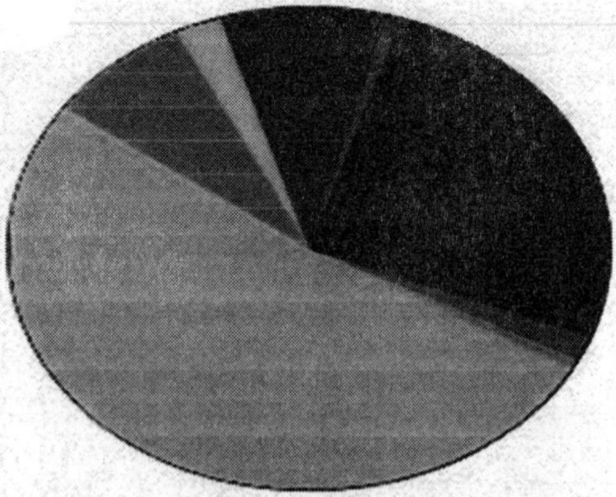

Jammu & Kashmir: mother-tongue of population, according to the 2011 Census of India.[69]

- Dogri (20.04%)
- Bhadrawahi (0.78%)
- Gojri (9.05%)
- Hindi (2.43%)
- Pahari (7.80%)
- Kashmiri (51.72%)
- Siraji (0.62%)
- Punjabi (1.75%)
- Bauti (0.80%)
- Purkhi (0.74%)
- Others (4.27%)

अध्याय-तीन

लद्दाख

आज का लद्दाख एक केन्द्र शासित प्रदेश के रूप में भारत द्वारा प्रशासित एक क्षेत्र है और जम्मू-कश्मीर क्षेत्र का एक हिस्सा है, जो 1947 से भारत, पाकिस्तान और चीन के बीच विवाद का विषय रहा है। लद्दाख की सीमा पूर्व में तिब्बत स्वायत्त क्षेत्र, दक्षिण में भारतीय राज्य हिमाचल प्रदेश, पश्चिम में जम्मू और कश्मीर के भारतीय प्रशासित केन्द्र शासित प्रदेश और उत्तर में पाकिस्तान प्रशासित गिलगित-बाल्टिस्तान के दक्षिण-पूर्वी कोने से लगती है। सुदूर उत्तर में काराकोरम दर्रे के पार चीनी प्रान्त झिंजियांग स्थित है जो काराकोरम रेंज में सियाचिन ग्लेशियर के उत्तर में मुख्य महान हिमालय तक फैला हुआ है। पूर्वी छोर, जिसमें निर्जन अक्साई चिन मैदान शामिल हैं, भारत सरकार द्वारा लद्दाख के अपने हिस्से के रूप में दर्शाया जाता है, परन्तु 1962 के युद्ध के पश्चात् भौतिक रूप से इसका पूर्वी क्षेत्र अक्साई चिन चीनी नियन्त्रण में है।

अतीत में लद्दाख ने महत्त्वपूर्ण व्यापार मार्गों के चौराहे की शक्ल में अपने रणनीतिक स्थान से महत्त्व प्राप्त किया था, लेकिन जैसे ही चीनी शासन ने 1960 के दशक में तिब्बत स्वायत्त क्षेत्र और लद्दाख के बीच सीमाओं को बन्द कर दिया, अन्तर्राष्ट्रीय व्यापार नगण्य हो गया। 1974 से भारत सरकार द्वारा लद्दाख में पर्यटन को सफलतापूर्वक प्रोत्साहित किया गया है। चूँकि लद्दाख रणनीतिक रूप से महत्त्वपूर्ण कश्मीर क्षेत्र

का हिस्सा है, इसलिए भारतीय सेना इस क्षेत्र में एक मज़बूत उपस्थिति बनाए रखती है।

लद्दाख का सबसे बड़ा शहर लेह है, इसके बाद कारगिल है, जिसमें से प्रत्येक स्वयं ज़िलों के मुख्यालय हैं। लेह ज़िले में सिन्धु, श्योक और नुब्रा नदी घाटियाँ शामिल हैं तथा कारगिल ज़िले में सुरू, द्रास और ज़ांस्कर नदी घाटियाँ शामिल हैं। मुख्यत: नदी घाटियाँ ही आबादी वाले क्षेत्र हैं। इसके अलावा पहाड़ी ढलान पर भी देहाती चांगपा ख़ानाबदोश अपना जीवनयापन करते हैं। इस क्षेत्र में मुख्य धार्मिक समूह मुस्लिम (मुख्य रूप से शिया) (46%), तिब्बती बौद्ध (40%), हिन्दू (12%) और अन्य (2%) निवास करते हैं। लद्दाख भारत में सबसे कम आबादी वाले क्षेत्रों में से एक है। इसकी संस्कृति और इतिहास का तिब्बत से गहरा सम्बन्ध रहा है।

जम्मू और कश्मीर पुनर्गठन अधिनियम के पारित होने के बाद, 31 अक्टूबर 2019 को लद्दाख को भारत के केन्द्र शासित प्रदेश के रूप में स्थापित किया गया। इसके पूर्व, यह जम्मू और कश्मीर राज्य का हिस्सा था। अद्यतन लद्दाख क्षेत्रफल के लिहाज से भारत का सबसे बड़ा और दूसरा सबसे कम आबादी वाला केन्द्र शासित प्रदेश है। इस क्षेत्र को पहले मरयूल के नाम से भी जाना जाता था। तिब्बती बोलियों में लद्दाख का अर्थ होता है—उच्च दर्रों की भूमि।

मध्यकालीन इस्लामी विद्वानों में लद्दाख को महान तिब्बत कहने का चलन रहा है, जिसका अर्थ होता है, ऊँची ज़मीन। बाल्टिस्तान और कश्मीर के आसपास के अन्य ट्रांस-हिमालयी क्षेत्रों को "छोटा तिब्बत" भी कहा जाता था।

प्राचीन इतिहास

प्रारम्भिक मध्ययुगीन इतिहास

नौवीं शताब्दी में तिब्बत के पूर्व शासक लैंगदर्मा की हत्या कर दी गयी और तिब्बत खण्डित हो गया। लैंगडार्मा के परपोते काइदे न्याइमगन, पश्चिम तिब्बत भाग गये और पुराने झांगझुंग के केन्द्र में एक नये पश्चिम

तिब्बती साम्राज्य की स्थापना की, जिसे आज तिब्बती भाषा में नगारी कहा जाता है। माना जाता है कि न्यामागोन के सबसे बड़े बेटे ल्हाचेन पालगीगॉन ने लद्दाख और रुतोग सहित उत्तर के क्षेत्रों पर विजय प्राप्त की थी। न्यामगोन की मृत्यु के बाद उसका राज्य उसके तीन पुत्रों में विभाजित हो गया। पल्गीगॉन को लद्दाख, रुतोग, ठोक जलुंग और एक क्षेत्र जिसे डेमचोक कार्पो (वर्तमान डेमचोक गाँव के पास एक पवित्र पर्वत) कहा जाता है। दूसरे बेटे को गुगे-पुरंग (नगारी कोर्सम) और तीसरे बेटे को ज़ांस्कर और स्पीति (लद्दाख के दक्षिण-पश्चिम में) प्राप्त हुए। न्याइमगन के साम्राज्य के इस तीन-तरफ़ा विभाजन को ऐतिहासिक माना गया और तीनों क्षेत्रों के इतिहास में एक संस्थापक कथा के रूप में याद किया जाता है। उसने अपने प्रत्येक पुत्र को एक अलग राज्य दिया। पालगीगॉन द्वारा स्थापित मर्युल का पहला पश्चिमी तिब्बती राजवंश पाँच शताब्दियों तक चला, जो मंगोल/मुग़ल कुलीन मिर्जा हैदर दुगलत की विजय के कारण अपने अन्त की ओर कमज़ोर हो गया। इस अवधि के दौरान इस क्षेत्र को 'मर्युल' कहा जाता था। सम्भवत: मूल म्रासा (ज़ुआंगज़ांग, मो-लो-सो) से। तिब्बती भाषा में इसका अर्थ है 'निचला' (नगारी की निचली भूमि)। इस अवधि के दौरान मरयूल कट्टर बौद्ध बने रहे। उन्होंने भारत से तिब्बत तक कश्मीर और ज़ांस्कर के माध्यम से बौद्ध धर्म के प्रसार में भाग लिया।

मध्यकालीन इतिहास

1380 और 1510 के दशक के बीच कई इस्लामी मिशनरियों ने इस्लाम का प्रचार किया और लद्दाखी लोगों का धर्मान्तरण किया। सैयद अली हमदानी, सैयद मुहम्मद नूर बख़्श और मीर शम्सुद्दीन इराक़ी तीन महत्त्वपूर्ण सूफ़ी मिशनरी थे, जिन्होंने स्थानीय लोगों ने इस्लाम का प्रचार किया। मीर सैयद अली लद्दाख में मुस्लिम धर्मान्तरण करने वाले पहले व्यक्ति थे और उन्हें अक्सर लद्दाख में इस्लाम के संस्थापक के रूप में वर्णित किया जाता है। इस अवधि के दौरान लद्दाख में कई मस्जिदों का भी निर्माण किया गया, जिनमें लद्दाख की राजधानी मुलभे,

पदुम और शे शामिल हैं। उनके प्रमुख शिष्य सैयद मुहम्मद नूर बख़्श ने भी लद्दाखियों के बीच इस्लाम का प्रचार जारी रखा और बाल्टी लोग तेज़ी से इस्लाम में परिवर्तित हो गये। नूरबख़्शिया पन्थ का नाम उनके नाम पर रखा गया है और उनके अनुयायी बाल्टिस्तान और लद्दाख में पाये जाते हैं। अपनी युवावस्था के दौरान, सुल्तान ज़ैन-उल-आबिदीन ने धर्मगुरु शेख़ ज़ैन शाहवल्ली को राज्य के प्रति अनादर दिखाने के कारण निष्कासित कर दिया था। शेख़ फिर कुछ समय बाद लद्दाख लौटे और कई लोगों को इस्लाम में धर्मान्तरित किया। 1505 में, एक प्रसिद्ध शिया विद्वान, शम्सुद्दीन इराकी ने कश्मीर और बाल्टिस्तान का दौरा किया। उन्होंने कश्मीर में शिया इस्लाम के प्रसार में मदद की और बाल्टिस्तान में मुसलमानों के भारी बहुमत को अपने विचारधारा में परिवर्तित कर दिया। इस अवधि के बाद इस्लाम विस्तार गति में थोड़ी कमी हुई। ऐसा लगता है कि इस प्रक्रिया को एक विराम लगा ।

मिर्जा मुहम्मद हैदर दुगलत जिन्होंने 1532, 1545 और 1548 में लद्दाख पर आक्रमण किया और आंशिक रूप से विजय प्राप्त की थी, परन्तु अपने शासन के दौरान उन्होंने लेह में इस्लाम के प्रति कोई विशेष आग्रह नहीं रखा। हालाँकि शिया इस्लाम और नूरबख़्शिया इस्लाम लद्दाख के अन्य क्षेत्रों में फलते-फूलते रहे। राजा भगन ने लद्दाख को फिर से जोड़ा और मज़बूत किया और नामग्याल वंश की स्थापना की। कई तिब्बती भाषाओं में नामग्याल का अर्थ 'विजयी' होता है। नामग्याल ने अधिकांश मध्य एशियाई हमलावरों को खदेड़ दिया और अस्थायी रूप से नेपाल तक राज्य का विस्तार किया। राजा अली शेर ख़ान अंचन के नेतृत्व में बलती आक्रमण के दौरान कई बौद्ध मन्दिरों और कलाकृतियों को क्षतिग्रस्त कर दिया गया था। अली शेर ख़ान ने राजा और उसके सैनिकों को बन्दी बना लिया। जामयांग नामग्याल को बाद में अली शेर ख़ान द्वारा पुनः सिंहासन पर बहाल कर दिया गया और उनकी शादी एक मुस्लिम राजकुमारी के साथ करा दी। उसका नाम ग्याल ख़ातून (या अर्ग्याल खातून) था। उसे पहली रानी का दर्ज़ा मिला था और उसके बेटे को अगला शासक नामित किया गया। उसके पिता कौन थे,

इस पर ऐतिहासिक ब्योरे अलग-अलग हैं। कुछ लोग अली के सहयोगी और खापलू के राजा याँबगो शे गिलाज़ी को उसके पिता के रूप में चिन्हित करते हैं, जबकि अन्य खुद अली को ही पिता के रूप में मानते हैं। 17 वीं शताब्दी की शुरुआत में जम्यांग और ग्याल के बेटे सेंगगे नामग्याल द्वारा नष्ट की गयी कलाकृतियों और गोनपाओं को बहाल करने के प्रयास किये गये थे। उसने जांगस्कर और स्पीति में राज्य का विस्तार किया। मुग़लों द्वारा पहले ही कश्मीर और बाल्टिस्तान पर क़ब्ज़ा कर लिया गया था, परन्तु उस काल में भी वे लद्दाख विजय से वंचित रहे। मुग़ल दौर में लद्दाख ने अपनी स्वतन्त्रता बरक़रार रखी।

17वीं शताब्दी की शुरुआत में बाल्टी आक्रमण और ग्याल की जम्यांग से शादी के बाद इस्लाम ने लेह क्षेत्र में जड़ें जमाना शुरू कर दिया। ग्याल के साथ मुस्लिम सेवकों और संगीतकारों के एक बड़े समूह को लद्दाख भेजा गया और निजी मस्जिदों का निर्माण किया गया, जहाँ वे प्रार्थना कर सकते थे। कुछ मुस्लिम संगीतकार बाद में लेह में बस गये तथा कुछ बाल्टी राज्य में चले गये। मौखिक परम्परा के अनुसार कई मुस्लिम व्यापारियों को लेह में बसने के लिए ज़मीन दी गयी। बाद के वर्षों में कई अन्य मुसलमानों को विभिन्न उद्देश्यों के लिए आमन्त्रित किया गया।

17वीं शताब्दी के अन्त में, लद्दाख ने तिब्बत के साथ अपने विवाद में भूटान का साथ लिया, जिसके परिणामस्वरूप, अन्य कारणों के साथ, तिब्बती केन्द्र सरकार द्वारा उस पर आक्रमण किया गया। इस घटना को 1679-1684 के तिब्बत-लद्दाख-मुग़ल युद्ध के रूप में जाना जाता है। कश्मीरी इतिहासकारों का दावा है कि इसके बाद मुग़ल साम्राज्य द्वारा सहायता के बदले में राजा ने इस्लाम धर्म अपना लिया। हालाँकि लद्दाखी इतिहास में ऐसे तथ्य का उल्लेख नहीं मिलता। राजा राज्य की रक्षा के बदले में मुग़लों को कर देने के लिए सहमत हो गया। 5वें दलाई लामा को अन्तिम भुगतान किये जाने के बाद मुग़ल पीछे हट गये। ज़ुंगर साम्राज्य के ख़ान, गलडन बोशुगतु ख़ान की मदद से तिब्बतियों ने 1684 में फिर से लद्दाख पर हमला किया। तिब्बतियों ने विजय प्राप्त की और लद्दाख

के साथ एक सन्धि सम्पन्न की, पुनः वे दिसम्बर 1684 में ल्हासा वापस लौट आये। 1684 में टिंगमोसगैंग की सन्धि तय हुई, जिसके द्वारा लद्दाख की स्वतन्त्रता को गम्भीर रूप से प्रतिबन्धित कर दिया गया।

1834 में जम्मू के राजा गुलाब सिंह के एक सेनापति, सिख ज़ोरावर सिंह ने सिख साम्राज्य की आधिपत्य के तहत लद्दाख पर आक्रमण किया और उसे जम्मू में मिला लिया। प्रथम आंग्ल-सिख युद्ध (1846) में सिखों की हार के बाद ब्रिटिश आधिपत्य के तहत जम्मू और कश्मीर राज्य को एक अलग रियासत के रूप में स्थापित किया गया था। नामग्याल परिवार को स्टोक की जागीर दी गयी थी, जो आज भी नाममात्र की मौजूद है। 1850 के दशक में लद्दाख में यूरोपीय प्रभाव शुरू हुआ और बढ़ता गया। भूवैज्ञानिकों, खिलाड़ियों और पर्यटकों ने लद्दाख की खोज शुरू की। 1885 में लेह मोरावियन चर्च के एक मिशन का मुख्यालय बन गया।

डोगरा शासन के दौरान लद्दाख को एक वज़रात (प्रान्त) के रूप में प्रशासित किया गया था, जिसके प्रशासक को वज़ीर-ए-वज़रात कहा था। लेह, स्कर्दू और कारगिल में स्थित इसकी तीन तहसीलें थीं। वज़रात का मुख्यालय साल के छह महीने लेह में और छह महीने के लिए स्कार्दू में था। 1934 में जब प्रजा सभा नामक विधान सभा की स्थापना हुई, तब लद्दाख को विधानसभा में दो सीटें (मनोनीत) दी गयीं।

1947 में भारत के विभाजन के समय डोगरा शासक महाराजा हरि सिंह ने भारत में विलय के दस्तावेज़ पर हस्ताक्षर किये। गिलगित से पाकिस्तानी हमलावर लद्दाख पहुँचे थे और उन्हें बेदख़ल करने के लिए सैन्य अभियान शुरू किया गया था। सेना के इंजीनियरों द्वारा सोनमर्ग से ज़ोजी ला में पोनी ट्रेल के युद्धकालीन रूपान्तरण ने टैंकों को ऊपर जाने और पास पर सफलतापूर्वक क़ब्ज़ा करने की सुविधा दी, जिसके कारण सैन्य अभियान आगे बढ़ा। तद्नुसार द्रास, कारगिल और लेह को मुक्त कराया गया और लद्दाख को घुसपैठियों से मुक्त किया गया।

1949 में, चीन ने पुराने व्यापार मार्गों को अवरुद्ध करते हुए नुब्रा और शिनजियांग के बीच की सीमा को बन्द कर दिया। 1955 में चीन ने अक्साई चिन क्षेत्र के माध्यम से शिनजियांग और तिब्बत को जोड़ने वाली

सड़क का निर्माण शुरू किया। अक्साई चिन पर नियन्त्रण वापस बनाने के भारतीय प्रयास के कारण 1962 का भारत-चीन युद्ध हुआ, जिसमें भारत को असफलता मिली। चीन ने पाकिस्तान के साथ मिलकर काराकोरम हाईवे भी बनाया था। भारत ने भी इसी अवधि के दौरान श्रीनगर-लेह राजमार्ग का निर्माण किया, जिससे श्रीनगर और लेह के बीच यात्रा के समय को सोलह दिनों से घटाकर दो दिन तक कर दिया गया। हालाँकि सर्दियों के महीनों में भारी बर्फ़बारी के कारण मार्ग बन्द रहता है। इस मार्ग को पूरे समय क्रियाशील रखने के लिए ज़ोजी ला दर्रे के पार 6.5 किलोमीटर लम्बी सुरंग के निर्माण की योजना भारत सरकार द्वारा बनायी गयी।

1999 के कारगिल युद्ध, जिसे भारतीय सेना द्वारा 'ऑपरेशन विजय' नाम दिया गया था, ने श्रीनगर-लेह राजमार्ग पर प्रमुख स्थानों की अनदेखी के कारण पश्चिमी लद्दाख के कुछ हिस्सों, जैसे कारगिल, द्रास, मुशकोह, बटालिक और चोरबतला में पाकिस्तानी सैनिकों द्वारा घुसपैठ देखी गयी। भारतीय सेना द्वारा काफ़ी तोपख़ाने और वायु सेना के समर्थन के साथ उच्च ऊँचाई पर व्यापक अभियान शुरू किये गये थे। पाकिस्तानी सैनिकों को नियन्त्रण रेखा के भारतीय पक्ष से बेदख़ल कर दिया गया था ।

1979 में लद्दाख क्षेत्र को कारगिल और लेह ज़िलों में विभाजित किया गया था। 1989 में, बौद्धों और मुसलमानों के बीच हिंसक दंगे हुए थे। कश्मीरी बहुल राज्य सरकार से स्वायत्तता की माँग के बाद 1990 के दशक में लद्दाख स्वायत्त पहाड़ी विकास परिषद् बनायी गयी थी। लेह और कारगिल ज़िलों में अब स्थानीय नीति और विकास निधि पर कुछ नियन्त्रण के साथ स्थानीय स्तर पर चुनी गयी पहाड़ी परिषदें हैं। 1991 में, निप्पोंज़न मायोहोजी द्वारा लेह में एक शान्ति शिवालय बनाया गया था।

लद्दाख में भारतीय सेना और भारत-तिब्बत सीमा पुलिस बलों की भारी मौजूदगी थी। 1962 के चीन-भारतीय युद्ध के बाद से चीन से इन बलों और पीपुल्स लिबरेशन आर्मी बलों के बीच वास्तविक नियन्त्रण रेखा से सटे हिस्से के साथ लगातार गतिरोध रहा है। लद्दाख में 857 किलोमीटर लम्बी सीमा में से केवल 368 किलोमीटर अन्तर्राष्ट्रीय सीमा है,

और शेष 489 किलोमीटर वास्तविक नियन्त्रण रेखा है। सबसे अधिक सैनिकों को शामिल करने वाला गतिरोध सितम्बर 2014 में विवादित चुमार क्षेत्र में था जब लगभग 1,000 भारतीय सैनिक और 1,500 चीनी सैनिक एक-दूसरे के क़रीब आ गये थे।

लद्दाख डिवीज़न

फ़रवरी, 2019 में लद्दाख जम्मू और कश्मीर के भीतर एक अलग राजस्व और प्रशासनिक प्रभाग बन गया, जो पहले कश्मीर डिवीज़न का हिस्सा था। एक प्रभाग के रूप में लद्दाख को अपना स्वयं का सम्भागीय आयुक्त और पुलिस महानिरीक्षक प्रदान किया गया।

लेह को शुरू में नये डिवीज़न के मुख्यालय के रूप में चुना गया था, लेकिन विरोध के बाद यह घोषणा की गयी थी कि लेह और कारगिल संयुक्त रूप से डिवीज़नल मुख्यालय के रूप में काम करेंगे। प्रत्येक डिवीज़नल कमिश्नर और पुलिस महानिरीक्षक की सहायता के लिए एक अतिरिक्त डिवीज़नल कमिश्नर मेज़बानी करेगा। अधिकारी अपना आधा-आधा समय प्रत्येक शहर में बिताते हैं।

केन्द्र शासित प्रदेश की माँग

लद्दाख के लोग 1930 के दशक से लद्दाख को एक स्व शासित प्रदेश के रूप में गठित करने की माँग कर रहे थे, क्योंकि आरोप था कि कश्मीर और लद्दाख के सांस्कृतिक मतभेदों के कारण मुख्यत: मुस्लिम बहुल कश्मीर घाटी द्वारा लद्दाख के साथ अनुचित व्यवहार किया जाता है। कारगिल में लोगों ने घाटी से अपने धार्मिक जुड़ाव के कारण लद्दाख को केन्द्र शासित प्रदेश का दर्ज़ा देने का विरोध किया था। अलग केन्द्र शासित प्रदेश (यूटी) के रूप में लद्दाख की माँग सबसे पहले 1955 के आसपास सांसद कुशोक बकुला रिनपोछे ने उठाई थी, जिसे बाद में एक अन्य सांसद थुपस्तान छेवांग ने आगे बढ़ाया। पूर्व जम्मू और कश्मीर राज्य क्षेत्रफल के आधार पर केन्द्र सरकार से वार्षिक धन का बड़ा आवंटन प्राप्त कर लाभ में होते थे। वहीं लद्दाख का बड़ा भौगोलिक

क्षेत्र (कुल क्षेत्रफल का 65% शामिल है) होने के बावजूद लद्दाख को राज्य के बजट का लगभग 2% आवंटित किया जाता था। बजट वितरण की असमानता से लद्दाख की अनदेखी पुष्ट होती थी। इस असमानता के विरोध में पहला संगठित आन्दोलन वर्ष 1964 में कश्मीर के 'प्रभुत्व' के ख़िलाफ़ शुरू किया गया था। 1980 के दशक के अन्त में भी केन्द्र शासित प्रदेश की स्थिति के लिए उनकी माँग को स्वीकार करने के लिए एक बहुत बड़ा जन आन्दोलन शुरू किया गया था।

अगस्त 2019 में भारत की संसद द्वारा एक पुनर्गठन अधिनियम पारित किया गया था, जिसमें 31 अक्टूबर 2019 को लद्दाख को एक केन्द्र शासित प्रदेश के रूप में पुनर्गठित करने के प्रावधान थे, जो शेष जम्मू और कश्मीर से अलग था। अधिनियम की शर्तों के तहत, केन्द्र शासित प्रदेश को भारत की केन्द्र सरकार की ओर से कार्य करने वाले एक उपराज्यपाल द्वारा प्रशासित किया जाना है परन्तु इसमें एक निर्वाचित विधान सभा या मुख्यमन्त्री का प्रावधान फ़िलहाल नहीं है। केन्द्र शासित प्रदेश के भीतर दोनों ज़िलों के लिए पहले की तरह एक स्वायत्त ज़िला परिषद् का कार्यरत रहना जारी रहेगा।

भूगोल

लद्दाख भारत का सबसे ऊँचा पठार है जिसका अधिकांश भाग 3,000 मीटर से अधिक ऊँचाई पर है। यह हिमालय से कुनलुन पर्वतमाला तक फैला हुआ है और इसमें ऊपरी सिन्धु नदी घाटी शामिल है। ऐतिहासिक रूप से इस क्षेत्र के उत्तर में बाल्टिस्तान (बाल्टियुल) घाटियाँ (अब ज़्यादातर कश्मीर के पाकिस्तानी प्रशासित हिस्से में), सम्पूर्ण ऊपरी सिन्धु घाटी, सुदूर ज़ांस्कर, दक्षिण में रुडोक क्षेत्र और गुगे सहित अधिकांश नगारी क्षेत्र शामिल हैं। उत्तर पूर्व में अक्साई चिन और लद्दाख रेंज में खारडोंग ला के उत्तर में नुब्रा घाटी स्थित है। लद्दाख के पूर्व में तिब्बत, दक्षिण में लाहौल और स्पीति क्षेत्रों, पश्चिम में कश्मीर की घाटी, जम्मू और बाल्टीयुल क्षेत्रों और सुदूर उत्तर में काराकोरम दर्रे के पार शिनजियांग के दक्षिण-पश्चिम कोने की सीमाएँ हैं। लद्दाख और तिब्बती

पठार के बीच ऐतिहासिक, लेकिन अभेद्य विभाजन उत्तर में रुडोक के पूर्व में अलिंग कांगरी और मावांग कांगरी सहित लकीरों के जटिल चक्रव्यूह में शुरू होता है और दक्षिण-पूर्व की ओर उत्तर-पश्चिमी नेपाल तक जारी रहता है। विभाजन से पहले बाल्टिस्तान, जो अब पाकिस्तानी नियन्त्रण में है, लद्दाख का एक ज़िला था। स्कार्दू लद्दाख की शीतकालीन राजधानी हुआ करती थी, जबकि लेह ग्रीष्मकालीन राजधानी थी।

इस क्षेत्र में पर्वत शृंखलाएँ भारतीय प्लेट की तुलना में अधिक स्थिर यूरेशियन प्लेट की तहों के हिमालयी तहों के टकराव द्वारा पिछले 45 मिलियन वर्षों में निर्मित संरचनाएँ हैं, जिनकी उथल-पुथल अभी भी जारी है, जिसके कारण हिमालयी क्षेत्र में लगातार भूकम्प आते रहते हैं।

सुरु और ज़ांस्कर घाटियाँ हिमालय और ज़ांस्कर रेंज से घिरी एक बड़ा मैदान बनाती हैं। रंगदम सुरू घाटी सबसे अधिक बसा हुआ क्षेत्र है, जिसके बाद ज़ांस्कर के प्रवेश द्वार पेंसी-ला में घाटी बढ़कर 4,400 मीटर (ऊँची) हो जाती है। सुरू घाटी का एकमात्र शहर कारगिल, लद्दाख का दूसरा सबसे महत्त्वपूर्ण शहर है। श्रीनगर, लेह, स्कार्दू और पदुम से कमोबेश समान दूरी (लगभग 230 किलोमीटर), पर होने के कारण, 1947 से पहले व्यापार कारवां के मार्गों पर यह एक महत्त्वपूर्ण मंच की बनावट था। जांगस्कर घाटी स्टोड और लुंगनाक नदियों के कुण्ड में स्थित है। इस क्षेत्र में भारी हिमपात होता है; पेन्सी-ला केवल जून और मध्य अक्टूबर के बीच खुला रहता है। द्रास और मुशकोह घाटी लद्दाख के पश्चिमी छोर का निर्माण करते हैं। सिन्धु नदी लद्दाख की रीढ़ है। अधिकांश प्रमुख ऐतिहासिक और वर्तमान शहर-शे, लेह, बासगो और टिंगमोसगैंग, सिन्धु नदी के किनारे बसे हैं। 1947के भारत-पाकिस्तान युद्ध के बाद लद्दाख से होकर बहने वाली सिन्धु नदी का यह भारतीय खण्ड हिन्दू धर्म और संस्कृति के नज़रिए से बहुत सम्मानित है। यों लद्दाख में तो बौद्ध केन्द्रों की संख्या अधिक है।

लद्दाख रेंज में बड़ी चोटियाँ नहीं हैं। इसकी औसत ऊँचाई 6,000 मीटर से थोड़ी कम है और इसके कुछ दर्रे 5,000 मीटर से कम ऊँचाई पर हैं। पैंगोंग रेंज, पैंगोंग झील के दक्षिणी किनारे पर चुशुल से उत्तर-पश्चिम

में लगभग पचास किलोमीटर तक लद्दाख रेंज के समानान्तर चलती है। इसका उच्चतम बिन्दु लगभग 6,700 मीटर पर स्थित है और उत्तरी ढलान भारी हिमाच्छादित है। श्योक और नुब्रा नदियों की घाटी वाले क्षेत्र को नुब्रा के नाम से जाना जाता है। लद्दाख में काराकोरम रेंज बाल्टिस्तान की तरह शक्तिशाली नहीं है। नुब्रा-सियाचिन लाइन के उत्तर और पूर्व में बड़े पैमाने पर चोटियाँ हैं, जिसमें अप्सरास समूह (7,245 मीटर उच्चतम बिन्दु) रिमो मुजताघ (7,385 मीटर उच्चतम बिन्दु) और तेराम कांगरी समूह (7,464 मीटर) ममोस्टोंग कांगरी (7,526 मीटर) और सिंघी कांगड़ी (7,202 मीटर) शामिल है । काराकोरम के उत्तर में कुनलुन है। इस प्रकार लेह और पूर्वी मध्य एशिया के बीच एक तिहरा अवरोध है–लद्दाख रेंज, काराकोरम रेंज और कुनलुन, इसके बावजूद अतीत में लेह और यारकन्द के बीच एक प्रमुख व्यापार मार्ग स्थापित हो सका था ।

लद्दाख एक उच्च ऊँचाई वाला पठार है, जो आमतौर पर मानसूनी बादलों के प्रवेश को रोकता है तथा पानी का मुख्य स्रोत पहाड़ों पर शीतकालीन हिमपात है क्योंकि हिमालय समान्यतः बारिश की छाया को बाधित करता है। इस क्षेत्र में हाल की बाढ़ (उदाहरण के लिए, 2010 की बाढ़) में असामान्य बारिश पैटर्न और पीछे हटने वाले ग्लेशियरों को प्रमुख कारण ठहराया गया तथा दोनों घटनाओं को वैश्विक जलवायु परिवर्तन से जोड़ा भी गया।

हिमालय के उत्तरी किनारे पर स्थित क्षेत्र-द्रास, सुरू घाटी और जांगस्कर-भारी हिमपात का दबाव झेलते हैं और वर्ष में कई महीनों तक शेष क्षेत्र से कटे रहते हैं। इस क्षेत्र में ग्रीष्मकाल छोटा होता है। हालाँकि फसल उगाने के लिए पर्याप्त समय उपलब्ध होता हैं। गर्मी का मौसम शुष्क और सुखद होता है। गर्मियों में तापमान 3 से 35 डिग्री सेल्सियस और सर्दियों में न्यूनतम तापमान -20 से -35 डिग्री सेल्सियस तक होता है। ज़ांस्कर अपनी सहायक नदियों के साथ इस क्षेत्र की प्रमुख नदी है। जांस्कर सर्दियों के दौरान जम जाता है और इस शानदार जमी हुई नदी पर प्रसिद्ध चादर ट्रैकिंग होती है।

वनस्पति और जीव

लद्दाख में जलधाराओं और आर्द्रभूमियों, ऊँची ढलानों और सिंचित स्थानों को छोड़कर वनस्पतियाँ अत्यन्त विरल हैं। लद्दाख से आम फसलों सहित लगभग 1250 पौधों की प्रजातियों की जानकारी है। समुद्र तल से 6,150 मीटर की ऊँचाई पर बढ़ने वाले पौधे लदाकियेला क्लिमेसी की खोज सबसे पहले यहीं वर्णित की गयी थी, जिसे इस क्षेत्र के नाम पर रखा गया था। विलियम मूरक्रॉफ़्ट इस क्षेत्र के वन्यजीवों का अध्ययन करने वाला पहला यूरोपीय (1820 में) था। उसके बाद ऑस्ट्रियाई-चेक जीवाश्म विज्ञानी फ़र्डिनेंड स्टोलिज़्का थे, जिन्होंने 1870 के दशक में वहाँ एक विशाल अभियान चलाया था।

लद्दाख क्षेत्र में भारल या नीली भेड़ सबसे प्रचुर मात्रा में पाया जाने वाला मवेशी है। यद्यपि यह जांगस्कर और शाम क्षेत्रों के कुछ हिस्सों में नहीं पाया जाता है। एशियाई आइबेक्स एक बहुत ही सुन्दर पहाड़ी बकरी है जो लद्दाख के पश्चिमी भाग में पायी जाती है, एवं ऊबड़-खाबड़ क्षेत्रों के लिए अनुकूलित है। ख़तरे की स्थिति में यह आसानी से ऊपर चढ़ जाती है। लद्दाखी यूरियाल एक और अनोखी पहाड़ी भेड़ है जो लद्दाख के पहाड़ों में निवास करती है। हालाँकि इनकी जनसंख्या घट रही है, यूरियाल लद्दाख के लिए स्थानिक है, इसे दो प्रमुख नदी घाटियों–सिन्धु और श्योक के मध्य पाया जाता है। जानवरों को अक्सर उन किसानों द्वारा सताया जाता है, जिनकी फसल कथित रूप से इनके द्वारा क्षतिग्रस्त हो जाती है।

पिछली शताब्दी में लेह-श्रीनगर राजमार्ग पर शिकारियों द्वारा अन्धाधुन्ध गोलीबारी के कारण इनकी आबादी में भारी गिरावट आयी है। तिब्बती अर्गली या न्यान दुनिया की सबसे बड़ी जंगली भेड़ है, जिसके सींग लगभग एक मीटर लम्बे होते हैं। यह तिब्बती पठार और इसके सीमान्त पहाड़ों पर पायी जाती है। लद्दाख में क़रीब जानवरों की 400 प्रजातियाँ आबाद हैं। शिकारियों से बचने के लिए, खड़ी चट्टानों पर चढ़ने वाली जंगली बकरियों के विपरीत, जानवर दौड़ते समय खुले और

लुढ़कने वाले इलाक़े को पसन्द करता है। लुप्तप्राय तिब्बती मृग, जिसे भारतीय अंग्रेज़ी में चिरू के रूप में जाना जाता है। लद्दाखी त्सो, एक उपयोगी जानवर है। पारम्परिक रूप से इसके ऊन (शहतोश) के लिए इनका शिकार किया जाता है, जो बेहतरीन गुणवत्ता वाला एक प्राकृतिक फ़ाइबर है और इस प्रकार इसके हल्के वज़न और गर्म तासीर के कारण अत्यन्त मूल्यवान है। चिरू के ऊन को हाथ से निकालने की प्रक्रिया जानवर के मारे जाने के बाद की जाती है। इस फ़ाइबर की तस्करी कश्मीर में की जाती है और कश्मीरी श्रमिकों द्वारा उत्कृष्ट शॉल के रूप में बुना जाता है। लद्दाख तिब्बती चिकारे का भी घर है, जो तिब्बत की सीमा से लगे पूर्वी लद्दाख में विशाल रेंजलैंड में बसते है।

किआंग या तिब्बती जंगली गधा चांगथांग के घास के मैदानों में आम है, जिनकी संख्या लगभग 2,500 है। ये जानवर चांगथांग के ख़ानाबदोश लोगों का हमला झेलते हैं, जो किआंग को चारागाह क्षरण के लिए ज़िम्मेदार मानते हैं। दुनिया भर में अनुमानित कुल 7,000 हिम तेन्दुओं में से लद्दाख में लगभग 200 हिम तेन्दुए हैं। मध्य लद्दाख में हेमिस हाई एल्टीट्यूड नेशनल पार्क इस शिकारी जानवर के लिए विशेष रूप से मुफ़ीद आवास है, क्योंकि इसमें इनको प्रचुर मात्रा में भोजन हेतु शिकार की सामाग्री मिल जाती है। यूरेशियन लिनेक्स एक और दुर्लभ बिल्ली है जो लद्दाख में छोटे शाकाहारी जीवों का शिकार करती है। यह ज़्यादातर नुब्रा, चांगथांग और जांगस्कर में पायी जाती है। पलास की बिल्ली, जो कुछ हद तक घर की बिल्ली की तरह दिखती है, लद्दाख का बहुत दुर्लभ जानवर है । तिब्बती भेड़िये, जो कभी-कभी लद्दाखियों के पालतू पशुओं का शिकार करते हैं, शिकारियों की नज़र में सबसे अधिक निशाने पर रहते हैं। सुरू घाटी और द्रास के आसपास के क्षेत्र में कुछ भूरे भालू भी हैं। इसी क्षेत्र में तिब्बती रेत लोमड़ी की खोज भी की गयी है। छोटे जानवरों में मर्मोट्स, खरगोश और कई प्रकार के पिका और वोले जैसी प्रजातियाँ आम हैं।

कम वर्षा लद्दाख को एक उच्च ऊँचाई वाला रेगिस्तान बनाती है, जिस कारण अधिकांश क्षेत्र में अत्यन्त दुर्लभ वनस्पतियाँ पायी जाती हैं।

प्राकृतिक वनस्पति मुख्य रूप से जलमार्गों के बीच एवं उच्च ऊँचाई वाले क्षेत्रों में होती है। आमतौर पर जलकुण्डों के साथ देखी जाने वाली प्राकृतिक वनस्पतियों में सीबकथॉर्न (हिप्पोफे एसपीपी), गुलाबी या पीले रंग की क़िस्मों के जंगली गुलाब, इमली (मायरिकेरिया एसपीपी), कैरवे, स्टिंगिंग नेट्टल्स, पुदीना, फ़िज़ोक्लेना प्रील्टा और विभिन्न घास शामिल हैं।

प्रशासन

जम्मू और कश्मीर पुनर्गठन अधिनियम की शर्तों के तहत, लद्दाख को एक विधान सभा या निर्वाचित सरकार के बिना एक केन्द्र शासित प्रदेश के रूप में प्रशासित किया जाना है। सरकार का मुखिया भारत के राष्ट्रपति द्वारा नियुक्त एक लेफ़्टिनेंट गवर्नर होता है, जिसे भारतीय प्रशासनिक सेवा के सिविल सेवकों द्वारा सहायता प्रदान की जाती है।

लद्दाख में नये ज़िले बनाने की माँग उठाई गयी है। स्थानीय लोगों द्वारा दो नये ज़िलों–नुब्रा और ज़ांस्कर के निर्माण माँग प्रमुख है। लद्दाख बौद्ध संघ ज़ांस्कर (LBAZ) भी जांस्कर ज़िले के निर्माण की माँग करता रहा है।

लद्दाख के प्रत्येक ज़िले को एक स्वायत्त ज़िला परिषद् द्वारा प्रशासित किया जाता है, वे हैं :

1. लद्दाख स्वायत्त पहाड़ी विकास परिषद्, कारगिल
2. लद्दाख स्वायत्त पहाड़ी विकास परिषद्, लेह

दोनों स्वायत्त ज़िला परिषदें आर्थिक विकास, स्वास्थ्य की देखभाल, शिक्षा, भूमि उपयोग, कराधान और स्थानीय शासन पर निर्णय लेने के लिए ग्राम पंचायतों के समन्वय के साथ काम करती हैं, जिनकी समीक्षा मुख्य कार्यकारी पार्षद और कार्यकारी पार्षदों की उपस्थिति में ब्लॉक मुख्यालय में की जाती है। जम्मू और कश्मीर की सरकार इस क्षेत्र में क़ानून और व्यवस्था, न्यायिक प्रणाली, संचार और उच्च शिक्षा की देखभाल करती है।

लद्दाख जम्मू और कश्मीर उच्च न्यायालय के अधिकार क्षेत्र में है। केन्द्र शासित प्रदेश लद्दाख का अपना एक पुलिस बल है जिसका नेतृत्व एक पुलिस महानिदेशक करता है।

लद्दाख भारतीय संसद के निचले सदन लोकसभा में एक सदस्य (सांसद) भेजता है। वर्तमान लोकसभा में लद्दाख निर्वाचन क्षेत्र के सांसद जामयांग त्सेरिंग नामग्याल भारतीय जनता पार्टी के सदस्य हैं।

अर्थव्यवस्था

खेती की भूमि को नालियों की एक प्रणाली द्वारा सिंचित किया जाता है जो पहाड़ों की बर्फ़ से पानी प्राप्त करती है। प्रमुख फसलें जौ और गेहूँ हैं। चावल पहले लद्दाखी आहार में एक विलासिता का स्थान रखता था, लेकिन सरकार द्वारा सब्सिडी आदि के कारण एक सामान्य खाद्य बन गया है।

नग्न जौ (लद्दाखी: नास) पारम्परिक रूप से पूरे लद्दाख में एक मुख्य फसल है। खेती की अधिकतर ज़मीन कोरज़ोक में, त्सो-मोरीरी झील के किनारे पर है, जिसे व्यापक रूप से दुनिया में सबसे ऊँचा कृषि क्षेत्र माना जाता है।

लद्दाखी लोगों को व्यापारियों और कारवाँ व्यापारियों के रूप में भी जाना जाता है, जो पंजाब और झिंजियांग के बीच कपड़ा, कालीन, रंगाई और नशीले पदार्थों का व्यापार करते हैं। हालाँकि जब से चीनी सरकार ने तिब्बत स्वायत्त क्षेत्र और लद्दाख के बीच की सीमाओं को बन्द कर दिया है, यह अन्तर्राष्ट्रीय व्यापार पूरी तरह से सूख गया है।

लद्दाख क्षेत्र में बहने वाली सिन्धु नदी विशाल जलविद्युत क्षमता से सम्पन्न है। सौर और पवन ऊर्जा क्षमता भी पर्याप्त हैं। हालाँकि यह क्षेत्र सर्व मौसमी सड़कों के अभाव के नाते एक दूरस्थ पहाड़ी क्षेत्र है। यह क्षेत्र विभिन्न निर्माण आवश्यकताओं के लिए स्थानीय रूप से उपलब्ध सस्ती बिजली से सीमेंट बनाने के लिए चूना पत्थर के भण्डार में भी समृद्ध है।

1974 से भारत सरकार ने अशान्त कश्मीर क्षेत्र के लद्दाख को अपेक्षाकृत अप्रभावित क्षेत्रों में शुमार करते हुए ट्रैकिंग और अन्य पर्यटक गतिविधियों में बदलाव को प्रोत्साहित किया है। यद्यपि पर्यटन में लद्दाख की कामकाजी आबादी हिस्सा का केवल चार फ़ीसदी कार्यरत है,

इसके बावजूद यह क्षेत्र के सकल घरेलू उत्पाद में लगभग पचास फ़ीसदी का योगदान देता है।

परिवहन

लद्दाख में लगभग 1,800 किलोमीटर सड़कें हैं। लद्दाख में अधिकांश सड़कों की देखभाल सीमा सड़क संगठन द्वारा की जाती है। लद्दाख के लिए तीसरा मार्ग निर्माणाधीन है, जिसे निम्मू-पदम-दारचा सड़क मार्ग के रूप में चिन्हित किया गया है।

कुशोक बकुला रिम्पोची हवाई अड्डा लेह में है, जहाँ से दिल्ली के लिए दैनिक उड़ानें और श्रीनगर और जम्मू के लिए साप्ताहिक उड़ानें हैं। सैन्य परिवहन के लिए दौलत बेग़ ओल्डी और फुक्चे में दो हवाई पट्टियां हैं। कारगिल हवाई अड्डा नागरिक उड़ानों के लिए था, लेकिन वर्तमान में केवल भारतीय सेना द्वारा इसका उपयोग किया जाता है। स्थानीय लोगों के लिए यह एक राजनीतिक मुद्दा है जो माँग करते हैं कि हवाई अड्डे को अपने मूल उद्देश्य की पूर्ति करनी चाहिए यानी नागरिक उड़ानों के लिए खोलना चाहिए। पिछले कुछ वर्षों से भारतीय वायु सेना सर्दियों के मौसम में स्थानीय लोगों को जम्मू, श्रीनगर और चण्डीगढ़ पहुँचाने के लिए एएन-32, एयर कूरियर सेवा संचालित कर रही है।

जनसांख्यिकी

लेह ज़िले का लिंगानुपात 1,951 में प्रति 1,000 पुरुषों पर 1011 महिलाओं से घटकर 2001 में 805 हो गया, जबकि कारगिल ज़िले में यह 970 से घटकर 901 हो गया। दोनों ज़िलों में शहरी लिंगानुपात लगभग 940 है। वयस्क लिंगानुपात की यह असमानता ज़्यादातर पुरुष मौसमी और प्रवासी मज़दूरों और व्यापारियों की बड़ी संख्या को दर्शाता है। लद्दाख की लगभग 84% आबादी गाँवों में रहती है। 1981 से 2001 तक औसत वार्षिक जनसंख्या वृद्धि दर लेह ज़िले में 2.75% और कारगिल ज़िले में 2.83% थी।

धर्म

द्रास और धा-हनु क्षेत्रों में दर्द वंश के लोगों का दबदबा है। धा-हनु क्षेत्र के निवासी, जिन्हें ब्रोकपा के नाम से जाना जाता है, मुख्य रूप से इस्लाम के अनुयायी हैं, जबकि छोटे अल्पसंख्यक तिब्बती बौद्ध धर्म और हिन्दू धर्म का पालन करते हैं और अधिकांश ब्रोकपा लोगों ने अपनी मूल दर्दी परम्पराओं और रीति-रिवाजों को संरक्षित किया है। हालाँकि द्रास के दर्द इस्लाम में परिवर्तित हो गये हैं और अपने कश्मीरी पड़ोसियों से बहुत प्रभावित हुए हैं। माना जाता है कि मॉन्स लद्दाख में बसने वालों पहले भारतीय के वंशज थे और पारम्परिक रूप से संगीतकारों, लोहारों और बढ़ई के रूप में काम करते थे। इस क्षेत्र की आबादी लेह और कारगिल ज़िलों के बीच लगभग आधे हिस्से में बँटी हुई है। 2011 की जनगणना के अनुसार कारगिल की 76.89% जनसंख्या मुसलमान (ज़्यादातर शिया) है, कुल जनसंख्या (140,802) है, जबकि लेह में कुल जनसंख्या 133,487 है जिसका 66.4 प्रतिशत बौद्ध हैं।

भाषा

लेह ज़िले की प्रमुख मातृभाषा बौटी है, जो एक तिब्बती भाषा है। पुरखी कारगिल ज़िले की प्रमुख मातृभाषा है। शिक्षित लद्दाखी आमतौर पर हिन्दी, उर्दू और अधिकतर अंग्रेज़ी जानते हैं। लद्दाख के भीतर बोलियों की एक श्रृंखला है। चांग-पा लोगों की भाषा कारगिल में पुरीग-पा या जांगस्करी से स्पष्ट रूप से भिन्न हैं, लेकिन वे सभी परस्पर समझ में आने योग्य हैं। लद्दाखी संस्कृति तिब्बती संस्कृति के समान है।

भोजन

लद्दाखी भोजन में तिब्बती भोजन के साथ बहुत कुछ समानता है, सबसे प्रमुख खाद्य पदार्थ थुकपा (नूडल सूप) और त्सम्पा हैं, जिन्हें लद्दाखी में नगम्पे (भुना हुआ जौ का आटा) के रूप में जाना जाता है। त्सम्पा बिना पकाया हुआ खाद्य है, जो उपयोगी भोजन है। कड़ाही में पकने वाले

लद्दाखी व्यंजनों में शामिल हैं, स्काई और चुटगी। दोनों भारी और समृद्ध सूप हैं, जिन्हें पास्ता व्यंजन, स्क्यु को जड़ वाली सब्जियों और मांस से बनाया जाता है और छुटगी पत्तेदार साग और सब्जियों के साथ। जैसे-जैसे लद्दाख नकदी-आधारित अर्थव्यवस्था की ओर बढ़ रहा है, भारत के मैदानी इलाक़ों के खाद्य पदार्थ तेज़ी से आम होते जा रहे हैं। मध्य एशिया के अन्य हिस्सों की तरह लद्दाख में चाय पारम्परिक रूप से मज़बूत हरी चाय, मक्खन और नमक के साथ बनायी जाती है। इसे एक बड़े मथने में मिलाया जाता है और इसे गुड़गुड़ चा के नाम से जाना जाता है। दूध और चीनी के साथ भारतीय शैली में बनायी जाने वाली मीठी चाय (चा नगार्मो) अब आम है। उत्पादित होने वाले अधिकांश अधिशेष जौ को चांग में अवशोषित (distilize) किया जाता है, जिसे एक मादक पेय के रूप में विशेष रूप से उत्सव के अवसरों पर पिया जाता है।

संगीत और नृत्य

तिब्बती संगीत की तरह लद्दाखी बौद्ध मठों के त्योहारों के संगीत में अक्सर धर्म के अभिन्न अंग के रूप में माना जाता है, जिसमें तिब्बती धार्मिक मन्त्रोच्चार शामिल होता है। ये मन्त्र जटिल हैं। अक्सर पवित्र ग्रन्थों का पाठ या विभिन्न त्योहारों के उत्सव में इनका पाठ किया जाता है। यांग जप, छन्दबद्ध गायन के साथ किया जाता है, गुंजयमान ड्रम और कम का वादन शाब्दिक गायन का सहयोग करता है। धार्मिक मुखौटा नृत्य लद्दाख के सांस्कृतिक जीवन का एक महत्त्वपूर्ण हिस्सा है। हेमिस मठ, बौद्ध धर्म की द्रुक्पा परम्परा का एक प्रमुख केन्द्र है। यह अन्य प्रमुख लद्दाखी मठों की तरह एक वार्षिक नक़ाबपोश नृत्य उत्सव आयोजित करता है। नृत्य आमतौर पर अच्छे और बुरे के बीच लड़ाई की कहानी बताते हैं, जो अच्छाई की अन्तिम जीत के साथ समाप्त होता है। पूर्वी लद्दाख में बुनाई पारम्परिक जीवन का एक महत्त्वपूर्ण हिस्सा है। महिला और पुरुष, दोनों अलग-अलग करघों पर बुनाई करते हैं।

खेल

लद्दाख में सबसे लोकप्रिय खेल आइस हॉकी है, जो आमतौर पर दिसम्बर के मध्य से फरवरी के मध्य तक प्राकृतिक बर्फ़ पर खेली जाती है। क्रिकेट भी अब लोकप्रिय हो रहा है। लद्दाख में तीरन्दाजी एक पारम्परिक खेल है और कई गाँवों में तीरन्दाजी उत्सव होते हैं, जिन्हे पारम्परिक नृत्य, मदिरा पान, सुरना और दमन (शहनाई और ढोल) के संगीत की संगत के साथ खेल को कड़े शिष्टाचार के साथ आयोजित किया जाता है। पोलो लद्दाख का अन्य पारम्परिक खेल है, जो बाल्टिस्तान और गिलगित में भी लोकप्रिय है। सम्भवत: 17वीं शताब्दी के मध्य में राजा सिंगे नामग्याल, जिनकी माँ एक बाल्टी राजकुमारी थीं द्वारा इस खेल को लद्दाख में प्रोत्साहित किया गया था।

बाल्टियों के बीच लोकप्रिय पोलो टूर्नामेंट कारगिल ज़िले के द्रास क्षेत्र का एक वार्षिक आयोजन है। लद्दाख मैराथन दौड़ 2012 से हर साल लेह में आयोजित होने वाली एक उच्च ऊँचाई वाली मैराथन है। (3,505 से 5,370 मीटर) की ऊँचाई के बीच आयोजित यह दौड़ दुनिया के सबसे ऊँचे मैराथन दौड़ों में से एक है।

महिलाओं की सामाजिक स्थिति

भारत के अन्य ग्रामीण हिस्सों की तुलना में महिलाओं को उच्च स्थिति एवं सापेक्ष रूप से अधिक अधिकार प्राप्त है, लद्दाखी समाज की यह विशेषता इसे देश के बाक़ी हिस्सों से विशिष्ट बनाती है। 1940 के दशक की शुरुआत तक लद्दाख में भ्रातृत्वीय, बहुपतित्व और वंशानुक्रम द्वारा वंशवृद्धि आम थी, जिसे बाद में जम्मू और कश्मीर सरकार द्वारा अवैध क़रार दिया गया था। यह प्रथा 1990 के दशक तक विशेष रूप से बुजुर्गों और अपेक्षाकृत अलग-थलग ग्रामीण आबादी के बीच अस्तित्व में रही। एक अन्य प्रथा को खांग-बू या 'छोटा घर' के रूप में जाना जाता है, जिसमें परिवार का सबसे बड़ा बेटा जैसे ही पर्याप्त रूप से परिपक्व हो जाता है, उसे बुजुर्ग घोषित कर दैनिक मामलों में भाग लेने से मुक्त कर दिया जाता है। उसे केवल अपने स्वयं के भरण-पोषण के लिए आवश्यकता की पूर्ति का अधिकार होता है।

पारम्परिक औषधि

तिब्बती चिकित्सा पद्यति एक हज़ार वर्षों से भी अधिक समय से लद्दाख की पारम्परिक स्वास्थ्य प्रणाली रही है। पारम्परिक चिकित्सा के इस स्कूल में तिब्बती बौद्ध धर्म के दर्शन और ब्रह्माण्ड विज्ञान के साथ आयुर्वेद और चीनी चिकित्सा के तत्त्व शामिल हैं। सदियों से, लोगों के लिए सुलभ चिकित्सा प्रणाली आमची, तिब्बती चिकित्सा परम्परा का पालन करने वाले पारम्परिक चिकित्सक रहे हैं। अमची दवा सार्वजनिक स्वास्थ्य का एक घटक बनी हुई है, ख़ासकर दूरदराज़ के क्षेत्रों में।

सरकार, स्थानीय और अन्तर्राष्ट्रीय संगठनों के कार्यक्रम उपचार की इस पारम्परिक प्रणाली को विकसित करने और फिर से जीवन्त करने के लिए काम कर रहे हैं। लद्दाख के लोगों के लिए अमची दवा के बौद्धिक सम्पदा अधिकारों को संरक्षित करने के प्रयास जारी हैं। सरकार रस और जैम के रूप में समुद्री हिरन के सींग के उपयोग को बढ़ावा देने की भी कोशिश कर रही है, क्योंकि कुछ का दावा है कि इसमें औषधीय गुण होते हैं। लेह में सोवा-रिग्पा के लिए राष्ट्रीय अनुसन्धान संस्थान एवं पारम्परिक चिकित्सा में अनुसन्धान के लिए एक संस्थान और पारम्परिक उपचार प्रदान करने वाला एक अस्पताल है।

शिक्षा

2001 की जनगणना के अनुसार, लेह ज़िले में समग्र साक्षरता दर 62% (पुरुषों के लिए 72% और महिलाओं के लिए 50%) है और कारगिल ज़िले में 58% (पुरुषों के लिए 74% और महिलाओं के लिए 41%) है। परम्परागत रूप से मठों को छोड़कर औपचारिक शिक्षा के माध्यम बहुत कम या लगभग न के बराबर थे। आमतौर पर, प्रत्येक परिवार के एक बेटे को पवित्र पुस्तकों को पढ़ने के लिए तिब्बती लिपि में महारत् हासिल करने के लिए प्रेरित किया जाता था।

मोरावियन मिशन ने अक्टूबर 1889 में लेह में एक स्कूल खोला और बाल्टिस्तान और लद्दाख के वज़ीर-ए वज़रात (एक ब्रिटिश अधिकारी

के साथ पदेन संयुक्त आयुक्त) ने आदेश दिया कि एक से अधिक बच्चों वाले प्रत्येक परिवार को उनमें से एक को स्कूल भेजना चाहिए। इस आदेश को स्थानीय लोगों के बड़े प्रतिरोध का सामना करना पड़ा, जिन्हें डर था कि बच्चों को ईसाई धर्म में परिवर्तित करने के लिए मजबूर किया जायेगा। स्कूल में तिब्बती, उर्दू, अंग्रेज़ी, भूगोल, विज्ञान, प्रकृति अध्ययन, अंकगणित, ज्यामिति और बाइबल अध्ययन पढ़ाया जाता था। यह आज भी अस्तित्व में है। पश्चिमी शिक्षा प्रदान करने वाला पहला स्थानीय स्कूल 1973 में 'लैमडन सोशल वेलफेयर सोसाइटी' नामक एक स्थानीय सोसायटी द्वारा खोला गया था। बाद में, दलाई लामा और कुछ अन्तर्राष्ट्रीय संगठनों के समर्थन से स्कूल, जिसे अब लैमडन मॉडल सीनियर सेकेंडरी स्कूल के रूप में जाना जाता है, विकसित हो गया है। यह स्कूल कई शाखाओं में लगभग दो हज़ार विद्यार्थियों को समायोजित करने के लिए सक्षम है। यह लद्दाखी परम्परा और संस्कृति के संरक्षण पर गर्व करता है।

यद्यपि पूरे लद्दाख में स्कूल अच्छी तरह से वितरित हैं, लेकिन उनमें से 75% केवल प्राथमिक शिक्षा प्रदान करते हैं। 65% बच्चे स्कूल जाते हैं, लेकिन छात्रों और शिक्षकों, दोनों की अनुपस्थिति शोचनीय है। दोनों ज़िलों में स्कूल छोड़ने के स्तर (दसवीं कक्षा में विफलता दर) कई वर्षों से लगभग 85% –95% थी। जिन लोगों ने परिमार्जन करने का प्रयास किया, उनमें से ब-मुश्किल आधे कॉलेज प्रवेश (बारहवीं कक्षा) के लिए अर्हता प्राप्त करने में सफल रहे। 1993 से पहले छात्रों को 14 साल की उम्र तक उर्दू में पढ़ाया जाता था, तदोपरान्त शिक्षा का माध्यम अंग्रेज़ी में स्थानान्तरित हो गया।

1994 में स्टूडेंट्स एजुकेशनल एंड कल्चरल मूवमेंट ऑफ़ लद्दाख (SECMOL) ने ऑपरेशन न्यू होप (ONH) शुरू किया, जो 'सांस्कृतिक रूप से उपयुक्त और स्थानीय रूप से प्रासंगिक शिक्षा' प्रदान करने और सरकारी स्कूलों को अधिक कार्यात्मक और प्रभावी बनाने के लिए एक अभियान था।

लद्दाख विश्वविद्यालय और एलीएज़र जोल्डन मेमोरियल कॉलेज, एक सरकारी डिग्री कॉलेज, छात्रों को लद्दाख के भीतर उच्च शिक्षा प्राप्त करने में सक्षम बनाता है। इंडियन एस्ट्रोनॉमिकल ऑब्ज़र्वेटरी हनले में स्थित है और इंडियन इंस्टीट्यूट ऑफ़ एस्ट्रोफ़िज़िक्स द्वारा संचालित है। भारत सरकार ने लेह ज़िले में सोवा-रिग्पा के लिए एक मेडिकल कॉलेज और राष्ट्रीय अनुसन्धान संस्थान स्थापित करने की मंजूरी दी है।

मीडिया

सरकारी रेडियो प्रसारक ऑल इंडिया रेडियो (AIR) और सरकारी टेलीविज़न स्टेशन दूरदर्शन के लेह में ऐसे स्टेशन हैं, जो दिन में कुछ घण्टों के लिए स्थानीय सामग्री प्रसारित करते हैं। इसके अलावा लद्दाखी फीचर फ़िल्मों का निर्माण करते हैं, जिन्हें सभागारों और सामुदायिक हॉलों में प्रदर्शित किया जाता है। वे अक्सर काफ़ी मामूली बजट पर बनाये जाते हैं।

'रीच लद्दाख बुलेटिन' अंग्रेज़ी में एक द्विसाप्ताहिक समाचार पत्र, लद्दाखियों द्वारा और उनके लिए प्रकाशित एकमात्र प्रिंट मीडिया है। रंग्युल या कारगिल नंबर कश्मीर से अंग्रेज़ी और उर्दू में लद्दाख को कवर करने वाला एक समाचार पत्र है। SECMOL की एक पहल, Ladags Melong, 1992 से 2005 तक अंग्रेज़ी और लद्दाखी में प्रकाशित हुई महत्त्वपूर्ण पत्रिका थी।

लद्दाख की जीवन शैली और पर्यटन पत्रिका 'सिंटिक' 2018 में अंग्रेज़ी में शुरू की गयी थी। कुछ प्रकाशन जो मूलतः जम्मू और कश्मीर को समग्र रूप से कवर करते हैं, लद्दाख को भी कुछ कवरेज प्रदान करते हैं। 'डेली एक्सेलसियर' जम्मू और कश्मीर का सबसे बड़ा परिचालित दैनिक होने का दावा करता है। जम्मू और कश्मीर को कवर करने वाली एक मासिक पत्रिका 'उपसंहार' एवं जम्मू और कश्मीर को कवर करने वाला 'कश्मीर टाइम्स', एक दैनिक समाचार पत्र भी लद्दाख पठन के लिए उपलब्ध है।

लद्दाख (केन्द्र शासित क्षेत्र)

देश	भारत
केन्द्र शासित	31 अक्तूबर 2019
राजधानी	लेह, कारगिल
ज़िले	2
प्रशासन	
• लद्दाख प्रशासन	
• उपराज्यपाल	राधा कृष्ण माथुर
• सांसद	जामयांग त्सेरिंग नामग्याल (बीजेपी)
• उच्च न्यायालय	जम्मू और कश्मीर उच्च न्यायालय
क्षेत्रफल	
• योग	59,146 वर्ग किलोमीटर
उच्चतम ऊँचाई (साल्टेरों कंगड़ी)	7,742 मीटर
निम्नतम ऊँचाई (सिन्धु नदी)	2,550 मीटर
जनसंख्या (2011)	274,289
• घनत्व	4.6 प्रति वर्ग किलोमीटर
भाषाएँ	
• राजभाषा	हिन्दी और अंग्रेज़ी
• बोलचाल की भाषा	लद्दाखी और पुर्गी

स्थानीय प्रशासन

ज़िलों का नाम	मुख्यालय	क्षेत्रफल (वर्ग किमी)	जनसंख्या 2011 जनगणना
कारगिल	कारगिल	14,036	143,388
लेह	लेह	45,110	147,104
योग	2	59,146	290,492

जनसांख्यकी

लेह और कारगिल ज़िलों की जनसंख्या						
वर्ष	लेह			कारगिल		
	जनसंख्या	प्रतिशत बदलाव	महिलाएँ प्रति 1,000 पुरुष	जनसंख्या	प्रतिशत बदलाव	महिलाएँ प्रति 1,000 पुरुष
1951	40,484	—	1,011	41,856	—	970
1961	43,587	0.74	1,010	45,064	0.74	935
1971	51,891	1.76	1002	53,400	1.71	949
1981	68,380	2.80	886	65,992	2.14	853
2001	117,637	2.75	805	115,287	2.83	901
2011	133,487		690	140,802		810
स्रोत : भारतीय जनगणना 2011 के आँकड़े						

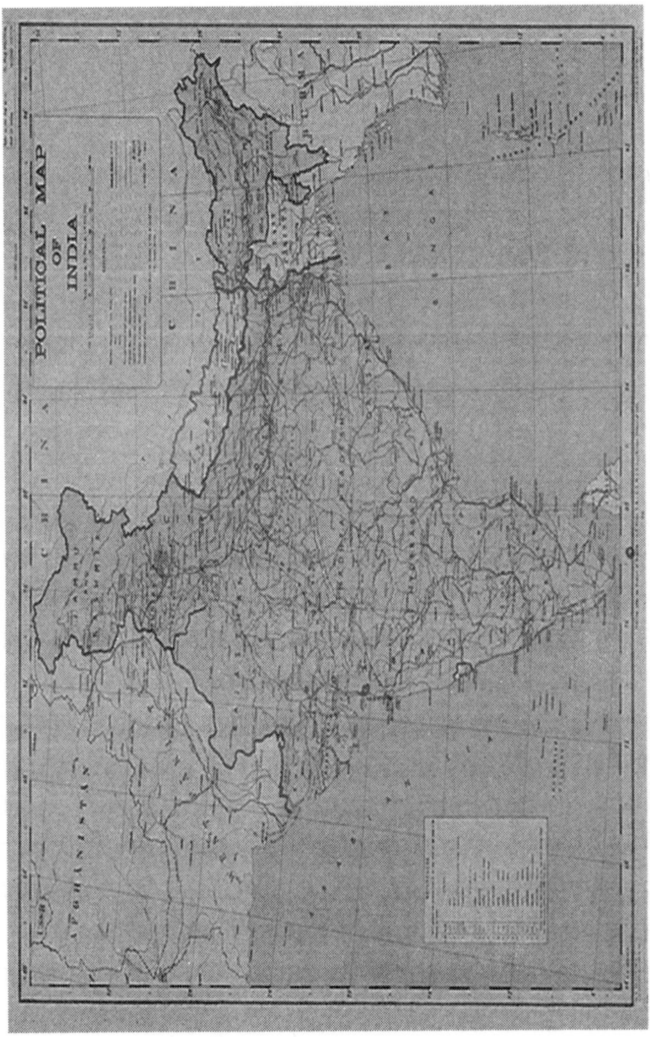
POLITICAL MAP
OF
INDIA

अध्याय-चार

पाक अधिकृत कश्मीर

पाक अधिकृत कश्मीर (संक्षिप्त रूप से POK और बोलचाल की भाषा में पाकिस्तान के कब्जे वाला कश्मीर अथवा आज़ाद कश्मीर, नाम के लिए) पाकिस्तान द्वारा स्वशासी इकाई के रूप में प्रशासित एक क्षेत्र है और बड़े कश्मीर क्षेत्र के पश्चिमी हिस्से का गठन करता है, जो 1947 से भारत और पाकिस्तान के बीच विवाद का विषय रहा है। यह क्षेत्र उत्तर में गिलगित-बाल्टिस्तान के साथ एक सीमा साझा करता है। इसे संयुक्त राष्ट्र और अन्य अन्तर्राष्ट्रीय संगठनों द्वारा 'पाकिस्तानी प्रशासित कश्मीर' के रूप में सन्दर्भित किया जाता है। (आगे चलकर आलेख में आज़ाद कश्मीर महज़ सुविधाजनक शब्दावली के नाते पद के रूप को अन्यथा न लें) आज़ाद कश्मीर पाकिस्तानी प्रान्तों के साथ भी सीमा साझा करता है। यथा दक्षिण में पंजाब और पश्चिम में ख़ैबर पख़्तूनख़्वा। इसके पूर्वी हिस्से में नियन्त्रण रेखा (एलओसी) भारतीय सरकार द्वारा शासित प्रदेश जम्मू और कश्मीर (भारतीय प्रशासित कश्मीर का हिस्सा) से अलग करती है, जो फ़िलहाल वास्तविक सीमा के रूप में भी कार्य करती है। भौगोलिक रूप से पाक अधिकृत कश्मीर का प्रशासनिक क्षेत्र (जिसमें गिलगित-बाल्टिस्तान शामिल नहीं है) का कुल क्षेत्रफल 13,297 वर्ग किलोमीटर है और 2017 की राष्ट्रीय जनगणना के अनुसार इसकी कुल जनसंख्या लगभग 40 लाख है।

वर्तमान में इस क्षेत्र में ब्रिटिश वेस्टमिंस्टर प्रणाली की सरकार का संसदीय रूप है, जिसमें मुज़फ़्फ़राबाद शहर इसकी राजधानी के रूप में कार्यरत है। जहाँ राष्ट्रपति राज्य का संवैधानिक प्रमुख होता है, जबकि प्रधानमन्त्री, मन्त्रिपरिषद् द्वारा समर्थित मुख्य कार्यकारी होता है। एक सदनीय आज़ाद कश्मीर विधानसभा, प्रधानमन्त्री और राष्ट्रपति दोनों का चुनाव करती है। इस क्षेत्र का अपना सर्वोच्च न्यायालय और एक उच्च न्यायालय है, जबकि पाकिस्तान सरकार के कश्मीर मामलों के मन्त्रालय (Ministry of KANA) आज़ाद जम्मू और कश्मीर (AJK) की सरकार के बीच एक कड़ी के रूप में कार्य करती है। इस स्वायत्त क्षेत्र का कोई प्रतिनिधित्व अब तक पाकिस्तान की संसद में नहीं प्रदान किया गया है।

आज़ाद कश्मीर का उत्तरी हिस्सा एक ऐसे क्षेत्र में स्थित है जो भारतीय प्लेट के यूरेशियन प्लेट के पारस्परिक घर्षण के परिणामस्वरूप तेज़ कम्पन का अनुभव करता रहता है। अक्तूबर 2005 में एक बड़े भूकम्प में कम-से-कम एक लाख लोगों की मौत हो गयी और अन्य 30 लाख लोग विस्थापित हो गये। इसकी वजह से क्षेत्र के बुनियादी ढांचे और अर्थव्यवस्था में व्यापक तबाही हुई। तब से पाकिस्तान सरकार एवं विदेशी सहायता से बुनियादी ढाँचे के पुनर्निर्माण का काम चल रहा है। आज़ाद कश्मीर की अर्थव्यवस्था काफ़ी हद तक ब्रिटिश प्रवासी मीरपुरी समुदाय के सदस्यों द्वारा भेजे गये धन प्रेषण पर निर्भर करती है। लगभग 87 प्रतिशत परिवारों के पास कृषि सम्पत्ति है। क्षेत्र में शिक्षा के नामांकन की दर पाकिस्तान से बेहतर है। यहाँ की साक्षरता दर लगभग 72 फ़ीसदी आँकी गयी है।

पहली बार आज़ाद कश्मीर मुस्लिम कॉन्फ्रेंस (नेशनल कॉन्फ्रेंस का प्रतिद्वन्दी गुट) द्वारा पुंछ में 1945 में आयोजित अपने 13वें आम सत्र में जारी एक पैम्फलेट का शीर्षक 'आज़ाद कश्मीर' (फ्री कश्मीर) रखा गया था। ऐसा माना जाता है कि यह नेशनल कॉन्फ्रेंस के नया कश्मीर (न्यू कश्मीर) नारे की प्रतिक्रिया थी। सूत्रों का कहना है कि यह पार्टी

द्वारा पारित विभिन्न प्रस्तावों के संकलन से ज़्यादा कुछ नहीं था, लेकिन ऐसा लगता है कि इसकी मंशा यह घोषित करने की रही है कि जम्मू और कश्मीर के मुसलमान एक अलग मातृभूमि (पाकिस्तान) हेतु मुस्लिम लीग के संघर्ष के साथ प्रतिबद्ध हैं और स्वयं मुस्लिम कॉन्फ्रेंस कश्मीरियों का एकमात्र प्रतिनिधि संगठन है। अगले वर्ष, 1946 में पार्टी ने एक 'आज़ाद कश्मीर प्रस्ताव' पारित किया, जिसमें माँग की गयी कि महाराजा एक विस्तारित मताधिकार द्वारा निर्वाचित एक संविधान सभा की स्थापना करें। कश्मीरी मामलों की विद्वान चित्रलेखा ज़ुत्शी के अनुसार, संगठन का घोषित लक्ष्य महाराजा के तत्त्वावधान में भारत या पाकिस्तान से जुड़े बिना एक ज़िम्मेदार सरकार हासिल करना था। अगले वर्ष, 19 जुलाई 1947 को सरदार इब्राहिम के घर पर इकट्ठे हुए पार्टी कार्यकर्ताओं ने इस फ़ैसले को उलट दिया और माँग की कि महाराजा पाकिस्तान में शामिल हो जायें।

इसके तुरन्त बाद, सरदार इब्राहिम पाकिस्तान भाग गये और पाकिस्तान के प्रधानमन्त्री लियाकत अली ख़ान और अन्य अधिकारियों की सहायता से वहाँ से पुंछ विद्रोह का नेतृत्व किया। लियाकत अली ख़ान ने "स्वतन्त्रता की घोषणा" का मसौदा तैयार करने के लिए मियां इफ़्तिख़ारुद्दीन की अध्यक्षता में एक समिति नियुक्त की। 4 अक्टूबर 1947 को लाहौर में एक आज़ाद कश्मीर अनन्तिम सरकार घोषित की गयी थी, जिसमें ग़ुलाम नबी गिलकर को राष्ट्रपति और सरदार इब्राहिम को प्रधानमन्त्री के रूप में घोषित किया गया था। गिलकर ने श्रीनगर की यात्रा की और उन्हें महाराजा की सरकार ने गिरफ़्तार कर लिया। इस घटना के बाद पाकिस्तानी अधिकारियों ने सरदार इब्राहिम को राष्ट्रपति नियुक्त कर दिया।

1947 में भारत के विभाजन के समय अंग्रेज़ों ने उन रियासतों पर अपना आधिपत्य छोड़ दिया, जिनके पास भारत या पाकिस्तान में शामिल होने या स्वतन्त्र रहने के विकल्प थे। जम्मू और कश्मीर के महाराजा हरि सिंह चाहते थे कि उनका राज्य स्वतन्त्र रहे जबकि जम्मू प्रान्त के पश्चिमी

ज़िलों–मीरपुर एवं मुज़फ़्फ़राबाद (वर्तमान आज़ाद कश्मीर) और सीमान्त ज़िलों के प्रान्त (वर्तमान गिलगित-बाल्टिस्तान) के अधिकांश मुसलमान पाकिस्तान में शामिल होना चाहते थे।

1947 के वसन्त में, पश्चिमी पंजाब के रावलपिण्डी डिवीज़न की सीमा से लगे क्षेत्र पुंछ में महाराजा के ख़िलाफ़ विद्रोह शुरू हो गया। कहा जाता है कि महाराजा के प्रशासन ने किसानों पर दण्डात्मक कर लगाना शुरू कर दिया था, जिससे स्थानीय विद्रोह भड़क उठा और प्रशासन ने क्रूर दमन का सहारा लिया। द्वितीय विश्व युद्ध के बाद विस्थापित सैनिकों के साथ क्षेत्र की आबादी ने महाराजा की सेना के ख़िलाफ़ विद्रोह कर दिया था और लगभग पूरे ज़िले पर नियन्त्रण हासिल कर लिया। इस जीत के बाद मुज़फ़्फ़राबाद, पुंछ और मीरपुर के पश्चिमी ज़िलों के पाकिस्तान समर्थक सरदारों ने 3 अक्टूबर, 1947 को रावलपिण्डी में एक अस्थायी आज़ाद जम्मू और कश्मीर सरकार की घोषणा की। ग़ुलाम नबी गिलकर ने, काल्पनिक नाम 'मिस्टर अनवर' द्वारा मुज़फ़्फ़राबाद में अनन्तिम सरकार के नाम से एक उद्घोषणा जारी की। श्रीनगर यात्रा के दौरान अनवर की गिरफ़्तारी के साथ ही यह सरकार जल्दी ही निस्तेज पड़ गयी। 24 अक्टूबर को सरदार इब्राहिम ख़ान के नेतृत्व में पलन्दरी में आज़ाद कश्मीर की दूसरी अनन्तिम सरकार की स्थापना की गयी।

21 अक्टूबर को उत्तर-पश्चिम सीमान्त प्रान्त के कई हज़ार पश्तून आदिवासियों ने महाराजा के शासन से इसे 'मुक्त' करने के लिए जम्मू और कश्मीर में प्रवेश किया। वे अनुभवी सैन्य कमांडरों के नेतृत्व में थे और आधुनिक हथियारों से लैस थे। महाराजा की लड़खड़ाती सेनाएँ इस हमले का सामना करने में असमर्थ थीं। हमलावरों ने मुज़फ़्फ़राबाद और बारामूला के कस्बों पर क़ब्ज़ा कर लिया, जो राज्य की राजधानी श्रीनगर से महज़ 32 किलोमीटर दूर था। 24 अक्टूबर को महाराजा ने भारत से सैन्य सहायता का अनुरोध किया। भारत सरकार का तर्क था कि जब तक वह भारत में शामिल नहीं होंगे, तब तक वह उनकी मदद करने में असमर्थ होगा। तद्नुसार 26 अक्टूबर, 1947 को महाराजा

हरि सिंह ने सैन्य सहायता के बदले में भारत सरकार को रक्षा, विदेश मामलों और संचार का नियन्त्रण सौंपते हुए एक विलय पत्र पर हस्ताक्षर किये। भारतीय सैनिकों को तुरन्त श्रीनगर में एयरलिफ़्ट किया गया। बाद में पाकिस्तान सरकार ने भी औपचारिक हस्तक्षेप किया। इस तरह भारतीय और पाकिस्तानी सेनाओं के बीच लड़ाई शुरू हो गयी। युद्ध विराम तक तो दोनों क्षेत्रों के अस्थायी नियन्त्रण कमोबेश स्थिर मान लिया गया, जिसे अब 'नियन्त्रण रेखा' के रूप में जाना जाता है।

भारत ने बाद में संयुक्त राष्ट्र से इस विवाद को सुलझाने के लिए अनुरोध किया और कश्मीर के भविष्य के सम्बन्ध में जनमत संग्रह कराने के पक्ष में प्रस्ताव पारित किये गये। हालाँकि इस तरह का कोई जनमत संग्रह कभी भी दोनों ओर से नहीं हुआ, क्योंकि एक पूर्व शर्त थी, जिसके लिए ग़ैर-राज्य तत्त्वों के साथ पाकिस्तानी सेना की वापसी और बाद में भारतीय सेना की आंशिक वापसी की शर्त थी। अपने-अपने नियन्त्रण में कश्मीर के हिस्सों से यह वापसी कभी नहीं हुई। 1949 में कश्मीर के भारतीय और पाकिस्तानी-नियन्त्रित भागों को अलग करने वाली एक औपचारिक संघर्ष विराम रेखा लागू हुई।

भारत के साथ 1949 के युद्धविराम समझौते के बाद, पाकिस्तान की सरकार ने युद्धविराम के समय नियन्त्रित कश्मीर के उत्तरी और पश्चिमी हिस्सों को निम्नलिखित दो अलग-अलग प्रशासनिक इकाइयों में विभाजित कर दिया। दक्षिणी भाग आज़ाद जम्मू और कश्मीर (AJK), 400 किलोमीटर लम्बा, जिसकी चौड़ाई 15 से 65 किमी तक है एवं क्षेत्रफल 13297 वर्ग किलोमीटर है। 72,496 वर्ग किलोमीटर के क्षेत्रफल वाले उत्तरी क्षेत्र गिलगित-बाल्टिस्तान (एफएएनए) को पहले संघ प्रशासित कहा गया। 1963 में एक सन्धि के तहत पाकिस्तानी नियन्त्रण के गिलगित-बाल्टिस्तान की उत्तरपूर्वी सीमा के साथ एक छोटा-सा क्षेत्र शक्सगाम घाटी, पाकिस्तान द्वारा चीन के जनवादी गणराज्य को अस्थायी रूप से सौंप दिया गया था और अब यह चीन के झिंजियांग उइगुर स्वायत्त क्षेत्र का हिस्सा है।

1972 में सम्पन्न हुए शिमला समझौते (दसवें परिशिष्ट) के अन्तर्गत कश्मीर के भारतीय और पाकिस्तानी नियन्त्रित भागों के बीच तत्कालीन सीमा को 'नियन्त्रण रेखा' के रूप में मान्यता दी गयी। तब से यह रेखा अपरिवर्तित है। इस समझौते द्वारा दोनों देश 'द्विपक्षीय वार्ता के माध्यम एवं शान्तिपूर्ण तरीक़ों से अपने मतभेदों को निपटाने के लिए' प्रतिबद्ध है। कुछ राजनीतिक विशेषज्ञों का दावा है कि इस मुद्दे का एकमात्र समाधान संयुक्त राष्ट्र जैसे तीसरे पक्ष को शामिल किये बिना उक्त समझौता दोनों देशों के बीच महज़ एक आपसी समझ है, जिसका कोई अन्तर्राष्ट्रीय वैधानिक आधार नहीं है।

आज़ाद जम्मू और कश्मीर (एजेके) नाममात्र रूप से एक स्वशासी राज्य है, लेकिन 1949 में भारतीय और पाकिस्तानी सेनाओं के बीच युद्धविराम के बाद से पाकिस्तान ने वास्तव में इसे पाकिस्तान में शामिल किये बिना राज्य पर शासन करने का अभिनव प्रयोग किया है। आज़ाद कश्मीर का अपना निर्वाचित राष्ट्रपति, प्रधानमन्त्री, विधान सभा, उच्च न्यायालय और आधिकारिक ध्वज है।

आज़ाद कश्मीर के वित्तीय मामलों यानी बजट और कर मामलों को पाकिस्तान के केन्द्रीय राजस्व बोर्ड के बजाय आज़ाद जम्मू और कश्मीर परिषद् द्वारा निपटाया जाता है। आज़ाद जम्मू और कश्मीर परिषद् एक सर्वोच्च निकाय है जिसमें 14 सदस्य शामिल हैं, आठ आज़ाद जम्मू और कश्मीर सरकार से और 6 पाकिस्तान सरकार से। इसके अध्यक्ष/मुख्य कार्यकारी पाकिस्तान के प्रधानमन्त्री होते हैं। परिषद् के अन्य सदस्य आज़ाद कश्मीर के अध्यक्ष और प्रधानमन्त्री (उनके द्वारा नामित व्यक्ति) और एजेके विधान सभा के 6 सदस्य हैं। आज़ाद कश्मीर दिवस 24 अक्टूबर को आज़ाद जम्मू और कश्मीर में मनाया जाता है। इसी दिन आज़ाद जम्मू और कश्मीर सरकार पहली बार 1947 में बनी थी। पाकिस्तान 1990 के बाद से हर साल 5 फ़रवरी को कश्मीर एकजुटता दिवस मनाता है। उस दिन पाकिस्तान में भी राष्ट्रीय अवकाश होता है। पाकिस्तान 1947 से प्रत्येक वर्ष 27 अक्टूबर को कश्मीर विलय दिवस को

'काला दिवस' के रूप में भी मनाता है, जो जम्मू और कश्मीर राज्य के भारत में सम्मिलित और जम्मू और कश्मीर के भारतीय नियन्त्रित भागों में इसकी सैन्य उपस्थिति के विरोध के रूप में मनाया जाता है।

अमेरिका स्थित एनजीओ ह्यूमन राइट्स वॉच के एशिया निदेशक ब्रेड एडम्स ने 2006 में कहा : "हालाँकि 'आज़ाद' का अर्थ 'मुक्त' है, लेकिन आज़ाद कश्मीर के निवासी कहीं से भी स्वतन्त्र नहीं हैं। पाकिस्तानी अधिकारी आज़ाद कश्मीर सरकार पर कड़े नियन्त्रण के साथ शासन करते हैं। बुनियादी स्वतन्त्रताओं मामले के विद्वान क्रिस्टोफ़र स्नेडेन ने पाया है कि कड़े नियन्त्रण के कारण, आज़ाद कश्मीर के लोगों ने आमतौर पर पाकिस्तान ने उनके साथ जो कुछ भी किया है, उसे स्वीकार किया है। फिर भी नागरिक व्यवहार के किसी भी कसौटी पर अधिकांश कश्मीरी, पाकिस्तानियों की तुलना में बहुत कमतर है। क्रिस्टोफर स्नेडेन के अनुसार इसका एक कारण यह रहा है कि आज़ाद कश्मीर के लोग हमेशा से पाकिस्तान का हिस्सा बनना चाहते थे। अतः उनके विकल्प सीमित रहे।

नतीजतन, विकल्पों से रहित पाकिस्तान समर्थक आबादी को डराने के लिए पाकिस्तान ने कश्मीर मामलों के संघीय मन्त्रालय के माध्यम से अपनी इच्छा थोपी और आज़ाद कश्मीर के लोगों को सशक्त बनाने में उनकी कोई रुचि नहीं ली। 1970 के दशक में केवल एक छोटी अवधि के लिए वास्तविक स्वशासन की अनुमति दी गयी थी। 1970 के दशक में तैयार किये गये अन्तरिम संविधान के अनुसार, केवल उन्ही राजनीतिक दलों, जो पाकिस्तान के प्रति निष्ठा रखते हैं, को अस्तित्व की अनुमति है। आज़ाद जम्मू और कश्मीर में किसी भी ऐसे संगठन अथवा व्यक्ति को किसी ऐसे मामले में अनुमति नहीं दी जायेगी जो पाकिस्तान में राज्य के विलय के लिए हानिकारक हों। स्वतन्त्रता समर्थक समूह 'जम्मू और कश्मीर लिबरेशन फ्रंट' को कभी भी आज़ाद कश्मीर में चुनाव लड़ने की अनुमति नहीं दी गयी। क़ानूनी पहलुओं को अलग रखें तो व्यावहारिक रूप आज़ाद कश्मीर को पूरी तरह से पाकिस्तान में अंगीकृत कर दिया गया है।

उपरोक्त स्थितियों के बावजूद आज़ाद कश्मीर एक जीवन्त नागरिक समाज का संसार है। क्षेत्र में और पाकिस्तान के अन्दर सक्रिय संगठनों में से एक वाईएफके-इंटरनेशनल कश्मीर लॉबी ग्रुप है, जो एक ग़ैर-सरकारी संगठन है, जो कश्मीर में सामंजस्य के माध्यम से बेहतर भारत-पाकिस्तान सम्बन्धों की तलाश करता है। एशियाई विकास बैंक की परियोजना रिपोर्ट के अनुसार बैंक ने आज़ाद कश्मीर के लिए स्वास्थ्य, शिक्षा, पोषण और सामाजिक विकास के क्षेत्रों में विकास लक्ष्य निर्धारित किये हैं। पूरी परियोजना पर 76 मिलियन अमेरिकी डॉलर ख़र्च होने का अनुमान है। जर्मनी ने 2006 से 2014 के बीच भी एजेके हेल्थ इंफ्रास्ट्रक्चर प्रोग्राम के लिए 38 मिलियन डॉलर का दान दिया है।

जलवायु

भिम्बर, मीरपुर और कोटली ज़िलों सहित पाक अधिकृत कश्मीर के दक्षिणी हिस्सों में गर्मियों में अत्यधिक गर्म मौसम और सर्दियों में मध्यम ठण्डा मौसम होता है। वे ज़्यादातर मानसून के मौसम में बारिश प्राप्त करते हैं। राज्य के मध्य और उत्तरी भागों में मौसम गर्मियों में मध्यम गर्म और सर्दियों में ठण्डा या अधिक ठण्डा रहता है। वहाँ दिसम्बर और जनवरी में हिमपात भी होता है।

इस क्षेत्र में सर्दी और गर्मी, दोनों ऋतुओं में वर्षा होती है। मुज़फ़्फ़राबाद और पट्टन राज्य के सबसे अधिक आर्द्र क्षेत्रों में से हैं, लेकिन उनमें हिमपात नहीं होता है। अधिकांश क्षेत्र में औसत वर्षा 1,400 मिमी से अधिक है, जिसमें मुज़फ़्फ़राबाद के पास सबसे अधिक लगभग 1,800 मिमी औसत वर्षा होती है। गर्मियों के दौरान झेलम और लीपा नदियों की मानसूनी बाढ़, उच्च वर्षा और पिघलने वाली बर्फ़ आम स्थितियाँ है।

जनसंख्या

2017 की जनगणना के प्रारम्भिक परिणामों के अनुसार, पाक अधिकृत कश्मीर की जनसंख्या 40 लाख है। एजेके सरकार की वेबसाइट साक्षरता

दर 74 फ़ीसदी होने की रिपोर्ट करती है, प्राथमिक विद्यालय में नामांकन दर लड़कों और लड़कियों के लिए क्रमशः 98 प्रतिशत और 90 प्रतिशत है। इस क्षेत्र के लोग सांस्कृतिक एवं जातीय रूप से जम्मू और कश्मीर की कश्मीर घाटी में रहने वाले कश्मीरियों से भिन्न हैं और अपेक्षाकृत जम्मू एवं पंजाब की संस्कृति के क़रीब हैं। मीरपुर, कोटली और भिम्बर जम्मू क्षेत्र के पुराने शहर रहे हैं।

धर्म

आज़ाद कश्मीर, पाकिस्तान में 2017 की जनगणना के अनुसार इस्लाम (99 प्रतिशत), हिन्दू धर्म (0.6प्रतिशत), बौद्ध धर्म (0.3 प्रतिशत) और अन्य (0.1 प्रतिशत) अनुयायी हैं। आज़ाद जम्मू और कश्मीर में लगभग पूरी तरह से मुस्लिम आबादी है। ईसाई समुदाय के संगठनों द्वारा बनाए गये आंकड़ों के अनुसार, इस क्षेत्र में लगभग 4,500 ईसाई निवासी हैं। उनमें से अधिकांश का घर भिम्बर है, कुछेक मीरपुर और मुज़फ़्फ़राबाद में आबाद हैं। कोटली, पुंछ और बाग़ में भी कुछ दर्जन ईसाई परिवार रहते हैं। ईसाई समुदाय एजेके में आवासीय स्थिति और सम्पत्ति के अधिकार पाने के लिए संघर्ष कर रहा है। एजेके में बहाइयों की कुल संख्या पर कोई आधिकारिक डेटा नहीं है। केवल छह बहाई परिवार मुज़फ़्फ़राबाद में ग्रामीण क्षेत्रों में रहने वाले अन्य लोगों के साथ रहने के लिए जाने जाते हैं। अहमदी धर्म के अनुयायियों का अनुमान 20,000 और 25,000 के बीच है और उनमें से अधिकांश कोटली, मीरपुर, भीमबेर और मुज़फ़्फ़राबाद में रहते हैं।

जातीय समूह

इस क्षेत्र के अधिकांश निवासी जातीय रूप से कश्मीरी नहीं हैं, बल्कि आज़ाद कश्मीर में अधिकांश लोग पहाड़ी लोग हैं, जो जातीय रूप से पंजाबियों के क़रीब है। इस क्षेत्र में रहने वाले मुख्य समुदाय हैं :

गुर्जर–वे एक कृषि जनजाति हैं और आज़ाद कश्मीर के दस ज़िलों में रहने वाले सबसे बड़े समुदाय होने का अनुमान है।

सुधान–(सदोज़ाई, सरदार के रूप में भी जाना जाता है) दूसरी सबसे बड़ी जनजाति है, जो मुख्य रूप से आज़ाद कश्मीर के पुंछ, सुधनोती, बाग़ और कोटली ज़िलों में रहती है, और कथित तौर पर पश्तून क्षेत्रों से उत्पन्न हुई है। राजपूतों के साथ, वे आज़ाद कश्मीर के अधिकांश राजनीतिक नेतृत्व के स्रोत हैं।

जाट–वे एजेके के बड़े समुदायों में से एक हैं और मुख्य रूप से मीरपुर, भीमबेर और कोटली ज़िलों में निवास करते हैं। मीरपुरी की एक बड़ी आबादी यूके में रहती है और यह अनुमान लगाया जाता है कि मीरपुर ज़िले की तुलना में मीरपुरी मूल के अधिकांश लोग अब यूके में रह रहे हैं।

राजपूत–वे पूरे क्षेत्र में फैले हुए हैं और उनकी संख्या पाँच लाख से कुछ कम है। सुन्धान के साथ, वे आज़ाद कश्मीर के अधिकांश राजनीतिक वर्गों का प्रतिनिधित्व करते हैं।

मुग़ल–बड़े पैमाने पर बाग़ और मुज़फ़्फ़राबाद ज़िलों में स्थित हैं।

अवांस–आज़ाद जम्मू और कश्मीर में महत्त्वपूर्ण संख्या वाला एक क़बीला मुख्य रूप से बाग़, पुँछ, हटियन बाला और मुज़फ़्फ़राबाद में रहता है। अवांस पंजाब और ख़ैबर पख़्तूनख़्वा में भी बड़ी संख्या में निवास करते हैं।

धुण्ड–वे आज़ाद जम्मू और कश्मीर में एक बड़े कबीले हैं और ज़्यादातर बाग़, हटियान बाला और मुज़फ़्फ़राबाद ज़िलों में रहते हैं। वे बड़ी संख्या में एबटाबाद और ऊपरी पोटोहर पंजाब में भी निवास करते हैं।

कश्मीरी–जातीय कश्मीरी आबादी नीलम घाटी और लीपा घाटी में पाई जाती है।

आज़ाद कश्मीर की संस्कृति में पंजाब प्रान्त प्रमुखतः उत्तरी पंजाबी (पोतोहर) संस्कृति की कई समानताएँ हैं, जबकि सुधान की और पश्तूनों

के बीच काफ़ी सामीप्य मिलता है। क्षेत्र के कुछ सुधनों द्वारा पेशावरी पगड़ी भी पहनी जाती है।

महिलाओं की पारम्परिक पोशाक पहाड़ी शैली की सलवार-कमीज़ है। सलवार-कमीज़ का इस्तेमाल आमतौर पर पुरुषों और महिलाओं दोनों द्वारा किया जाता है। महिलाएँ अपने सिर और शरीर के ऊपरी हिस्से को ढकने के लिए शॉल का इस्तेमाल करती हैं।

भाषा

पाक अधिकृत कश्मीर की आधिकारिक भाषा उर्दू है, जबकि उच्च वर्गीय परिवारों में अंग्रेज़ी का उपयोग किया जाता है। अधिकांश आबादी अन्य भाषाओं के मूल वक्ता हैं। इनमें से सबसे प्रमुख पहाड़ी-पोठवारी अपनी विभिन्न बोलियों के साथ हैं। गूज़री और कश्मीरी बोलने वाले बड़े समुदाय के साथ-साथ शिना, पश्तो और कुण्डल शाही के बोलने वालों के ख़ेमे भी हैं। पश्तो और अंग्रेज़ी को छोड़कर अन्य भाषाएँ इण्डो-आर्यन भाषा परिवार से सम्बन्धित हैं।

पहाड़ी-पोठवारी भाषा परिसर की बोलियाँ आज़ाद कश्मीर के अधिकांश क्षेत्र को आच्छादित करती हैं। वे भारतीय जम्मू और कश्मीर के पड़ोसी क्षेत्रों में नियन्त्रण रेखा के पार भी बोली जाती हैं और दक्षिण में पंजाबी और उत्तर पश्चिम में हिंको, दोनों से निकट हैं। आज़ाद कश्मीर के दक्षिणी ज़िलों में भाषा की विविधता को कई नामों से जाना जाता है- जिसमें मीरपुरी, पोठवारी और पहाड़ी शामिल हैं और पंजाब के पोथोहर क्षेत्र में पूर्व में बोली जाने वाली पोथवारी भी निकटता से सन्नद्ध है। आज़ाद कश्मीर के केन्द्रीय ज़िलों की बोलियों को कभी-कभी साहित्य में चिभाली या पुंची के रूप में सन्दर्भित किया जाता है, लेकिन आमतौर पर बोलने वाले उन्हें पहाड़ी कहते हैं। नामकरण के मामले में, जिसका अस्पष्ट उपयोग निचले हिमालय की कई असम्बन्धित भाषाओं के लिए भी किया जाता है। उत्तर की ओर जाने पर वाक् रूप धीरे-धीरे हिंदको में बदल जाता है। आज मुज़फ़्फ़राबाद ज़िले में भाषा के लिए पसन्दीदा

स्थानीय नाम हिन्दको है। हालाँकि यह अभी भी स्पष्ट रूप से पहाड़ी की मूल बोलियों से अधिक निकटता से सम्बन्धित है। नीलम घाटी में आगे उत्तर में बोली को स्थानीय रूप से 'परमी' के नाम से भी जाना जाता है। इसे हिन्दको के अन्तर्गत भी सम्मिलित किया जा सकता है।

आज़ाद कश्मीर की एक अन्य प्रमुख भाषा गूज़री है। यह पारम्परिक रूप से ख़ानाबदोश गूजरों में से कई लाख लोगों द्वारा बोली जाती है, जिनमें से कई आजकल स्थायी रूप से बस चुके हैं। सभी जातीय गूजर गूजरी नहीं बोलते हैं। कुछ अन्य स्थानीय भाषाओं में स्थानान्तरित हो गये हैं, उनका अनुपात शायद दक्षिणी आज़ाद कश्मीर में अधिक है। गूज़री राजस्थानी भाषाओं (विशेष रूप से मेवाती) से सबसे अधिक निकटता से सम्बन्धित है। हालाँकि यह पंजाबी के साथ भी काफी कुछ साझा करती है। बोलियों की यह प्रवृत्ति उत्तरी पाकिस्तान और भारत में बड़े क्षेत्रों में फैली हुई है। पाकिस्तान के भीतर आज़ाद कश्मीर की गूजरी बोलियाँ, साझा बुनियादी शब्दावली और पारस्परिक सुगमता के सन्दर्भ में, पड़ोसी हज़ारा क्षेत्र की गूजर क़िस्मों की तुलना में ख़ैबर पख़्तूनख़्वा में उत्तर-पश्चिम में और गिलगित में उत्तर में बोली जाने वाली बोलियों की अधिक क़रीब हैं।

पूरे इलाक़े में कश्मीरी भाषियों के बिखरे हुए समुदाय हैं, विशेष रूप से नीलम घाटी में परमी बोलने वाले जहाँ वे हिन्दको बोलने वालों के बाद दूसरा सबसे बड़ा भाषा समूह बनाते हैं। कश्मीरी भाषा के शिक्षा के लिए उपयोग का आह्वान किया जाता है (विशेषकर कश्मीर की संस्कृति को बढ़ावा देने के भारत के दावे का मुकाबला करने के लिए), लेकिन माध्यमिक विद्यालय स्तर पर मातृभाषा को प्रयोग करने के सीमित प्रयास अभी तक सफल नहीं हुए हैं। शिक्षा के क्षेत्र में उर्दू का प्रभुत्व बरकरार रहे, बजाय इसके कि कश्मीरी, जिसे कश्मीरी मुसलमानों ने कभी अपनी पहचान के प्रतीक के रूप में देखा था। स्थानीय भाषाओं में धीरे-धीरे अन्दरूनी बदलाव की प्रक्रिया चल रही है, लेकिन कम-से-कम नीलम घाटी में अभी भी ऐसे समुदाय मौजूद हैं, जिनके लिए कश्मीरी उनकी एकमात्र मातृभाषा है।

नीलम घाटी का उत्तरी ज़िला अन्य भाषाओं के प्रभाव में हैं। शिना, जो कश्मीरी की तरह दर्दी समूह से सम्बन्धित है, तीन गाँवों में दो अलग-अलग क़िस्मों में बोली जाती है। ईरानी भाषा पश्तो, पड़ोसी प्रान्त ख़ैबर पख़्तूनख़्वा की प्रमुख भाषा है, जो आज़ाद कश्मीर के दो गाँवों में बोली जाती है, जो नियन्त्रण रेखा पर स्थित हैं। लुप्तप्राय कुण्डल शाही, इसी नाम के गाँव की मूल भाषा है। यह इकलौती ऐसी भाषा है जो आज़ाद कश्मीर के बाहर कहीं नहीं पायी जाती है।

अर्थव्यवस्था

आज़ाद कश्मीर में नीलम घाटी एक पर्यटन स्थल है। 2021 तक आज़ाद जम्मू और कश्मीर की जीडीपी 6.5 अरब डॉलर होने का अनुमान लगाया गया था, जिससे प्रति व्यक्ति आय 1,512 डॉलर अमरीकी डालर थी। ऐतिहासिक रूप से आज़ाद कश्मीर की अर्थव्यवस्था कृषि प्रधान रही है। उपज में विभिन्न फ़सलें, फल, सब्ज़ियाँ आदि शामिल हैं। भूमि अन्य आजीविका आवश्यकताओं, जैसे लकड़ी, ईंधन, पशुओं के लिए चराई का स्रोत भी थी जो अब डेयरी उत्पादों में बदल रहे हैं। इस वजह से भूमि सरकारों के लिए राजस्व का मुख्य स्रोत भी थी, जिनका प्राथमिक उद्देश्य सदियों से राजस्व जमा करना था।

कृषि आज़ाद कश्मीर की अर्थव्यवस्था का एक प्रमुख हिस्सा है। उच्च जनसंख्या वाले निचले इलाक़ों में जौ, आम, बाजरा, मक्का और गेहूँ जैसी फ़सलें उगाई जाती हैं और मवेशी पालन भी प्रमुख उद्योग हैं। ऊँचे क्षेत्रों में जो कम आबादी वाले और अधिक फैले हुए हैं, वानिकी, मक्के आदि की खेती, पशुपालन आदि आय के मुख्य स्रोत हैं। आज़ाद कश्मीर में मीरपुर और मुज़फ़्फ़राबाद के पास खनिज और संगमरमर के संसाधन हैं। मोहरीवाली में ग्रेफ़ाइट के भण्डार भी हैं। निम्न श्रेणी के कोयले, चॉक, बॉक्साइट और ज़िक्रोन के भण्डार भी हैं। स्थानीय घरेलू उद्योग नक़्क़ाशीदार लकड़ी की वस्तुओं, वस्त्रों और धुर्री कालीनों का उत्पादन करते हैं। एक कला और शिल्प उद्योग भी है जो नमदास,

शॉल, पश्मीना, फ़ेरन, पापियर-माचे, टोकरी ताम्बे, कालीन, लकड़ी की नक़्क़ाशी, रेशम और ऊनी कपड़े, पेटो, कालीन, नमदा गुब्बा और चाँदी के बर्तन जैसे सांस्कृतिक सामानों का उत्पादन करता है। इस क्षेत्र में अन्य उत्पादित कृषि वस्तुओं में मशरूम, शहद, अखरोट, सेब, चेरी, औषधीय जड़ी-बूटियाँ और पौधे, राल, देवदार, कैल, चीर, देवदार, मेपल और राख की लकड़ी शामिल हैं।

1950 के दशक के मध्य में आज़ाद कश्मीर में विभिन्न आर्थिक और सामाजिक विकास प्रक्रियाएं शुरू की गयीं। 1960 के दशक में, मीरपुर ज़िले में मुण्डा गली, लीपा घाटी में मंगला बाँध के निर्माण के साथ आज़ाद जम्मू और कश्मीर सरकार को पाकिस्तान सरकार से बिजली के लिए रॉयल्टी मिलना शुरू हुई। बाँध निर्माण द्वारा उत्पादन कर बिजली पाकिस्तान को प्रदान की जाती है।

कृषि, कपड़ा और कला और शिल्प के अलावा धन-प्रेषण (मनी ऑर्डर) ने आज़ाद कश्मीर की अर्थव्यवस्था में एक प्रमुख भूमिका निभाई है। एक विश्लेषक ने अनुमान लगाया कि 2001 में आज़ाद कश्मीर में धन-प्रेषण का आँकड़ा 25.1 प्रतिशत था। वार्षिक घरेलू आय के सम्बन्ध में निचले क्षेत्रों में रहने वाले लोगों की तुलना में उच्च क्षेत्रों में रहने वाले लोग मीरपुरी समुदाय के ब्रिटिश प्रवासियों के धन प्रेषण पर अधिक निर्भर हैं। 2006 के उत्तरार्द्ध में विकास एवं आज़ाद कश्मीर में भूकम्प प्रभावित क्षेत्रों के पुनर्निर्माण और पुनर्वास के लिए अरबों डॉलर अन्तर्राष्ट्रीय सहायता एजेंसियों द्वारा दान की गयी, जिसका बड़ा हिस्सा नौकरशाही की भ्रष्टाचार की भेंट चढ़ गया। मुज़फ़्फ़राबाद शहर के लिए एक भूमि उपयोग योजना जापान इंटरनेशनल कोऑपरेशन एजेंसी द्वारा तैयार की गयी है।

आज़ाद कश्मीर की राजधानी मुज़फ़्फ़राबाद झेलम और नीलम नदियों के संगम पर स्थित है। यह रावलपिण्डी और इस्लामाबाद से बराबर दूरी लगभग 140 किमी पर है। मुज़फ़्फ़राबाद के पास प्रसिद्ध पर्यटन स्थल लाल क़िला, पीर चिनस्सी, पटिका, सुबरी झील और अवान पट्टी हैं।

नीलम घाटी मुज़फ़्फ़राबाद के उत्तर और उत्तर पूर्व में स्थित है, जो एक और घाटी (गिलगित) का प्रवेश द्वार है। दूसरी ओर गिलगित घाटी में मुख्य पर्यटन आकर्षण अठमुकम, कुट्टन, केरन, चंगान, शारदा, केल, आरंग केल और ताओबत जैसे स्थान हैं। सुधानोती में आज़ाद कश्मीर के आठ ज़िलों में से एक है, जो पाकिस्तान की राजधानी इस्लामाबाद से महज़ 90 किमी दूर स्थित है। यह आज़ाद पट्टन रोड के जरिये रावलपिण्डी और इस्लामाबाद से जुड़ा हुआ है।

रावलकोट शहर पुंछ ज़िले का मुख्यालय है और इस्लामाबाद से महज़ 122 किमी दूर स्थित है। पुंछ ज़िले में पर्यटकों के आकर्षण बंजोसा झील, देवी गली, तत्ता पानी और टोली पीर हैं। बाग़ शहर, बाग़ ज़िले का मुख्यालय इस्लामाबाद से 205 किमी और मुज़फ़्फ़राबाद से 100 किमी दूर है। बाग़ ज़िले में प्रमुख पर्यटक आकर्षण बाग़ क़िला, धीरकोट, सुधन गली, गंगा झील, गंगा छोटी, कोटला झरना, नीला बट, डन्ना, पंजाल मस्तान राष्ट्रीय उद्यान और लास डन्ना आदि हैं। लीपा घाटी मुज़फ़्फ़राबाद से 105 किमी दक्षिण-पूर्व में स्थित है। यह आज़ाद कश्मीर में पर्यटकों के लिए सबसे आकर्षक और दर्शनीय स्थल है। न्यू मीरपुर शहर मीरपुर ज़िले का मुख्यालय है। न्यू मीरपुर शहर के पास मुख्य पर्यटक आकर्षण मंगला झील और रामकोट क़िला हैं।

शिक्षा

आज़ाद कश्मीर में साक्षरता दर 2004 में 62 प्रतिशत थी, जो पाकिस्तान के किसी भी अन्य क्षेत्र की तुलना में अधिक थी। 2018 में आज़ाद कश्मीर की साक्षरता दर 76.60 प्रतिशत आँकी गई है। 2019 में यह 76.80 प्रतिशत पर रही। हालाँकि यहाँ पाकिस्तानी औसत 2.9 प्रतिशत की तुलना में केवल 2.2 प्रतिशत स्नातक हैं। पाकिस्तान के उच्च शिक्षा आयोग (HEC) द्वारा मान्यता प्राप्त विश्वविद्यालयों की सूची निम्नलिखित है–

कैडेट कॉलेज पल्लंड्रि, इस्लामाबाद से लगभग 100 किमी की दूरी पर स्थित है।

मेडिकल कॉलेज

2013 तक पाकिस्तान मेडिकल एंड डेंटल काउंसिल (पीएमडीसी) द्वारा मान्यता प्राप्त स्नातक चिकित्सा संस्थानों की सूची निम्नलिखित है–

1. मीरपुर में मोहतरमा बेनजीर भुट्टो शहीद मेडिकल कॉलेज
2. आज़ाद जम्मू-कश्मीर मेडिकल कॉलेज, मुज़फ़्फ़राबाद
3. रावलकोट में पुंछ मेडिकल कॉलेज

निजी मेडिकल कॉलेज-मीरपुर में मोहि-उद्दीन इस्लामिक मेडिकल कॉलेज।

खेल

आज़ाद कश्मीर में फुटबॉल, क्रिकेट और वॉलीबॉल बहुत लोकप्रिय हैं। पूरे साल अनेक टूर्नामेंट भी आयोजित किये जाते हैं और रमज़ान के पवित्र महीने में रात के समय रोशनी में टूर्नामेंट आयोजित किये जाते हैं। पाकिस्तान के टी 20 घरेलू टूर्नामेंट में आज़ाद कश्मीर की टी 20 क्रिकेट टीम भाग लेती है। न्यू मीरपुर शहर में एक क्रिकेट स्टेडियम (क़ायद-ए-आज़म स्टेडियम) है, जिसे पाकिस्तान क्रिकेट बोर्ड ने अन्तर्राष्ट्रीय मानकों तक पहुँचाने के लिए नवीनीकरण के लिए अपने अधीन कर लिया है। मुज़फ़्फ़राबाद में 8,000 लोगों की क्षमता वाला एक अन्य क्रिकेट स्टेडियम भी है। इस स्टेडियम ने इंटर डिस्ट्रिक्ट, अंडर 19 टूर्नामेंट वर्ष 2013 से आयोजित हो रहा है।

कुछ पंजीकृत फ़ुटबॉल क्लब भी हैं, जिनका विवरण निम्नवत है-

- पायलट फ़ुटबॉल क्लब
- यूथ फ़ुटबॉल क्लब
- कश्मीर राष्ट्रीय FC
- आज़ाद सुपर एफसी

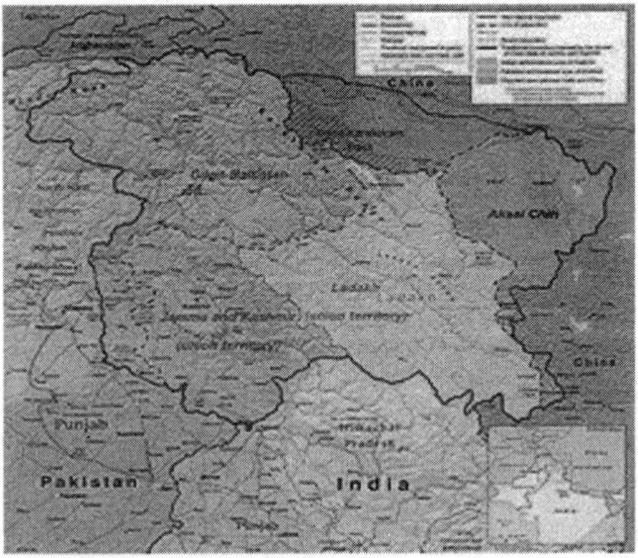
China
Aksai Chin
Ladakh
China
Punjab
Pakistan
India

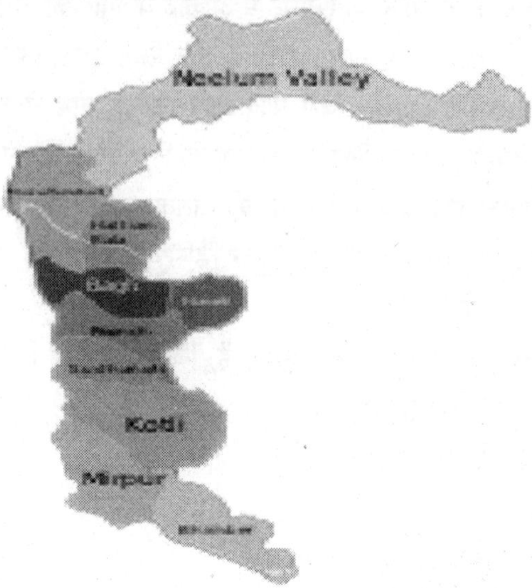
Neelum Valley
Bagh
Kotli
Mirpur

अध्याय-पाँच

गिलगित-बाल्टिस्तान

गिलगित-बाल्टिस्तान, जिसे पहले नॉर्दर्न एरिया के रूप में भी जाना जाता है, (एक प्रशासनिक क्षेत्र के रूप में पाकिस्तान द्वारा प्रशासित), बड़े कश्मीर क्षेत्र के उत्तरी हिस्से का गठन करता है, जो 1947 से भारत और पाकिस्तान के बीच और कुछ समय बाद से भारत और चीन के बीच विवाद का विषय रहा है। यह भूभाग पाकिस्तान द्वारा प्रशासित सबसे उत्तरी क्षेत्र है। यह दक्षिण में आज़ाद कश्मीर, पश्चिम में ख़ैबर पख़्तूनख़्वा प्रान्त, उत्तर में अफ़ग़ानिस्तान के वखान कॉरिडोर, पूर्व और उत्तर-पूर्व में चीन के झिंजियांग क्षेत्र तथा दक्षिण पूर्व में भारतीय प्रशासित प्रदेश जम्मू और कश्मीर और लद्दाख की सीमा से जुड़ा हुआ है।

गिलगित-बाल्टिस्तान बड़े कश्मीर क्षेत्र का हिस्सा है, जो पाकिस्तान और भारत के बीच लम्बे समय से चल रहे संघर्ष का विषय रहा है। यह क्षेत्र आज़ाद कश्मीर के साथ-भी एक सीमा साझा करता है, जिसके कारण इसे संयुक्त राष्ट्र और अन्य अन्तर्राष्ट्रीय संगठनों द्वारा 'पाकिस्तान प्रशासित कश्मीर' के रूप में सन्दर्भित किया जाता है। गिलगित-बाल्टिस्तान आज़ाद कश्मीर की तुलना आकार में छह गुना है। तकनीकी रूप से इसे पाक अधिकृत कश्मीर (POK) से भी सम्बोधित किया जा सकता है। यहाँ कश्मीर का अर्थ व्यापक सन्दर्भों में पूरे क्षेत्र को व्याख्यायित करता है।

वर्तमान गिलगित-बाल्टिस्तान का क्षेत्र 1970 में नॉर्दर्न रीज़न के नाम से पाकिस्तान सरकार के मन्त्रालय काना (Ministry of Kashmir & Northern Area) द्वारा नियन्त्रित एक अलग प्रशासनिक इकाई है। इसका गठन पूर्व ब्रिटिश गिलगित एजेंसी, बाल्टिस्तान ज़िले और कई छोटी-छोटी रियासतों के एकीकरण द्वारा किया गया था, जिनमें से सबसे बड़ी हुंजा और नगर थीं। 2009 में, इसे सीमित स्वायत्तता प्रदान की गयी और पाकिस्तान के राष्ट्रपति आसिफ़ अली ज़रदारी द्वारा हस्ताक्षरित स्व-शासन आदेश के माध्यम से गिलगित-बाल्टिस्तान का नाम बदल दिया गया, जिसका उद्देश्य गिलगित-बाल्टिस्तान के लोगों को भी सशक्त बनाना था। हालाँकि विद्वानों का कहना है कि वास्तविक शक्ति न राज्यपाल के पास है, न ही मुख्यमन्त्री या निर्वाचित विधानसभा के पास। गिलगित-बाल्टिस्तान की अधिकांश आबादी चाहती है कि यह पाकिस्तान का पाँचवाँ प्रान्त बने और आज़ाद कश्मीर के साथ एकीकरण का विरोध करे। पाकिस्तानी सरकार ने गिलगित-बाल्टिस्तानी के प्रान्तीय दर्ज़े की माँग को लेकर ऊहापोह में रही है कि इसे प्रदान करने से संयुक्त राष्ट्र के प्रस्तावों के अनुसार पूरे कश्मीर मुद्दे को हल करने की उसकी माँग ख़तरे में पड़ जायेगी। हालाँकि नवम्बर, 2020 में पाकिस्तानी प्रधानमन्त्री इमरान ख़ान ने घोषणा की कि गिलगित-बाल्टिस्तान विधानसभा चुनाव 2020 के बाद गिलगित-बाल्टिस्तान को अन्तरिम रूप से प्रान्तीय दर्ज़ा प्राप्त होगा।

गिलगित-बाल्टिस्तान 72,971 वर्ग किलोमीटर से अधिक के क्षेत्र में फैला हुआ है और अत्यधिक पहाड़ी क्षेत्रों में शुमार है। 2013 में इसकी अनुमानित जनसंख्या लगभग 13 लाख थी। इसकी राजधानी गिलगित है। गिलगित-बाल्टिस्तान पाँच से आठ हज़ार मीटर ऊँचाई पर स्थित एक घर है, जहाँ 7,000 मीटर से ऊपर पचास से अधिक चोटियाँ हैं। ध्रुवीय क्षेत्रों के बाहर दुनिया के तीन सबसे लम्बे ग्लेशियर गिलगित-बाल्टिस्तान में पाये जाते हैं। मुख्य पर्यटन गतिविधियाँ ट्रैकिंग और पर्वतारोहण हैं, जिसका औद्योगिक महत्त्व दिनोदिन बढ़ा है।

गिलगित-बाल्टिस्तान के विभिन्न स्थानों में विशेष रूप से हुंजा के पासु गाँव में पायी गयी चट्टान की नक़्क़ाशी, 2000 ईसा पूर्व से

क्षेत्र में मानव उपस्थिति की सूचना देती है। तिब्बती पठार पर मानवीय बसावट की अगली कुछ शताब्दियों के भीतर यह क्षेत्र तिब्बतियों द्वारा बसाया गया, जबकि बाल्टिस्तान के बाल्टी लोगों से पहले से मौजूद थे। बाल्टिस्तान जातीय एवं सांस्कृतिक रूप से लद्दाख से समानता रखता है (धर्म में नहीं)। दर्दी मुख्य रूप से पश्चिमी क्षेत्रों में पाये जाते हैं। ये लोग गिलगित, चिलास, एस्टोर और डायमिर के शिना-भाषी लोग हैं, जबकि हुंजा और ऊपरी क्षेत्रों में बुरुशस्की और खोवर बोलने वाले प्रमुख हैं। डाइर्स का उल्लेख हेरोडोटस, नियरचुस, मेगस्थनीज, प्लिनी, टॉलेमी के यात्रा वृत्तान्तों और पुराणों की भौगोलिक सूचियों में मिलता है। पहली शताब्दी में इस क्षेत्रों के लोग बॉन धर्म के अनुयायी थे, जबकि दूसरी शताब्दी में उन्होंने बौद्ध धर्म का पालन किया।

399 और 414 ई. के बीच चीनी बौद्ध तीर्थयात्री फैक्सियन ने गिलगित-बाल्टिस्तान का दौरा किया। छठी शताब्दी में सोमाना पलोला (बड़ा गिलगित-चिला) पर एक अज्ञात राजा का शासन बताया जाता था। 627 और 645 के बीच चीनी बौद्ध तीर्थयात्री जुआनज़ांग ने भारत की अपनी तीर्थयात्रा के दौरान इस क्षेत्र की भी यात्रा की थी। तांग राजवंश के चीनी अभिलेखों के अनुसार छठीं एवं सातवीं शताब्दियों के अन्तराल में यह क्षेत्र एक बौद्ध राजवंश द्वारा शासित था जिसे बोलू कहा जाता है, जिसे पलोला, पटोला, बालूर के रूप में भी लिप्यतरित किया जाता है। माना जाता है कि वे ब्राह्मी शिलालेख में वर्णित पलोला शाही राजवंश थे और वज्रयान बौद्ध धर्म के अनुयायी थे। उस समय गिलगित को सन्दर्भित करने के लिए लिटिल पलोला तथा ग्रेट पलोला का उपयोग बाल्टिस्तान को सन्दर्भित करने के लिए किया जाता था। 780-790 ई. में गिलगित-बाल्टिस्तान को तिब्बती साम्राज्य के नक़्शे में राज्य के हिस्से के रूप में दर्शाया गया है।

छठीं शताब्दी के मध्य में इस क्षेत्र में तांग सैन्य अभियानों के लिए पश्चिमी तुर्किक खगनाटे के पतन के बाद गिलगित चीनी आधिपत्य में आ गया। शताब्दी के अन्त में, बढ़ते तिब्बती साम्राज्य ने इस क्षेत्र का नियन्त्रण चीनियों से प्राप्त किया। हालाँकि उमय्यद ख़लीफ़ा और फिर

पश्चिम में अब्बासिद ख़लीफ़ा के बढ़ते प्रभाव का सामना करते हुए तिब्बतियों को खुद को इस्लामी ख़िलाफ़त के साथ सहयोग करने के लिए मजबूर किया गया था। इस क्षेत्र में तब चीनी और तिब्बती सेनाओं और उनके सम्बन्धित जागीरदार राज्यों द्वारा सातवीं शताब्दी के मध्य तक आपसी संघर्ष होता रहा। गिलगित के शासकों ने तांग चीनियों के साथ एक गठबन्धन बनाया और उनकी मदद से अरबों को पीछे कर दिया।

644 और 655 ई. के बीच, नवसुरेन्द्रादित्य-नन्दिन गिलगित में पलोला शाही वंश के राजा बने। कई संस्कृत शिलालेख, जिनमें डेन्योर रॉक शिलालेख भी शामिल हैं, उनके शासनकाल के होने की खोज की गयी थी। छठीं शताब्दी के अन्त और सातवीं शताब्दी की शुरुआत में जयमंगलविक्रमादित्य-नन्दिन गिलगित के राजा थे।

चीनी अदालत के रिकॉर्ड के अनुसार क्रमशः 717 और 719 में ग्रेट पलोला (बाल्टिस्तान) शासक के प्रतिनिधिमण्डल सु-फू-शे-ली-जी-ली-नी नाम से चीन के शाही दरबार पहुँचा। लद्दाख (मर्द) तिब्बती साम्राज्य का हिस्सा बन गया। उस समय तक बौद्ध धर्म बाल्टिस्तान में प्रचलित था और संस्कृत लिखित भाषा थी। 720 ई. में सुरेन्द्रादित्य का प्रतिनिधिमण्डल चीनी शाही दरबार में पहुँचा। उन्हें चीनी अभिलेखों में ग्रेट पलोला के राजा के रूप में सन्दर्भित किया गया था; हालाँकि यह अज्ञात है कि उस समय बाल्टिस्तान गिलगित शासन के अधीन था या नहीं? चीनी सम्राट् ने कश्मीरी के शासक चन्द्रपा को 'कश्मीरी के राजा' की उपाधि भी दी। 721 तक बाल्टिस्तान तिब्बती साम्राज्य के प्रभाव में आ गया था।

721-722 में तिब्बती सेना ने गिलगित या ब्रुझा (यासीन घाटी) पर क़ब्ज़ा करने का प्रयास किया, लेकिन असफल रही। इस समय तक चीनी अभिलेखों के अनुसार लिटिल पलोला का राजा मो-चिंग-मंग था। उन्होंने तिब्बतियों के ख़िलाफ़ सैन्य सहायता का अनुरोध करते हुए तांग दरबार का दौरा किया था। 723 ई. और 728 ई. के बीच कोरियाई बौद्ध तीर्थयात्री हाइचो इस क्षेत्र से होकर गुज़रे। 737/738 में सम्राट् मी अगत्सोम के मन्त्री बेल कायेसांग डोंगट्सब के नेतृत्व में तिब्बती सैनिकों ने लिटिल पलोला पर नियन्त्रण कर लिया। 747 तक जातीय-कोरियाई

कमांडर गाओ जियानझी के नेतृत्व में चीनी सेना ने लिटिल पलोला पर फिर से क़ब्ज़ा कर लिया था। ग्रेट पलोला को बाद में चीनी सेना ने 753 में सैन्य गवर्नर फ़ेंग चांगकिंग के तहत क़ब्ज़ा कर लिया था। हालाँकि 755 तक, एन लुशान विद्रोह के कारण, तांग चीनी सेना पीछे हट गयी और अब मध्य एशिया या गिलगित-बाल्टिस्तान के आसपास के क्षेत्रों में प्रभाव डालने में सक्षम नहीं थी। इस क्षेत्र का नियन्त्रण तिब्बती साम्राज्य पर छोड़ दिया गया था। उन्होंने इस क्षेत्र को ब्रुझा के रूप में सन्दर्भित किया, जो एक उपनाम है जो आज इस्तेमाल किये जाने वाले 'बुरुशो' नाम के अनुरूप है। इस क्षेत्र का तिब्बती नियन्त्रण आठवीं शताब्दी के अन्त तक चला।

मध्यकालीन इतिहास

पारसी धर्म का पालन करने वाली तुर्क जनजाति आठवीं शताब्दी के दौरान गिलगित पहुँची और बाद में गिलगित में त्राखान राजवंश की स्थापना की। 14वीं शताब्दी में फ़ारस और मध्य एशिया के सूफी मुस्लिम प्रचारकों ने बाल्टिस्तान में इस्लाम की शुरुआत की। उनमें से प्रसिद्ध थे मीर सैयद अली हमदानी, जो कश्मीर से आये थे, जबकि गिलगित क्षेत्र में इस्लाम ने उसी सदी में तुर्क तरख़ान शासकों के माध्यम से प्रवेश किया था। गिलगित-बाल्टिस्तान पर कई स्थानीय शासकों का शासन था, जिनमें स्कर्दू के मकपोन वंश और हुंजा के राजा प्रसिद्ध थे। स्कर्दू के मकपोंस ने गिलगित-बाल्टिस्तान को चित्राल और लद्दाख के साथ एकीकृत किया, विशेष रूप से अली शेर ख़ान अंचन के युग में, जिनके मुग़ल दरबार के साथ मैत्रीपूर्ण सम्बन्ध थे। आंचन के शासनकाल में समृद्धि आयी और वास्तुकला में कला, खेल और विविधता का प्रवेश हुआ। उन्होंने गिलगित क्षेत्र में पोलो खेल की शुरुआत की और भारतीय संगीत सीखने के लिए चित्राल से संगीतकारों के एक समूह को दिल्ली भेजा। मुग़ल वास्तुकला से हुए सम्पर्क ने उनके शासनकाल के दौरान क्षेत्र की वास्तुकला को भी प्रभावित किया। बाद में आंचन के उत्तराधिकारियों में अब्दाल ख़ान का बहुत प्रभाव था। बाल्टिस्तान के लोकप्रिय साहित्य में, जहाँ वह अभी भी

'मिज़ोस', ('आदम-भक्षक') उपनाम से प्रचलित माने जाते हैं। अन्तिम मकपोन राजा अहमद शाह ने 1811 और 1840 के बीच पूरे बाल्टिस्तान पर शासन किया। गिलगित, चित्राल और हुंजा के क्षेत्र पहले ही मकपोंस से स्वतन्त्र हो गये थे।

श्रीबदत के निधन से पहले शिना लोगों के एक समूह ने गिलगित दर्दिस्तान से विस्थापित होकर द्रास और खरमंग क्षेत्रों को आबाद किया। इन दार्दिक लोगों के वंशज आज भी पाये जा सकते हैं और माना जाता है कि उन्होंने अपनी दार्दिक संस्कृति और शिना भाषा को वर्तमान समय तक जीवित बनाये रखा है।

आधुनिक इतिहास

नवम्बर 1839 में डोगरा कमांडर ज़ोरावर सिंह, जिनकी निष्ठा गुलाब सिंह के प्रति थी, ने बाल्टिस्तान के तत्कालीन शासन के ख़िलाफ़ अपना अभियान शुरू किया। 1840 तक उसने स्कार्दू पर विजय प्राप्त की और उसके शासक अहमद शाह को पकड़ लिया। इसके बाद अहमद शाह को पश्चिमी तिब्बत में ज़ोरावर सिंह की क़ब्ज़े में उनके साथ जाने के लिए मजबूर किया गया। इस बीच बाग़वान सिंह को स्कार्दू में प्रशासक (थानादार) के रूप में नियुक्त किया गया था, लेकिन अगले वर्ष रोंडू के अली ख़ान, शिगर के हैदर ख़ान और खापलू के दौलत अली ख़ान ने बाल्टिस्तान में डोगराओं के ख़िलाफ़ एक सफल विद्रोह का नेतृत्व किया और स्कर्दू में डोगरा कमांडर बाग़वान सिंह को पकड़ लिया।

1842 में डोगरा कमांडर वसीर लखपत ने कार्तक्षो के अली शेर ख़ान के सक्रिय समर्थन के साथ, दूसरी बार बाल्टिस्तान पर विजय प्राप्त की एवं खारफ़ोचो के क़िले पर हिंसक संघर्ष के बाद क़ब्ज़ा किया। डोगराओं के ख़िलाफ़ विद्रोह के नेताओं में से एक, शिगर के हैदर ख़ान, को कैद कर लिया गया और कैद में ही उसकी मृत्यु हो गयी। गोसौन को बाल्टिस्तान का प्रशासक (थानादार) नियुक्त किया गया था। अन्तिम मकपोन राजा अहमद शाह की ल्हासा जेल में मृत्यु हो गयी।

1860 तक गिलगित-बाल्टिस्तान का पूरा क्षेत्र सिखों और फिर डोगराओं के अधीन हो चुका था।

प्रथम आंग्ल-सिख युद्ध में सिखों की हार के बाद यह क्षेत्र जम्मू और कश्मीर रियासत का हिस्सा बन गया, जो 1846 से डोगराओं के शासन के अधीन रहा। गिलगित की आबादी खुद को से जातीय रूप से कश्मीरियों अलग मानती थी और कश्मीर राज्य द्वारा शासित होने को नापसन्द करती थी। यह क्षेत्र 1 नवम्बर, 1947 तक अंग्रेज़ों को सौंपे गये कुछ क्षेत्रों (गिलगित एजेंसी) के अस्थायी पट्टों के साथ रियासत के साथ रहा।

पहला कश्मीर युद्ध

पाकिस्तान की स्वतन्त्रता के बाद जम्मू और कश्मीर शुरू में एक स्वतन्त्र राज्य बना रहा। बाद में 22 अक्टूबर, 1947 को पाकिस्तान द्वारा समर्थित जनजातीय लड़ाकों ने जम्मू और कश्मीर में सीमा पार की। स्थानीय आदिवासी मिलिशिया और पाकिस्तानी सशस्त्र बल श्रीनगर की ओर कूच कर गये, लेकिन उरी पहुँचने पर उन्हें रक्षात्मक बलों का सामना करना पड़ा। हरि सिंह ने भारत से सहायता की गुहार लगायी और विलय पत्र पर हस्ताक्षर किये।

गिलगित की स्थानीय आबादी राज्य के भारत में विलय के निर्णय के पक्ष में नहीं थी। फ्रंटियर डिस्ट्रिक्ट्स प्रॉविंस (आधुनिक गिलगित-बाल्टिस्तान) के मुसलमान पाकिस्तान में शामिल होना चाहते थे। उनके असन्तोष को भाँपते हुए गिलगित स्काउट्स के कमांडर मेजर विलियम ब्राउन (महाराजा के प्रतिनिधि) ने 1 नवम्बर, 1947 को राज्यपाल घनसारा सिंह को अपदस्थ कर दिया। रक्तहीन तख़्तापलट की योजना ब्राउन ने 'दत्ता खेल' कोड नाम के तहत बनायी थी। मिर्ज़ा हसन ख़ान के अधीन जम्मू और कश्मीर छठीं इनफैंट्री के एक विद्रोही ख़ेमे ने भी ब्राउन की योजना का साथ दिया। ब्राउन ने सुनिश्चित किया कि ख़ज़ाना सुरक्षित रहे और अल्पसंख्यकों की रक्षा की जाये। गिलगित स्थानीय लोगों द्वारा एक अस्थायी सरकार (अबुरी हकूमत) की स्थापना की गयी थी, जिसके अध्यक्ष राजा शाह रईस ख़ान और कमांडर-इन-चीफ के रूप में

मिर्जा हसन ख़ान नामित किये गये। हालाँकि मेजर ब्राउन ने पहले ही ख़ान अब्दुल कय्यूम ख़ान को टेलीग्राफ़ कर पाकिस्तान को सत्ता सँभालने के लिए कहा था। पाकिस्तानी राजनीतिक एजेंट, ख़ान मोहम्मद आलम ख़ान, 16 नवम्बर को पहुँचे और गिलगित का प्रशासन अपने हाथ में ले लिया। ब्राउन ने क्षेत्र के स्वतन्त्रता समर्थक समूह को पछाड़ दिया और पाकिस्तान में प्रवेश के लिए मीर और राजाओं की मंज़ूरी हासिल कर ली। ब्राउन के कार्यों ने न केवल भारत को बल्कि ब्रिटिश सरकार को भी चौंका दिया था।

ब्राउन के अनुसार पाकिस्तानी एजेंट आलम ने स्थानीय लोगों को सम्बोधित करते हुए कहा, "तुम मूर्खों की भीड़ हो जिसे पागल आदमी ने गुमराह किया है। मैं इस बकवास को एक क्षण के लिए बर्दाश्त नहीं करूँगा और जब भारतीय सेना आप पर हमला करना शुरू कर देगीं तो पाकिस्तान की ओर मदद के लिए चिल्लाने का कोई फ़ायदा नहीं होगा। क्योंकि तुम इसे झेल नहीं पाओगे। अत: पाकिस्तान की अधीनता स्वीकार कर खुद को बचाने के अलावा कोई रास्ता नहीं है।" आलम ख़ान के साथ इस रवैये के बाद अनन्तिम सरकार कमज़ोर पड़ गयी, जो स्पष्ट रूप से इसके आधार और समर्थन की कमज़ोर और अवसरवादी प्रकृति को दर्शाती है।

अनन्तिम (Interim) सरकार 16 दिनों तक चली। अनन्तिम सरकार का जनता पर कोई नियन्त्रण भी नहीं था। गिलगित विद्रोह में नागरिक भागीदारी नहीं थी और यह केवल सैन्य नेताओं का काम था, जनता के अधिकांश नुमाइन्दे जल्दबाज़ी में पाकिस्तान में शामिल होने के पक्ष में नहीं थे। कश्मीरी इतिहासकार अहमद हसन दानी का कहना है कि यद्यपि विद्रोह में जनभागीदारी की कमी थी, तथापि नागरिक आबादी में पाकिस्तान समर्थक भावनाएँ तीव्र थीं और उनकी कश्मीरी विरोधी भावनाएँ भी स्पष्ट थीं। विभिन्न विद्वानों के अनुसार गिलगित के साथ-साथ चिलास, कोह ग़िज्र, इश्कोमन, यासीन, पुनियाल, हुंजा और नगर के लोग अपनी पसन्द से पाकिस्तान में शामिल होने के पक्षधर ज़रूर थे। फिर भी भविष्य को लेकर उनकी दृष्टि अत्यंत धुँधली थी।

गिलगित पर नियन्त्रण करने के बाद गिलगित स्काउट्स बाल्टिस्तान और लद्दाख की ओर बढ़े और मई 1948 तक स्कार्दू पर क़ब्ज़ा कर लिया। उन्होंने सफलतापूर्वक भारतीय सैन्य बढ़ाव को अवरुद्ध कर दिया और बाद में द्रास और कारगिल पर भी क़ब्ज़ा कर लिया, लद्दाख में लेह के लिए भारतीय संचार काट दिया। भारतीय सेना ने 1948 की शरद ऋतु में एक आक्रामक अभियान चलाया और पूरे कारगिल ज़िले पर फिर से क़ब्ज़ा करने में सफल रहे। हालाँकि वे बाल्टिस्तान गिलगित को अपने नियन्त्रण में करने के बजाय वे दुर्गम पहाड़ी सीमा के दक्षिणी छोर तक ही अपने अभियान सीमित रखा।

1 जनवरी, 1948 को भारत ने संयुक्त राष्ट्र सुरक्षा परिषद् में जम्मू-कश्मीर के मुद्दे को उठाया। अप्रैल 1948 में परिषद् ने एक प्रस्ताव पारित किया, जिसमें पाकिस्तान को पूरे जम्मू और कश्मीर से पीछे हटने और भारत के लिए अपनी सेना को न्यूनतम स्तर तक कम करने का आह्वान किया गया, जिसके बाद लोगों की इच्छाओं का पता लगाने के लिए एक जनमत संग्रह किया जायेगा। हालाँकि ऐसी परिस्थितियाँ कभी बन ही नहीं पायीं। भारत इस बात पर ज़ोर दे रहा था कि पाकिस्तान को पहले पीछे हटना होगा और पाकिस्तान ने यह तर्क दिया कि इस बात की कोई गारंटी नहीं है कि भारत बाद में पीछे हट जायेगा इस प्रकार गतिरोध बना रहा। गिलगित-बाल्टिस्तान और राज्य का एक पश्चिमी भाग, जिसे आज़ाद जम्मू और कश्मीर कहा जाता है, तब से पाकिस्तान के नियन्त्रण में है।

गिलगित-बाल्टिस्तान के निवासियों ने महाराजा हरि सिंह से स्वतन्त्रता प्राप्त करने के बाद पाकिस्तान में शामिल होने की इच्छा ज़रूर व्यक्त की, परन्तु पाकिस्तान ने इस क्षेत्र को व्यापक जम्मू और कश्मीर से जुड़े होने के कारण अपने राज्य में विलय करने से परहेज़ किया। जम्मू और कश्मीर के लिए एक वैकल्पिक सरकार होने के अपने दावे के माध्यम से पाकिस्तान में शामिल होने के बाद एक छोटी अवधि के लिए गिलगित-बाल्टिस्तान आज़ाद कश्मीर द्वारा शासित था, वह भी महज़ 'सैद्धान्तिक रूप से, जिसका कोई व्यावहारिक अर्थ नहीं था।' 1949 में आज़ाद कश्मीर की सरकार ने कराची समझौते के तहत क्षेत्र का प्रशासन

अन्तरिम आधार पर संघीय सरकार को सौंप दिया, जो धीरे-धीरे स्थायी हो गया। भारतीय पत्रकार पॉल साहनी के अनुसार, इसे पाकिस्तान द्वारा गिलगित-बाल्टिस्तान पर अपने शासन को वैध बनाने के प्रयास के रूप में देखा जाता है।

आज़ाद कश्मीर से गिलगित-बाल्टिस्तान के प्रशासन को स्थानान्तरित करने के दो कारण थे। पहला यह क्षेत्र आज़ाद कश्मीर के लिए दुर्गम था और चूँकि आज़ाद कश्मीर और पाकिस्तान, दोनों की सरकारें जानती थीं कि क्षेत्र के लोग कश्मीर की अन्तिम स्थिति को लेकर शंकालु थे, परन्तु सम्भावित जनमत संग्रह में वे स्पष्टत्या पाकिस्तान में शामिल होने के पक्ष में थे, जबकि आज़ाद कश्मीर के लोगों की मंशा उस समय तक स्पष्ट नहीं थी। यह मतान्तर इसकी दूसरी वजह थी। इंटरनेशनल क्राइसिस ग्रुप के अनुसार, कराची समझौता गिलगित-बाल्टिस्तान में अत्यधिक अलोकप्रिय हुआ क्योंकि इसमें गिलगित-बाल्टिस्तान को एक पक्ष के रूप में इसमे शामिल नहीं किया गया था और उसके भाग्य का फ़ैसला दूसरे लोगों द्वारा किया जा रहा था।

तब से लेकर 1990 के दशक तक, गिलगित-बाल्टिस्तान ब्रिटिश औपनिवेशिक युग के फ्रंटियर क्राइम रेगुलेशन के माध्यम से शासित रहा, जो आदिवासी लोगों को 'बर्बर और असभ्य' के रूप में मानता था, सामूहिक जुर्माना और दण्ड लगाता था। लोगों को क़ानूनी प्रतिनिधित्व या अपील का कोई अधिकार नहीं था। जनजातियों के सदस्यों को कहीं भी यात्रा करने के लिए पुलिस से पूर्व अनुमति लेनी पड़ती थी और पुलिस को उनकी गतिविधियों के बारे में सूचित करना पड़ता था। इस अवधि के दौरान गिलगित-बाल्टिस्तान के लिए कोई लोकतान्त्रिक व्यवस्था नहीं थी। सभी राजनीतिक और न्यायिक शक्तियाँ कश्मीर मामलों के मन्त्रालय और उत्तरी क्षेत्रों (काना) के हाथों में रहीं। गिलगित-बाल्टिस्तान के लोग पाकिस्तान और आज़ाद कश्मीर के नागरिकों के बरक्स व्यापक नागरिक अधिकारों से वंचित रहे।

इस स्थिति का एक प्रमुख कारण गिलगित-बाल्टिस्तान को लेकर पाकिस्तान में एक अदूरदर्शिता थी। एक अन्य कारक यह था कि पूरा

पाकिस्तान ही लोकतान्त्रिक मानदण्डों और सिद्धान्तों में कभी यक़ीन नहीं कर पाया, इसलिए संघीय सरकार ने कभी भी इस क्षेत्र में लोकतान्त्रिक विकास को प्राथमिकता नहीं दी। इस क्षेत्र में सक्रिय नागरिक समाज की अनुपस्थिति के कारण सार्वजनिक दबाव की कमी भी बनी रही। आमतौर पर यहाँ के युवा एवं शिक्षित निवासी इस क्षेत्र में रहने के बजाय पाकिस्तान के शहरी केन्द्रों में रहने का विकल्प चुनते थे।

1970 में क्षेत्र के दोनों हिस्सों, गिलगित एजेंसी और बाल्टिस्तान को एक ही प्रशासनिक इकाई में मिला दिया गया था और इसे 'उत्तरी क्षेत्र' नाम दिया गया। 1963 में चीन-पाकिस्तान सीमा समझौते पर हस्ताक्षर के बाद शक्सगाम घाटी चीन के क़ब्ज़े में चली गयी। 1969 में एक उत्तरी क्षेत्र सलाहकार परिषद् (NAAC) बनायी गयी, जिसे बाद में 1974 में 'उत्तरी क्षेत्र परिषद्' (NAC) और 1994 में 'उत्तरी क्षेत्र विधान परिषद्' (NALC) का नाम दिया गया, लेकिन यह संस्था विधायी शक्तियों से वंचित थी। क़ानून-निर्माण के सभी अधिकार पाकिस्तान के काना मन्त्रालय में केन्द्रित थे। 1994 में काना मन्त्रालय द्वारा इस क्षेत्र के लिए वास्तविक संविधान के रूप में कार्य करने के लिए एक क़ानूनी ढाँचा आदेश (LFO) बनाया गया था। 1974 में गिलगित बाल्टिस्तान में लागू राज्य विषयक क़ानून को समाप्त कर दिया गया, अन्य क्षेत्रों के पाकिस्तानी नागरिकों को ज़मीन ख़रीदने और बसने का विकल्प दे दिया गया।

1984 में काराकोरम राजमार्ग के खुलने के साथ घरेलू स्तर पर क्षेत्र का महत्त्व बढ़ गया और इस क्षेत्र की आबादी की मुख्य भूमि पाकिस्तान से जुड़ गयी। बेहतर सम्पर्क के साथ स्थानीय आबादी ने शेष पाकिस्तान में उपलब्धि शैक्षिक अवसरों का लाभ उठाया। बेहतर सम्पर्क (कनेक्टिविटी) ने पाकिस्तान और आज़ाद कश्मीर के राजनीतिक दलों को स्थानीय शाखाएँ स्थापित करने, क्षेत्र में राजनीतिक जागरूकता बढ़ाने का अवसर दिये और इन राजनीतिक क़तारों ने गिलगित के निवासियों के बीच लोकतान्त्रिक अधिकारों के लिए एक आन्दोलन आयोजित करने में 'प्रशंसनीय भूमिका' निभायी है। 1988 में घटित गिलगित नरसंहार में ओसामा बिन लादेन, परवेज मुशर्रफ़,

जनरल जिया-उल हक़ और मिर्जा असलम बेग़ की विचारधारा से प्रभावित इस्लामी सुन्नियों के समूहों ने सैकड़ों स्थानीय शियाओं का वध किया, जो इस्लाम के आन्तरिक संघर्ष का घृणित नमूना है।

1990 के दशक के अन्त में अल-जिहाद ट्रस्ट के अध्यक्ष ने गिलगित-बाल्टिस्तान की क़ानूनी स्थिति का निर्धारण करने के लिए पाकिस्तान के सर्वोच्च न्यायालय में एक याचिका दायर की। 28 मई 1999 के अपने फ़ैसले में कोर्ट ने पाकिस्तान सरकार को गिलगित-बाल्टिस्तान के लोगों को समान अधिकारों का प्रावधान सुनिश्चित करने का निर्देश दिया और ऐसी व्यवस्था सुनिश्चित करने के लिए छह महीने का समय दिया। सुप्रीम कोर्ट के फ़ैसले के बाद सरकार ने स्थानीय स्तर पर सत्ता हस्तांतरित करने के लिए कई क़दम उठाये। हालाँकि कई हलक़ों में नीतिगत मुद्दा उठाया गया था कि गिलगित-बाल्टिस्तान में मज़बूत राजनीतिक और साम्प्रदायिक विभाजन के कारण और अभी भी विवादित कश्मीर क्षेत्र के साथ क्षेत्र के ऐतिहासिक द्वन्द्वों के कारण पाकिस्तानी सरकार अदालत के फ़ैसले का पालन करने में असहाय थी और इसने गिलगित-बाल्टिस्तान की वास्तविक स्थिति के निर्धारण प्रक्रिया को बाधित कर दिया।

स्थानीय प्रशासक के रूप में कार्य करने के लिए 'उप मुख्य कार्यकारी' की एक व्यवस्था बनायी गयी थी, लेकिन वास्तविक शक्तियाँ अभी भी 'मुख्य कार्यकारी' के पास थीं, जो काना के संघीय मन्त्री हुआ करते थे। मन्त्रालय के सचिव सम्बन्धित सलाहकारों की तुलना में अधिक शक्तिशाली थे। एक टिप्पणीकार के आकलन पर ध्यान दें तो वर्षों से विभिन्न सुधार पैकेजों के बावजूद, स्थिति मोटे तौर पर अपरिवर्तित है। इस बीच गिलगित-बाल्टिस्तान में जनता का आक्रोश ख़तरनाक रूप से बढ़ रहा है। प्रमुख विरोधी समूह नागरिक अधिकारों और लोकतन्त्र की अनुपस्थिति का मुद्दा उठाने लगे हैं। पाकिस्तानी सरकार मे गिलगित-बाल्टिस्तान को प्रान्तीय दर्ज़ा देने पर ढुलमुल बहस जारी है।

अन्तिया माटो बौज़ास के अनुसार पाकिस्तान पीपुल्स पार्टी (पीपीपी) के नेतृत्व वाली पाकिस्तानी सरकार ने 2009 के सुधारों के माध्यम से कश्मीर विवाद पर अपने पारम्परिक रुख़ और स्थानीय लोगों की माँगों

के बीच एक समझौता करने का प्रयास किया था, जिनमें से अधिकांश पाकिस्तान समर्थक भावनाओं द्वारा संचालित था। 2009 के सुधारों ने इस क्षेत्र की आत्म-पहचान को रेखांकित तो किया, परन्तु पाकिस्तान के भीतर इस क्षेत्र की संवैधानिक स्थिति का समाधान नहीं कर पाया।

गिलगित-बाल्टिस्तान के लोग पाकिस्तान में एक अलग पाँचवें प्रान्त के रूप में मान्यता प्राप्त कर विलय करना चाहते हैं। हालाँकि आज़ाद कश्मीर के नेता गिलगित-बाल्टिस्तान को पाकिस्तान में एकीकृत करने के किसी भी क़दम का विरोध कर रहे हैं। वहीं गिलगित-बाल्टिस्तान के लोग आज़ाद कश्मीर के साथ स्वयं के किसी भी एकीकरण का विरोध करते हैं और इसके बजाय अपने क्षेत्र के लिए पाकिस्तानी नागरिकता और संवैधानिक दर्ज़ा चाहते हैं। सितम्बर, 2020 में पाकिस्तान ने गिलगित-बाल्टिस्तान को एक पूर्ण प्रान्त का दर्ज़ा देने का फ़ैसला किया है। यह तथ्य इस क्षेत्र की दिलचस्प संवैधानिक स्थिति को दर्शाता है, जिसका एक अन्तर्राष्ट्रीय पहलू है।

गिलगित-बाल्टिस्तान 2008 से, यू.एन.ओ. (UNO) का ग़ैर-प्रतिनिधित्व वाले राष्ट्रों और लोगों के संगठन का सदस्य देश रहा है।

प्रशासन

वर्तमान गिलगित-बाल्टिस्तान का क्षेत्र 1970 में 'उत्तरी क्षेत्रों' के नाम से एक अलग प्रशासनिक इकाई बन गया। इसका गठन पूर्व गिलगित एजेंसी, लद्दाख वज़ारत के ज़िले बाल्टिस्तान तथा हुंजा और नगर के पहाड़ी राज्यों के सम्मिलन द्वारा किया गया था। वर्तमान में इसमें चौदह ज़िले शामिल हैं। 1993 में आज़ाद जम्मू और कश्मीर के उच्च न्यायालय द्वारा गिलगित-बाल्टिस्तान को अपने अधीन करने का प्रयास किया गया था, लेकिन गिलगित-बाल्टिस्तान के स्थानीय लोगों के विरोध के बाद पाकिस्तान के सर्वोच्च न्यायालय द्वारा इस प्रयास को खारिज कर दिया गया था, पाकिस्तान सरकार ने 1974 में गिलगित-बाल्टिस्तान में राज्य विषयक नियम को समाप्त कर दिया, जिसके परिणामस्वरूप क्षेत्र में जनसांख्यिकीय परिवर्तन हुए। प्रथम कश्मीर युद्ध के बाद से प्रशासनिक रूप से पाकिस्तान द्वारा नियन्त्रित, गिलगित-बाल्टिस्तान को कभी भी

औपचारिक रूप से पाकिस्तानी राज्य में एकीकृत नहीं किया गया है। इस प्रकार यह क्षेत्र पाकिस्तान के संवैधानिक राजनीतिक क्रियाकलापों में भागीदार नहीं है। 29 अगस्त 2009 को गिलगित-बाल्टिस्तान अधिकारिता और स्व-शासन आदेश 2009, पाकिस्तानी कैबिनेट द्वारा पारित किया गया था, जिसे पाकिस्तान के तत्कालीन राष्ट्रपति आसिफ़ अली ज़रदारी द्वारा हस्ताक्षरित किया गया था। इस आदेशों में अन्य बातों के अलावा एक निर्वाचित गिलगित-बाल्टिस्तान विधानसभा और गिलगित-बाल्टिस्तान परिषद् बनाकर गिलगित-बाल्टिस्तान के लोगों को स्व-शासन प्रदान किया। इस प्रकार गिलगित-बाल्टिस्तान ने संवैधानिक रूप से पाकिस्तान का हिस्सा बने बिना एक वास्तविक प्रान्त जैसा दर्ज़ा प्राप्त कर लिया। वर्तमान में गिलगित-बाल्टिस्तान न तो प्रान्त है और न ही राज्य। इसे अर्ध-प्रान्तीय दर्ज़ा प्राप्त है। आधिकारिक तौर पर पाकिस्तान सरकार ने गिलगित-बाल्टिस्तान के पाकिस्तान के साथ एकीकरण के आह्वान को इस आधार पर ख़ारिज कर दिया है कि ऐसा उपक्रम संयुक्त राष्ट्र के प्रस्तावों के अनुसार पूरे कश्मीर मुद्दे को हल करने की उसकी माँगों को ख़तरे में डाल देगा। कुछ कश्मीरी राष्ट्रवादी समूह, जैसे कि जम्मू और कश्मीर लिबरेशन फ्रंट, गिलगित-बाल्टिस्तान को भविष्य के स्वतन्त्र राज्य के हिस्से के रूप में दावा करते हैं जो 1947 में मौजूद था। दूसरी ओर, भारत का कहना है कि गिलगित-बाल्टिस्तान जम्मू और कश्मीर की पूर्व रियासत का एक हिस्सा है, आज़ाद भारत का एक अभिन्न अंग है।

सुरक्षा

गिलगित-बाल्टिस्तान में सुरक्षा गिलगित-बाल्टिस्तान पुलिस, गिलगित-बाल्टिस्तान स्काउट्स (एक अर्द्धसैनिक बल) और नॉर्दर्न लाइट इनफैंट्री (पाकिस्तानी सेना का हिस्सा) द्वारा प्रदान की जाती है। गिलगित-बाल्टिस्तान पुलिस (GBP) गिलगित-बाल्टिस्तान में क़ानून प्रवर्तन के लिए ज़िम्मेदार है। बल का कार्यभार प्रमुख रूप से अपराधों की रोकथाम और पता लगाना, क़ानून और व्यवस्था बनाये रखना एवं पाकिस्तान के संविधान को लागू करना है।

भूगोल और जलवायु

यह क्षेत्र दुनिया की कुछ सबसे ऊँची पर्वत शृंखलाओं का घर है। मुख्य पर्वतमाला काराकोरम और पश्चिमी हिमालय हैं। उत्तर में पामीर पर्वत और पश्चिम में हिन्दू कुश पर्वत मालाएँ है। सबसे ऊँचे पहाड़ों में K2 (माउंट गॉडविन-ऑस्टेन) और नंगा पर्वत हैं, जो दुनिया के सबसे ख़तरनाक पहाड़ों में से एक है।

ध्रुवीय क्षेत्रों के बाहर दुनिया के तीन सबसे लम्बे ग्लेशियर गिलगित-बाल्टिस्तान में स्थित हैं जिनके नाम है : बियाफ़ो ग्लेशियर, बाल्टोरो ग्लेशियर और बटुरा ग्लेशियर। इसके अलावा, गिलगित-बाल्टिस्तान में कई उच्च ऊँचाई वाली झीलें हैं, जिनमें प्रमुख है :

देवसाई मैदानों में श्योसर झील, स्कर्दू
नल्टर झील, नल्टर घाटी, गिलगित में
स्कार्दू, बाल्टिस्तान में सतपारा त्सो झील
स्कार्दू, बाल्टिस्तान में काटज़ुरा त्सो झील
शिगर, बाल्टिस्तान में झरबा त्सो झील
स्कार्दू, बाल्टिस्तान में फोरोक त्सो झील
गंगचे, बाल्टिस्तान में खारफक झील
गुलतारी, एस्टोर में ब्यारसा त्सो झील
गोजल में बोरीथ झील, ऊपरी हुंजा, गिलगित
अस्टोर के पास राम झील
नगर, गिलगित के पास रश झील
क्रॉम्बर पास में क्रॉम्बर झील, इश्कोमन घाटी, घाइज़र ज़िला
बार वैली, नगर में बरोदरोक्ष झील
घोरशी झील, घंडस घाटी, खरमाँगो में

देवसाई मैदान तिब्बत के बाद में दुनिया के दूसरे सबसे ऊँचे पठार (4,115 मीटर) का निर्माण करते हैं। यह पठार अस्टोर के पूर्व में, स्कार्दू के दक्षिण में तथा लद्दाख के पश्चिम में स्थित है। 1993 में इस क्षेत्र को एक राष्ट्रीय उद्यान के रूप में घोषित किया गया है।

देवसाई मैदान लगभग 5,000 वर्ग किलोमीटर के क्षेत्र में फैला हुआ है। साल के आधे से अधिक समय (सितम्बर और मई के बीच) के लिए देवसाई बर्फ़ से ढका रहता है और सर्दियों में बाक़ी एस्टोर और बाल्टिस्तान से कट जाता है। देवसाई गाँव चिलम चौकी के क़रीब स्थित है। यह लद्दाख के कारगिल ज़िले से सड़क के माध्यम से भी जुड़ा हुआ है।

गिलगित-बाल्टिस्तान में काराकोरम राजमार्ग के चारों ओर रॉक आर्ट (पेट्रोग्लिफ्स) और शिलालेख के 50,000 से अधिक नमूने हैं, जो हुंजा और शटियाल के बीच दस प्रमुख स्थलों पर केन्द्रित हैं। व्यापार मार्ग से गुज़रते वाले, व्यापारियों एवं तीर्थयात्रियों से नक़्क़शी को भारी नुकसान पहुँचता रहा है। साथ ही स्थानीय लोगों द्वारा भी इसका ख़याल नहीं रखा जाता था। इन नक़्क़शियों में 5,000 और 1,000 ईसा पूर्व के बीच की पुरानी तारीख़ों के जानवरों, पुरुषों और शिकार के दृश्यों को दर्शाया गया है जिसमें अमूमन शिकार (जानवर) शिकारी से बड़े होते हैं। इन नक़्क़ाशियों को चट्टानों के बीच पत्थर के औज़ारों से तराशा गया था।

नृवंशविज्ञानी कार्ल जेट्टमार ने इन शिलालेखों द्वारा क्षेत्र के इतिहास को व्याख्यायित करने का प्रयत्न किया है और पाकिस्तान के उत्तरी क्षेत्रों में रॉक नक़्क़ाशी और शिलालेखों में दर्ज़ दृश्यों के तुलनात्मक अध्ययन द्वारा अपने निष्कर्ष निर्धारित किये हैं। ऐसा माना जा रहा है कि प्रस्तावित बाशा-डायमिर बाँध का निर्माण पूरा होने अथवा काराकोरम राजमार्ग के चौडीकरण के पश्चात् गान्धार और सिल्क रोड्स के बीच मौजूद रॉक-नक़्क़शी और शिलालेखों का अनमोल सम्पदा जलमग्न हो नष्ट हो जायेंगी।

जलवायु

गिलगित-बाल्टिस्तान की जलवायु एक क्षेत्र से दूसरे क्षेत्र में भिन्न होती है, क्योंकि आसपास की पर्वत श्रृंखलाएँ मौसम में तेज़ बदलाव लाती हैं। पूर्वी भाग में पश्चिमी हिमालय का नम क्षेत्र है, लेकिन काराकोरम और हिन्दू कुश की ओर जाने पर जलवायु काफ़ी शुष्क हो जाती है। गिलगित और चिलास जैसे शहर हैं, जो गर्मियों में दिन के दौरान बहुत

गर्म होते हैं, लेकिन रात में ठण्डे होते हैं, वहीं अस्टोर, खापलू, यासीन, हुंजा और नगर जैसी घाटियाँ हैं, जहाँ गर्मी में भी तापमान ठण्डा रहता है।

अर्थव्यवस्था

इस क्षेत्र की अर्थव्यवस्था मुख्य रूप से एक पारम्परिक व्यापार मार्ग, ऐतिहासिक सिल्क रोड पर आधारित है। चीन व्यापार संगठन फोरम ने क्षेत्र के लोगों को सक्रिय रूप से निवेश करने और अपने चीनी प्रान्त शिनजियांग से आधुनिक व्यापार बढ़ाने के लिए प्रेरित किया है। गोजल हुंजा में एक चैंबर ऑफ़ कॉमर्स और सस्ट ड्राई पोर्ट की स्थापना भी की गयी है। शेष अर्थव्यवस्था मुख्य रूप से कृषि और पर्यटन द्वारा वहन की जाती है। कृषि उत्पाद गेहूँ, मक्का, जौ और फल हैं। पर्यटन ज़्यादातर ट्रैकिंग और पर्वतारोहण के क्षेत्रों में है और क्रमशः इस उद्योग का महत्त्व बढ़ रहा है।

सितम्बर 2009 की शुरुआत में पाकिस्तान ने गिलगित-बाल्टिस्तान में एक प्रमुख ऊर्जा परियोजना के लिए पीपुल्स रिपब्लिक ऑफ़ चाइना के साथ एक समझौते पर हस्ताक्षर किये, जिसमें एस्टोर ज़िले के बुंजी में 7,000 मेगावाट के पनबिजली परियोजना का निर्माण प्रगति में है।

पर्वतारोहण

ट्रैंगो टॉवर्स दुनिया की कुछ सबसे बड़ी चट्टानों में शुमार है जो चुनौतीपूर्ण रॉक क्लाइम्बिंग का आमन्त्रण करती है। दुनिया के सभी कोनों से कई अभियान दल चुनौतीपूर्ण ग्रेनाइट पर चढ़ने के लिए हर साल काराकोरम आते हैं।

गिलगित-बाल्टिस्तान 6,100 मीटर से अधिक ऊँचाई की 20 से अधिक चोटियों का घर है, जिसमें K-2 पृथ्वी का दूसरा सबसे ऊँचा पर्वत है। अन्य प्रसिद्ध चोटियों में माशेरब्रम (K1 के रूप में भी जाना जाता है), ब्रॉड पीक, हिडन पीक, गैशेरब्रम II, गैशेरब्रम IV और चोगोलिसा शामिल हैं, जो खापलू घाटी में स्थित हैं। निम्नलिखित चोटियों को अब तक विभिन्न अभियानों द्वारा प्रचारित किया गया है।

शिखर का नाम	चित्र	ऊँचाई (मी. में)	नामकरण की तारीख़	स्थान
1.के-2		8610	31 जुलाई 1954	काराकोरम
2. नंगा पर्वत		8125	3 जुलाई 1953	हिमालय
3. गशरब्रुम -I		8034	7 जुलाई 1956	काराकोरम
4. ब्रॉड पीक		8092	9 जून 1957	काराकोरम
5. मुजताग टावर		7254	6 अगस्त 1956	काराकोरम
6. गशरब्रुम-II		7961	4 जुलाई 1958	काराकोरम
7. हिडेन पीक		8068	4 जुलाई 1957	काराकोरम

8. खुन्यंग छिश		7852	4 जुलाई 1971	काराकोरम
9. मशरब्रुम		7821	4 अगस्त 1960	काराकोरम
10. सल्तोरों कांगरी		7742	4 जून 1962	काराकोरम
11. छोगोलिसा		7665	4 अगस्त 1963	काराकोरम

पर्यटन

काराकोरम राजमार्ग

1978 से पहले कठोर इलाक़े और सुलभ सड़कों की कमी के कारण गिलगित-बाल्टिस्तान शेष पाकिस्तान और दुनिया से कटा हुआ था। दक्षिण की सभी सड़कें पाकिस्तान प्रशासित राज्य आज़ाद कश्मीर की ओर और दक्षिण-पूर्व की ओर वर्तमान भारतीय प्रशासित जम्मू और कश्मीर की ओर खुलती थीं। गर्मियों के दौरान लोगों को रावलपिण्डी की यात्रा करने के लिए पहाड़ी दर्रों को पार करना पड़ता था। यात्रा करने का सबसे तेज़ तरीक़ा हवाई मार्ग था, लेकिन हवाई यात्रा केवल कुछ विशेषाधिकार प्राप्त स्थानीय लोगों और पाकिस्तानी सैन्य और नागरिक अधिकारियों के लिए ही सुलभ थी। चीनी सरकार की सहायता से पाकिस्तान ने काराकोरम राजमार्ग (KKH) का निर्माण शुरू किया, जो 1978 में पूरा हुआ।

रावलपिण्डी/इस्लामाबाद से गिलगित तक की यात्रा में आजकल लगभग 20 से 24 घण्टे लगते हैं।

काराकोरम राजमार्ग इस्लामाबाद को गिलगित और स्कार्दू से जोड़ता है, जो गिलगित-बाल्टिस्तान में पर्वतारोहण अभियानों के दो प्रमुख केन्द्र हैं। उत्तरी क्षेत्र परिवहन निगम (NATCO) क्षेत्र में दो हब और कई अन्य लोकप्रिय स्थलों, झीलों और ग्लेशियरों के लिए बस और जीप परिवहन सेवा प्रदान करता है। काराकोरम राजमार्ग पर भूस्खलन बहुत आम है। काराकोरम राजमार्ग गिलगित को चीनी गणराज्य में ताशकुरगन टाउन, काशगर, चीन से सस्ट के माध्यम से जोड़ता है गिलगित-बाल्टिस्तान में खुंजरेब दर्रे पर स्थित सीमा शुल्क एवं उत्पाद -निरीक्षण पोस्ट, दुनिया में सबसे ऊँचा (4,693 मीटर) स्थायी अन्तर्राष्ट्रीय सीमा पोस्ट है। .मार्च 2006 में, दोनों सरकारों ने घोषणा की कि 1 जून, 2006 से एक त्रि-साप्ताहिक बस सेवा गिलगित से काशगर के मध्य शुरू होगी तथा काराकोरम राजमार्ग के 600 किलोमीटर का सड़क चौड़ीकरण का काम शुरू होगा।

पाकिस्तान इंटरनेशनल एयरलाइंस गिलगित एयरपोर्ट और बेनज़ीर भुट्टो इंटरनेशनल एयरपोर्ट के बीच रोज़ाना फ़ोकर (F27) फ्रेंडशिप जहाज़ उड़ाती थी। उड़ान का समय लगभग 50 मिनट था और उड़ान दुनिया में सबसे सुन्दर उड़ानों में से एक मानी जाती है, क्योंकि इसका मार्ग नंगा पर्वत के ऊपर से गुज़रता था, जिसका शिखर विमान की मँडराती ऊँचाई के पास से गुज़रता है और एक रोमांच का अनुभव कराता है। हालाँकि 2006 में मुल्तान में एक दुर्घटना के बाद फ़ोकर विमानों को हटा दिया गया था। वर्तमान में, पाकिस्तान इंटरनेशनल एयरलाइंस द्वारा गिलगित के लिए एकदम नये ATR 42-500 की उड़ानें संचालित की जा रही हैं। नये विमान के साथ उड़ानों का रद्दीकरण कम हो गया है। पाकिस्तान इंटरनेशनल एयरलाइंस स्कार्दू और इस्लामाबाद के बीच बोइंग 737 की नियमित उड़ानें भी प्रदान करती है। सभी उड़ानें मौसम की स्थिति पर निर्भर होती हैं विशेषकर सर्दियों में। इस दौरान अक्सर कई उड़ानें रद्द करनी पड़ती है।

जनसंख्या

1998 में गिलगित बाल्टिस्तान की जनसंख्या 8 लाख थी, जो बढ़कर 2013 में 13 लाख के पास पहुँची और अद्यतन 14.92 लाख है। लगभग 14% आबादी शहरी है। गिलगित-बाल्टिस्तान की आबादी में कई विविध भाषायी, जातीय और धार्मिक सम्प्रदाय शामिल हैं, जो कि दुनिया के कुछ सबसे ऊँचे पहाड़ों से साथ साथ अलग-अलग घाटियों की भिन्नताओं के कारण हैं। जातीय समूहों में शिंस, यशकुन, कश्मीरी, काशगरी, पामिरिस, पठान और कोहिस्तानी शामिल हैं। गिलगित-बाल्टिस्तान के लोग बड़ी संख्या में पाकिस्तान के अन्य हिस्सों में रह रहे हैं, मुख्य रूप से पंजाब और कराची में। गिलगित-बाल्टिस्तान की साक्षरता दर लगभग 72% है। 2017 की जनगणना में गिलगित ज़िले की आबादी सबसे अधिक 3.3 लाख और हुंजा ज़िले की सबसे कम 0.5 लाख थी।

भाषा

गिलगित-बाल्टिस्तान एक बहुभाषी क्षेत्र है, जहाँ उर्दू राष्ट्रीय और आधिकारिक भाषा होने के नाते अन्तरजातीय संचार की भाषा के रूप में कार्य करती है। अंग्रेज़ी सह-आधिकारिक है और शिक्षा में भी उपयोग की जाती है, जबकि अरबी का उपयोग धार्मिक उद्देश्यों के लिए किया जाता है। नीचे दी गयी तालिका गिलगित-बाल्टिस्तान के प्रथम-भाषा बोलने वालों के बारे में बताती है।

भाषा विवरण

1. **शिना**–यह छह तहसीलों (गिलगित, दीमिर/चिलास, दरेल/तांगीर, अस्टोर, पुनियाल/गहकुच और रोंडू) में बहुमत द्वारा बोली जाने वाली एक दर्दी भाषा है।
2. **बाल्टी**–यह पाँच तहसीलों (स्कर्दू/शिगर, खरमंग, गुलतारी, खापलू और मशब्रम) में बहुसंख्यकों द्वारा बोली जाती है। यह तिब्बती भाषा परिवार से है और इसमें उर्दू का भी प्रभाव है।

3. **बुरुशास्की**–यह चार तहसीलों (नगर 1, हुंजा/अलीबाद, नगर द्वितीय और यासीन) में बहुसंख्यकों द्वारा बोली जाती है। यह एक अलग भाषा है, जिसके अधिकांश शब्द उर्दू से लिये गये हैं।
4. **खोवार**–यह दो तहसीलों (गुपिस और इश्कोमेन) में बहुसंख्यकों द्वारा बोली जाती है, साथ ही यासीन और पुनियाल/गहकुच तहसीलों में भी इसका प्रयोग होता है। शिना की तरह, यह एक दर्दी भाषा है।
5. **वाखी**–यह हुंजा की गोजल तहसील में अधिकांश लोगों द्वारा बोली जाती है। साथ ही यह गुपिस-यासीन और घीसर ज़िलों की यासीन और इश्कोमेन तहसीलों में भी बोली जाती है। इसे पूर्वी ईरानी (पामिरी) भाषा के रूप में वर्गीकृत किया गया है।

अन्य पश्तो, कश्मीरी, दोमाकी (क्षेत्र में संगीतकार कुलों द्वारा बोली जाने वाली) और गोजरी भाषाएँ भी क्षेत्र की एक महत्त्वपूर्ण आबादी द्वारा बोली जाती हैं।

धर्म

गिलगित-बाल्टिस्तान की आबादी पूरी तरह से मुस्लिम है और जातीय रूप से सबसे विविध है। सुन्नी-प्रधान पाकिस्तान में यह क्षेत्र एकमात्र शिया-बहुलता वाला क्षेत्र है। स्कर्दू ज़िले के लोग ज़्यादातर शिया हैं, जबकि दीमिर और एस्टोर ज़िलों में सुन्नी बहुसंख्यक हैं। घांचे में नूरबख़्शी की आबादी है और ग़िज़र में इस्माइली बहुमत में है। गिलगित, हुंजा और नगर ज़िलों की आबादी इन सभी सम्प्रदायों के मिश्रण से बनी है। बी. रमन के अनुसार, 1948 में शिया और इस्माइलियों की आबादी लगभग 85% थी। अन्य प्रान्तों और संघ प्रशासित जनजातीय क्षेत्रों से सुन्नी बहुलता है। कहा जाता है कि यह नीति 1979 में ईरानी क्रान्ति के बाद शियाओं की बढ़ती साम्प्रदायिक चेतना का मुक़ाबला करने की इच्छा से प्रेरित थी।

गिलगित-बाल्टिस्तान का साम्प्रदायिक विभाजन

शिया	सुन्नी	इस्माइली	नूरबक्शी
39.85 प्रतिशत	30.05 प्रतिशत	24 प्रतिशत	6.1 प्रतिशत

संस्कृति

गिलगित-बाल्टिस्तान विविध संस्कृतियों, जातीय समूहों, भाषाओं और पृष्ठभूमि का घर है। प्रमुख सांस्कृतिक कार्यक्रमों में शानदूर पोलो महोत्सव, बाबूसर पोलो महोत्सव और जश्न-ए-बहारन या हार्वेस्ट टाइम फ़ेस्टिवल (नवरोज़) शामिल हैं। पारम्परिक नृत्यों में शामिल हैं: ओल्ड मैन डांस, जिसमें एक से अधिक व्यक्ति पुरानी शैली के कपड़े पहनते हैं; काउ बॉय डांस (पायलू) जिसमें एक व्यक्ति पुरानी शैली की पोशाक के साथ लम्बे चमड़े के जूते पहनता है और हाथ में एक छड़ी रखता है। तलवार नृत्य, जिसमें प्रतिभागी दायीं ओर एक तलवार और बायीं ओर ढाल दिखाते हैं। एक से छह प्रतिभागी जोड़ियों में नृत्य कर सकते हैं।

खेल

पूरे क्षेत्र में कई प्रकार के खेल प्रचलन में हैं, लेकिन उनमें से सबसे लोकप्रिय पोलो है। लगभग हर बड़ी घाटी में पोलो ग्राउंड होता है। ऐसे मैदानों में पोलो मैच गर्मी के मौसम में स्थानीय लोगों के साथ-साथ विदेशी पर्यटकों को भी आकर्षित करते हैं। ऐसा ही एक पोलो टूर्नामेंट हर साल शांडूर में आयोजित किया जाता है, जहाँ चित्राल के साथ गिलगित की पोलो टीमें भाग लेती हैं। हालाँकि अन्तर्राष्ट्रीय स्तर पर इसकी सम्भावना बहुत कम है, लेकिन कुछ स्थानीय इतिहासकारों, जैसे स्कार्दू के हसन हसरत और अहमद हसन दानी जैसे कुछ राष्ट्रीय लेखकों का मानना है कि पोलो उत्पत्ति उसी क्षेत्र में हुई थी। साक्ष्य के लिए वे बाल्टी समुदाय के राजा गेसर का महाकाव्य प्रस्तुत करते हैं, जिसके अनुसार राजा गेसर ने अपने सौतेले बेटे को मारकर पोलो शुरू किया। एक छड़ी के साथ शव के सिर पर प्रहार कर खेल की शुरुआत की। उन्होंने यह भी माना है

कि स्थानीय पोलो खेल के अत्यन्त सरल नियम इसकी प्रधानता को भी प्रमाणित करते हैं। अंग्रेज़ी शब्द 'पोलो' बाल्टी मूल का है, जो उसी क्षेत्र में बोली जाती है, जिसका अर्थ है–गेंद।

अन्य लोकप्रिय खेल फुटबॉल, क्रिकेट, वॉलीबॉल (ज़्यादातर सर्दियों में खेलते हैं) और अन्य छोटे स्थानीय खेल हैं। बढ़ती सुविधाओं और भौगोलिक विशिष्टयों के नाते चढ़ाई, ट्रैकिंग और इसी तरह के अन्य खेलों को भी विशेष रूप से लोकप्रियता मिल रही है। हुंजा घाटी की समीना बेग़ एकमात्र पाकिस्तानी महिला हैं, और माउंट एवरेस्ट पर चढ़ने वाली तीसरी पाकिस्तानी हैं तथा एवरेस्ट पर चढ़ने वाली सबसे कम उम्र की मुस्लिम महिला भी हैं, जिन्होंने 21 साल की उम्र में ऐसा किया है, जबकि स्कार्दू घाटी के हसन सदपारा छह बार सफल चढ़ाई करने वाले पहले पाकिस्तानी हैं। दुनिया की सबसे ऊँची चोटी एवरेस्ट (8,848 मीटर) के अलावा K2 (8611 मीटर), गैशेरब्रम I (8,080 मीटर), गैशेरब्रम II (8,034 मीटर), नंगा पर्वत (8,126 मीटर), ब्रॉड पीक (8,051 मीटर) सहित आठ हज़ार मीटर से ऊँची चोटियाँ है।

अध्याय-छह

अक्साई चिन

अक्साई चिन एक तुर्की शब्द है, जिसका ज़िक्र सबसे पहले मुहम्मद अमीन ने किया था, जो श्लागिंटवीट भाइयों के यारकंदी गाइड थे। अमीन का अक्साई चिन एक सुपरिभाषित क्षेत्र नहीं था। यह कुनलुन पर्वत के दक्षिण में तिब्बत में अनिश्चित आकार में फैला हुआ था। तुर्की भाषा में अक्साई का अर्थ 'सफेद पत्थर का रेगिस्तान' होता है। कई ब्रिटिश औपनिवेशिक एवं आधुनिक योरोपियन, चीनी, भारतीय स्रोत यहाँ तक कि कुछ आधुनिक स्रोत इसकी व्याख्या 'व्हाइट ब्रुक' के रूप में करते हैं। यारकंदी उइघर बोली में अक्साई को 'पूर्वी' के रूप में परिभाषित किया गया है। 'चिन' शब्द का अर्थ विवादित है। कुछ चीनी, एवं अन्य स्रोतों द्वारा इसका अर्थ 'चीन' भी माना जाता है। कुछ स्रोत इसे रास्ता (पास) के रूप में भी व्याख्यायित करते हैं।

इतिहास

अपनी 5,000 मीटर की ऊँचाई के कारण अक्साई चिन का एक प्राचीन व्यापार मार्ग के अतिरिक्त कोई मानवीय महत्त्व नहीं था, जो गर्मियों के दौरान शिनजियांग और तिब्बत के बीच याक के कारवाँ के लिए एक अस्थायी मार्ग प्रदान करता था। सैन्य अभियानों के लिए इस क्षेत्र का महत्त्व कुछ अधिक था, क्योंकि यह तारिम बेसिन से तिब्बत तक के

इकलौते मार्ग पर स्थित था जो पूरे वर्ष भ्रमण योग्य था। 1717 में तिब्बत में प्रवेश करने के लिए दज़ुंगर खानटे ने इस मार्ग का उपयोग किया था।

पश्चिमी क्षेत्र की सीमाओं के सम्बन्ध में सबसे शुरुआती सन्धियों में से एक पर 1842 में हस्ताक्षर किये गये थे, जिसे कुछ साल पहले राजा गुलाब सिंह की डोगरा सेनाओं ने लद्दाख को सिख साम्राज्य के आधिपत्य के तहत जीत लिया था। 1840 में तिब्बत में एक असफल अभियान के बाद गुलाब सिंह और तिब्बतियों ने एक सन्धि पर हस्ताक्षर किये तथा 'पुरानी, स्थापित सीमाओं' पर टिके रहने के लिए सहमत हुए, जिन्हें अनिर्दिष्ट छोड़ दिया गया था। 1846 में सिखों की ब्रिटिश हार के परिणामस्वरूप लद्दाख सहित जम्मू और कश्मीर क्षेत्र को अंग्रेज़ों को हस्तान्तरित कर दिया गया, जिन्होंने तब गुलाब सिंह को अपने आधिपत्य में महाराजा के रूप में स्थापित किया। ब्रिटिश आयुक्तों ने सीमा पर बातचीत के लिए चीनी अधिकारियों से सम्पर्क किया, पर उन्होंने कोई दिलचस्पी नहीं दिखायी। ब्रिटिश सीमा आयुक्तों ने पैंगोंग झील पर सीमा के दक्षिणी छोर को लद्दाख की सीमा तय की, लेकिन इसके उत्तर के क्षेत्र को अनिर्धारित माना।

सर्वे ऑफ़ इंडिया के एक सिविल सेवक विलियम जॉनसन ने 1865 में 'जॉनसन लाइन' का प्रस्ताव रखा, जिसने अक्साई चिन को कश्मीर में दर्शाया था। यह डुंगन विद्रोह का समय था, तब तक वर्तमान चीनी गणराज्य ने झिजियांग पर नियन्त्रण स्थापित नहीं किया था। इसलिए यह रेखा चीनियों को कभी विचार हेतु प्रस्तुत नहीं की गयी थी। जॉनसन ने इस लाइन को कश्मीर के महाराजा को प्रस्तुत किया, जिन्होंने तब उत्तर में कुन लुन पर्वत में संजू दर्रों के मध्य 18,000 वर्ग किलोमीटर क्षेत्र पर अपना दावा पेश किया था। कश्मीर के महाराजा ने शाहिदुल्ला (आधुनिक ज़ैदुल्ला) में एक किले का निर्माण किया और कारवाँ यात्राओं की रक्षा के लिए कुछ वर्षों के लिए वहाँ सैनिकों को तैनात किया था। इस प्रकार शिनजियांग के क्षेत्र में शाहिदुल्ला और ऊपरी कराकाश नदी को मज़बूती

से राज्य के नियन्त्रण में रखा। शाहिदुल्ला में बसे हुए घर सिर्फ़ एक सुविधाजनक मंचन पोस्ट एवं ख़ानाबदोश किर्गिज़ समुदाय के लिए एक सुविधाजनक आरामगाह ही रहे। 1878 में चीनियों ने झिंजियांग को फिर से जीत लिया था। 1892 तक चीन ने काराकोरम दर्रे पर सीमा चिह्न बना दिये थे।

1897 में एक ब्रिटिश सैन्य अधिकारी, सर जॉन अर्दघ ने यारकन्द नदी के उत्तर में कुन लुन पर्वत के शिखर के साथ एक सीमा रेखा का प्रस्ताव रखा। उस समय ब्रिटेन रूसी विस्तार के ख़तरे से चिन्तित था। अर्दघ ने जानसन रेखा में कुछ संशोधन प्रस्तावित किये। उसने तर्क दिया कि जॉन्सन रेखा अधिक रक्षात्मक है। अर्दघ द्वारा प्रस्तावित रेखाओं की जो प्रभावी रूप से वस्तुतः जॉनसन लाइन का एक संशोधन था, को 'जॉनसन-अर्दघ लाइन' के रूप में जाना गया।

1893, सेंट पीटर्सबर्ग के एक वरिष्ठ चीनी अधिकारी, हंग ता-चेन ने काशगर में ब्रिटिश महावाणिज्य दूत जॉर्ज मेकार्टनी को इस क्षेत्र के नक़्शे दिये, जो सामान्यता क्षेत्र के भौगोलिक विवरणों से मेल खाते थे। 1899 में ब्रिटेन ने एक संशोधित सीमा का प्रस्ताव रखा, जिसे शुरू में मेकार्टनी द्वारा सुझाया गया था। तत्कालीन गवर्नर जनरल लॉर्ड एल्गिन द्वारा इस प्रस्ताव को भी स्वीकृति प्रदान की गयी थी। इस सीमा ने लिंग्ज़ी तांग मैदानों, (जो भारत में लक्ष्सांग श्रेणी के दक्षिण में हैं) तथा अक्साई चिन (जो चीन में लक्ष्सांग श्रेणी के उत्तर में स्थित है) को कश्मीर का हिस्सा माना गया। काराकोरम पर्वत ने एक प्राकृतिक सीमा बनायी, जो चीनी नियन्त्रण के तारिम नदी के जलक्षेत्र को छोड़ते हुए सिन्धु नदी के जलक्षेत्र तक ब्रिटिश सीमाओं को स्थापित करती थी।

अंग्रेज़ों का मानना था कि इस प्रकार मध्य एशिया में रूसी प्रगति के लिए चीन का उपयोग एक बाधा के रूप में कर पायेंगे। अंग्रेज़ों ने 1899 में सर क्लाउड मैकडोनाल्ड के एक नोट में इस लाइन को, जिसे 'मैकार्टनी-मैकडोनाल्ड लाइन' के रूप में जाना जाता है, चीनियों को

प्रस्तुत किया, परन्तु चीन की तत्कालीन किंग सरकार ने नोट का जवाब नहीं दिया। कुछ टिप्पणीकारों के अनुसार तद्नुसार यह चीनी राज्य द्वारा स्वीकृत मान ली गयी सीमा थी।

1899 से 1947 का काल

जॉनसन-अर्दघ और मेकार्टनी-मैकडोनाल्ड दोनों लाइनों का इस्तेमाल भारत के ब्रिटिश मानचित्रों पर किया जाता था। कम-से-कम 1908 तक, अंग्रेज़ों ने मैकडोनाल्ड लाइन को ही सीमा माना। प्रथम विश्व युद्ध के अन्त तक अंग्रेज़ों ने आधिकारिक तौर पर जॉनसन लाइन का इस्तेमाल किया। हालाँकि उन्होंने चौकी स्थापित करने या ज़मीन पर वास्तविक नियन्त्रण स्थापित करने के लिए कोई क़दम नहीं उठाया। 1927 में रेखा को फिर से समायोजित किया गया। ब्रिटिश भारत की सरकार ने जॉनसन लाइन को काराकोरम रेंज के साथ आगे दक्षिण में एक लाइन के रूप में दर्शाना छोड़ दिया। 1911 में शिन्हाई क्रान्ति के परिणामस्वरूप चीन में केन्द्रीय शक्ति का पतन हो गया। 1917 में चीन गणराज्य द्वारा प्रकाशित चीन के मानचित्र में भी अक्साई चिन में चीनी सीमा का जॉनसन लाइन के अनुरूप ही दर्शाया गया।

1917 से 1933 तक पेकिंग में चीन सरकार द्वारा प्रकाशित चीन के पोस्टल एटलस ने भी अक्साई चिन सीमा जॉनसन लाइन के अनुसार ही दिखायी थी, जो कुनलुन पहाड़ों के साथ चलती है। 1925 में प्रकाशित पेकिंग यूनिवर्सिटी एटलस ने भी अक्साई चिन को ब्रिटिश भारत में ही रखा। जब 1940 में ब्रिटिश अधिकारियों को पता चला कि सोवियत अधिकारी शिनजियांग के प्रशासक शेंग शिकाई के लिए अक्साई चिन का सर्वेक्षण कर रहे हैं, तो उन्होंने फिर से जॉनसन लाइन की वकालत की। अंग्रेज़ों ने तब तक भी अक्साई चिन पर सैन्य चौकी या नियन्त्रण, स्थापित करने का कोई ठोस प्रयास नहीं किया था और न ही इस मुद्दे पर कभी चीन या तिब्बत की सरकारों के साथ पारस्परिक चर्चा की।

आज़ादी से अब तक विवाद की शक्ल

1947 में ब्रिटिश भारत की सीमाएँ ही भारतीय गणराज्य की सीमाएँ मानी गयी, तदैव 1947 में स्वतन्त्रता के बाद भारत सरकार ने पश्चिम में अपनी आधिकारिक सीमा के आधार के रूप में जॉनसन लाइन का इस्तेमाल किया, जिसमें अक्साई चिन भारत में शामिल था। काराकोरम दर्रे (जो विवाद के अधीन नहीं है) से भारतीय दावा रेखा अक्साई चिन के नमक मैदानों से होती हुई काराकोरम पर्वत के उत्तर-पूर्व में फैली हुई है, कुनलुन पर्वत पर सीमा निर्धारित करने के लिए और कराकाश नदी और यारकंद नदी की तलहटी (वॉटरशेड) को आधार माना गया, जहाँ से यह सीमा रेखा कुनलुन पर्वत के साथ पूर्व की ओर चलती है। दक्षिण-पश्चिम की ओर मुड़ने से पहले अक्साई चिन नमक के मैदानों तथा काराकोरम पर्वत की चोटियों के साथ चलते हुए पैंगगोंग झील तक जाती है।

दिलचस्प तथ्य यह भी रहा है कि भारत सरकार द्वारा तब तक कश्मीर राज्य की उत्तर एवं पूर्वी सीमाएँ कच्ची रेखाओं (डौटेड लाइनों) में ही दर्शायी जाती थीं (देखें नक़्शा)। 1 जुलाई 1954 को प्रधान मन्त्री जवाहरलाल नेहरू ने एक ज्ञापन जारी किया, जिसमें निर्देश दिया गया कि सभी सीमाओं को निश्चित पक्की सीमाओं की तरह दिखाने के लिए भारत के मानचित्रों को संशोधित किया जाये। इस समय तक, जॉनसन लाइन पर आधारित अक्साई चिन सेक्टर में सीमा को 'अनिर्धारित' के रूप में वर्णित किया जाता था।

1950 के दशक के दौरान चीन के जनवादी गणराज्य ने झिंजियांग और पश्चिमी तिब्बत को जोड़ने वाली 1,200 किलोमीटर लम्बी सड़क का निर्माण किया, जो लम्बाई में 179 किलोमीटर भारत द्वारा दावा किये गये अक्साई चिन क्षेत्र के मध्य से जॉनसन लाइन के दक्षिण में चलती थी। अक्साई चिन चीनियों के लिए आसानी से सुगम था, लेकिन काराकोरम के दूसरी ओर के भारतीयों के लिए वहाँ पहुँचना अधिक कठिन था। 1957 तक सड़क के निर्माण गतिविधि एवं अस्तित्व के बारे में भारत

सरकार द्वारा ध्यान नहीं दिया गया। 1958 में प्रकाशित चीनी मानचित्रों में राजमार्ग (N-214) दिखाये जाने पर भारत सरकार ने पहली औपचारिक प्रतिक्रिया दी।

1957 की भारत एवं चीन की द्विपक्षीय वार्ता में प्रधानमन्त्री नेहरू ने कहा था कि भारतीय स्थिति यह है कि अक्साई चिन 'सदियों से भारत के लद्दाख क्षेत्र का हिस्सा था' और यह उत्तरी सीमा एक दृढ़ और निश्चित है, जो किसी के साथ चर्चा के लिए खुला विषय नहीं है। चीनी प्रधानमन्त्री झोउ एनलाई ने तर्क दिया था कि पश्चिमी सीमा को कभी भी सम्बन्धित सरकारों द्वारा निर्धारित नहीं किया गया था और न चीनी शासन द्वारा मेकार्टनी-मैकडोनाल्ड लाइन स्वीकृत की गयी। वह मात्र ऐसी रेखा थी जिसे चीनी सरकार के लिए प्रस्तावित किया गया था, जिस पर चीनी राज्य द्वारा सहमति नहीं दी गयी और यह भी कि अक्साई चिन पहले से ही चीनी के अधीन था। अत: वार्ताओं में यथास्थिति को ध्यान में रखा जाना चाहिए। व्यक्तिगत तौर पर उन्होंने यह भी स्पष्ट किया की अक्साई चिन की अधिकारिता पर भारत पुनर्विचार करे बदले में चीन पूर्वोत्तर के सीमी विवाद पर सार्थक वार्ता को तैयार हैं। एक तरह से उन्होंने साफ़ किया कि चीन के सामरिक एवं व्यापारिक हितों के कारण वे इस पर झुकने को तैयार नहीं हो सकते। इसमें दो राय नहीं है कि यह क्षेत्र लगभग निर्जन होने और संसाधनों की कमी के बावजूद चीन के लिए रणनीतिक रूप से महत्त्वपूर्ण बना हुआ है, चूँकि यह तिब्बत और शिनजियांग को जोड़ता है। इस राजमार्ग का निर्माण पर भारत का विरोध 1962 के भारत-चीन युद्ध के कारणों में से एक प्रमुख तत्त्व था।

अगस्त 2017 में पैंगोंग त्सो के पास भारतीय और चीनी सेना ने एक-दूसरे पर पत्थर फेंके। 11 सितम्बर, 2019 को पीपुल्स लिबरेशन आर्मी के सैनिकों ने पैंगोंग झील के उत्तरी तट पर भारतीय सैनिकों का सामना किया। पैंगोंग त्सो झील के पास भारतीय और चीनी सैनिकों के बीच मई और जून 2020 में चीनी-भारतीय सेनाओं के बीच झड़पों में एक निरन्तर आमना-सामना होता रहा है, जो 16 जून 2020 को एक हिंसक झड़प में

परिणत हुआ, जिसमें भारतीय पक्ष से कम-से-कम 20 मौतें हुईं पर चीनी सेना नें किसी भी आधिकारिक मौत की सूचना नहीं दी। दोनों पक्ष एक दूसरे पर उकसावे का आरोप मढ़ते रहे हैं।

भूगोल

अक्साई चिन भारत और चीन के बीच दो विवादित सीमा क्षेत्रों में से एक है। भारत अक्साई चिन को केन्द्र शासित प्रदेश लद्दाख के सबसे पूर्वी हिस्से के रूप में दावा करता है। चीन का दावा है कि अक्साई चिन झिंजियांग उइघुर स्वायत्त क्षेत्र और तिब्बत का हिस्सा है। लद्दाख के भारतीय प्रशासित क्षेत्रों को अक्साई चिन से अलग करने वाली रेखा को वास्तविक नियन्त्रण रेखा (LAC) के रूप में जाना जाता है।

अक्साई चिन लगभग 38,000 वर्ग किलोमीटर के क्षेत्र में फैला हुआ है। यह क्षेत्र मोटे तौर पर समुद्र तल से लगभग 4,300 मीटर की ऊँचाई पर एक विशाल ऊँचाई वाला रेगिस्तान है, जिसका निम्नतम बिन्दु कराकश नदी है। दक्षिण-पश्चिम में देपसांग मैदानों से दक्षिण-पूर्व में फैले 7,000 मीटर तक ऊँचे पहाड़ ही अक्साई चिन और भारतीय नियन्त्रित कश्मीर के बीच वास्तविक सीमा (वास्तविक नियन्त्रण रेखा) बनाते हैं।

उत्तर में कुनलुन रेंज अक्साई चिन को तारिम बेसिन से अलग करती है, जहाँ होटन काउंटी स्थित है। हाल ही में जारी विस्तृत चीनी मानचित्र के अनुसार, कोई भी सड़क होटन प्रान्त के भीतर कुनलुन रेंज को पार नहीं करती है। हिन्दुताश दर्रे के ऊपर केवल एक ट्रैक ऐसा करता दिखता है।

अक्साई चिन क्षेत्र में नमक या सोडा झीलों के साथ एंडोरेइक बेसिन हैं। प्रमुख नमक झीलें सुरिघ यिल, गनिंग कोल, त्सो तांग, अक्साई चिन झील, होंगशान हू आदि हैं। अक्साई चिन के उत्तरी भाग का अधिकांश भाग सोडा मैदान के रूप में जाना जाता है, जो अक्साई चिन की सबसे बड़ी नदी, कराकाश के आसपास स्थित है। कई ग्लेशियरों से पिघला हुआ पानी, पिशान काउंटी में उत्तर-पश्चिम में कुनलुन को पार करता है

और तारिम बेसिन में प्रवेश करता है, जहाँ यह कराक्स और होटन काउंटी के लिए पानी के मुख्य स्रोतों में से एक के रूप में कार्य करता है।

अक्साई चिन क्षेत्र के पश्चिमी भाग में तारिम नदी बहती है। इस क्षेत्र के पूर्वी भाग में कई छोटे एंडोरईक बेसिन हैं। उनमें से सबसे बड़ी अक्साई चिन झील है, जो इसी नाम की नदी से पोषित होती है। क्षेत्र में वर्षा कम होती है क्योंकि हिमालय और काराकोरम की पहाड़ियाँ भारतीय मानसून को बारिश में बदलने से रोकती हैं। समीपवर्ती ट्रांस-काराकोरम ट्रैक्ट (शम्सगाम घाटी) भी कश्मीर विवाद में चीन और भारत के बीच चल रहे विवाद का विषय है।

जनसांख्यिकी और अर्थशास्त्र

1940 के दशक से पहले, अक्साई चिन के अस्थायी निवासी के रूप में भारत के सामयिक खोजकर्ता, शिकारी और ख़ानाबदोश थे, जो इस क्षेत्र से गुज़रते थे। 1860 के दशक में यूरोपीय अन्वेषण से पहले अक्साई चिन के झिंजियांग की तरफ कुछ खनन कार्य हुए। जब यूरोपीय खोजकर्ता इस क्षेत्र में पहुँचे तब खनन कार्य स्थगित कर दिया गया। 1860 से 1870 के दशक में भारतीय उपमहाद्वीप और तारिम बेसिन के बीच व्यापार को सुविधाजनक बनाने के लिए अंग्रेज़ों ने कठिन कराकोरम दर्रे के विकल्प के रूप में अक्साई चिन के पश्चिमी हिस्से के माध्यम से एक कारवाँ मार्ग को बढ़ावा देने का प्रयास किया, जिसका शुल्क वसूला जाता था। मार्ग, को चांग चेन्मो नदी घाटी में प्रारम्भिक बिन्दु के बाद चांग चेन्मो लाइन के रूप में भी सन्दर्भित किया जाता है। इस मुद्दे पर 1874 में हाउस ऑफ़ कॉमंस में चर्चा की गयी थी। काराकोरम दर्रे की तुलना में लम्बा और ऊँचा होने के अलावा यह अक्साई चिन के उजाड़ रेगिस्तान से भी गुज़रता है। 1890 के दशक आते-आते ज़्यादातर व्यापारियों ने इस मार्ग का उपयोग करना छोड़ दिया था।

1950 के दशक में भारत ने क्षेत्र में नमक खनन कार्यों की आर्थिक व्यवहार्यता का अध्ययन करने के लिए अक्साई चिन में विभिन्न झीलों से

नमक एकत्र किया था। 1950 के दशक के अन्त तक चीनी सरकार द्वारा एक सड़क का निर्माण करने के अलावा कुछ स्थानों पर कई पीएलए ग्राउंड फ़ोर्स चौकियों का निर्माण किया गया, जिनमें तियानवेंडियन, कोंगका दर्रा, हेविटन और तियानशुइहाई शामिल हैं। सड़क को बाद में चीन राष्ट्रीय राजमार्ग N-219 के रूप में अपग्रेड कर दिया गया। आधुनिक समय में राजमार्ग के साथ लगे मोटर चालकों की सेवा करने वाले कुछ व्यवसाय सक्रिय हैं। 2010 के दशक में, पश्चिमी कुनलुन क्षेत्र में भूवैज्ञानिक सर्वेक्षण किये गये, अक्साई चिन भी उसका हिस्सा था। हुओशायुन सीसा-जस्ता की एक प्रमुख खदान थी और कई छोटी खदानें भी इस क्षेत्र में खोजी गयीं। हुओशायुन तिब्बत की सीमा के पास अक्साई चिन में स्थित एक पर्वत है। वहाँ 2017 से खनन गतिविधियाँ चल रही हैं।

अध्याय-सात

शक्सगाम घाटी (ट्रांस-काराकोरम ट्रैक्ट)

काराकोरम के उत्तर में ट्रांस-काराकोरम ट्रैक्ट, जिसे शक्सगम घाटी या शक्सगाम ट्रैक्ट के नाम से भी जाना जाता है, जिसका क्षेत्रफल 5,180 वर्ग किमी है, इसमें शक्सगाम घाटी और रसकम घाटी (यारकंद नदी) शामिल है। झिंजियांग उइघुर स्वायत्त क्षेत्र में टैक्सकोर्गन और येचेंग काउंटियों के हिस्से के रूप में चीन के जनवादी गणराज्य द्वारा इस क्षेत्र का प्रशासन किया जाता है। यद्यपि यह क्षेत्र 1947 के बाद कश्मीर का हिस्सा नहीं रहा, परन्तु इस पर पाकिस्तान का नियन्त्रण भी नहीं था, फिर भी 1963 के चीन-पाकिस्तान समझौते के पूर्व पाकिस्तान द्वारा इस क्षेत्र को नार्दर्न एजेंसी के हिस्से के रूप में दर्शाया जाता था। भारत द्वारा इस क्षेत्र को पूर्व में जम्मू कश्मीर प्रान्त एवं अद्यतन लद्दाख के केन्द्र शासित प्रदेश के हिस्से के रूप में दर्शाया जाता है ।

पूरे क्षेत्र का अधिकांश शक्सगाम घाटी का हिस्सा है, पूर्व में जिसे बाल्टिस्तान क्षेत्र में एक ज़िले (तहसील) के रूप में दर्शाया जाता था तथा इसे शिगर क्षेत्र के हिस्से के रूप में प्रशासित किया जाता था। शक्सगाम में एक पोलो ग्राउंड शिगर के अमाचा शाही परिवार द्वारा बनाया गया था। शिगर के राजा वहाँ पोलो खेलने के लिए होतान के अमीरों को आमन्त्रित करते थे। पहाड़ों, झीलों, नदियों और दर्रों के अधिकांश नाम बाल्टी/लद्दाखी में हैं, जिससे पता चलता है कि यह भूमि लम्बे समय तक बाल्टिस्तान/लद्दाख क्षेत्र का हिस्सा रही है। यह इलाक़ा दुनिया के सबसे

दुर्गम क्षेत्रों में से एक है, जिसमें कुछ सबसे ऊँचे पहाड़ हैं। यह क्षेत्र उत्तर में कुन लुन पर्वत और दक्षिण में काराकोरम चोटियों, जिसमें ब्रॉड पीक, के 2 और गशेरब्रम शामिल हैं, से फिर घिरा हुआ है। दक्षिण-पूर्व में यह सियाचिन ग्लेशियर क्षेत्र (दुनिया के सबसे ऊँचे युद्ध का मैदान) से सटा हुआ है, जो भारत द्वारा नियन्त्रित है।

इतिहास

ऐतिहासिक रूप से हुंजा के लोग काराकोरम के उत्तर में खेती और चराई वाले क्षेत्रों में रहते थे और हुंजा के मीर ने उन क्षेत्रों को हुंजा के क्षेत्रों के हिस्से के रूप में दावा किया था। उन क्षेत्रों में शक्सगाम घाटी के उत्तर में स्थित रसकम घाटी भी शामिल है। शक्सगाम घाटी के लिए पहला अभियान वर्ष 1889 एक यूरोपीय पर्यटक फ्रांसिस यंगहसबैंड द्वारा शुरू किया गया था (जिन्होंने शक्सगम को ओपरंग के रूप में सन्दर्भित किया)। मार्च 1899 में अंग्रेज़ों ने सर क्लॉड मैकडोनाल्ड के माध्यम से चीन के लिए एक औपचारिक नोट में, चीन और ब्रिटिश भारत के बीच एक नयी सीमा का प्रस्ताव रखा। नोट में प्रस्तावित किया गया था कि चीन को हुंजा पर आधिपत्य के अपने दावों को त्याग देना चाहिए और बदले में अंग्रेज़ों के तगदुंबश और रस्कम ज़िलों के अपने दावों को त्याग देना चाहिए। नोट में एक सीमा का भी प्रस्ताव किया गया था जो मुख्य रूप से सिन्धु नदी और तारिम नदी के तल (वाटरशेड) को विभाजित करते हुए मुख्य काराकोरम शिखा (रिज) का अनुसरण करती थी। चीन ने नोट का कोई जवाब नहीं दिया। ब्रिटिश भारत सरकार ने फिर कभी उसी रूप में सीमा पर दोबारा विचार नहीं किया। मैकडॉनल्ड लाइन को 1905 में संशोधित किया गया था ताकि भारत में शिमशाल दर्रे के पूर्व के एक छोटे-से क्षेत्र को शामिल किया जा सके, तद्नुसार सीमा को शक्सगाम नदी के किनारे तक पहुँचाया जा सके।

इन दिनों में, 'द ग्रेट गेम' के मद्‌देनज़र ब्रिटेन रूसी विस्तार के ख़तरे से चिन्तित था। चीन में किंग राजवंश कमज़ोर हो गया था और इसलिए

ब्रिटेन ने शक्सगम नदी के उत्तर की सीमा पर दावा करने की नीति अपनायी थी। इसके बाद 1897 के एक ज्ञापन में सर जॉन अर्दाग द्वारा प्रस्तावित एक रेखा का अनुसरण किया गया। उस सीमा में रस्कम घाटी पर हुंजा के दावे का मीरक्षेत्र भी शामिल था। हालाँकि ब्रिटिश प्रशासन ने काराकोरम वॉटरशेड के उत्तर में कभी भी अपने भौतिक विस्तार का प्रयास नहीं किया।

1899 से 1947 के दौरान भारत की स्वतन्त्रता और पाकिस्तान के निर्माण तक विभिन्न मानचित्रों में सीमा का रेखांकन अलग-अलग था। 1926 में केनेथ मेसन ने शक्सगाम घाटी का पता लगाया और उसका सर्वेक्षण किया। 1927 में ब्रिटिश भारत सरकार ने मैकडॉनल्ड लाइन के उत्तर के क्षेत्र पर किसी भी दावे को छोड़ दिया, लेकिन ब्रिटिश मानचित्रों को ले कर अपना अन्तिम निष्कर्ष नहीं बना पाया। मैकडॉनल्ड्स लाइन के पश्चिम और दक्षिण के बड़े क्षेत्रों को चीन में दिखाते हुए 1959 में चीनी के सरकारी मानचित्र प्रकाशित किये गये थे। उसी समय पाकिस्तान सरकार ने सीमा प्रश्न पर चीन से परामर्श करने की अपनी इच्छा की घोषणा की।

भारत 1947 से पहले के स्वतन्त्र राज्य जम्मू और कश्मीर के पूरे क्षेत्र पर सम्प्रभुता का दावा करता है और यह मानता है कि पाकिस्तान और चीन कहीं भी सीमा साझा नहीं करते हैं।

चीन-पाकिस्तान सीमा समझौता

पाकिस्तान सरकार ने 1962 में कश्मीर की उत्तरी सीमा के संरेखण को दर्शाते हुए एक आधिकारिक नक़्शा प्रकाशित किया था, जिसमें सीस-कुएन लुन ट्रैक्ट (काराकोरम और कुएन लुन पहाड़ों के बीच का क्षेत्र) के अधिकांश हिस्से को कश्मीर के हिस्से के रूप में दर्शाया गया था। पाकिस्तान की सरकार मुख्य रूप से 1954 में 'टाइम्स एटलस' द्वारा कश्मीर की उत्तरी सीमा के चित्रण को अपना आधार मानती थी, जिसमें सीआईएस-कुएन लुन ट्रैक्ट को 'अपरिभाषित सीमा क्षेत्र' शीर्षक के तहत

कश्मीर के एक हिस्से के रूप में चित्रित किया गया था। कुछ समय पश्चात् जब पाकिस्तान सरकार ने कश्मीर के हिस्से के रूप में उन क्षेत्रों को भी चित्रित किया जो कश्मीर की सीमा के उत्तर में थे, पाकिस्तान सरकार की आधिकारिक स्थिति 'टाइम्स एटलस' की स्थिति से असंगत हो गयी। 1954 में 'टाइम्स एटलस' द्वारा प्रकाशित उत्तरी सीमा कमोबेश कुएन लुन रेंज के वॉटरशेड के सिद्धान्त का पालन करती थी, जो तगदुंबश पामीर से ले कर कुलनाल्डी के उत्तर में यांगी दावान पास तक था। लेकिन प्रकाशन में यांगी दावान दर्रे के पूर्व में कश्मीर के ऊँचे इलाक़ों के किनारे पर कुएन लुन रेंज का वॉटरशेड और किलियन, संजू-ला और हिन्दुताश सीमा पर जारी रखने के बजाय कुएन लुन वॉटरशेड से छोड़ दिया गया जो प्राकृतिक सीमा के सिद्धान्त का विचलन था, इस तथ्य के बावजूद कि कश्मीर और लद्दाख के राजपत्र में खोतान की सीमा पूर्वी (कुएनलुन) रेंज बनाती है और दो अन्य दर्रों से पार हो जाती है।

कश्मीर और लद्दाख का गजटियर भारत में इंटेलिजेंस ब्रांच में क्वार्टर मास्टर जनरल के निर्देशन में संकलित होकर पहली बार 1890 में प्रकाशित हुआ था, जिसमें कश्मीर के अन्तर्गत स्थानों का विवरण दिखाया गया था। इसमें उत्तर-पूर्वी कश्मीर में हिन्दुताश दर्रे का विवरण शामिल था। उपरोक्त गज़ेटियर पृष्ठ 520 और 364 में कहता है कि "पूर्वी (कुएनलुन) श्रेणी खोतान की दक्षिणी सीमा बनाती है" और दो दर्रों, यांगी या एल्ची दीवान, और हिन्दुताक (हिन्दुताश) से पार होती है। खोतान जो पूर्वी कुएनलुन रेंज के उत्तर में स्थित है जिसे चीनी साम्राज्य शिंजियांग प्रान्त के हिस्से रूप में वर्णित करता है, यहाँ लद्दाख की सीमा बनाता है। इस प्रकार 1963 के चीन-पाकिस्तान समझौते से पहले पाकिस्तान सरकार की आधिकारिक स्थिति यह थी कि पाकिस्तान की उत्तरी सीमा कुएन लुन रेंज पर थी और पाकिस्तान सरकार द्वारा सौंपे गये क्षेत्र केवल शक्सगाम घाटी तक ही सीमित नहीं थे बल्कि विस्तारित थे।

1959 में पाकिस्तानी सरकार चीन द्वारा जारी नक़्शों को लेकर पहले से ही चिंतित हो गयी, जिसमें उन क्षेत्रों को दिखाया गया था जिन्हें

पाकिस्तानियों ने अपना माना था। 1961 में अयूब ख़ान ने चीन को एक औपचारिक नोट भेजा था। ऐसा माना जाता है कि भारत के साथ पाकिस्तान के सम्बन्धों के कारण चीनी तत्काल पाकिस्तान के साथ बातचीत करने के लिए प्रेरित नहीं हुए।

जब पाकिस्तान ने चीन को संयुक्त राष्ट्र में एक सीट देने के लिए मतदान किया, तो चीन ने जनवरी 1962 में विवादित नक़्शे वापस ले लिए तथा मार्च में सीमा वार्ता करने पर सहमत हुए। दोनों राष्ट्रों के बीच आधिकारिक तौर पर 13 अक्टूबर, 1962 को बातचीत शुरू हुई और इसके परिणामस्वरूप 2 मार्च 1963 को चीन के विदेश मन्त्रियों चेन यी और पाकिस्तान के ज़ुल्फ़िकार अली भुट्टो द्वारा हस्ताक्षरित चीन-पाकिस्तान समझौते पर हस्ताक्षर किये गये। 1962 के भारत-चीन युद्ध के बाद 1963 के चीन-पाकिस्तान समझौते के परिणामस्वरूप 5,180 वर्ग किलोमीटर का क्षेत्र पाकिस्तान द्वारा चीन को समर्पण कर दिया गया।

तत्कालीन भारतीय प्रधानमन्त्री जवाहरलाल नेहरू ने अपनी उग्र प्रतिक्रिया में कहा था , "पाकिस्तान के नक़्शों के सर्वेक्षण के अनुसार, यहाँ तक कि 1962 में उसके द्वारा प्रकाशित किये गये नक़्शों में सिंकियांग क्षेत्र का लगभग 28,000 वर्ग किमी कश्मीर का हिस्सा माना गया था। अगर कोई इन नक़्शों पर ध्यान दे, तो पाकिस्तान ने स्पष्ट रूप से 34,000 वर्ग किमी क्षेत्र आत्मसमर्पण कर दिया है।"

अध्याय-आठ

सियाचिन ग्लेशियर

सियाचिन ग्लेशियर हिमालय में पूर्वी काराकोरम रेंज में लगभग 35.421226°N 77.109540°E पर स्थित एक ग्लेशियर है, जो बिन्दु NJ9842, जहाँ भारत और पाकिस्तान के बीच नियन्त्रण रेखा समाप्त होती है, के उत्तर-पूर्व में है। 76 किमी लम्बा यह ग्लेशियर काराकोरम का सबसे लम्बा ग्लेशियर है और दुनिया के ग़ैर-ध्रुवीय क्षेत्रों में दूसरा सबसे लम्बा ग्लेशियर है। भारत-चीन सीमा पर स्थित यह ग्लेशियर इन्दिरा कॉलम (समुद्र तल से 5,753 मीटर की ऊँचाई) से नीचे अपने धरातल (3,620 मीटर) तक गिरता है। सम्पूर्ण सियाचिन ग्लेशियर सभी प्रमुख दर्रों सहित 1984 से भारत के प्रशासन के अधीन रहा है। वर्तमान में यह इलाक़ा कश्मीर क्षेत्र में स्थित लद्दाख के केन्द्र शासित प्रदेश के हिस्से के रूप में है। पाकिस्तान भी सियाचिन ग्लेशियर पर दावा रखता है और ग्लेशियर के पश्चिम में स्थित साल्टोरो रिज के पश्चिमी क्षेत्र को नियन्त्रित करने के लिए उसने सैनिक चौकियाँ निर्मित की हैं, जो रिज पर मौजूद सौ से अधिक भारतीय चौकियों से लगभग हज़ार मीटर नीचे स्थित हैं।

सियाचिन ग्लेशियर महान जल निकासी विभाजन क्षेत्र के दक्षिण में स्थित है, जो काराकोरम के बड़े पैमाने पर हिमाच्छादित हिस्से में यूरेशियन प्लेट को भारतीय उपमहाद्वीप से अलग करता है। इसे कभी-कभार 'तीसरा ध्रुव' भी कहा जाता है। ग्लेशियर पश्चिम में साल्टोरो रिज और पूर्व में मुख्य काराकोरम रेंज के बीच स्थित है। साल्टोरो रिज के

काराकोरम रेंज में स्थित चीन की सिया कांगरी चोटी उत्तरी सीमा बनाती है। साल्टोरो रिज की ऊँचाई 5,450 से 7,720 मीटर के मध्य है। सिया ला (5,589 मी.), बिलाफोंड ला (5,450 मी.) और ग्योंग ला (5,689 मी.), आदि इस रिज पर स्थित प्रमुख दर्रे हैं। शीतकालीन हिमपात औसतन 1,000 सेमी से अधिक है और न्यूनतम तापमान -50 डिग्री सेल्सियस तक गिर जाता है। अपने सभी सहायक ग्लेशियरों सहित सियाचिन ग्लेशियर प्रणाली लगभग 700 वर्ग किमी में फैली हुई है।

बाल्टी भाषा में 'सिया' का अर्थ व्यापक रूप से फैले हुए गुलाब परिवार का क्षेत्र है है। 'चुन' बहुतायत में पाई जाने वाली किसी भी वस्तु को इंगित करता है। इस प्रकार 'सियाचिन' शाब्दिक अर्थों में एक ऐसी भूमि को सन्दर्भित करता है, जहाँ गुलाबों की विभिन्न प्रजातियों की बहुतायत है। इस ग्लेशियर का नामकरण टॉम लॉन्गस्टाफ द्वारा किया गया है।

भारत और पाकिस्तान, दोनों ही पूरे सियाचिन क्षेत्र पर सम्प्रभुता का दावा करते हैं। 1970 और 1980 के दशक तक अमेरिका और पाकिस्तान के नक़्शों में NJ9842 (भारत-पाकिस्तान युद्धविराम रेखा का सबसे उत्तरी सीमांकित बिन्दु), से काराकोरम दर्रे तक एक बिन्दीदार रेखा के रूप में भारत में दर्शाया जाता रहा था। 1984 में भारत ने 'ऑपरेशन मेघदूत' नामक सैन्य अभियान शुरू किया, जिसके द्वारा भारत ने सियाचिन ग्लेशियर (सहायक नदियों सहित) पर नियन्त्रण स्थापित किया। 1984 और 1999 के बीच भारत और पाकिस्तान के बीच लगातार झड़पें हुईं। 'ऑपरेशन मेघदूत' के तहत भारतीय सैनिकों ने सियाचिन ग्लेशियर के पश्चिम में साल्टोरो रिज की अधिकांश ऊँचाइयों पर अपना नियन्त्रण बनाया, जिसका क़ब्ज़ा वापस लेने के लिए पाकिस्तान ने 'ऑपरेशन अबाबील' भी चलाया, परन्तु उसे अपने मक़सद में आंशिक कामयाबी ही मिल पायी।

युद्ध काल की तुलना में इस क्षेत्र मे शान्ति काल में ही कठोर मौसम की स्थिति के कारण अधिक सैनिक मारे गये हैं। 2003 और 2010 के बीच सियाचिन के आस-पास किये गये विभिन्न सैन्य अभियानों में

पाकिस्तान ने 353 सैनिकों को खोया है, जिसमें 2012 के गायरी सेक्टर हिम स्खलन में मारे गये 140 पाकिस्तानी सैनिक शामिल हैं। जनवरी 2012 और जुलाई 2015 के बीच प्रतिकूल मौसम के कारण 33 भारतीय सैनिकों की जान चली गयी। दिसम्बर 2015 में भारतीय केन्द्रीय रक्षा राज्य मन्त्री राव इन्द्रजीत सिंह ने लोकसभा में एक लिखित उत्तर में कहा कि विपरीत जलवायु परिस्थितियों और पर्यावरण के कारकों के कारण सियाचिन ग्लेशियर पर अब तक भारतीय सेना के लगभग एक हज़ार जवानों ने अपनी जान गँवाई है। इसके बावजूद भारत और पाकिस्तान, दोनों ने सियाचिन के आसपास हज़ारों सैनिकों को तैनात करना जारी रखा है। इस प्रकार क्षेत्र को विसैन्यीकरण करने के प्रयास अब तक असफल रहे हैं। 1984 से पहले इस क्षेत्र में किसी भी देश का कोई सैन्य बल तैनात नहीं था।

भारतीय और पाकिस्तानी सैन्य उपस्थिति के अलावा ग्लेशियर क्षेत्र निर्जन है। निकटतम नागरिक बस्ती वारशी गाँव है, जो भारतीय आधार शिविर से 15 किमी नीचे की ओर है। सीमित सड़क सम्पर्क के साथ यह क्षेत्र भी अत्यन्त दुर्गम है। भारत के ओर की सड़कें केवल 35.1663°N 77.2162°E, ग्लेशियर के शीर्ष से 72 किमी दूरी पर द्जिंगरुलमा के सैन्य आधार शिविर तक जाती हैं। भारतीय सेना ने मनाली-लेह-खरदुंगला-सियाचिन मार्ग सहित सियाचिन क्षेत्र तक पहुँचने के लिए विभिन्न साधन विकसित किये हैं। 2012 में भारतीय सेना के सेनाध्यक्ष जनरल बिक्रम सिंह ने कहा कि भारतीय सेना को रणनीतिक लाभ के लिए इस क्षेत्र में बने रहना होगा क्योंकि सियाचिन के लिए भारतीय सशस्त्र कर्मियों द्वारा "काफ़ी खून बहाया गया है"। वर्तमान ज़मीनी स्थिति के अनुसार पिछले एक दशक में भारत 76 किलोमीटर लम्बे सियाचिन ग्लेशियर और उसके सभी सहायक ग्लेशियरों के साथ-साथ साल्टोरो रिज के सभी मुख्य दर्रों और ऊँचाइयों पर नियन्त्रण रखता है। भारत ग्लेशियर के ठीक पश्चिम में सिया ला, बिलाफोंड ला, ग्योंग ला, यार्मा ला (6,100 मीटर) और चुलुंग ला (5,800 मीटर) शिखरों को तथा पाकिस्तान साल्टोरो रिज के ठीक पश्चिमी हिमनद घाटियों को नियन्त्रित करता है।

'टाइम' पत्रिका के अनुसार, 1980 के दशक में सियाचिन में सैन्य अभियानों के कारण भारत ने 3,000 वर्ग किमी से अधिक का क्षेत्र प्राप्त किया था। फरवरी 2016 में भारतीय रक्षा मन्त्री मनोहर पर्रिकर ने संसद में कहा कि भारत सियाचिन को ख़ाली नहीं करेगा क्योंकि पाकिस्तान के साथ आपसी विश्वास की कमी है। उन्होंने यह भी कहा कि 1984 में 'ऑपरेशन मेघदूत' के बाद से सियाचिन में 915 जवान अपनी जान गँवा चुके हैं। आधिकारिक रिकॉर्ड के अनुसार, 1984 के बाद से सियाचिन क्षेत्र में दुश्मन की गोलियों से 220 भारतीय सैनिक मारे गये हैं। भारत ने स्पष्ट रूप से कहा है कि भारत सियाचिन से अपनी सेना को तब तक वापस नहीं करेगा जब तक कि 110 किलोमीटर लम्बी (एजीपीएल) को पहले प्रमाणित, चित्रित और सीमांकित नहीं किया जाता।

1949 के कराची समझौते ने केवल NJ9842 को इंगित करने के लिए अलगाव की रेखा को चित्रित किया था, जिसके बाद समझौते में कहा गया है कि अलगाव की रेखा ग्लेशियरों के उत्तर में जारी रहेगी। भारतीय रुख के अनुसार, अलगाव की रेखा लगभग उत्तर की ओर साल्टोरो रेंज के साथ, सियाचिन ग्लेशियर के पश्चिम में NJ9842 से आगे तक जारी रहनी चाहिए। पर्वत श्रृंखलाओं का अनुसरण करने वाली अन्तर्राष्ट्रीय सीमा रेखाएँ अक्सर वाटरशेड ड्रेनेज डिवाइड नियम का पालन करके ऐसा करती हैं। साल्टोरो रेंज की सीमाओं के मामले में 1972 के शिमला समझौते मे भी इस सबसे उत्तरी क्षेत्र में 1949 की नियन्त्रण रेखा-स्थिति में कोई बदलाव नहीं किया गया था।

ग्लेशियर का सिकुड़ना (ग्लेशियल रिट्रीट)

2007 में पाकिस्तानी मौसम विज्ञान विभाग के एक सर्वेक्षण के प्रारम्भिक निष्कर्षों से पता चला कि सियाचिन ग्लेशियर पिछले 30 वर्षों से पीछे हट रहा है और ख़तरनाक दर से पिघल रहा है। ग्लेशियर के उपग्रह चित्रों के अध्ययन से पता चला है कि ग्लेशियर प्रति वर्ष लगभग 110 मीटर की दर से छोटा हो रहा है और अब तक ग्लेशियर का आकार लगभग

35 प्रतिशत कम हो गया है। पिछले ग्यारह साल की अवधि में ग्लेशियर लगभग 800 मीटर और सत्रह वर्षों में लगभग 1,700 मीटर पीछे हट गया था। यह अनुमान लगाया गया है कि सियाचिन क्षेत्र का ग्लेशियर 2035 तक अपने 2011 के आकार का लगभग पाँचवाँ हिस्सा कम हो जायेगा। सैन्य क़ब्ज़े से काफ़ी पहले, उनतीस साल (1929-1958) की अवधि में, हिमनदों के लगभग 914 मीटर पीछे हटने को दर्ज़ किया गया था। हिमनदों के पीछे हटने के कारणों में से एक प्रमुख कारण रासायनिक विस्फोट है, जो शिविरों और चौकियों के निर्माण के लिए किया जाता है। 2001 में भारत ने बेस कैम्पों से चौकियों को मिट्टी के तेल और विमानन ईंधन की आपूर्ति के लिए ग्लेशियर के अन्दर (लगभग 250 किलोमीटर तेल पाइपलाइन) बिछाई है। 2007 तक सियाचिन में तापमान में सालाना 0.2 डिग्री सेल्सियस वृद्धि का अनुमान लगाया गया था, जिसके कारण ग्लेशियर में पिघलने एवं हिम स्खलन के नाते दरारें पड़ रही है।

कचरे का ख़तरा

वहाँ तैनात सैनिकों द्वारा इस्तेमाल किये गये पैकेटों को कचरे के रूप में ग्लेशियर की दरारों में फेंक दिया जाता है। पर्वतारोहियों ने चढ़ाई अभियान के दौरान क्षेत्र का दौरा किया है और पाया है कि ग्लेशियर पर बड़ी मात्रा में कचरा, गोला-बारूद के ख़ाली गोले, पैराशूट आदि फेंके गये, जो कि चरम जलवायु परिस्थितियों के कारण न तो विघटित होते हैं और न ही जलाए जा सकते हैं। भारतीय सेना द्वारा प्रतिदिन लगभग एक टन किलोग्राम अपशिष्ट का निस्तारण किया जाता है और उसे हिमनदों की दरारों में फेंक दिया जाता है। कहा जाता है कि भारतीय सेना ने 'ग्रीन सियाचिन, क्लीन सियाचिन' अभियान की योजना बनायी थी ताकि ग्लेशियर का कचरा उठाया जा सके और बायोडिग्रेडेबल कचरे के लिए बायोडाइजेस्टर का उपयोग किया जा सके। ग्लेशियर पर छोड़े गये कचरे का लगभग चालीस प्रतिशत हिस्सा प्लास्टिक और धातु संरचना का है, जिसमें कोबाल्ट, कैडमियम और क्रोमियम जैसे विषाक्त

पदार्थ शामिल हैं जो अन्ततः श्योक नदी (जो स्कार्दू के पास सिन्धु नदी मिलती है) के पानी को प्रदूषित करते हैं। सिन्धु नदी के पानी का उपयोग पीने और सिंचाई के लिए किया जाता है। 'द एनर्जी एंड रिसोर्सेज़ इंस्टीट्यूट' के वैज्ञानिकों द्वारा वैज्ञानिक तरीक़ों का उपयोग करके ग्लेशियर में उत्पन्न कचरे को सफलतापूर्वक निपटाने के तरीक़े खोजने के लिए अनुसन्धान किया जा रहा है। रक्षा अनुसन्धान और विकास संगठन के कुछ वैज्ञानिक, जो अंटार्कटिका के लिए एक अभियान पर गये थे, एक ऐसे जीवाणु का उत्पादन करने के लिए भी काम कर रहे हैं जो विपरीत मौसम की स्थिति में पनप सकता है और प्राकृतिक रूप से बायोडिग्रेडेबल कचरे को विघटित करने में सहायक हो सकता है।

जीव-जन्तुओं और वनस्पतियों का अस्तित्व भी सियाचिन क्षेत्र की बड़ी चुनौती है। सियाचिन क्षेत्र की वनस्पति और जीव भी विशाल सैन्य उपस्थिति से प्रभावित हैं। यह क्षेत्र हिम तेन्दुआ, भूरा भालू और आइबेक्स सहित दुर्लभ प्रजातियों का घर है, जो सैन्य उपस्थिति के कारण जोखिम में हैं।

ग्लेशियर का यह क्षेत्र पृथ्वी पर सबसे ऊँचा युद्धक्षेत्र है, जहाँ पाकिस्तान और भारत ने अप्रैल 1984 से रुक-रुक कर लड़ाई लड़ी है। दोनों देश इस क्षेत्र में 6,000 मीटर से अधिक की ऊँचाई पर एक स्थायी सैन्य उपस्थिति बनाए रखते हैं।

भारत और पाकिस्तान, दोनों ही महँगी सैन्य चौकियों से अलग होना चाहते हैं। 1999 में कारगिल युद्ध के दौरान पाकिस्तानी घुसपैठ के बाद भारत ने पाकिस्तान द्वारा नियन्त्रण की वर्तमान रेखा की आधिकारिक सहमति के अभाव के कारण भारत ने सियाचिन से हटने की योजना को छोड़ दिया अगर वे इस तरह की मान्यता के बिना सियाचिन ग्लेशियर पोस्ट ख़ाली करते हैं तो भारत को पाकिस्तानी घुसपैठ से मुक़ाबला करने में परेशानी होगी।

प्रधानमन्त्री मनमोहन सिंह इस क्षेत्र का दौरा करने वाले पहले भारतीय प्रधानमन्त्री बने। इस दौरान उन्होंने समस्या के शान्तिपूर्ण समाधान का आह्वान किया। उसके बाद वर्तमान प्रधानमन्त्री नरेंद्र मोदी ने भी यहाँ का दौरा किया।

पाकिस्तान के राष्ट्रपति आसिफ़ अली ज़रदारी ने भी 2012 के दौरान पाकिस्तान के सेना प्रमुख जनरल अशफ़ाक़ परवेज़ कयानी के साथ गयारी सेक्टर नामक सियाचिन ग्लेशियर के पास एक क्षेत्र का दौरा किया था। दोनों ने सियाचिन विवाद को जल्द से जल्द सुलझाने की प्रतिबद्धता दिखायी। इसके पूर्व पिछले वर्षों में भारत के राष्ट्रपति अब्दुल क़लाम इस क्षेत्र का दौरा करने वाले पहले राष्ट्राध्यक्ष बने थे।

सितम्बर 2007 से भारत ने इस क्षेत्र में सीमित पर्वतारोहण और ट्रैकिंग अभियान खोल दिये हैं। पहले समूह में चैल मिलिट्री स्कूल, राष्ट्रीय रक्षा अकादमी, राष्ट्रीय कैडेट कोर, भारतीय सैन्य अकादमी, राष्ट्रीय भारतीय सैन्य कॉलेज के कैडेट और सशस्त्र बलों के अधिकारियों के परिवार के सदस्य शामिल थे। अभियान अन्तर्राष्ट्रीय दर्शकों को यह दिखाने के लिए भी था कि भारतीय सैनिक साल्टोरो रिज की "लगभग सभी प्रमुख ऊँचाइयों" को नियन्त्रित करते हैं और यह भी दिखाने के लिए कि पाकिस्तानी सैनिक सियाचिन ग्लेशियर के आसपास कहीं भी नहीं हैं। पाकिस्तान के विरोध को नज़रअन्दाज़ करते हुए भारत का कहना है कि सियाचिन में ट्रैकर्स भेजने के लिए उसे किसी की मंज़ूरी की आवश्यकता नहीं है। यह अनिवार्य रूप से उसका अपना क्षेत्र है। इसके अलावा भारतीय सेना का सेना पर्वतारोहण संस्थान (एएमआई) इस क्षेत्र से बाहर भी काम करता है।

पीस पार्क प्रस्ताव

सैन्य उपस्थिति से बुरी तरह प्रभावित सियाचिन क्षेत्र को 'पीस पार्क' घोषित करने का विचार पर्यावरणविदों और शान्ति कार्यकर्ताओं द्वारा क्षेत्र के पारिस्थितिकी तन्त्र को आंशिक रूप से संरक्षित करने के लिए प्रस्तुत किया गया था। सितम्बर 2003 में भारत और पाकिस्तान की सरकारों की ओर से डरबन में आयोजित पाँचवीं वर्ल्ड पार्क कांग्रेस के प्रतिभागियों ने प्राकृतिक जैविक प्रणाली को बहाल करने और उन प्रजातियों की जिनकी जान जोखिम में है, की रक्षा करने के लिए सियाचिन क्षेत्र में एक शान्ति

पार्क स्थापित करने का आग्रह किया। इतालवी पारिस्थितिक विज्ञानी गिउलिआनो टालोन ने पारिस्थितिक जीवन पर गम्भीर जोखिम क़रार देते हुए सम्मेलन में सियाचिन पीस पार्क की स्थापना का प्रस्ताव रखा। एक ट्रांसबाउंडरी पीस पार्क का प्रस्ताव मँगाए जाने के बाद 'इंटरनेशनल माउंटेनियरिंग एंड क्लाइंबिंग फ़ेडरेशन' (यूआईएए) और 'इंटरनेशनल यूनियन फॉर कंज़र्वेशन ऑफ़ नेचर' (आईयूसीएन) ने जिनेवा में एक सम्मेलन का आयोजन किया एवं भारतीय और पाकिस्तानी पर्वतारोहियों (मनदीप सिंह सोइन, हरीश कपाड़िया, नज़ीर साबिर और शेर ख़ान) को इस क्षेत्र को काराकोरम श्रेणी के एक भाग के रूप में संयुक्त राष्ट्र की विश्व विरासत सूची में शामिल करने के दायित्व के लिए नामांकित किया गया था, लेकिन तदन्तर 'विश्व विरासत समिति' द्वारा इसे स्थगित कर दिया गया। सियाचिन क्षेत्र के पूर्व और पश्चिम के क्षेत्र को पहले ही राष्ट्रीय उद्यान घोषित किया जा चुका है, जो क्रमश: भारत में काराकोरम वन्यजीव अभयारण्य और पाकिस्तान में केन्द्रीय काराकोरम राष्ट्रीय उद्यान के नाम से जाने जाते हैं।

इसी क्रम में सैंडिया नेशनल लेबोरेटरीज़ ने भी सम्मेलनों का आयोजन किया जहाँ भारत, पाकिस्तान और अन्य देशों के सैन्य विशेषज्ञों और पर्यावरणविदों को संयुक्त पत्र समाधान प्रस्तुत करने के लिए आमन्त्रित किया गया था। सैंडिया लैब्स के सहकारी निगरानी केन्द्र के एक शोधकर्ता केंट एल. बिरिंगर ने सियाचिन साइंस सेंटर की स्थापना का भी सुझाव दिया, जो एक उच्च ऊँचाई वाला अनुसन्धान केन्द्र होगा, जहाँ दोनों देशों के वैज्ञानिकों और शोधकर्ताओं द्वारा हिमनद विज्ञान, भूविज्ञान, वायुमण्डलीय बदलावों से सम्बन्धित अनुसन्धानिक गतिविधियों को अंजाम दिया सकता है।

अध्याय-नौ

भारत की आज़ादी और कश्मीर

भारत के स्वाधीनता संघर्ष में अन्य रियासतों के नक़्शेक़दम की भाँति ही कश्मीरियों की ख़ास हिस्सेदारी के निशान नहीं मिलते, लेकिन उसके बरक्स बीसवीं सदी के तीसरे दशक तक सामाजिक और राजनीतिक चेतना के उभार के तौर पर कश्मीर के सामन्ती शासन के विरुद्ध जनता में एक असन्तोष मुखर होने लगा था। बीसवीं सदी के चौथे दशक की शुरुआत में एक पढ़े-लिखे नवयुवक शेख़ अब्दुल्ला ने राजशाही के ख़िलाफ़ जनता के सवालों को लेकर 1932 मे पहली बार कश्मीर में राजनीतिक जन कार्यवाही की शुरुआत की। शेख़ ने राजनीतिक संस्कार अलीगढ़ मुस्लिम विश्वविद्यालय की पढ़ाई के दौरान अर्जित किये थे और तब की कांग्रेस की देश को आज़ाद करने की लड़ाई से प्रभावित होकर उन्होंने जम्मू-कश्मीर में चौधरी ग़ुलाम अब्बास और मीरवाज़ यूसुफ़ शाह के साथ मिलकर 'मुस्लिम कॉन्फ्रेंस' का गठन कर तत्कालीन महाराजा हरि सिंह और उनके सहयोगियों द्वारा किये जा रहे जनता के दमन एवं अन्य सवालों को लेकर जनान्दोलन प्रारम्भ किया। ज़ाहिर है, राजशाही व्यवस्था में शक्तियों, (सम्पत्तियों और नौकरियों आदि) में एक ख़ास वर्ग का वर्चस्व रहता है। कश्मीर में भी कुछ ऐसा ही चलन था। वहाँ की शासन व्यवस्था में कश्मीर पण्डितों का बोलबाला था। ज़मीन और अन्य सम्पत्तियों के बड़े हिस्से का मालिकाना हक़ उन्हीं के पास था। कश्मीर घाटी मे उस दौर मे आबादी के महज़ दस फ़ीसदी संख्याबल

के पास ज़मीन और नौकरियों का नब्बे फ़ीसदी हिस्से पर क़ब्ज़ा था। शेख़ अब्दुल्ला ने सम्पत्ति के इसी असमान वितरण को मुद्दा बनाते हुए जनता को गोलबन्द किया और अपनी राजनीतिक हैसियत बढ़ाते रहे।

शेख़ वैचारिक रूप से लोकतान्त्रिक और धर्मनिरपेक्ष मिज़ाज के व्यक्ति थे। जिन्ना ने शेख़ को अपनी पार्टी 'मुस्लिम कान्फ्रेस' का 'मुस्लिम लीग' के विलय का प्रस्ताव भी दिया, परन्तु शेख़ जिन्ना के द्विराष्ट्र सिद्धान्त (Two Nation Theory) से अपनी असहमति जताते हुए अपनी डगर पर चलते रहे। प्रारम्भ में 'मुस्लिम कॉन्फ्रेंस' का समर्थक वर्ग मुस्लिम समाज से आया, पर धीरे-धीरे वहाँ की हिन्दू आबादी जिनकी हालत कमोबेश मुस्लिमों जैसी थी, भी शेख़ के नेतृत्व मे लामबन्द होने लगी। जल्द ही शेख़ अब्दुल्ला को लगने लगा कि कश्मीर के विकास के लिए धार्मिक समुदायों के बीच सौहार्द ज़रूरी है। उस दौर मे जिन्ना की 'मुस्लिम लीग' धर्म के नाम पर देश विभाजन की पृष्ठभूमि तैयार कर रही थी। जिन्ना की इस स्थापना से शेख़ सहमत नहीं थे, अतः शेख़ ने 1939 में 'मुस्लिम कॉन्फ्रेंस' को 'नेशनल कान्फ्रेंस' में परिवर्तित कर दिया। 'जम्मू-कश्मीर नेशनल कॉन्फ्रेंस' (JKNC) 'मुस्लिम लीग' के मुक़ाबले 'भारतीय राष्ट्रीय कांग्रेस' के ज़्यादा क़रीब थी। 'मुस्लिम कॉन्फ्रेंस' का नामकरण 'नेशनल कान्फ्रेंस' होने के बावजूद उसके दूसरे संस्थापक मिरवाज यूसुफ़ शाह ने 'मुस्लिम कॉन्फ्रेंस' को जीवित रखा और जिन्ना की कट्टर धार्मिक नीतियों के साथ हो गये। जिन्ना ने यूसुफ़ शाह के नियन्त्रण पर अपनी कश्मीर यात्रा के दौरान सारे मुसलमानों को न केवल 'मुस्लिम कान्फ्रेंस' से जुड़ने का सन्देश दिया वरन् 'नेशनल कान्फ्रेंस' को 'डाकुओं के गिरोह' की संज्ञा देते हुए उससे दूर रहने को कहा।

पाँचवें दशक के उत्तरार्द्ध ने जब पंजाब और पश्चिमोत्तर प्रान्त धार्मिक उन्माद और नफ़रत की आग में जल रहे थे, कश्मीर ने हिन्दू मुसलमान एकता की शानदार मिसाल क़ायम की। 1947 में विभाजन के समय भी बाक़ी देश में हो रहे भीषण रक्तपात के बरक्स जम्मू-कश्मीर में एक भी जान नहीं गयी। 20 अक्टूबर 1947 के दिल्ली के मुसलमानों को

सम्बोधित करते हुए शेख़ ने कहा था, "आप लोग दो राष्ट्र सिद्धान्त तथा अपने नेताओ द्वारा फैलाई गयी नफ़रत के शिकार हो गये। कश्मीरियों ने इससे परहेज़ किया। जिसके चलते हम अमन-चैन से रह रहें है।" तब शेख़ को इल्म नहीं हो पाया कि थोड़े दिनों बाद कश्मीर की शान्त वादियाँ हिंसा की चिनगारियों से झुलसने वाली हैं।

शेख़ की बढ़ती लोकप्रियता के दबाव मे महाराजा हरी सिंह को भी झुकना पड़ा और समझौता करना पड़ा। जनाकांक्षाओं के दबाव फलस्वरूप 1939 में पहली बार कश्मीर रियासत का संविधान लागू हुआ, जिसमें नागरिकों के अधिकारों एवं उनके बेहतर जीवन का संकल्प था। 1947 में भारत की आज़ादी तक कश्मीर में शेख़ का क़द अब नम्बर दो का हो चुका था। ब्रिटिश प्रभुता के अवसान पर कई रजवाड़ों की भाँति हरी सिंह भी कश्मीर के सन्दर्भ मे एक स्वतन्त्र राज्य की आकांक्षा रखते थे। शीत युद्ध के उस दौर मे कश्मीर की भौगोलिक स्थिति वैश्विक परिदृश्य के तहत कश्मीर का एक स्वतन्त्र राज्य के रूप में अस्तित्व एंग्लो-अमेरिका ख़ेमे के लिए काफ़ी मुफ़ीद होता, जिसकी सीमाएँ भारत पाकिस्तान के अलावा अफ़ग़ानिस्तान चीन से लगी हुई थीं तथा सोवियत रूस की सीमा भी पत्थर-फेंक दूरी पर थी। ऐसे में महाराजा की मन:स्थिति एवं उलझनों को समझना कठिन नही था, लेकिन इसमें भी कई पेंच थे। 'शेर-ए-कश्मीर' कहे जाने वाले शेख़ अब्दुल्ला जनता के स्वशासन और धर्म निरपेक्षता का दम भर रहे थे, जो कांग्रेसी नीतियों और विचारों के क़रीब था। शेख़ की नेहरू से प्रगाढ़ मैत्री सर्वविदित थी। 'मुस्लिम कान्फ्रेस' के मौलवी मीरवाज़ यूसूफ शाह जिन्ना का राग अलाप रहे थे, लेकिन सबसे महत्त्वपूर्ण तथ्य था कि माउंटबैटन जो भीतर से कश्मीर के स्वतन्त्र राज्य के पक्ष में तो थे, परन्तु साथ ही इसकी व्यवहारिकता पर उन्हें भारी सन्देह भी था।

1946 में जब दिल्ली के कैबिनेट मिशन की बैठक चल रही थी तब शेख़ ने 1942 के 'भारत छोड़ो आन्दोलन' की तर्ज़ पर 'कश्मीर-छोड़ो आन्दोलन' छेड़ दिया। 16 मई 1946 के श्रीनगर में दिये गये शेख़ के

और भाषण की व्याख्या के तहत ब्रिटिश सत्ता की समाप्ति के साथ ब्रिटिश सन्धियों से बँधे देशी राजाओं की सत्ता भी समाप्त हो जायेगी और तद्नुसार सम्प्रभुता जनता के हाथ में आ जायेगी जबकि अंग्रेज़ी स्थापना थी कि अंग्रेज़ी प्रभुत्व समाप्त होने पर देशी रियासतें सम्प्रभु हो जायेंगी, जिसे राष्ट्रवादी क़तारों, प्रमुखत: कांग्रेस के भारी विरोध के कारण अमल में नहीं लाया गया।

यों तो रियासतों में कांग्रेस का कोई औपचारिक नेटवर्क नही था, परन्तु वहाँ की प्रजा की आज़ादी का सवाल कांग्रेसी चिन्तन से ओझल नहीं था। प्रजामण्डलों की सक्रियता के माध्यम से उनके कार्यक्रमों का समर्थन एवं संचालन कांग्रेस की सुविचारित नीति का अंग था। इसलिए स्थानीय जनआन्दोलनों को एक समूह में पिरोने के लिए 'अखिल भारतीय देशी राज्य जनसभा' (All India States People Welfare Conference) के कामों में कांग्रेस का पूरा दख़ल था। उल्लेखनीय है कि आज़ादी के समय नेहरू इस संगठन के अध्यक्ष और शेख़ अब्दुल्ला इसके उपाध्यक्ष रहे थे।

जम्मू-कश्मीर के भारत में सम्मिलन के दौरान तीनों पक्षों भारत, पाकिस्तान और महाराजा हरि सिंह के मध्य घटित यह नाटकीय विलय, बाद में तीनों पक्षों की प्रत्याशयों का हताशा में बदलने की रोचक पटकथा लगती है। 3 जून 1947 की ब्रिटिश शासन, कांग्रेस, मुस्लिम लीग और अकाली दल द्वारा सामूहिक रूप से देश के विभाजन की घोषणा के बाद जुलाई 1947 मे माउंटबैटन ने श्रीनगर की यात्रा की और महाराजा को किसी एक राज्य मे विलय का सुझाव दिया, परन्तु महाराजा का असमंजस बना रहा। इसी वजह से माउंटबैटन की विदाई के समय वे बीमारी का बहाना बना कर अनुपस्थित रहे। इन दिनों 'कश्मीर छोड़ो आन्दोलन' के कारण शेख़ राजद्रोह के आरोप में जेल में थे। नेहरू कश्मीर की स्थिति को लेकर विचलित थे और कश्मीर जाना चाहते थे, परन्तु गाँधी, प्रधानमन्त्री का वहाँ जाना मुनासिब न मानते हुए नेहरू को रोक कर स्वयं कश्मीर पहुँचे। गाँधी ने महाराजा को जनविद्रोह का हवाला दिया। गाँधी के दबाव और आग्रह पर शेख़ रिहा किये गये और महाराजा ने स्थिति बिगड़ने का

दोष कश्मीर के दीवान (तत्कालीन प्रधानमन्त्री) रामचन्द्र काक पर मढ़ कर उन्हें बर्ख़ास्त कर दिया। मेहरचन्द महाजन नये दीवान बनाए गये।

ज़ाहिर है कि नेहरू शेख़ अब्दुल्ला को विलय की पूरी प्रक्रिया के केन्द्र में लाना चाहते थे। महाराजा से खार खाये नेहरू ने विलय के अवसर का इस्तेमाल कर शेख़ अब्दुल्ला को प्रधानमन्त्री के रूप मे असली कर्ता-धर्ता बना कर महाराजा को सत्ताहास्तान्तरण शेख़ के पक्ष में कराने के लिए बाध्य किया। 31 अक्टूबर को नेहरू की मौजूदगी मे शेख़ अब्दुल्ला और उनके साथियों को मन्त्री पद की शपथ दिलायी गयी। इस तरह शेख़ जम्मू-कश्मीर के वज़ीर-ए-आज़म बन गये।

15 अगस्त 1947 को देश आज़ाद हुआ। हैदराबाद, जूनागढ़, कश्मीर और बलूचिस्तान को छोड़ कर बाक़ी रियासते भारत अथवा पाकिस्तान मे शामिल हो चुकी थीं। महाराजा अपनी रियासत के सामरिक महत्त्व को भुना कर आज़ाद रहने की जुगत में थे। इसके लिए उन्होंने पाकिस्तान से यथास्थिति (STAND STILL) समझौते पर दस्तख़त हासिल कर लिया था। महाराजा को भारत से किसी दख़लन्दाज़ी की आशंका नहीं थी। उनका संशय पाकिस्तान से ही था। वहीं जिन्ना मान चुके थे कि कश्मीर को देर-सवेर पाकिस्तान में शामिल होना ही है। पाकिस्तान ने बलूचिस्तान मे जनवरी 1948 में बलोचियों से हुई पूर्व यथास्थिति (STAND STILL) सन्धि का अनादर करते हुए सैन्य बलों द्वारा बलात् क़ब्ज़ा कर लिया। कुछ वैसा ही सलूक कश्मीर के साथ भी करने की उनकी योजना रही होगी, लेकिन उनके दुर्भाग्य से इसमें उनसे थोड़ी जल्दबाज़ी हो गयी। अक्टूबर 1947 में जिस शख़्स ने आफ़रीदी एवं महसूद कबीलाइयों द्वारा कश्मीर पर हमले की साज़िश को अंजाम दिया, वह पश्चिमोत्तर सीमा प्रान्त (NWFP) का प्रधानमन्त्री अब्दुल क़यूम ख़ाँ था, जो दुर्योगवश सीमान्त गाँधी बादशाह खान (खान अब्दुल ग़फ़्फ़ार खान) का भाई था और कभी उस प्रान्त की कांग्रेस पार्टी का प्रमुख हुआ करता था। केन्द्रीय असेम्बली में जब नेहरू कांग्रेस संसदीय दल के नेता थे, उस समय वह शख़्स उपनेता रह चुका था। बँटवारे के बाद जिन्ना ने उसे

प्रान्त-प्रधानमन्त्री पद का लालच देकर 'मुस्लिम लीग' में शामिल कर लिया था। पाकिस्तानी सेना मेजर अकबर खान की अगुवायी में 23 अक्टूबर 1947 को तड़के कश्मीर सीमा में घुस चुकी थी और 24 अक्टूबर की शाम तक वह श्रीनगर से बमुश्किल 50 मील दूर थी। 24 अक्टूबर की रात महाराजा ने भारत से सैन्य मदद माँगते समय सिद्धान्ततः भारत में विलय की शर्त स्वीकार कर ली, लेकिन नेहरू ने विधिवत् विलय के बाद ही सैन्य सहायता देने का निर्णय किया। वे विलय की प्रक्रिया में कश्मीरी जनता और प्रकारान्तर उसके प्रतिनिधि के रूप में शेख़ अब्दुल्ला को भी शामिल करना चाहते थे। शेख़ उन दिनों दिल्ली में ही थे। इस दौरान भारत सरकार के सचिव वी.पी.मेमन 25 अक्तूबर को श्रीनगर गये और विलय के दस्तावेज़ पर महाराजा के दस्तख़त लिए। इसके बाद भारतीय सेना की पहली टुकड़ी ब्रिगेडियर उस्मान अंसारी के नेतृत्व में 27 अक्टूबर को श्रीनगर पहुँची। यह तो संयोग था कि कबाइलियों ने मुज़फ़्फ़राबाद की लूट में एक दिन लगा दिया, जिसकी वजह से कश्मीर घाटी उनके क़ब्ज़े से बच गयी। फिर भी दो दिन के विलम्ब में एक तिहाई कश्मीर भारत के हाथ से निकल गया।

सचिव वी.पी. मेनन ने 26 अक्टूबर 1947 को महाराजा के हस्ताक्षर सहित विलय का जो दस्तावेज़ लाये थे, उस पर हस्ताक्षर करते समय माउंटबैटन ने हाशिए पर फ़ुटनोट लिख दिया— जनमत संग्रह की शर्त पर स्वीकार (Accepted subject to plebiscite through a referemlium)। यह वही परन्तुक था जो भारत के गले की हड्डी बन गया। 31 अक्टूबर को नेहरू ने श्रीनगर की यात्रा की। वहाँ वे जनता द्वारा किये गये स्वागत से अभिभूत हो गये। उन्हें जनता के भारत समर्थक होने पर पूर्ण आश्वस्ति हो गयी। नेहरू कश्मीर का मामला सुरक्षा परिषद् में शायद इसी भरोसे के तहत ले गये होंगे। 2 नवम्बर के आकाशवाणी के अपने बहुचर्चित प्रसारण में निष्ठावान जनतन्त्रवादी नेहरू ने स्वीकार किया कि विलय पर कश्मीरी जनता की रायशुमारी ली जायेगी। उनका यह स्वीकार भी कूटनीति के तहत भारत के लिए गली की हड्डी बना।

कहा तो यह भी जाता है माउंटबैटन के रवैये और नेहरू की स्वीकारोक्ति से सरदार पटेल विचलित थे तथा इस प्रसंग में विश्वास में न लिए जाने से व्यथित भी हुए। सच यह भी है रियासतों के विलय के लिए मिशन की तरह काम करने वाले पटेल जम्मू-कश्मीर को ले कर शुरू से निराश थे और पूरी तरह तटस्थ रहे। शेख़ अब्दुल्ला की धर्मनिरपेक्षता को लेकर नेहरू की भाँति पटेल उतने आश्वस्त भी नहीं थे। शेख़ के बयान कि कुछ हिन्दू नेता कश्मीर को पाकिस्तान को भेंट करना चाहते हैं, पर पटेल ने ख़ुद पर हमला मानते हुए अपना विरोध भी जताया था। यह भी तथ्य है कि विलय के बाद भारत का अंग बन जाने के बावजूद कश्मीर मामले को तब के परराष्ट्र विभाग में रखते हुए नेहरू ने अपने अधीन रखा था यानि कश्मीर का मामला पटेल के कार्यभार के अधीन नहीं था।

भारत की सैन्य कार्यवाही ने पाकिस्तान को युद्ध छेड़ने का अवसर दे दिया और दोनों सेनाएँ औपचारिक युद्ध में सक्रिय हो गयीं। 31 दिसम्बर 1947 को यह मामला अन्तरराष्ट्रीय सुरक्षा परिषद् में पहुँचा, परन्तु लम्बी प्रक्रिया के बाद 1 जनवरी 1949 को ही युद्ध विराम लागू हो पाया। सवा-साल चले इस लम्बे युद्ध में भारतीय सेना पाक सेना से आकार में बड़ी होने के बावजूद पूरा कश्मीर ख़ाली नहीं करा पाई।

सुरक्षा परिषद् में इस मामले को ले जाना एक गम्भीर तकनीकी भूल साबित हुई। जब कश्मीर का विधिवत् विलय हो चुका था एवं महाराजा के साथ जन प्रतिनिधि के रूप में उसे शेख़ अब्दुल्ला का समर्थन भी प्राप्त था, तो यह मसला अन्तरराष्ट्रीय मंचों का न होकर पूर्णतया देश का आन्तरिक मामला था। अत: इसे अन्तरराष्ट्रीय विवाद की तरह सन्दर्भित करना एक भयंकर चूक थी। यू.एन. चार्टर के छठे अध्याय अन्तरराष्ट्रीय विवादों का शान्तिपूर्ण निपटारा (Peaceful Settlement of International Dispute) के बजाय सातवें अध्याय, आक्रमण (Aggression) के अन्तर्गत सन्दर्भित करने से भारत का पक्ष मज़बूत होता। अमेरिका और इंग्लैण्ड के पक्षपातपूर्ण रवैये तथा हमलावर पाकिस्तान और हमले का शिकार भारत को एक तराज़ू में तौलने से भारत का पक्ष और कमज़ोर हो गया। शीत युद्धकाल में देश में गुटनिरपेक्षता की तत्कालीन भारतीय विदेश

नीति भी इसका कारण थी, जिसके कारण सुरक्षा परिषद् के स्थायी सदस्यों में भारत के पक्ष में दृढ़ता से खड़ा होने वाला कोई सदस्य देश नहीं था। जम्मू-कश्मीर की मुसलमान बहुलता ने भी पाकिस्तान का पलड़ा भारी कर दिया। लिहाज़ा, दोनों पक्षों को समान रूप से दोषी (युद्धरत पक्ष) मानते हुए युद्ध विराम के प्रयास होने लगे और मूल प्रश्न नेपथ्य में चला गया। ऊपर से जनमत संग्रह की भारत की स्वीकारोक्ति ने मामलों को और लटका दिया। मज़े की बात है कि जिन्ना ने जनमत संग्रह का विरोध किया था, इस आधार पर कि भारतीय सेना के रहते स्वतन्त्र रायशुमारी नही हो सकती। सुरक्षा परिषद् ने दोनों देशों को कश्मीर को सेनामुक्त करने के पश्चात् जनमत संग्रह का निर्णय किया जो आज तक लागू नहीं हो पाया। बहुत सम्भव है कि उसी समय जनमत संग्रह हो जाता तो काबाइली आक्रमण और पाकिस्तानी रवैए से प्रताड़ित कश्मीरी जनता भारत के पक्ष में राय दे देती।

तत्कालीन परिस्थितियों मे महाराजा की मन:स्थिति का सहज अनुमान लगाया जा सकता है। जिस राज्य के एकमात्र शासक के रूप में उन्होंने विलय की पहल की और दस्तावेज़ पर हस्ताक्षर किये, उसी में उनकी स्थिति स्पष्ट नहीं थी। ऊपर से एक ऐसे व्यक्ति को प्रधानमन्त्री बना कर थोप दिया गया, जिसे वे देखना भी पसन्द नहीं करते थे, पर काल की परिस्थितियों ने महाराजा और शेख़ को एक साथ काम करने को मजबूर किया, वह भी जब कार्यक्षेत्र और अधिकार अपरिभाषित हो। शेख़ की मनमानियों की शिकायत उन्होंने तत्कालीन गृहमन्त्री पटेल से ज़रूर की, पर वे भी कोई राहत नहीं दिला सके। 9 जून 1949 को रीजेंट बने युवराज कर्ण सिंह को महाराजा ने अपना अधिकार सौंप कर उन्होंने मुख्यधारा से स्वयं को अलग कर लिया। बस, 'महाराजा' की उपाधि उनके नाम के साथ जुड़ी रही। 17 नवम्बर 1952 को आनुवंशिक सत्ता-व्यवस्था को समाप्त कर दिया गया। इसी तारीख़ को कर्ण सिंह सदर-ए-रियासत (राष्ट्रपति) के नाम से संवैधानिक प्रमुख बनाये गये। 30 मार्च 1965 को यह पद भी समाप्त कर दिया गया और वे राष्ट्रपति द्वारा नियुक्त राज्य

के पहले राज्यपाल बना दिये गये। कालान्तर में वे कांग्रेस से जुड़ कर राजनीति की मुख्यधारा में आ गये। उसके बाद कश्मीर ऐसा रंगमंच बना गया, जिसके अधिकांश चरित्रों के क्रियाकलापों और जीवन के उतार-चढ़ाव में नाटकीय विडम्बनाओं का भरपूर समुच्चय है। उसके केन्द्रीय चरित्र शेख़ अब्दुल्ला के कॅरियर में नाटकीय त्रासदियों की सूची बड़ी लम्बी है।

संविधान की धारा 35ए, जिसको लेकर एक लम्बी बहस रही है, उसकी भी एक तार्किक पृष्ठभूमि है। महाराजा हरि सिंह ने 1927 में एक क़ानून बनाया था, जिसके तहत कश्मीर रियासत में सम्पत्ति अर्जन का अधिकार केवल वहाँ के स्थायी निवासियों का होता था। कहा जाता है कि महाराजा आमतौर पर कश्मीर अवाम को अमन पसन्द मानते थे, जिसे युद्ध और संघर्षों का अनुभव नहीं के बराबर था। उन्हें भय था कि भारत के दूसरे ताक़तवर लोग, ख़ासकर पड़ोसी पंजाब की जनता अवसरों की तलाश में कश्मीर जनता के मुक़ाबले भारी पड़ेगी। कहा तो यह भी जाता है कि महाराजा ने यह क़ानून कश्मीरी पण्डितों और वहाँ की शासक वर्गों के हित-संरक्षण के लिए बनाया था। ग़ौरतलब है अधिकांश सम्पत्तियों पर इन्हीं वर्गों का एकाधिकार था। ये प्रभावशाली वर्ग स्वयं भी इस आशंका से ग्रस्त थे कि ग़ैर कश्मीरी यहाँ बसने लगेंगे तो उनके एकाधिकार को चुनौती मिलेगी। इस क़ानून के तहत वे किसी बाहरी चुनौती से संरक्षित हो रहे थे। यह और बात है कि बाद के दिनों की राजनीति में सबसे बड़ा नुकसान घाटी के कश्मीरी पण्डितों को झेलना पड़ा। 1954 में धारा 35ए की अधिसूचना कश्मीर में लागू 1927 के क़ानून का रूपान्तरण थी, जिसे 1954 में राष्ट्रपति के आदेश द्वारा जारी कर मान्यता दी गयी।

कश्मीर के भारत में विलयन के (Instrument of Accession) के सातवें पैराग्राफ़ में इस शर्त का उल्लेख था कि भारतीय संघ भविष्य में भी राज्य पर बिना उसकी सहमति के कोई प्रावधान थोप नहीं सकता। संयोग की बात है कि कश्मीर की इस शर्त से मिलती-जुलती शर्तों का उल्लेख कुछ अन्य रियासतों (विशेषकर मैसूर एवं त्रावणकोर) के विलय पत्रों में भी था।

मसलन, कुछ अन्य राज्यों को अपना झण्डा रखने और अलग संविधान बनाने की छूट दी गयी थी, जिसमें मैसूर राज्य प्रमुख था। सभी रियासतों के विलय पत्र एक समान थे, यह कथन पूर्णतः सत्य नहीं है। अधिकतर रियासतों ने सरकार द्वारा तैयार किये गये मजमून को यथावत् स्वीकार कर लिया था, परन्तु कई रियासतों ने अपनी शर्तों का भी उल्लेख किया। मैसूर राज्य एवं कुछ अलग राज्यों (मसलन त्रावणकोर) को भी अलग संविधान बनाने का अधिकार दिया गया था। यह अलग बात है कि वहाँ की राज्य सरकारों ने कालांतर में इसका उपयोग नहीं किया। (हाल ही में कर्नाटक राज्य द्वारा अपने राज्यगान की अलग से घोषणा इसी विशेषाधिकार की आड़ में उठाया गया क़दम है)। यहाँ एक तथ्य को स्मरण करना ज़रूरी है कि (India Independence Act) 1947 में रियासतों को किसी विलय पत्र पर हस्ताक्षर करने का प्रावधान जैसा कुछ नहीं था बल्कि भारत या पाकिस्तान का अंग बनने के लिए रियासत प्रमुख द्वारा की गयी घोषणा ही पर्याप्त थी। हाँ, कुछ रियासतों ने घोषणाओं के अलावा विलय को क़ानूनी जामा प्रदान करने के लिए पन्नों का विलय किया था, जिसमें उनके द्वारा कुछ विशेष शर्तों का उल्लेख किया गया था।

भारतीय संविधान सभा के सामने यह प्रश्न था कि कश्मीर के विलयन को भारत के संविधान में कैसे समाहित किया जाये? संविधान सभा में कश्मीर के प्रतिनिधि गोपाल स्वामी आयंगर को यह दायित्व सौंपा गया, जिन्होंने नेहरू, पटेल और शेख़ अब्दुल्ला से राय-मशवरा कर एक मसौदा पेश किया, जिसे संविधान सभा ने 17 अक्टूबर 1949 को अपनी मंज़ूरी दी। संविधान में यह अनुच्छेद 370 के रूप में दर्ज़ किया गया। यह अनुच्छेद मूलतः भारत में कश्मीर को एकीकृत करते हुए संघ एवं कश्मीर राज्य की शक्तियों को परिभाषित करता है। इसी अनुच्छेद में कश्मीर के लिए संविधान सभा का भी प्रावधान है, जिसे जम्मू और कश्मीर में संविधान रचना का दायित्व दिया गया था। अक्टूबर 1951 में जम्मू-कश्मीर में एक निर्वाचित संविधान सभा का गठन हुआ और 17 नवम्बर 1957 को कश्मीर का संविधान अस्तित्व में आया। जहाँ तक राज्य के अलग झण्डे का सवाल है, कश्मीर के अलावा नागालैंड और

मैसूर (कर्नाटक) राज्य के झण्डे भी अलग थे। रोचक जानकारी के लिए कहना चाहूँगा कि नागालैंड पाकिस्तान की भाँति अपनी आज़ादी 15 अगस्त के बजाय 14 अगस्त को अपने झण्डे के साथ मनाता है और उस समय साथ में तिरंगा भी नहीं फहराया जाता। यहाँ यह बताना ज़रूरी लगता है कि नागालैंड के अलगाववादी सशस्त्र संघर्ष का समाधान करने हेतु एवं रवि के नेतृत्व में एक मिशन शान्ति समझौते के लिए पिछले पाँच वर्षों से प्रयत्नशील था, जिसके प्रयासों के अनुरूप दोनों पक्षों के बीच एक Frame Work Agreement 2018 में हस्ताक्षरित किया जा चुका था, जिसमें नागालैंड के अलग राजकीय गान, झण्डा और पूरक संविधान का ज़िक्र है, परन्तु कश्मीर के सन्दर्भ में घटित परिस्थितियों के नाते, विशेषकर 5 एवं 6 अगस्त 2019 की अधिसूचनाओं के पश्चात् नागालैंड शान्ति वार्ता खटाई में पड़ गयी है।

1951 मे गठित संविधान सभा को ही अगले चुनावों तक विधानसभा मानते हुए शेख़ अब्दुल्ला के नेतृत्व में पहली औपचारिक राज्य सरकार का गठन हुआ। 24 जुलाई 1952 को केन्द्र सरकार की और नेहरू और जम्मू-कश्मीर की ओर से शेख़ के मध्य दिल्ली समझौता हुआ, जिसे कश्मीर की संविधान सभा ने 19 अगस्त 1952 को मंजूरी दी। इसके तहत राज्य से आनुवंशिक शासन की समाप्ति कर अवशिष्ट शक्तियाँ को राज्य को दिये जाने, राष्ट्रीय झण्डे के साथ राज्य के लिए अलग झण्डे (कुछ अपवादों के साथ), 26 जनवरी 1950 को लागू हुए भारतीय संविधान के मौलिक अधिकारों को कश्मीर पर लागू करने और कश्मीर को राष्ट्रपति की सकंट कालीन शक्तियों एवं सर्वोच्च न्यायालय के अधिकार क्षेत्र में शामिल करने सम्बन्धी प्रावधान लागू किये गये।

शेख़ सरकार ने 1953 में कश्मीर में जमींदारी-प्रथा समाप्त करते हुए ज़मीन का अधिकार जोतदारों को सौंप दिया। कश्मीर के इतिहास में यह एक बड़ा क्रान्तिकारी क़दम था, जिसकी प्रतिक्रिया न केवल कश्मीर में हुई वरन् शेष भारत भी इस निर्णय को पचा नहीं पाया। इस कारण वहाँ कश्मीरी पण्डितों एवं शासक वर्गों, जिसमें हिन्दुओं का बहुमत था,

को हाशिए पर ला दिया। ऊपरी तौर पर यह एक जनपक्षधर कार्यवाही थी, परन्तु इसने कश्मीर के अलावा शेष भारत की सामन्ती एवं साम्प्रदायिक शक्तियों को चौकन्ना कर दिया। खुद कांग्रेस पार्टी के भीतर भी पर्याप्त दक्षिण-पन्थी तत्त्व विद्यमान थे, जिन्होंने इस मुद्दे पर न केवल शेख़ का विरोध किया वरन् नेहरू पर भी आरोप लगाया कि वे शेख़ पर अकुंश नहीं रख पा रहे है।

कश्मीर में अपनी लोकप्रियता और आधिपत्य स्थापित होने से ऐसे समय मे शेख़ की महत्त्वाकांक्षा ज़ोर मारने लगी। वे कश्मीर की आज़ादी का भी सपना देखने लगे। इस दिशा में भारत सरकार की अनुमति के बिना इस मुहिम के लिए समर्थन जुटाने के लिए उन्होंने विदेश यात्राएँ भी की। इस सवाल पर नेशनल कान्फ्रेस के नेताओं में भी मतभेद उभरे। उदाहरण के तौर पर बक्शी ग़ुलाम मोहम्मद एवं जी.एम. सादिक़ शेख़ को नापसन्द करने लगे थे। एक तकरीर में शेख़ ने सार्वजनिक रूप से कश्मीर की आज़ादी की सम्भावना को जीवित बताया, जिसकी पूरे देश मे तीखी प्रतिक्रिया हुई।

अन्ततः 8 अगस्त 1953 को सदर-ए-रियासत द्वारा शेख़ को प्रधानमन्त्री पद से बर्ख़ास्त कर राजद्रोह के आरोप में गिरफ़्तार करा दिया गया (उस रात वह सपरिवार गुलमर्ग में आराम कर रहे थे)। शेख़ के बाद बक्शी ग़ुलाम मोहम्मद को सरकार की कमान दी गयी। शेख़ की गिरफ़्तारी का जम्मू-कश्मीर की जनता में काफ़ी विरोध हुआ और यही वह क्षण था जब भारतीय सत्ता और कश्मीरी जनता में अविश्वास के बीज पड़े। यद्यपि तकनीकी रूप से शेख़ ग़लत नहीं थे। क्योंकि बयान के समय कश्मीर के लिए जनमत संग्रह का भारत का वादा ज़िन्दा था एवं एत्तद्द्वारा कश्मीर के लिए तीनों विकल्प खुले हुए थे। कश्मीरी अवाम ने शेख़ की गिरफ़्तारी को भारत सरकार की वादा ख़िलाफ़ी माना।

अध्याय-दस

सत्ता की उठा-पटक एवं राजनीतिक आँख मिचौली

भारत में कश्मीर के विलय के बाद सदर-ए-रियासत महाराजा हरी सिंह की सदारत में नेहरू के हस्तक्षेप के कारण शेख़ अब्दुल्ला प्रधानमन्त्री (वज़ीर-ए-आज़म) बनाए गये थे। यह एक तदर्थ व्यवस्था थी, जिसे आगामी संविधान सभा के चुनाव तक काम करना था। 1951 में संविधान सभा के चुनाव सम्पन्न हुए, जिसमें आश्चर्यजनक रूप से सभी 75 सदस्य निर्विरोध निर्वाचित हुए, जिनका सम्बन्ध शेख़ की 'नेशनल कॉन्फ्रेंस' से था। बहैसियत राजनीतिक दल के रूप में कांग्रेस इस प्रक्रिया में तटस्थ रही। शेख़ विरोधी प्रजा परिषद् ने इस चुनाव का बहिष्कार किया था। इस प्रकार से संविधान सभा का यह एकपक्षीय गठन प्रदेश की राजनीति में लोकतन्त्र की स्थापना के सन्दर्भ में एक अशुभ संकेत साबित हुआ। संविधान सभा को ही विधान सभा माना गया और शेख़ ने औपचारिक रूप से प्रदेश के पहले प्रधानमन्त्री (वज़ीर-ए-आज़म) के रूप में शपथ ली और अपनी पहली गिरफ़्तारी (1953) तक सरकार के मुखिया रहे।

1957 में जम्मू-कश्मीर संविधान लागू हुआ। तदन्तर संविधान सभा भंग कर दी गयी, जिसके एवज़ में पहली विधान सभा के चुनाव आयोजित किये गये। नेशनल कॉन्फ्रेंस ने यह चुनाव कार्यरत प्रधानमन्त्री बक्शी

ग़ुलाम मोहम्मद के नेतृत्व में लड़ा। 'नेशनल कॉन्फ्रेंस' को कुल 69 सीटें मिलीं। विपक्ष के रूप में 'प्रजा परिषद्' को 5 सीट तथा 'हरिजन मण्डल' को एक सीट नसीब हुई। ग़ौरतलब है 1951 की पुनरावृत्ति के रूप में 'नेशनल कॉन्फ्रेंस' के 47 प्रतिनिधि निर्विरोध निर्वाचित हुए। ज़ाहिर है, उक्त चुनाव भी प्रदेश में जनभागीदारी एवं जनतांत्रिक प्रणाली के विकास के क्रम में एक स्वांग से अधिक नहीं था।

संसद में विपक्षी दलों ने भी शेख़ की रिहायी की मुहिम चलाई। चार साल पाँच महीने बाद बनिहाल के एक बंगले में क़ैद रहने के बाद प्रधानमन्त्री नेहरू के आदेश पर उन्हें 8 जनवरी 1958 को रिहा किया गया। 13 जनवरी 1958 को श्रीनगर में अपने स्वागत समारोह के दौरान शेख़ ने जनमत संग्रह के वादे की दुहायी दी तथा यह भी घोषणा की कि संवैधानिक सभा ने अपना जनतान्त्रिक अधिकार खो दिया है। उन्होंने नेहरू के 1947 मे लाल चौक की घोषणा का भी हवाला दिया। शेख़ का विश्वास था की रायशुमारी में जनता स्वतन्त्र रहने का फ़ैसला करेगी। शेख़ के अड़ियल रवैये के कारण राज्य की सुरक्षा का हवाला देते हुए 30 अप्रैल 1958 को उन्हें निवारक नज़रबन्दी क़ानून के तहत दुबारा गिरफ़्तार कर लिया गया। इस बार छह साल बाद उन्हें 8 अप्रैल 1964 को रिहा किया गया। इसी दौरान शेख़ के क़रीबी मिर्जा अफ़ज़ल बेग़ ने जनमत संग्रह मोरचे का गठन किया जिसमें शेख़ की रिहाई और विलय पर जनमत संग्रह की माँग की गयी। यही वह प्रस्थान बिन्दु था, जहाँ से कश्मीर मे अलगाववादी स्वर भी सुनाई देने शुरू हुए।

1962 के विधानसभा चुनावों मे भी बड़े पैमाने पर धांधली हुई और बक्शी की 'नेशनल कांफ्रेन्स' ने एक बार फिर लगभग सारी (68) सीटें जीत लीं। 'प्रजा परिषद्' निर्दलियों को क्रमश: 3-3 सीटों पर सन्तोष करना पड़ा। इस बार भी ने.का. (नेशनल कॉन्फ्रेंस) के 33 उम्मीदवार बिना चुनाव लड़े ही जीत गये। जम्मू-कश्मीर का दूसरा विधान सभा चुनाव भी राजनीतिक संस्कृति के विकास-क्रम के मद्देनज़र मायूसी भरा ही कहा जायेगा। बक्शी के शासन काल में 'नेशनल कॉन्फ्रेंस' मे

असन्तोष के स्वर उभरने लगे। अन्तत: जी.एम. सादिक़ और डी.पी.धर ने 'जनतांत्रिक नेशनल कॉन्फ्रेंस' के नाम से अपना अलग दल बना लिया। बक्शी भ्रष्टाचार और भाई-भतीजावाद में घिरते जाने के बाद केन्द्र सरकार पर बोझ बन गये। अन्तत: माहौल के दवाब में उन्होंने इस्तीफ़ा तो दिया, पर पार्टी पर अपने वर्चस्व के चलते अपने ख़ास ख़्वाजा शमसुद्दीन को प्रधानमन्त्री बनवा कर सत्ता संचालन करते रहे। इसी काल में 12 दिसम्बर 1963 को हज़रतबल मस्जिद से पैग़म्बर मोहम्मद का बाल चोरी होने से कश्मीर अशान्त हो गया। आगजनी की घटनाएँ होने लगीं एवं पूरे देश मे दंगे होने की आशंका बन गयी। इस घटना पर नियत्रंण में विफल रही तत्कालीन सरकार ने इस्तीफ़ा दे दिया और 29 फरवरी को 'जनतांत्रिक नेशनल कान्फ्रेस' के जी.एम. सादिक़ को प्रधानमन्त्री बनाया गया।

सादिक़ के कार्यकाल मे ही जम्मू-कश्मीर संविधान मे संशोधन कर अन्य राज्यों की भाँति मुख्यमन्त्री और राज्यपाल का पदस्थापन किया गया। सदर-ए-रियासत जिसकी नियुक्ति का अधिकार विधान सभा की संस्तुति के आधार पर था, की बजाय राष्ट्रपति को राज्यपाल की नियुक्ति का सीधा अधिकार दिया गया। कालान्तर मे सादिक़ के नेतृत्व वाली 'जनतांत्रिक नेशनल कॉन्फ्रेंस' का विलय कांग्रेस मे हो गया और राज्य मे पहली कांग्रेसी सरकार का गठन हुआ।

1962 मे चीन युद्ध के पहले ही चीन ने लद्दाख के अक्साई चिन भू-भाग पर घुसपैठ कर ली थी और अपने पश्चिमी सीमा प्रान्त शिंकयांग को ल्हासा से जोड़ने वाली सड़क भी बना ली थी। 1962 के युद्ध में भी भारत इसे वापस नहीं पा सका। इसके अतिरिक्त पाकिस्तान ने 23 मार्च 1963 मे गिलगित की शाक्सगाम घाटी का क्षेत्र सामरिक हितों के नज़रिए से एक समझौते में चीन को भेंट कर दिया, इस शर्त पर कि समग्र कश्मीर विवाद के समाप्ति पर इस सन्धि का पुनर्निरीक्षण किया जायेगा।

1964 में शेख़ की रिहाई के बाद पाकिस्तान सैनिक शासन के मार्शल अयूब ख़ां ने शेख़ अब्दुल्ला को सन्देश भिजवाया कि कश्मीर समस्या का समाधान बिना पाकिस्तान को शामिल किये नहीं हो सकता और साथ

उन्हें बातचीत के लिए पाकिस्तान आने का न्योता भी दिया। शेख़ ने भी इस मामले में उतावलापन दिखाया और पाकिस्तान पहुँच गये। बातचीत में जनरल अयूब और शेख़ के सुर नहीं मिले। लौटते समय 27 मई 1964 को उन्होंने पाक अधिकृत कश्मीर की भी यात्रा की। शेख़ को यक़ीन हो गया कि कश्मीर को ले कर पाकिस्तान की नीयत में खोट है। इसी दौरान नेहरू की मृत्यु हो गयी, जिससे शेख़ को बड़ा आघात लगा। नेहरू काल में दो बार जेल जाने के बावजूद शेख़ अब्दुल्ला के मन में नेहरू के प्रति कोई कटुता नहीं थी। उनका मानना था कि नेहरू को साम्प्रदायिक शक्तियों के दवाब में उनके विरुद्ध क़दम लेने पड़े थे। नेहरू ने भी आजीवन शेख़ से अपनी मित्रता का ख़याल रखा था।

लालबहादुर शास्त्री के प्रधानमन्त्रित्व काल मे शेख़ हज यात्रा के दौरान अलजीयर्स में चीन के प्रधानमन्त्री झाऊ एन लाई से मिले जिन्होंने उन्हें चीन आने का नियन्त्रण दिया। इसे सरकार ने गम्भीर अवमानना मानते हुए उनका पासपोर्ट रद्द कर दिया और 9 मई 1965 को भारत लौटने पर उन्हें तीसरी बार गिरफ़्तार किया गया।

जम्मू-कश्मीर की तीसरी विधान सभा के चुनाव 1967 के देश की लोकसभा एवं विधान सभा के आम चुनावों साथ ही सम्पन्न हुए। दिलचस्प तथ्य यह भी है कि जम्मू-कश्मीर प्रदेश को पहली बार सांसद चुनने का मौक़ा 1967 के लोकसभा चुनावों में ही मिला। कुल 6 संसदीय सीटों में से कांग्रेस को पाँच सीटों पर जीत मिली। एक सीट (श्रीनगर) निर्दलीय उम्मीदवार को नसीब हुई। विधान सभा में जी.एम.सादिक़ के नेतृत्व में 60 सीटों पर विजय मिली। पहली बार बलराज मधोक की अध्यक्षता में 'भारतीय जनसंघ' (आज की भाजपा) को प्रदेश की विधान सभा में प्रतिनिधित्व पाने में सफलता मिली। यहाँ हमें याद रखना होगा कि अब तक 'जम्मू-कश्मीर प्रजा परिषद्' का विलय 'जनसंघ' में हो गया था। मिर्ज़ा अफ़ज़ल बेग़ के जनमत संग्रह मोर्चे ने चुनावों का बहिष्कार किया था। दुर्भाग्य से इन चुनावों में भी धांधली की शिकायतों में कमी नहीं आयी। बड़े पैमाने पर 118 उम्मीदवारों के पर्चे ख़ारिज़ होने की वजह

से उम्मीदवारों के निर्विरोध चुने जाने का सिलसिला जारी रहा। कांग्रेस की तरफ से कुल 39 उम्मीदवार बिना चुनाव लड़े विधान सभा सदस्य घोषित किये गये।

चौथी विधानसभा चुनावों (1972) में भी कांग्रेस ने अपना विजय अभियान जारी रखा। इन चुनावों तक जनमत संग्रह मोर्चे पर प्रतिबन्ध लग चुका था। प्रतिपक्ष के रूप में घाटी में 'जमात-ए-इस्लामी' और जम्मू क्षेत्र में 'जनसंघ' ने प्रमुखतः मोरचा लिया और क्रमशः 5 एवं 3 सीटें हासिल की। वहीं सैयद मीर क़ासिम के नेतृत्व में सत्तारूढ़ कांग्रेस को लगभग दो तिहाई बहुमत के साथ 58 सीटों पर विजय मिली। पहली बार निर्विरोध निर्वाचन का सिलसिला टूटा ज़रूर, परन्तु चुनाव भी गड़बड़ियों और बेईमानी के आरोप से मुक्त नहीं रहे।

जयप्रकाश नारायण जो नेहरू के बाद शेख़ के सबसे नज़दीकी मित्रों में थे, के प्रयासों से 1967 के अन्त तक इन्दिरा गाँधी के प्रधानमन्त्रित्व काल मे शेख़ सार्वजनिक जीवन में वापस लौटे। 1967 के रिहा होने के बावजूद शेख़ को कश्मीर की राजनीति की मुख्यधारा में आने में छह साल लगे। उन्होंने अपने पुराने सहयोगी मिर्जा अफ़ज़ल बेग़ के साथ अक्टूबर 1968 में (All India State People Convention) सम्मेलन बुलाया, जिसमें राज्यों की स्वायत्ता को लेकर चर्चा हुई। अखिल भारतीय राज्य दल सम्मेलन का उद्घाटन जयप्रकाश नारायण ने किया था। इसमें देश की विपक्षी पार्टियों ने भी हिस्सा लिया था। इस आयोजन का मक़सद कश्मीर के सवाल मे शेख़ की अपनी भूमिका को पुनर्जीवित करना था। हालाँकि उन्होंने इस सम्मेलन में भी त्रिपक्षीय समाधान पर इरादा जताया।

1971 के युद्ध के बाद परिस्थितियाँ फिर से बदल गयीं। शिमला समझौते के बाद शेख़ को एहसास हो गया कि कश्मीर के आजाद होने का विकल्प समाप्त हो गया है और अपने राजनीतिक भविष्य को बनाये रखने के लिए उन्हें भारत से जुड़ना होगा। डी.पी.धर की मध्यस्थता में चली लम्बी समझौता वार्ता के बाद 24 फरवरी 1975 को छह सूत्रीय कश्मीर समझौता (Kashmir Accord) सम्भव हुआ, जिसके अनुसार

अनुच्छेद 370 तथा अवशिष्ट शक्तियाँ जम्मू राज्य के पास कायम रहेंगी, परन्तु देश की अखण्डता एवं सुरक्षा सम्बन्धी मुद्दों पर भारतीय संसद को क़ानून बनाने का अधिकर होगा।

1975 में सम्पन्न हुए बहुचर्चित शेख़-इन्दिरा पैक्ट के तहत कश्मीर मे तत्कालीन कांग्रेसी सरकार मे मुख्यमन्त्री मीर क़ासिम ने कुर्सी ख़ाली की और शेख़ अब्दुल्ला की ताजपोशी हुई। शेख़ के दो दशक के निर्वासित जीवन के दौरान शेख़ की पार्टी 'नेशनल कान्फ्रेस' परिदृश्य से ग़ायब थी। तत्कालीन विधानसभा में उनका एक भी सदस्य नहीं था। 1977 में अगले चुनाव तक शेख़ पूरी तरह कांग्रेस के समर्थन से सरकार चलाते रहे। इसी दौरान अपनी पार्टी को उन्होंने फिर से सक्रिय करना प्रारम्भ किया।

जून 1975 मे आपातकाल लगा, जिस कारण कश्मीर के प्रस्तावित विधान सभा चुनाव टल गये। शेख़ ने इस अवधि में 'नेशनल कॉन्फ्रेंस' को पुनर्गठित कर लिया था। कांग्रेस के स्थानीय नेताओं को वहाँ राजनीति में असुरक्षा का एहसास हुआ। मार्च 1977 के संसदीय चुनाव में इन्दिरा गाँधी के हार के बाद 26 मार्च 1977 को जम्मू-कश्मीर कांग्रेस दल के नेता मुफ़्ती मुहम्मद सईद ने शेख़ से अपना समर्थन वापस ले लिया। शेख़ के लिए यह बहुत बड़ा सदमा था क्योंकि कांग्रेस ने अगले चुनावों तक समर्थन का वादा किया था। तत्कालीन जनता सरकार ने वहाँ किसी गठजोड़ की सरकार बनाने के बजाय विधान सभा भंग कर जून 1977 में नये चुनाव कराए।

1977 के चुनावों मे शेख़ अब्दुल्ला की 'नेशनल कॉन्फ्रेंस' को भारी बहुमत (47 सीट) मिला और कांग्रेस को मात्र 11 सीटों पर सन्तोष करना पड़ा। घाटी में तो उसका खाता भी नहीं खुल पाया। केन्द्र की तत्कालीन सत्ताधारी दल 'जनता पार्टी' को भी अच्छी-ख़ासी 13 सीटें हासिल हुईं। माना जाता है कि कश्मीर की विधानसभा चुनावों के इतिहास में यह सर्वाधिक निष्पक्ष चुनाव था। 1978 में शेख़ ने निर्वाचित मुख्यमन्त्री पद की शपथ ली और अपनी मृत्यु (8 सितम्बर 1982) तक इस पद पर बने रहे।

इसी दौर में उन्हें दिल का दौरा पड़ा और उसके बाद उनके जेहन मे उत्तराधिकार का द्वन्द्व प्रारम्भ हो गया। परिपक्वता एवं राजनीतिक अनुभव के चलते शेख़ के बड़े दामाद ग़ुलाम मुहम्मद शाह स्वाभाविक दावेदार थे, परन्तु शेख़ का मन पुत्र-मोह से मुक्त न था। उत्तराधिकारी के रूप में फ़ारुख़ अब्दुल्ला का चयन उसी लोकतान्त्रिक स्वांग के तहत सम्पन्न हुआ, जैसा सत्ता को अनुवांशिक बनाने हेतु लोकप्रिय नेता करते रहे हैं। 21 अगस्त 1981 को बड़ी धूमधाम से फ़ारुख़ 'नेशनल कॉन्फ्रेंस' के नये अध्यक्ष बने। एक साल बाद 8 सितम्बर को शेख़ के निधन के तुरन्त बाद मध्यरात्रि को फ़ारुख़ को मुख्यमन्त्री पद की शपथ दिला दी गयी। विडम्बनापूर्ण तथ्य यह रहा कि उन्हें विधायक दल का नेता 11 सितम्बर की बैठक में चुना गया। अगले चुनावों (1983) तक वे मुख्यमन्त्री बने रहे।

फ़ारुख़ का पहला विवाद पुनर्वास विधेयक को लेकर हुआ, जिसे शेख़ के समय राज्यपाल ने स्वीकृति देने के बजाय पुर्नविचार के लिए वापस कर दिया था। विधेयक को कांग्रेस के विरोध के बावजूद उन्होंने दोनों सदनों से पारित करा कर पुनः राज्यपाल को भेज दिया। इस विधेयक के प्रावधान के अनुसार पाक अधिकृत कश्मीरियों को घाटी मे लौटने और बसने की छूट देना था। राज्यपाल इसे दुबारा वापस नहीं कर सकते, सो उन्होंने केन्द्र की राय के लिए राष्ट्रपति को भेज दिया, जिन्होंने न्यायिक परामर्श के लिए इसे उच्चतम न्यायालय को सन्दर्भित कर दिया। दो दशकों तक ठण्डे बस्ते में रखने के बाद उच्चतम न्यायालय ने बिना किसी राय के उसे केन्द्र सरकार को वापस कर दिया। इसी दौरान 'पैन्थर्स पार्टी' के नेता भीम सिंह ने पंजाब से लाए गये वाल्मीकि समाज को कश्मीरी नागरिक न मानने का हवाला देते हुए इस विधेयक के विरोध मे उच्चतम न्यायालय में याचिका दाखिल की, जो सम्भवतः अभी भी लम्बित है।

फ़ारुख़ ने पार्टी के भीतर अपनी स्थिति सुदृढ़ करनी प्रारम्भ की। मन्त्रिमण्डल पुनर्गठन में कई वरिष्ठ नेताओं को बाहर कर दिया तथा ग़ुलाम मुहम्मद शाह जो उपमुख्यमन्त्री का दर्ज़ा चाहते थे, के प्रस्ताव को भी नहीं माना।

यहाँ से शाह के नेतृत्व मे एक धड़ा फ़ारुख़ के विरोध में खड़ा हो गया। 1983 मे विधान सभा चुनाव होने थे। राष्ट्र हित का तक़ाज़ा था कि केन्द्र सरकार फ़ारुख़ को सहयोग दे कर कश्मीर के अलगाववादी तत्त्वों को नियन्त्रित करती, परन्तु कांग्रेस पार्टी का दलीय हित सामने था। एक लम्बे समय से कांग्रेस वहाँ सत्ता से बाहर थी। उसको राजनीतिक ग़ुलामी के अँधेरे मे खोने का डर था। सो, दोनों पक्ष पूरी ताक़त से एक दूसरे के सामने आ गये। फारूख़ को केन्द्र की ताक़त का अन्दाज़ा था। इस दबाव मे वे 'नेशनल कॉन्फ्रेंस' के विरोधियों मीर वाइज़ यूसुफ़ शाह (बची हुई पाकिस्तानपरस्त 'मुस्लिम कान्फ्रेंस' के नेता) एवं उनके भतीजे मीर वाइज़ फ़ारुख़ जैसे तत्त्वों से हाथ मिलाने को तैयार हो गये। ऐसी स्थिति में हिन्दू-मुस्लिम धुर्वीकरण अपरिहार्य हो गया। कांग्रेस का राष्ट्रवादी स्वर हिन्दू पक्षधरता का पर्याय बना। फ़ारुख़ ने कश्मीर की विशिष्ट पहचान और आज़ादी के मुददे पर वोट माँगा। अक्टूबर 1983 मे हुए इस चुनाव में 'नेशनल कॉन्फ्रेंस' ने 75 मे 46 सीटें जीत कर बहुमत हासिल किया। कांग्रेस ने (1977 मे 11 सीटों के मुकाबले) 26 सीटें जीत कर कुछ हद तक अपनी साख लौटायी, लेकिन इसका एक चिन्तनीय पक्ष यह था कि 'नेशनल कॉन्फ्रेंस' ने घाटी की सारी सीटें जीतीं, उसी के सम्मुख कांग्रेस की अपनी सारी सीटें जम्मू एवं लद्दाख से आयी थीं। राजनीति का यह क्षेत्रीय विभाजन आगे आने वाले समय का नासूर साबित हुआ।

इस चुनाव के बाद फ़ारुख़ ने अपने पिता शेख़ को कांग्रेस और केन्द्र से सहयोग की नीति से हट कर विपक्ष के क़रीब होने को वरीयता दी तथा केन्द्र और राज्य के सत्ता सन्तुलन एवं अन्य संघीय सवालों पर देश के अन्य राज्यों के क्षेत्रीय नेताओं से उन्होंने सम्पर्क बढ़ाना शुरू किया। तत्कालीन प्रधानमन्त्री इन्दिरा गाँधी को यह गठजोड़ नाग़वार गुज़रा। कांग्रेस ने 'नेशनल कॉन्फ्रेंस' को भीतर से तोड़ने का निर्णय लिया और षड्यंत्र रचना प्रारम्भ किया। कश्मीर घाटी में विलगाव की भावना के उभार के कारण सिकुड़ती जा रही कांग्रेस ने फ़ारुख़ पर आरोप लगाना

शुरू कर दिया कि वे देश विरोधी शक्तियों से मिल गये हैं तथा सिख आतंकवादियों को कश्मीर में प्रशिक्षण मिल रहा है। सत्तारूढ़ पार्टी के भीतर विग्रह पैदा करने के लिए कांग्रेस ने ग़ुलाम मुहम्मद शाह को मोहरा बनाया। कांग्रेस की पहल पर शाह समर्थक 12 विधायक फ़ारुख़ सरकार से समर्थन वापस लेने को तैयार हो गये। जवाबी हमले में फ़ारुख़ ने बिना संवैधानिक औपचारिकताओं का पालन किये आनन-फानन में विधान सभा का सत्र बुला कर विश्वास मत प्राप्त कर लिया। राज्यपाल बी.के. नेहरू ने तत्कालीन सरकार को इसके लिए चेतावनी भी दी।

कांग्रेस फ़ारुख़ को अपदस्थ करने को कटिबद्ध थी। उसने बी.के. नेहरू का गुजरात तबादला कर दिल्ली के उपराज्यपाल जगमोहन को प्रोन्नत कर कश्मीर का राज्यपाल नियुक्त कर दिया। जगमोहन की छवि एक कर्मठ व्यक्ति की थी, परन्तु उन्हें इन्दिरा गाँधी ने किस उद्देश्य के लिए चुना है, इसका आभास उन्हें भी था। 26 अप्रैल 1984 को उन्होंने राज्यपाल का पद सँभाला। फ़ारुख़ ने 'नेशनल कॉन्फ्रेंस' का सम्मेलन बुलाया, परन्तु वह सम्मेलन सम्पन्न हो, उससे पहले 23 मई को ग़ुलाम मोहम्मद शाह ने एक समान्तर सम्मेलन बुला कर फ़ारुख़ को ही पार्टी से निष्कासित कर दिया तथा अपनी पत्नी ख़ालिदा शाह को पार्टी का नया अध्यक्ष बनवा दिया। फ़ारुख़ ने इस सम्मेलन को तमाशा क़रार देते हुए ख़ारिज़ कर दिया।

30 जून को ईद का मुबारक दिन था। फ़ारुख़ अपने साथियों के साथ इसके जश्न मे मसरूफ़ थे। उसी रात नेशनल कॉन्फ्रेंस के विद्रोही गुट के 12 तथा एक निर्दलीय विधायकों ने बैठक कर राज्यपाल से मिलने का समय माँगा। 2 जुलाई को उपरोक्त 13 विधायक कांग्रेसी नेता इफ़्तिख़ार अंसारी के साथ राज्यपाल से मिलने पहुँचे। राज्यपाल ने फ़ारुख़ अब्दुल्ला को फ़ोन पर जानकारी दी कि आपकी सरकार अल्पमत में आ गयी है। फ़ारुख़ को इस ख़बर से गहरा सदमा लगा। उन्हें एक और आघात तब लगा जब उसी शाम ग़ुलाम मोहम्मद शाह को मुख्यमन्त्री पद की शपथ दिला दी गयी।

जगमोहन जी ने अपनी पुस्तक My Frozen Turbulent Days में इस घटना के पल-पल का विवरण दिया है। इस वर्णन में बहुत कुछ गोलमोल और सन्देहास्पद है। जगमोहन जैसे समझदार और वस्तुनिष्ठ व्यक्ति के लिए यह सम्भव नहीं लगता था कि, यह सब पक्षपात उन्होंने अपने संवैधानिक दायित्वों और कर्तव्य बोध के चलते किया होगा। 2 जुलाई, 1984 का जब ग़ुलाम मोहम्मद शाह ने अपने समूह के 13 विधायकों के साथ राजभवन जा कर समर्थन वापसी का पत्र सौंपा तो राज्यपाल ने इस आधार पर यह निर्णय लिया कि यह दल-बदल का नहीं बल्कि दल विभाजन का मामला है। केन्द्र सरकार से परामर्श कर और उनके सहयोग से सुरक्षा व्यवस्था को पुख्ता कर उन्होंने फ़ारुख़ को राजभवन बुलाया और पूरे हालात और अपने दृष्टिकोण की जानकारी दी। राज्यपाल ने जम्मू-कश्मीर की संविधान की धारा 92 के तहत राज्यपाल शासन लगाने की मंशा ज़ाहिर की, एकबारगी में जिसे फ़ारुख़ ने भी स्वीकार कर लिया, पर लौट कर कैबिनेट से विधिवत् परामर्श के बाद फ़ारुख़ ने लिखित रूप में विधानसभा की फर्श पर बहुमत के निर्णय की परम्परा का हवाला दिया। फ़ारुख़ के इस जवाब से जगमोहन विचलित हो गये और उन्होंने इसे फ़ारुख़ का छल क़रार दिया। राज्यपाल ने अपनी योजना के अन्तर्गत राज्यपाल शासन लागू करने का निर्णय राष्ट्रपति को सूचित कर दिया, परन्तु केन्द्र इस मामले पर अलग निर्णय ले चुका था। जगमोहन को राज्यपाल शासन लागू करने की सहमति नहीं दी गयी बल्कि उसी दिन उन्हें ग़ुलाम मुहम्मद शाह को मुख्यमन्त्री पद की शपथ दिलाने का निर्देश मिला।

राज्यपाल और भारत सरकार द्वारा सम्पन्न इस कार्यवाही के असामान्य उतावलेपन (जिसमे संवैधानिक प्रक्रिया का सही अनुपालन भी नहीं किया गया) पर सवाल उठना लाज़मी है। जगमोहन ने अपनी पुस्तक में उल्लेख किया है कि यदि फ़ारुख़ उनके राज्यपाल वाले शासन वाले प्रस्ताव का लिखित सर्मथन दे देते तो वे केन्द्र को राज़ी कर लेते, परन्तु इस तर्क में दम की कमी साफ़ नज़र आती है, क्योंकि राज्यपाल

की जम्मू-कश्मीर के संविधान प्रदत्त शक्तियों को नकार कर केन्द्र ने उन्हें उन्हें अपनी औक़ात बता दी। इस्तीफ़ा देना तो दूर, उन्होंने कोई आपत्ति तक दर्ज़ नहीं की। केन्द्र और राज्यपाल के इस क़दम की वहाँ के अवाम में कड़ी प्रतिक्रिया हुई और घाटी कई दिन कर्फ़्यू में रही। इस घटना ने कश्मीर के आगामी भयावह अस्थिर दिनों (जिसमें कश्मीर अलगाँवाद और आतंकवाद के रास्ते पर बढ़ता गया) की पृष्ठभूमि तैयार की।

जल्द ही जगमोहन और ग़ुलाम मोहम्मद शाह के मध्य मतभेद शुरू हो गये और दोनों ओर की मनमानी ने इसे टकराव में बदल दिया। इस दौरान भ्रष्टाचार के कई मामले चर्चा में आये। अन्ततः दक्षिणी कश्मीर मे हुए साम्प्रदायिक दंगों के बाद क़ानून व्यवस्था का हवाला देते हुए 12 मार्च 1986 को राज्यपाल ने शाह की सरकार बर्ख़ास्त कर दी। थोड़े दिनों बाद फ़ारुख़ अब्दुल्ला के नेतृत्व मे नेशनल कॉन्फ्रेंस और कांग्रेस की साझा सरकार बनी, इस सहमति के साथ कि आगामी विधानसभा चुनाव को वे एक गठबन्धन के तहत लड़ेंगे।

1987 में सम्पन्न हुए चुनावों मे इस गठबन्धन के मुकाबले 'जमात-ए-इस्लामी' सहित कई भारत विरोधी पार्टियाँ 'मुस्लिम युनाइटेड फ्रंट' के बैनर पर एकजुट हुई जिसने अपने घोषणा पत्र में केन्द्र सरकार के विरोध एवं इस्लामी एकता का मुद्दा केन्द्र में रखा। इन चुनावों मे हुई घनघोर धांधली के कारण व्यवस्था के प्रति घाटी की जनता का रहा-सहा विश्वास भी उठ गया। गठबन्धन ने 68 सीटें जीतीं, वहीं मुस्लिम यूनाइटेड फ्रंट (एम.यू.एफ.) ने मात्र 4 सीटों पर जीत हासिल की। जम्मू क्षेत्र मे दो सीटे भाजपा के खाते में गयीं। नयी सरकार में दोनों मुख्य दलों (नेका एवं कांग्रेस) के साथ आ जाने से जनता के असन्तोष की जनतांत्रिक अभिव्यक्ति का रास्ता बन्द हो गया। इसकी दूसरी वजह थी— एम.यू. एफ. का एक राजनीतिक संगठन के रूप में बिखराव तथा भाजपा आदि दूसरी पार्टियों की निष्क्रियता से समाज में उपजे राजनीतिक शून्य का परिणाम यही होना था कि उग्रवादी शक्तियाँ उसे ख़ाली जगह को घेर लें

और दुर्भाग्यवश वही हुआ। इस बीच हिंसा और आतंक की घटनाओं में तेज़ी आ गयी और राज्य सरकार की विफलता का ठीकरा फोड़ते हुए फ़ारुख़ की सरकार को केन्द्र ने जनवरी 1990 बर्खास्त कर एक बार पुनः राज्यपाल शासन लगा दिया। उसी समय, केन्द्र की तत्कालीन वी.पी. सिंह की सरकार अपने राजनीतिक अन्तर्विरोधों से जूझ रही थी। कश्मीर के मुसलमानों पर मुफ़्ती मोहम्मद सईद और प्रधानमन्त्री वी.पी. सिंह कश्मीर पर अपनी छाप छोड़ना तो दूर, स्थितियों को बेकाबू होता देखते रहे।

जम्मू-कश्मीर में 1990 में लगा राष्ट्रपति शासन अगले छह साल तक जारी रहा एवं राजनीतिक गतिविधियाँ बढ़ती आतंकवादी घटनाओ के घटाटोप से दबी रहीं। केन्द्र सरकार सेना के भरोसे शासन चलाती रही जिसके कारण अलगाँववादी तत्त्वों को आवाम में अपनी पैठ बढ़ाने का मौक़ा मिल गया। सेना द्वारा जनता के दमन का सवाल खड़ा हो गया। यह वही काल था जब प्रदेश में पूर्वोत्तर के कुछ राज्यों की भाँति कश्मीर राज्य में भी AFPSA क़ानून लागू किया गया, जिसमें सेना के विशेषाधिकारों का प्रावधान है। ज़ाहिर है, कश्मीरी जनता का असन्तोष बढ़ता गया एवं सेना और आतंकवादियों के संघर्ष के बीच घुन की तरह पिसना उसकी नियति बन गया। अन्ततः जनविश्वास को पुनः अर्जित करना ज़रूरी हो गया। 1996 में राष्ट्रपति शासन हटाया गया और देश के 1996 लोकसभा चुनावों के साथ नरसिम्हा राव सरकार ने प्रदेश विधानसभा के आठवें चुनाव कराये। 'नेशनल कान्फ्रेंस' ने 57 सीटें जीत कर बहुमत हासिल किया। ख़ास बात रही है कि प्रतिपक्ष के रूप में भाजपा नें 8 सीट जीत कर दूसरा स्थान हासिल किया, वहीं कांग्रेस 7 सीटों के साथ तीसरे नम्बर पर चली गयी। जनता दल ने पाँच तथा 'बहुजन समाज पार्टी' ने चार सीटें जीत कर महत्त्वपूर्ण सफलता पायी। इस तरह इस चुनाव ने विधान सभा की शक्ल को बहुरंगी बनाया। ऐसा पहली बार सम्भव हुआ कि प्रदेश के बाहर की पार्टियों ने जम्मू-कश्मीर की राजनीति में दस्तक दी और दख़ल बढ़ाते हुए राजनीति को सम्भावनाशील बनाया, विशेषकर 'बहुजन समाज पार्टी',

जिसने प्रदेश की राजनीति में धर्म, क्षेत्रीयता के मुक़ाबले सामाजिक न्याय के कोण का नया आयाम प्रस्तुत किया। दुख होता है कि यह प्रक्रिया लम्बा सफर नहीं तय कर पायी और प्रदेश की राजनीति अपनी पुरानी पटरी पर लौट गयी।

केन्द्र के स्तर पर 1996 लोकसभा चुनावों में भी सत्तारूढ़ दल कांग्रेस पार्टी के प्रदर्शन में भारी गिरावट आयी, यहाँ तक कि उसे अपना पहला स्थान खोना पड़ा। भाजपा इन चुनाव में लम्बी छलाँग लगाते हुए 161 सीटों के आँकड़े के साथ सबसे बड़े दल के रूप में उभरी। राष्ट्रपति श्री शंकर दयाल शर्मा के आमन्त्रण के बाद भाजपा नेता अटल बिहारी बाजपेयी ने प्रधानमन्त्री पद की शपथ ली, पर तब तक अछूत माने जाने वाली पार्टी होने के कारण बहुमत का इन्तजाम करने में विफल होकर तेरहवें दिन वाजपेयी ने व्यथित मन से इस्तीफ़ा दे दिया। वामदलों और जनता दल एवं तमाम क्षेत्रीय दलों को मिला कर एक मोर्चे का गठन हुआ नाम दिया गया 'संयुक्त मोर्चा'। नेतृत्व को लेकर भरी माथापच्ची के बीच तथा वी.पी.सिंह के पलायन के बाद माकपा के ज्योति बसु के नाम पर सहमति बनी, पर कांग्रेस के समर्थन की अपरिहार्यता के परिप्रेक्ष्य में माकपा पोलित ब्यूरो से ज्योति बसु को अनुमति नहीं मिल पायी। अन्ततः संयुक्त मोरचा जिसने कांग्रेस से बाहरी समर्थन स्वीकार करते हुए जनता दल के हरदनहल्ली देवगौड़ा अनचाहे (पहले Accidental) प्रधानमन्त्री बन गये। संयुक्त मोर्चा, सरकार में फारूक अब्दुल्ला की पार्टी 'नेशनल कॉन्फ्रेंस' भी उसका घटक बनी और राष्ट्रीय सरकार में उसने पहली बार भागीदारी की।

'संयुक्त मोर्चा' अपनी अल्पमत सरकार चलाते हुए आपसी विग्रहों का शिकार रहा। परिस्थितियाँ ऐसी बनीं कि तत्कालीन कांग्रेस अध्यक्ष सीताराम केशरी की महत्त्वाकांक्षाओं के कारण देवगौड़ा को अपनी कुर्सी छोडनी पड़ी। केशरी 'जनता दल' के अध्यक्ष एवं बिहार के मुख्यमन्त्री लालूप्रसाद के बल पर प्रधानमन्त्री बनना चाह रहे थे, पर चाचा-भतीजा

की खिचड़ी पक नहीं सकी। 'जनता दल' के बाद संख्या बल के आधार पर 'समाजवादी पार्टी' के नेता मुलायम सिंह यादव दावेदार बन कर उभरे, परन्तु लालू प्रसाद ने यहाँ भी यह कह कर कि प्रधानमन्त्री सबसे बड़े दल से होगा उनके नाम पर टँगड़ी मार दी। अन्ततः इन्द्र कुमार गुजराल के भाग्य का छींका फूटा और वे प्रधानमन्त्री बन गये पर अल्पकाल में ही कांग्रेस के समर्थन वापस लेने के कारण उन्हें 1998 में त्याग-पत्र देना पड़ गया।

1998 में हुए लोकसभा चुनावों में भाजपा ने कांग्रेस को और पीछे छोड़ते हुए अपनी स्थिति और मज़बूत कर 182 सीटें हासिल कर लीं। अब तक उसने अपने सहयोगियों का जुगाड़ भी करना शुरू कर दिया था। पुराने साथियों में 'शिवसेना' और 'अकाली दल' के बाद की कड़ी बिहार में 'जनता दल' से टूट कर बनी समता पार्टी के जॉर्ज फ़र्नांडिस और नितीश कुमार के साथ-साथ जनता दल शरद यादव–राम विलास पासवान जैसे प्रभावशाली नेताओं को अपने पाले में कर एक नये मोर्चे 'राष्ट्रीय जनतांत्रिक गठबन्धन' (राजग) का गठन किया। साथ ही, दक्षिण भारत के छत्रपों 'अन्ना द्रमुक' की जयललिता और 'तेलगु देशम' के समर्थन से समर्थन का जुगाड़ कर सरकार बना ली। फारूक अब्दुल्ला की 'नेशनल कॉन्फ्रेंस' ने अपनी राष्ट्रीय भूमिका में बरक़रार रखने की नीयत से राजग का हिस्सा बनना मंज़ूर कर लिया। बदले में वाजपेयी ने फ़ारुख़ के युवा पुत्र उमर अब्दुल्ला को अपने मन्त्रिमण्डल में विदेश राज्यमन्त्री के रूप में साथ रखा।

हालाँकि यह सरकार भी कांग्रेस (जिसे अब सोनिया गाँधी का नेतृत्व मिल चुका था) और जयललिता की नज़दीकियों के चलते (जिसके सूत्रधार वाजपेयी से खुन्नस रखने वाले डॉ. सुब्रमण्यम स्वामी थे) एक साल के भीतर अविश्वास के मुहाने पर खड़ी थी। विश्वास मत के दौरान बेहद गोपनीय तरीक़े से 'बसपा' की मायावती ने 'भाजपा' से अपना पुराना बदला चुकाते हुए अपने पाँच सांसदों के साथ पलटी मार दी,

जिसकी वजह से अत्यन्त नाटकीय अन्दाज़ में बाजपेयी सरकार मात्र एक वोट से विश्वास मत हार गयी। तद्नुसार तेरह महीने चली सरकार अचानक गिर गयी।

इसी दौरान कारगिल घटा। ज़ाहिर है, अगले चुनावों पर इसका असर होना था। युद्ध समाप्ति के बाद चुनावों की घोषणा हुई। 'भाजपा' के रणनीतिकारों ने 'राजग' को और दुरुस्त करना शुरू किया। जयललिता की जगह उसी प्रदेश के उनके प्रतिद्वन्द्वी करुणानिधि की 'द्रमुक' को 'राजग' का हिस्सा बनाया गया। दूसरी तरफ कांग्रेस अभी भी राष्ट्रीय स्तर पर व्यापक गठबन्धन करने के लिए तैयार नहीं थी। 1999 के लोकसभा चुनावों में भाजपा की सीटें यद्यपि 182 पर ही टिकी रहीं परन्तु 'राजग' के सहयोगी दलों ने पिछले चुनावों के मुक़ाबले अपना पुराना आँकड़ा बीस सीटों से बढ़ा कर गठबन्धन के लिए कुल तीन सौ का आँकड़ा पार कर लिया, जो स्थिर सरकार देने के लिए काफ़ी था। ज़ाहिर है, सरकार को अपना कार्यकाल पूरा करना था। 'नेशनल कॉन्फ्रेंस' यथावत् राजग का हिस्सा बनी रही, साथ ही फ़ारूख और बाजपेयी के बीच एक मित्रवत् सम्बन्ध भी बन गये।

इन विवरणों का ज़िक्र करने का मक़सद इस दौर की राष्ट्रीय राजनीति में कश्मीरी नेताओं एवं जनता के संक्षिप्त जुड़ाव तथा केन्द्र की उथल-पुथल का कश्मीर राज्य पर हुए प्रभाव को रेखांकित करना है। छह साल (1996-2002) का यह अकेला दौर था जब प्रदेश सरकार केन्द्र सरकार के दुराग्रहों से मुक्त रही। ऐसा नहीं था कि पाकिस्तान द्वारा समर्थित आतंकवादी घटनाएँ बन्द हो गयीं, बल्कि वे अपने उरूज़ पर थीं। अब तो आतंकवाद का जंग-ए-मैदान केवल कश्मीर न होकर पूरा भारत बन गया था और बदस्तूर उसका शिकार हो रहा था। इसके बावजूद प्रदेश सरकार को बाजपेयी सरकार का पूरा समर्थन लगातार मिलता रहा। इसी दौरान बाजपेयी ने नये नारे 'काश्मीरियत और जम्हूरियत' के साथ संवाद की नयी पहल भी शुरू की। बाजपेयी अकेले नेता होंगे, जिन्होंने कश्मीर

समस्या के मानवीय पहलू पर ध्यान दिया और खुले मन से समस्या के निदान की दिशा में आगे बढ़े। अमृतसर और लाहौर के बीच 'समझौता एक्सप्रेस' नामक नियमित बस यात्रा प्रारम्भ कर उन्होंने महत्त्वपूर्ण पहल की। दिल्ली से लाहौर वे बस ले कर अपने सहयोगियों के साथ नवाज़ शरीफ़ से मिलने लाहौर गये और शान्ति-प्रक्रिया की दिशा में लाहौर घोषणा-पत्र जारी हुआ। यह और बात है कि सैनिक तख़्तापलट के कारण नवाज़ शरीफ़ को अपनी कुर्सी छोड़नी पड़ी और शान्ति-प्रक्रिया पर सहसा विराम लग गया।

सैनिक तानाशाह जनरल मुशर्रफ़ काल में भी बाजपेयी कश्मीर समस्या को लेकर सजग एवं सक्रिय थे। बताते हैं कि 2001 में आगरा-समिट में बात व्यावहारिक समाधान तक पहुँच गयी थी, जिसके अनुसार दोनों देशों के वास्तविक नियन्त्रण रेखा (LOC) को अन्तर्राष्ट्रीय सीमा के रूप में मान्यता देने का प्रस्ताव था, परन्तु अन्तिम दौर में अचानक बात बिगड़ गयी। रात एक बजे परवेज़ मुशर्रफ की आनन-फानन में लाहौर वापसी दोनों पक्षों की हताशा का प्रत्यक्ष संकेत था। पिछले सत्तर सालों में भारत पाक कश्मीर समाधान के सवाल पर इतने नज़दीक शायद कभी नहीं पहुचे थे।

2004 के लोकसभा चुनाव भाजपा ने माहौल अनुकूल मानते हुए समय से पूर्ण कराने का निर्णय लिया। 'शाइनिंग इण्डिया' के भरपूर प्रचार के बावजूद भाजपा वापस 138 सीटों पर सिमट कर दूसरे नम्बर पर आ गयी। कांग्रेस ने मात्र 7 अधिक (कुल 145) सीटें जीत कर अपने सहयोगियों के साथ बहुमत हासिल कर लिया। इस बार कांग्रेस ने अपनी रणनीति में परिवर्तन करते हुए 'संयुक्त प्रगतिशील गठबन्धन' (UPA) के नाम से चुनाव लड़ा था। ध्यान रहे, इस चुनाव के नेपथ्य में गुजरात में हुए 2002 के नरसंहार की गूँज थी, जिसकी वजह से 'राजग' ने 'लोजपा' और 'द्रमुक' जैसे महत्त्वपूर्ण सहयोगी खो दिये, जो बाद में यू.पी.ए. का हिस्सा बन गये। भाजपा के साथ ही उसके सहयोगियों,

विशेषकर 'तेलगुदेशम', 'अकाली दल' और 'जदयू' को भी उनके राज्यों में भारी मात मिली। बाजपेयी के लिए यह सन्न कर देने वाला आघात था, जिससे वे उबर न पाये और सक्रिय जीवन से ओझल हो गये। अटल बिहारी बाजपेयी ने अतरंग वार्ताओं में स्वीकार किया था कि गुजरात नरसंहार में मोदी की भूमिका ने भाजपा के 2004 के चुनावी परिणामों पर बड़ा नुकसान पहुँचाया था। बाजपेयी के राजनीतिक जीवन के अन्त के साथ इसका सबसे बड़ा ख़ामियाज़ा जम्मू-कश्मीर को भी उठाना पड़ा। केन्द्र सरकार की प्राथमिकताओं में वह लम्बे समय के लिए ओझल हो गया।

कश्मीर के राजनीतिक पटल पर एक नया परिदृश्य भी बन रहा था। कश्मीर की राजनीति में शेख़ अब्दुल्ला के बाद दूसरे सबसे लोकप्रिय नेता मुफ़्ती मोहम्मद सईद ने तीन दशक तक कांग्रेस का झण्डा उठाये रखने के बाद 1987 में वी.पी.सिंह का साथ पकड़ कांग्रेस से किनारा कर लिया। 1989 में बनी 'जनता दल' सरकार में गृहमन्त्री रहे, परन्तु वी.पी.सिंह के राजनीतिक संन्यास के बाद लगभग एक दशक तक में नेपथ्य में रहते हुए राष्ट्रीय फ़लक पर अपनी कोई भूमिका न देख उन्होंने प्रदेश की राजनीति की ओर रुख़ किया। 1999 में उन्होंने जम्मू-कश्मीर 'पीपुल्स डेमोक्रेटिक पार्टी' (PDP) की स्थापना की। सत्तारूढ़ 'नेशनल कॉन्फ्रेंस' (विशेषकर अब्दुल्ला परिवार) को अपना मुख्य प्रतिद्वन्द्वी मानते हुए उन्होंने कश्मीरी मुद्दों पर फ़ारुख़ अब्दुल्ला और केन्द्र सरकार को घेरना शुरू किया। 'नेशनल कॉन्फ्रेंस' के समर्थक वर्ग में भी अपनी पैठ बनाने की रणनीति के तहत उन्हें आक्रामक दिखना था, साथ ही स्थानीय स्थितियों के मद्देनज़र प्रदेश की स्वायत्तता की आड़ में चरमपन्थियों के प्रति झुकाव रखना उसकी विवशता थी।

2002 के नौवीं विधानसभा के लिए हुए 87 सीटों के चुनावों में फ़ारुख़ अब्दुल्ला की ने.का. अपना प्रदर्शन न दुहरा पायी और बहुमत से काफ़ी दूर 28 सीटों पर सिमट गयी। पीडीपी को अपने पहले प्रयास

में अच्छी सफलता मिली। उसे 16 सीटें मिली। कांग्रेस 20 सीटों के साथ दूसरे स्थान पर रही। भाजपा अपना खाता खोलने में नाकाम रही। वहीं भीम सिंह की 'पैन्थर्स पार्टी' को 4 सीटें हासिल हुईं। 'नेशनल कॉन्फ्रेंस' अभी भी 'राजग' का हिस्सा थी और केन्द्र सरकार में भागीदार थी, परन्तु ने.का. की चुनावी नाकामी ने पीडीपी और कांग्रेस को साथ आने का मौक़ा दिया और तीन-तीन साल की अवधि के लिए मुख्यमन्त्री पद के बँटवारे के फ़ॉर्मूले पर कांग्रेस-पीडीपी की साझा सरकार बनी। 'पीडीपी' के मुफ़्ती मोहम्मद सईद पहली बार मुख्यमन्त्री पद पर आसीन हुए। 2004 में केन्द्र में मनमोहन सिंह के नेतृत्व में यूपीए सरकार का गठन हुआ। समझौते के तहत उत्तरार्द्ध काल में कांग्रेस के ग़ुलाम नबी आज़ाद ने मुख्यमन्त्री की कुर्सी सँभाली और 2008 तक सरकार चलाई। इस दौरान प्रदेश और देश की तत्कालीन घटनाओं का प्रदेश की सरकार पर प्रभाव पड़ता रहा तथा दोनों पार्टियों में कई मुद्दों पर मतभेद भी उभरे, जिसके कारण गठजोड़ टूट गया और प्रदेश में राज्यपाल शासन लगा दिया गया।

2008 के दसवीं विधानसभा चुनावों में फिर से तीनों प्रमुख दलों ने ज़ोर आज़माइश की। जहाँ 'नेशनल कॉन्फ्रेंस' 2002 के प्रदर्शन को बरक़रार रहते हुए 28 सीटों पर टिकी रही, वहीं 'पीडीपी' ने सुधार करते हुए 21 सीटों पर जीत दर्ज़ कर कांग्रेस (17 सीटें) को तीसरे नम्बर पर धकेल दिया। भाजपा ने चामत्कारिक प्रदर्शन करते हुए अब तक के अपने सर्वोत्तम आँकड़ें (11 सीट) को छुआ। अजीब विडम्बना है कि जहाँ 2002 में तीसरे स्थान पर रहने के बावजूद 'पीडीपी' सरकार का नेतृत्व कर पायी, वहीं 2008 में पाँच सीटें अधिक पा कर भी वह सत्ता की दावेदारी न कर सकी। इसकी दो वजहें हैं। एक तो फ़ारुख़ ने अब तक 'राजग' से किनारा कर लिया था और दूसरा कि ने.का. ने यह चुनाव उनके बेटे उमर अब्दुल्ला के नेतृत्व में लड़ा था। दूसरा कारण, कांग्रेस का 'पीडीपी' से मोहभंग हो चुका था और वह सईद को दूसरा कार्यकाल देने को तैयार नहीं थी, सो उसके इस द्वन्द्व का सहज फ़ायदा ने.का. को

मिला और 28 सीटों के बल पर उमर अब्दुल्ला की सरकार ने शपथ ले ली। काँग्रेस के समर्थन के बदले में ने.का. ने राष्ट्रीय स्तर पर यूपीए के समर्थन की घोषणा कर दी। 'पीडीपी' ने इसे कांग्रेस का छल बताया और प्रादेशिक एवं राष्ट्रीय स्तर पर उसने केन्द्रीय नीतियों की कटु आलोचना शुरू कर दी।

दिसम्बर 2014 में जम्मू-कश्मीर की ग्यारहवीं विधान सभा के (फ़िलहाल आख़िरी) चुनावों तक परिदृश्य काफ़ी बदल चुका था। आतंकवाद की चिर यातना के साथ कश्मीर भयंकर बाढ़ का संकट भी झेल चुका था। ने.का. अपनी पकड़ खो चुकी थी। मोदी लहर में भाजपा भी अपने रँग में थी। चुनाव परिणामों में ने.का. को काफ़ी नुकसान हुआ वह अब तक के सबसे निचले प्रदर्शन (15 सीटें) के साथ तीसरे पायदान पर थी। 'पीडीपी' एक पायदान चढ़ कर (28 सीट) पहले नंबर पर आ गयी। वहीं चमत्कारी प्रदर्शन करते हुए 'भाजपा' (25 सीटों) दूसरी सबसे बड़ी पार्टी बन गयी। कांग्रेस एक पायदान फिसल कर (13 सीट) चौथे स्थान पर चली गयी। दुखद पक्ष था कि दोनों बड़े दलों 'पीडीपी' एवं 'भाजपा' का प्रभाव क्षेत्र क्रमशः घाटी और जम्मू तक ही सीमित रहा। ने.का. की उपस्थिति दो क्षेत्रों तक ही सीमित रही। कांग्रेस का प्रतिनिधित्व तीनों क्षेत्रों में रहा, पर उसकी हैसियत गिर गयी। परिणामों के लिहाज़ से राजनीति का यह क्षैतिज विभाजन प्रीतिकर नहीं कहा जा सकता। ज़ाहिर है, अंकगणित की उलझन से सरकार बनाने की प्रक्रिया में गतिरोध उत्पन्न हो गया। चार महीने की लम्बी जद्दोजहद और मोल भाव के बाद मार्च 2015 में दो वैचारिक ध्रुवों ('भाजपा' और 'पीडीपी') के अकल्पनीय गठजोड़ से 'पीडीपी' के मुफ़्ती मोहम्मद सईद के नेतृत्व में सरकार बनी। एवज़ में भाजपा को उपमुख्यमन्त्री पद एवं मन्त्रिमण्डल में आधा हिस्सा मिला। प्रदेश के इतिहास में भाजपा ने सत्तारोहण के अपने लम्बे अभियान में पहली क़ामयाबी हासिल की। 2016 में मुफ़्ती के निधन के बाद उनकी बेटी महबूबा मुफ़्ती ने 'पीडीपी' की कमान सँभाली।

दोनों दलों का यह कथन कि वे प्रदेश के विकास के लिए एकजुट हुए हैं, राजनीतिक पर्यवेक्षकों के गले नहीं उतर पाया। उनमे आपस में कितना समन्वय रहा, यह तो तभी साफ़ हुआ जब भाजपा ने अकस्मात् जून 2018 में महबूबा पर विभाजक नीतियों का आरोप लगाते हुए समर्थन वापस ले लिया। भाजपा का यह क़दम सोचा-समझा हुआ था, जिसने अगस्त 2019 में अपने घोषित लक्ष्य को अमली जामा पहनाया। केन्द्र को जैसे ही भनक लगी कि दूसरे दल सरकार बनाने का दावा कर सकते हैं, प्रदेश में राष्ट्रपति शासन लगा दिया जो इन सतरों के लिखे जाने तक लागू है, प्रदेश के राजनीतिक घटनाक्रम का उपरोक्त लेखा जोखा (कृपया सारिणी देखें) यह याद दिलाता है कि कश्मीर किसी भी सूरत में उथल-पुथल और अशान्त जीवन के लिए कहाँ तक अभिशप्त रहा है। राजनीतिक पार्टियाँ उसका सही हल निकालने का मज़बूत प्रयास करते नहीं दिखतीं। कश्मीर की जनता की परेशानियों से इनका कोई लेना-देना नहीं है, केवल अपनी सत्ता चाहिए।

भारत के अन्य राज्यों की तरह कश्मीर में भी भ्रष्टाचार और निरकुंशता का प्रभाव बढ़ता गया। राज्य का प्रशासन और पुलिस वहाँ की चुनौतियों का सामना करने में विफल रही। कठपुतली राजनीतिक नेतृत्व के कारण जनता राजनीतिक विमर्श से अलग रही। राज्य की सत्ता ने विशेष दर्ज़े की आड़ मे ख़ूबी मनमानी की। जनता द्वारा सत्ता में बैठे लोगों को केन्द्र सरकार का एजेंट माना जाने लगा। एक दशक (1974-1984) को छोड़ दे तो कश्मीर लगातार बेपटरी रहा है। राजीव गाँधी के प्रधानमन्त्रित्व काल में 1987 के चुनावों में हुई भारी गड़बड़ी की वजह से आम कश्मीरी का भारतीय लोकतन्त्र से विश्वास पूरी तरह टूट गया। यह वही समय था जब आतंकवाद ने पूरे कश्मीर को अपने क़ब्ज़े मे ले लिया। घाटी से कश्मीरी पण्डितों की हत्याएँ एवं पलायन इसी दौर के घटना-क्रम हैं। जम्मू-कश्मीर के हिन्दुओं और मुसलमानों के मध्य साम्प्रदायीकरण हो गया, जिसने कश्मीर की विरासत और संस्कृति पर गहरा आघात किया। पिछले तीन दशकों से कश्मीर ख़ून की होली से त्रस्त है।

जम्मू-कश्मीर का निज़ाम: आज़ादी से अब तक

क्रम स.	पदनाम	अनुक्रम	नाम	कार्यावधि	दल का नाम	टिप्पणी
1.	दीवान	-	रामचन्द्र काक	15.8.1947 से 15.10.1947	-	रियासत
2.	तदैव	-	मेहर चन्द	15/10/1947 से 26/10/1947	-	रियासत
3.	तदैव	1	मेहर चन्द महाजन	26/10/1947 से 05/03/1948	-	अन्तरिम सरकार
4.	तदैव	2	शेख़ अब्दुल्ला	05/03/1948 से 31/10/1951	नेशनल कॉन्फ्रेंस	अन्तरिम सरकार
5	वज़ीर-ए-आज़म	2	शेख़ अब्दुल्ला	31/10/1951 से 09/08/1953	नेशनल कॉन्फ्रेंस	पहली विधान सभा (संविधान सभा)
6	तदैव	3	बक्शी गुलाम मोहम्मद	09/08/1953 से 25/03/1957	नेशनल कॉन्फ्रेंस	तदैव
7	तदैव	3	बक्शी गुलाम मोहम्मद	25/03/1957 से 18/02/1962	नेशनल कॉन्फ्रेंस	दूसरी विधान सभा
8	तदैव	3	बक्शी गुलाम मोहम्मद	18/02/1962 से 12/10/1963	नेशनल कॉन्फ्रेंस	तीसरी विधान सभा
9	तदैव	4	ख़्वाजा शमसुद्दीन	12/10/1963 से 29/02/1964	नेशनल कॉन्फ्रेंस	तदैव

10	तदैव	5	गुलाम मोहम्मद सादिक़	29/02/1964 से 30/03/1965	भारतीय राष्ट्रीय कांग्रेस	तदैव
11	मुख्यमन्त्री	5	गुलाम मोहम्मद सादिक़	30/03/1965 से 21/02/1967	भारतीय राष्ट्रीय कांग्रेस	तदैव
12	तदैव	5	गुलाम मोहम्मद सादिक़	21/02/1967 से 12/10/1971	भारतीय राष्ट्रीय कांग्रेस	चौथी विधानसभा
13	तदैव	6	सैयद मीर क़ासिम	12/10/1971 से 17/06/1972	भारतीय राष्ट्रीय कांग्रेस	तदैव
14	तदैव	6	सैयद मीर क़ासिम	17/06/1972 से 25/02/1975	भारतीय राष्ट्रीय कांग्रेस	पाँचवीं विधानसभा
15	तदैव	2	शेख़ अब्दुल्ला	25/02/1975 से 26/03/1977	निर्दलीय	तदैव
16	-	-	राज्यपाल शासन	26/03/1977 से 09/07/1977	-	-
17	मुख्यमन्त्री	2	शेख़ अब्दुल्ला	09/07/1977 से 08/09/1982	नेशनल कॉन्फ्रेंस	छठी विधानसभा
18	तदैव	7	फ़ारुख़ अब्दुल्ला	08/09/1982 से 24/11/1983	नेशनल कॉन्फ्रेंस	तदैव
19	तदैव	7	फ़ारुख़ अब्दुल्ला	24/11/1983 से 02/07/1984	नेशनल कॉन्फ्रेंस	सातवीं विधानसभा
20	तदैव	8	गुलाम मोहम्मद शाह	02/07/1984 से 06/03/1986	अवामी नेशनल कॉन्फ्रेंस	तदैव

21	-	-	राज्यपाल शासन	06/03/1986 से 05/09/1986	-	-
22	-	-	राष्ट्रपति शासन	06/09/1986 से 07/11/1986	-	-
23	मुख्यमन्त्री	7	फ़ारुख़ अब्दुल्ला	07/11/1986 से 23/03/1987	नेशनल कॉन्फ्रेंस	सातवीं विधानसभा
24	मुख्यमन्त्री	7	फ़ारुख़ अब्दुल्ला	23/03/1987 से 19/01/1990	नेशनल कॉन्फ्रेंस	आठवीं विधानसभा
25	-	-	राज्यपाल शासन	19/01/1990 से 18/07/1990	-	-
26	-	-	राष्ट्रपति शासन	18/07/1990 से 09/10/1996	-	-
27	मुख्यमन्त्री	7	फ़ारुख़ अब्दुल्ला	09/10/1996 से 18/10/2002	नेशनल कॉन्फ्रेंस	नौवीं विधानसभा
28	-	-	राज्यपाल शासन	18/10/2002 से 02/11/2002	-	-
29	मुख्यमन्त्री	9	मुफ़्ती मोहम्मद सईद	02/11/2002 से 02/11/2005	पीडीपी	दसवीं विधानसभा
30	तदैव	10	ग़ुलाम नबी आज़ाद	02/11/2005 से 11/07/2008	कांग्रेस	तदैव
31	-	-	राज्यपाल शासन	11/07/2008 से 05/01/2009	-	-
32	मुख्यमन्त्री	11	उमर अब्दुल्ला	05/01/2009 से 08/01/2015	नेशनल कॉन्फ्रेंस	ग्यारहवीं विधानसभा
33	-	-	राज्यपाल शासन	08/01/2015 से 01/03/2015	-	-

34	मुख्यमन्त्री	9	मुफ़्ती मोहम्मद सईद	01/03/2015 से 07/01/2016	पीडीपी	बारहवीं विधानसभा
35	-	-	राज्यपाल शासन	07/01/2016 से 04/04/2016	-	-
36	मुख्यमन्त्री	12	महबूबा मुफ़्ती	04/04/2016 से 20/06/2018	पीडीपी	बारहवीं विधानसभा
37	-	-	राज्यपाल शासन	20/06/2018 से 19/12/2018	-	-
38	-	-	राष्ट्रपति शासन	19/12/2018 से 31/10/2019	-	-
39	-	-	राष्ट्रपति शासन	31/10/2019 से अब तक	-	केन्द्र शासित प्रदेश

राजनीतिक दलों का चुनावी प्रदर्शन-एक नज़र में

क. विधान सभा											
क्र.स.	वर्ष	कुल सीटें	कांग्रेस	भाजपा	जनता पार्टी / दल	नेशनल कॉन्फ्रेंस	जे के पीडीपी	माकपा	अन्य दल #	निर्दलीय	टिप्पणी
1	1951	75	-	-	-	75	-	-	-	-	संविधान सभा हेतु चुनाव/प्रजा परिषद् द्वारा बहिष्कार / सभी सीटें निर्विरोध ने.का. के पक्ष में
2	1957	75	-	-	-	69	-	-	6		ने.का. के 47 प्रत्याशी निर्विरोध /बड़ी संख्या में पर्चे ख़ारिज
3	1962	75	-	-	-	68	-	-	4	3	33 प्रत्याशी निर्विरोध / धाँधली के आरोप /1964 मे सादिक़ गुट का कांग्रेस में विलय के बाद की पहली कांग्रेस सरकार बनी
4	1967	75	60	3*	-		-	-	9	3	39 निर्विरोध / बड़ी संख्या मे पर्चे ख़ारिज़
5	1972	75	58	3*	-		-	-	9	5	इन्दिरा-शेख़ समझौता/1975 मे कांग्रेस के समर्थन से शेख़ अब्दुल्ला मुख्यमन्त्री बने

6	1977	76	11	-	13	47	-	-	4	1	शेख़ अब्दुल्ला द्वारा पुनर्गठित नेका को बहुमत
7	1983	76	26	-	-	46	-	-	2	2	विपक्ष ने अनियमितता के आरोप लगाये
8	1987	76	26	2	-	40	-	-	6	2	चुनावी प्रक्रिया में बड़े पैमाने पर धाँधली के आरोप/ कांग्रेस एवं नेका से आपसी सामंजस्य से चुनाव लड़ा/ ने.का. ने सरकार बनायी
9	1996	87	7	8	5	57	-	1	7	2	
10	2002	87	20	1	-	28	16	2	17	3	कांग्रेस पीडीपी के गठजोड़ से ढाई-ढाई साल मुख्यमन्त्री के फॉर्मूले पर सरकार बनी
11	2008	87	17	11	-	28	21	1	7	3	नेशनल कॉन्फ्रेंस को कांग्रेस का बाहरी समर्थन
12	2014	87	12	25	-	15	28	1	4	2	परिणामों की घोषणा के चार महीने बाद भाजपा पीडीपी गठजोड़ से सरकार बनी

अन्य दलो मे प्रमुखतः प्रजा परिषद्, जमात-ए-इस्लामी, पैथर्स पार्टी , जेके एन, पी, पी आदि शामिल है।

* पूर्व का भारतीय जनसंघ।

ख. लोकसभा									
क्र.स.	वर्ष	कुल सीटें	कांग्रेस	भाजपा	जनता पार्टी / दल	नेoका	जेके पीडीपी	अन्य दल*	टिप्पणी
1	1967	6	5					1	प्रदेश में लोकसभा का पहला चुनाव
2	1971	6	5					1	
3	1977	6	5		1				
4	1980	6	1			3		2	
5	1984	6	3			3			
6	1989	6	2		1	3			
7	1991	6	–	–	–	–	–	–	क़ानून व्यवस्था के कारण चुनाव सम्पन्न नहीं हुए
8	1996	6	4	1				1	
9	1998	6	1	2		3			
10	1999	6	1	2		3			
11	2004	6	2			2	1	1	
12	2009	6	2	1		2	1		
13	2014	6		3			3		
14	2019	6		3			3		

*अन्य दलों में जनता पार्टी, जनता दल, पैन्थर्स पार्टी, जमात-ए-इस्लामी आदि शामिल हैं।

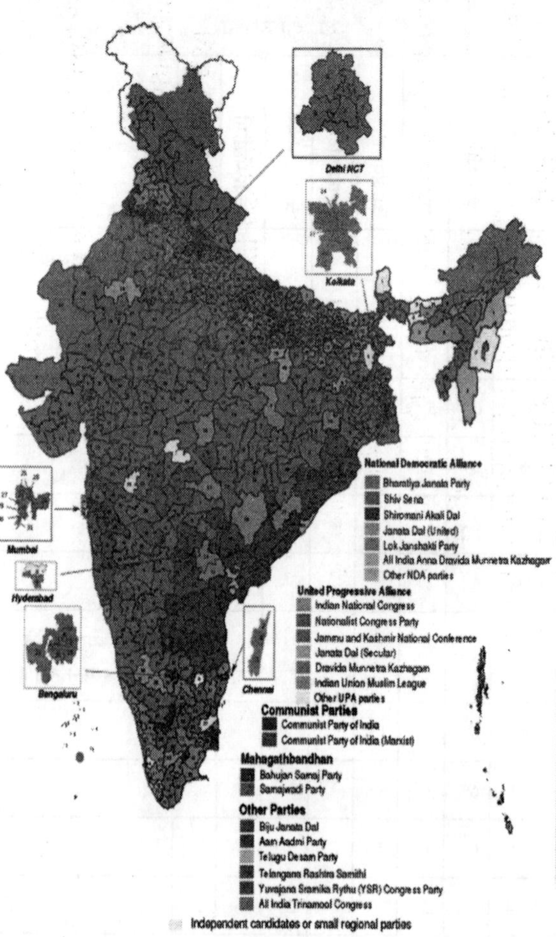

Delhi NCT
Kolkata
Mumbai
Hyderabad
Bengaluru
Chennai
National Democratic Alliance
Bharatiya Janata Party
Shiv Sena
Shiromani Akali Dal
Janata Dal (United)
Lok Janshakti Party
All India Anna Dravida Munnetra Kazhagam
Other NDA parties
United Progressive Alliance
Indian National Congress
Nationalist Congress Party
Jammu and Kashmir National Conference
Janata Dal (Secular)
Dravida Munnetra Kazhagam
Indian Union Muslim League
Other UPA parties
Communist Parties
Communist Party of India
Communist Party of India (Marxist)
Mahagathbandhan
Bahujan Samaj Party
Samajwadi Party
Other Parties
Biju Janata Dal
Aam Aadmi Party
Telugu Desam Party
Telangana Rashtra Samithi
Yuvajana Sramika Rythu (YSR) Congress Party
All India Trinamool Congress
Independent candidates or small regional parties

अध्याय-ग्यारह

कश्मीर और युद्ध का अभिशाप

भारतीय इतिहास में लड़े गये युद्धों की पड़ताल करते हुए कहा जा सकता है कि उत्तर भारत (पंजाब–दिल्ली) के इलाक़ों के बरक्स कश्मीर को अधिक ख़ून-ख़राबा नहीं झेलना पड़ा है। पश्चिम से हुए अधिकांश विदेशी हमले सिन्धु और गंगा के उर्वर मैदानों के क़ब्ज़े के लिए किये गये, जिनसे कश्मीर की पहाड़ियाँ अछूती रही हैं। इस कारण अतीत में युद्ध की त्रासदी से कश्मीरी अवाम का साबक़ा कम ही रहा। अपने शान्त अतीत के उलट 1947 में भारत-पाकिस्तान के विभाजन के बाद परिदृश्य पूरी तरह बदल गया। कश्मीर का प्रश्न दोनों देशों के लिए स्थायी रार का कारण बना हुआ है। पाकिस्तान के साथ चीन भी अपने विस्तारवादी सामरिक स्वार्थों की वजह से कश्मीर पर नज़र गड़ाये रहता है। बीते सत्तर सालों में कश्मीरी-जनता को पाँच युद्धों की मार झेलनी पड़ी है। अपनी पश्चिमी, उत्तरी, पूर्वी सरहदों पर वह हमेशा तनाव झेलता रहा है और गाहे-बगाहे की गोला-बारी से जूझना कश्मीरी जनता की नियति बन चुका है। पिछले कई दशकों से अन्यान्य कारणों से कश्मीर एक सैन्य छावनी बना हुआ है, जहाँ देश की सत्तर फ़ीसदी सेना स्थायी रूप से तैनात है। सैन्य जमावड़े का यह आंकड़ा स्वयं यह बताता है कि कश्मीर अवाम का जीवन हमेशा बन्दूक़ों के साये में रहा है।

1947 में कबीलाई आक्रमण की आड़ में पाकिस्तानी सेना ने पश्चिम से बारामुला के रास्ते मोरचा खोला था, परन्तु भारतीय सेना ने ऐन वक़्त

पर कार्यवाही करते हुए घाटी को बचा लिया। लगभग डेढ़ साल चले युद्ध में भारत पीर पंजाल पर्वत श्रृंखला के पार पश्चिम के कश्मीर को वापस नहीं ले पाया। उत्तर का गिलगित तो उसके ख़याल में कभी रहा भी नहीं। अन्ततः जनवरी 1949 में हुए युद्ध-विराम में सैन्य नियन्त्रण की यथास्थिति को एलओसी (LOC) मान लिया गया।

1962 में भारत-चीन युद्ध के विवाद में मूलतः कश्मीर का पठारी क्षेत्र अक्साई चिन का क्षेत्र था। सीमा विवाद अन्ततः भारत-चीन युद्ध का कारण बना। चीन की मंशा लद्दाख पर भी क़ब्ज़ा करने की थी, परन्तु काराकोरम की पहाड़ियाँ बाधा बन गयीं, जहाँ भारतीय सेना ने चीन को तगड़ी टक्कर देकर आगे बढ़ने से रोक दिया। पूर्वी मोर्चे तत्कालीन नेफ़ा (अरुणाचल) पर हमें भारी शिक़स्त मिली और नेफ़ा पर चीन का क़ब्ज़ा हो गया। यह और बात है कि एकपक्षीय युद्ध विराम के बाद चीन ने पूर्वी-भारत का अपना काफ़ी विजित क्षेत्र ख़ाली कर दिया और लगभग युद्ध पूर्व स्थिति पर वापस लौट गया, परन्तु अक्साई चिन पर उसने क़ब्ज़ा बरकरार रखा। इस अर्थ में 1962 का चीनी आक्रमण किस उद्देश्य से किया गया था, एक पहेली बना रहा है।

पाकिस्तान सेना के 'ऑपरेशन जिब्राल्टर' के तहत लड़ा गया 1965 का युद्ध भी कश्मीर के सन्दर्भ में 1947 के पाकिस्तानी दुस्साहस की पुनरावृत्ति थी, जिसमें पाकिस्तानी सेना को एक बार पुनः मुँह की खानी पड़ी। यहाँ तक कि आज़ाद कश्मीर के कुछ हिस्सों पर भारतीय सेना का क़ब्ज़ा हो गया। परन्तु ताशकन्द समझौते की शर्तों के अनुरूप भारत को विजित इलाक़ों को वापस करना पड़ा। कई टीकाकार भारत के मित्र देश सोवियत संघ की मध्यस्थता में हुए इस समझौते में भारत की कूटनीतिक हार देखते हैं। आशंका तो यह भी व्यक्त की जाती है कि भारत के तत्कालीन प्रधानमन्त्री श्री लालबहादुर शास्त्री सम्भवतः समझौते पर हस्ताक्षर करने के बाद उत्पन्न मानसिक दबाव के कारण हृदयघात का शिकार हो गये।

1971 में हुए भारत-पाक युद्ध के मूल में बांग्लादेश (तत्कालीन पूर्वी पाकिस्तान) जनता पर ढाया गया पाक सेना का बर्बर दमन था, जो पाकिस्तान सेंट्रल एसेम्बली के चुनावों में सबसे ज़्यादा सीटें पाने वाली शेख़ मुजीबुर्रहमान की 'अवामी लीग' को केन्द्रीय सत्ता न दिये जाने से हुए लोकतान्त्रिक के अनादर के बाद बांग्लादेश की अभिव्यक्ति एवं जनता के आन्दोलन को कुचलने के लिए किया जा रहा था। परिस्थितियाँ ऐसी बनीं कि भारत को वहाँ की 'जन सेना मुक्तिवाहिनी' के पक्ष में खड़ा होना पड़ा, जिससे खार खाये पाकिस्तान ने पश्चिमी सीमा पर भी मोरचा खोला एवं भारत के विरुद्ध औपचारिक युद्ध में उलझ गया। इस बार भी उनकी मंशा कश्मीर को हथियाने की रही, परन्तु पूर्वी मोर्चे पर हुई तगड़ी शिक़स्त ने उसके मंसूबों पर पानी फेर दिया। इस युद्ध में पाक की शर्मनाक पराजय हुई और उसे पूर्वी पाकिस्तान (नया बांग्लादेश) से हाथ धोना पड़ा। पश्चिमी मोर्चे पर भी कुछ क्षेत्रों पर भारतीय सेना ने क़ब्ज़ा किया था, परन्तु 1972 में हुए इन्दिरा-भुट्टो शिमला समझौते के पश्चात् युद्ध पूर्व की स्थिति बहाल हो गयी।

पाक सेनाध्यक्ष परवेज़ मुशर्रफ़ ने षड्यंत्रकारी ढंग से कश्मीर पर भारत कि पकड़ कमज़ोर करने की नीयत से 1999 में घाटी की उत्तरी सीमा से घुसपैठ कर एक और मोरचा खोला तथा कई पहाड़ियों पर क़ब्ज़ा कर लिया। इस बार उनकी नीयत श्रीनगर-कारगिल-लेह मार्ग पर नियन्त्रण स्थापित कर घाटी और लद्दाख को अलग-थलग करने की थी। भारतीय सेना को चोटियों पर क़ब्ज़ा वापस पाने में कठिन संघर्ष करना पड़ा तथा जान-माल की बड़ी क़ीमत चुकानी पड़ी। यों तो कहा जा सकता है कि भारतीय सेना को आगे बढ़ कर पाकिस्तान के क़ब्ज़े वाली ज़मीन को हासिल करना चाहिए था, परन्तु भारत ने पहाड़ियों को वापस लेकर ही सन्तोष क्यों कर लिया?

कहना आसान है, हमें चीन और पाकिस्तान के क़ब्ज़े वाले कश्मीर को वापस लेना है। हकीकत में यह अत्यन्त दुष्कर कार्य है। मौजूदा कश्मीर के तीनों दिशा की पर्वत श्रृंखलाएँ जहाँ हमें एक ओर सुरक्षा देती हैं,

वहीं भारत सहित अन्य देशों को भी अतिक्रमण करने से रोकती भी हैं। ऐसी स्थिति में जब भी कोई देश दूसरे देश के क़ब्ज़े वाले क्षेत्र में आगे बढ़ेगा तो अपनी बढ़त बनाए रखने के लिए उसे लम्बे संघर्ष के लिए तैयार रहना होगा, जिसके आर्थिक पक्ष का उसे ख़याल रखना होगा। यहाँ ध्यान देने की ज़रूरत है कि केवल कश्मीर घाटी, जो क्षेत्रफल के लिहाज़ से पूरे प्रान्त का मात्र दसवाँ भाग है, को अपने नियन्त्रण में बनाए रखने के लिए पिछले सत्तर सालों में देश को कितनी भारी आर्थिक और सामरिक क़ीमत चुकानी पड़ी है।

पाकिस्तान पूरा कश्मीर हड़पने के उद्देश्य से अब तक तीन बार गम्भीर प्रयास कर चुका है। पहली बार 1947 में कबाइली जेहादियों को आगे कर के, जिसमें प्रान्त के लगभग आधे हिस्से पर उसका क़ब्ज़ा हो गया। दूसरी बार 1965 में कश्मीरी भेष में रजाकारों का आगे करके युद्ध की शुरुआत की थी। तीसरा 1999 में कारगिल घुसपैठ द्वारा। तीनों मौक़ों पर कश्मीरी मुसलमानों ने धर्म के नाम पर पाकिस्तानी घुसपैठियों का साथ नहीं दिया बल्कि वे उनसे लड़े और उन्हें पकड़वाने में भारतीय सेना के साथ खड़े रहे, परन्तु आज की तारीख़ में घाटी के मुसलमानों में सरकार की ओर से सेना द्वारा किये गये लम्बे दमन से पैदा हुए वातावरण से बेगानेपन की जो तासीर बढ़ी है (जिसे पाकिस्तान ने बहुत धैर्य से दीर्घकालीन योजना पर काम करके सम्भव किया है।), यह कहना कठिन लग रहा है कि पाकिस्तान के अगले हमले की स्थिति में घाटी की मुस्लिम जनता कैसा व्यवहार करेगी?

अध्याय-बारह

आतंकवाद का जन्म एवं उभार

शेख़ की पहली गिरफ़्तारी के बाद उनके सहयोगी मिर्जा अफ़ज़ल बेग़ ने जिस जनमत संग्रह मोर्चे का गठन किया था, उसके जनमत संग्रह की माँग मे पाक का क़ब्ज़े वाला कश्मीर भी शामिल था। इसी मोर्चे से एक घटक का विच्छेद मक़बूल भट के नेतृत्व मे हुआ, जिसका उद्देश्य कश्मीर की आज़ादी के लिए सशस्त्र संघर्ष करना था। मक़बूल भट कश्मीरी था, परन्तु शुरुआती पढ़ाई के बाद वह पाकिस्तान चला गया और पेशावर विश्वविद्यालय से एम.ए. करने के बाद मुज़फ़्फ़राबाद से एन.एल.एफ. (नेशनल लिबरेशन फ्रंट) के बैनर तले वह कश्मीर की आज़ादी के लिए सशस्त्र संघर्ष की योजना पर काम करने लगा। जनमत संग्रह मोरचा पाक-अधिकृत कश्मीर मे भी सक्रिय था और उसकी शाखाएँ विदेशों मे भी थीं। आज़ाद कश्मीर में मीर वाइज़ युसूफ शाह के नेतृत्व वाली 'मुस्लिम कॉन्फ्रेंस' का भी थोड़ा-बहुत वजूद बचा हुआ था। इन सारे तत्त्वों का समर्थन मक़बूल भट को मिल गया। जून 1966 में घाटी के नौजवानों की भर्ती के लिए अपने तीन साथियों ताहिर औरंगज़ेब, अमीर अहमद और काला खान के साथ कश्मीर आते हुए बारामुला में पुलिस मुठभेड़ हो गयी, जिसमें भट का साथी औरंगज़ेब एवं पुलिस अधिकारी अमीर चन्द की मौत हो गयी। भट और उसके साथी गिरफ़्तार हो गये, जिन पर अमीर चन्द की हत्या का मुक़दमा चला। अगस्त 1968 मे जज नीलकान्त गंजू ने मक़बूल भट को फाँसी की सज़ा दे दी

(बहुत बाद 4 नवम्बर 1989 को नीलकान्त गंजू आतंकवादियों द्वारा मार दिये गये), परन्तु फांसी के पूर्व 8 दिसम्बर 1968 को भट और उसके साथी जेल में सुरंग खोद कर फरार हो गये और पाक अधिकृत कश्मीर पहुँच गये। वहाँ की पुलिस ने उन्हें भारतीय जासूस होने के सन्देह में पकड़ लिया और जेल में डाल दिया। 'जनमत संग्रह मोर्चे' तथा एन.एल. एफ. के विरोध प्रदर्शनों के बाद उन्हें रिहा किया गया। रिहा होने के बाद मक़बूल भट ने एन.एल.एफ. को औपचारिक रूप से 'जनमत संग्रह मोर्चे' का सशस्त्र घटक घोषित किया। मक़बूल भट को पाक अधिकृत कश्मीर की सच्चाईयों का भी पूरा अनुभव हो चुका था। भारत के साथ-साथ वह पाकिस्तान के रवैए का भी कटु आलोचक था और कश्मीर को एक सम्प्रभु राज्य के रूप में देखना चाहता था। उसका मानना था कि जैसे घाटी के कश्मीरी नेताओं ने भारत सरकार के सामने घुटने टेक दिये हैं, उसी प्रकार पद और धन के लालच में आज़ाद कश्मीर के नेता भी पाक सरकार की महज़ कठपुतली हैं और उन्होंने कश्मीरी जनता के अधिकारों को गिरवी रख दिया है।

जनवरी 1971 मे एन.एल.एफ. ने श्रीनगर से जम्मू जा रहे भारतीय जहाज़ जिनमे 30 लोग सवार थे, का अपहरण कर उसे लाहौर ले गये और अपने 25 साथियों की रिहायी की माँग की। मामले में गतिरोध के कारण उन्होंने यात्रियों को मुक्त कर जहाज़ को जला दिया। इसकी प्रतिक्रिया मे भारत ने पाकिस्तान के हवाई जहाज़ों के लिए अपना आकाश-मार्ग बन्द कर दिया, जिसके नाते पाकिस्तान को बांगलादेशी विद्रोह के दबाए जाने के लिए सेवाएँ भारत की राह से भेजने में दिक़्क़त हुई। इस परिस्थिति के लिए पाकिस्तान ने मक़बूल भट को भारत की शह पर पाकिस्तान के ख़िलाफ़ साज़िश रचने के आरोप मे गिरफ़्तार कर लिया तथा एन.एल. एफ़. की गतिविधियों पर पूरी पाबन्दी लगा दी। भट का मनोबल फिर भी नहीं टूटा। रिहा होने के बाद उसने वापस घाटी में आकर संगठन को खड़ा करने का प्रयास किया। अमीर चन्द की हत्या में उसे मिला मृत्युदण्ड अभी लागू था, जिसके लिए उसने राष्ट्रपति का क्षमादान की याचना की।

इस बीच 'जनमत संग्रह मोर्चे' की ब्रिटिश शाखा मे सक्रिय अमानुल्ला खां ने मई 1977 में वहाँ आज़ाद कश्मीरी प्रवासियों की मदद से एन.एल. एफ. को जे.के.एल.एफ. (जम्मू-कश्मीर लिबरेशन फ्रंट) मे बदल दिया तथा उसकी शाखाएँ भारतीय कश्मीर के अलावा कुछ अन्य देशों मे भी खोल दीं। उसकी सशस्त्र इकाई 'कश्मीरी लिबरेशन आर्मी' ने 3 फरवरी 1984 को बर्मिंघम के भारतीय राजनीतिक रवीन्द्र म्हात्रे का अपहरण कर लिया और बदले में मक़बूल भट की रिहाई की माँग रखी, पर बाद में उनकी हत्या कर दी गयी। इस घटना की प्रतिक्रिया मे तत्कालीन राष्ट्रपति ज्ञानी जैल सिंह ने क्षमादान याचिका तुरत-फुरत खारिज कर दी और 11 फ़रवरी को तिहाड़ जेल में मक़बूल भट को फांसी दे दी गयी।

जे.के.एल.एफ. के निशाने पर जम्मू-कश्मीर और आज़ाद कश्मीर, दोनों के होने से कई जटिल और पेंचीदे आयाम बने, जिसके कारण यह संगठन अपने सांगठनिक अन्तर्विरोधों को समयानुकूल हल करने मे नाकाम रहा। यह अन्तर्विरोध इसके संस्थापकों— मक़बूल भट, अमानुल्ला खां, हाशिम कुरैशी से ले कर वर्तमान मुखिया यासीन मलिक तक के इतिहास में निहित है। जे.के.एल.एफ. ने अपनी विदेशी स्थापना (1977) के पाँच साल बाद पाक अधिकृत कश्मीर मे अपनी पहली शाखा खोली जबकि भारतीय शाखा दस साल बाद 1987 में सक्रिय होती है। सब जानते हैं कि जे.के.एल.एफ. को आज़ाद कश्मीर में काम करने को छूट ज़िया-उल-हक़ के शासन काल मे मिली थी। तब वे उसके माध्यम से भारत के ख़िलाफ़ ख़ालिस्तान उग्रवादियों की मदद कर रहे थे। पाक सरकार कश्मीर के सवाल का इस्लामीकरण करना चाहती थी। यह भी तथ्य है कि जे.के.एल.एफ. संगठन मे किसी हिन्दू या लद्दाखी का प्रतिनिधित्व नही था।

कालान्तर में अमानुल्ला खां आई.एस.आई. के मातहत काम करने को तैयार हो गये, परन्तु दूसरे संस्थापक हाशिम कुरैशी इसके लिए सहमत नहीं हुए। उन्हें देशनिकाला हो गया और वे हॉलैण्ड मे जाकर बस गये। धीरे-धीरे जे.के.एल.एफ. का मुज़फ़्फ़राबाद मुख्यालय का मकसद

भारतीय कश्मीरी नौजवानों को शस्त्र प्रशिक्षण देने और पाकिस्तान से प्राप्त हथियारों एवं अन्य संसाधनों द्वारा घाटी में बग़ावत करना हो गया। इस तरह पाक अधिकृत कश्मीरी जनता के सवाल नेपथ्य मे चले गये। इस तरह सगंठन सिद्धान्त और व्यवहार के द्वन्द्व से जूझता रहा। पाकिस्तान का सहयोग जे.के.एल.एफ. को तभी तक मिला जब तक आई.एस.आई. ने 'हिजबुल मुजाहिदीन' जैसे अन्य खूंखार संगठन नहीं खड़े कर लिए।

जे.के.एल.एफ. की तमाम गतिविधियों के निशाने पर न तो कभी पाकिस्तान रहा और न ही आज़ाद कश्मीर के हुक्मरान, जिन्हें वह 'कठपुतली' की संज्ञा देता था। उसका असली शिकार हुआ भारत एवं कश्मीरी अवाम। 1987 के बाद आतंकी घटनाओं की बाढ़ आ गयी। इस दौरान हामिद शेख़, अहमद मीर, अशफ़ाक़ वानी और यासीन मलिक का दुर्दांत हाजी समूह चर्चित हुआ। इसी समूह ने 8 दिसम्बर 1989 तत्कालीन जनता दल सरकार के गृहमन्त्री मुफ़्ती मोहम्मद सईद (एक मात्र मुसलमान, वह भी कश्मीरी, जो भारत के गृहमन्त्री रहे) की छोटी-बेटी रुबैया सईद का अपहरण कर लिया और जेल में बन्द अपने 13 साथियों को रिहा करने की शर्त रखी। (यहाँ याद रहे, मुफ़्ती कश्मीर कांग्रेस के बड़े नेता थे और 1987 मे वी.पी. सिंह के साथ कांग्रेस से अलग हो गये थे। वी.पी. सिंह ने उन्हें मन्त्रिमण्डल में शामिल करते हुए गृहमन्त्री का पद दिया था)।

इस मुद्दे पर तत्कालीन मुख्यमन्त्री फ़ारुख़ झुकना नहीं चाहते थे। उनका सोचना था कि जन संवेदनाओं के दवाब में अपहरणकर्ता रुबैया को नुकसान पहुँचाने की हिमाक़त नही करेंगे, अत: अपहरणकर्ताओं के सामने सरकार के आत्मसमर्पण के नाते आतंकवादियों का हौसला बेलगाम हो जायेगा, परन्तु केन्द्र सरकार के दवाब में उन्हें झुकना पड़ा। इस घटना के उपरान्त आतंकी संगठनों की आक्रामकता अचानक बढ़ गयी और आतंकवादियों ने धर्म को आधार बना कर कश्मीर पण्डितों को निशाना बनाना शुरू किया। 4 जनवरी 1990 मे स्थानीय उर्दू अख़बार में बाक़ायदा प्रेस सूचना जारी कर कश्मीरी पण्डितों को घाटी छोड़ने के आदेश जारी किये गये। मस्जिदों में लगे लाउडस्पीकरों से उत्तेजक भाषण दिये जाते रहें।

दीवारों पर पोस्टर चिपकाये गये। इस तरह धमकी देने के सारे उपक्रम किये गये, साथ ही साथ गणमान्य कश्मीरी पण्डितों (टीकालाल टप्पल, जज नीलकान्त गंजू, कवि सर्वानन्द कौल, दूरदर्शन के केन्द्र निदेशक लस्सा कौल आदि) की एक-एक कर हत्या की गयी। कश्मीरी महिलायें अपहरण, बलात्कार का शिकार बनीं। घाटी में होने वाली अनेक निरपराध लोगों की हत्याओं पर जम्मू-कश्मीर पुलिस ने ख़ानापूरी के लिए भी कोई कार्यवाही नही की, तो सवाल उठता है कि काश्मीरियत का डंका बजाने तमाम संगठनों मे इतनी कायरता कहाँ से आ गयी कि जघन्य अन्याय के विरूद्ध कश्मीरी अवाम की एक आवाज़ नहीं सुनाई दी। लगभग 4 लाख कश्मीरी पण्डितों और सिखों को अपना सर्वस्व घाटी में छोड़ कर शिविरों में अपना भविष्य ढूँढ़ने के लिए मजबूर कर दिया गया।

बहुत पानी बह जाने के बाद 21 जनवरी 2004 मे जे.के.एल.एफ. के वर्तमान कर्णधार यासीन मलिक का बयान दिलचस्प है–

"हम चाहते हैं कि हमारे कश्मीर पण्डित भाई, माँएँ और बहनें लौट आयें। यह ज़मीन उनकी भी है। इस पर रहने का हक़ जितना हमारा है, उतना ही उनका भी है। समय आ गया है कि कश्मीरी मुसलमान एक सकारात्मक भूमिका अदा करें, जिससे हम उस संस्कृति की पुनर्स्थापना कर सकें जिसके लिए दुनिया हमें जानती है।"

सवाल उठता है कि जिस भावना का उल्लेख उपरोक्त वक्तव्य में है, व्यवहार में वह कब उतर पायेगी? जब घाटी से भागती हुई कश्मीरी महिलाओं का अपहरण, बलात्कार और क़त्ल हो रहा था तो क्या वह उस कश्मीरी संस्कृति का हिस्सा था, जिसके लिए वह दुनिया भर में जाना जाता था?

यह वही समय था जब कश्मीर के उग्रवादी तत्त्वों पर पाकिस्तान की जासूसी संस्था आई.एस.आई. ने पूर्ण नियन्त्रण स्थापित करने का निर्णय लिया और जे.के.एल.एफ. से हाथ खीच अन्य गुटों को प्रश्रय देना शुरू किया। हिज़्बुल मुजाहिदीन, लश्कर-ए-तैयबा और जैश-ए-मोहम्मद आतंकवाद के बदलते चेहरे बने। इन संगठनों ने 1990 के बाद

से आतंकवाद को बर्बर रूप दिया। भारतीय सैनिकों, भारत समर्थक राजनेताओं के साथ प्रबुद्ध कश्मीरी अवाम की हत्याएँ कर इनसे बने कश्मीर के नागरिक समाज को ध्वस्त कर दिया गया। ऐसा माहौल रचा गया कि वहाँ के शासन तन्त्र से जनता का रिश्ता पूरी तरह टूट जाये। 1990 के बाद कश्मीर की सरकारें इस अविश्वास को दूर करने में असफल साबित हुईं। उनके लिए बस एक ही काम बच गया कि केन्द्र से मिलने वाली आर्थिक सहायता की बन्दर बाँट कैसे की जाय? राजनीतिक स्तर पर कांग्रेस वहाँ कमज़ोर होती गयी तो दूसरे दल अलगाँववादियों की भाषा बोलने लगे। सबसे दिलचस्प उदाहरण मुफ़्ती मोहम्मद सईद का है, जो धुर कांग्रेसी थे और 1989 में बनी जनता दल की सरकार में वी.पी.सिंह ने उन्हें गृहमन्त्री बनाया था। वे देश के पहले मुसलमान थे, जिन्हें गृह मन्त्रालय का ज़िम्मा मिला था। 1990 में कश्मीर की बिगड़ती स्थितियों को बतौर गृहमन्त्री सँभालने में वे पूरी तरह नाकाम रहे। हद तो तब हो गयी जब उनकी पुत्री रुबैया सईद का अपहरण हो गया, जिसके बदले सरकार को दुर्दान्त आतंकवादियों को रिहा करना पड़ा। राजनीति ने ऐसी करवट ली कि श्री सईद को राजनीति की राष्ट्रीय धारा की ग़ुलामी से निकालने के लिए अलग रास्ता चुनना पड़ा। उनके नेतृत्व में एक नयी राज्य स्तरीय पार्टी 'पीडीपी' का गठन किया गया। 'पीडीपी' का गठन मुसलमानों में नेशनल कॉन्फ्रेंस के एकाधिकार को चुनौती देना था, पर यह एक विडम्बना है कि इस कवायद में 'पीडीपी' को भारत के प्रति कड़ा रुख़ अपनाना पड़ा, ताकि 'नेशनल कॉन्फ्रेंस' को भारत परस्त साबित कर अवाम को अपने पक्ष में किया जा सके।

इसी काल में कश्मीर के आज़ादी के सवाल पर 'हुर्रियत कॉन्फ्रेंस' का भी गठन हुआ, जिसमें वहाँ सक्रिय अनेकों संगठन शामिल हुए, जिनमें अलगाँववादियों के साथ-साथ पाकिस्तान परस्त तत्त्व भी शामिल थे। 'हुर्रियत कॉन्फ्रेंस' यों तो एक ग़ैर राजनीतिक जमावड़ा था, पर चुनावों के बहिष्कार ज़रिये वह वहाँ की राजनीतिक गतिविधियों को प्रभावित करता था। केन्द्रीय सरकार की कारगर रणनीति के अभाव में

'हुर्रियत कॉन्फ्रेंस' मज़बूत होता गया। उसने अन्दरख़ाने में आतंकवादियों से भी गठजोड़ बना लिया। विवश होकर भारत सरकार को कश्मीर मामले में हुर्रियत को एक पक्ष के रूप में मानना पड़ा। एक दशक की यूपीए सरकार की ढुलमुल नीति के कारण न तो वार्ताएँ कोई सार्थक परिणाम दे सकीं, और न ही आतंकवादियों पर लगाम लग पायी। अन्ततः कश्मीर को सेना के हवाले कर दिया गया जिसके समक्ष दमन के अलावा कोई ब्लू प्रिंट नहीं था।

अध्याय-तेरह

आतंकवाद का विकास : बदलता बर्बर चेहरा

जिया उल हक़ के शासनकाल में आई.एस.आई. ने कश्मीर में अपना जाल फैलाना शुरू किया जो काम अब तक अबाध जारी है। अफ़ग़ानिस्तान में सोवियत समर्थित सरकार का पतन होने के बाद वहाँ के देशी-विदेशी लड़ाकुओं को कश्मीर की ओर ठेल दिया गया और अफ़ग़ानिस्तान में चल रहे प्रशिक्षण केन्द्रों को पाक-अधिकृत कश्मीर में स्थापित कर दिया गया। कश्मीरी युवकों को नियन्त्रण रेखा पार करा इन केन्द्रों पर गुरिल्ला युद्ध के प्रशिक्षण का बन्दोबस्त किया गया। इस तरह अब तक जे.के.एल.एफ़. द्वारा चलाये जा रहे अलगाववादी आन्दोलन को पाकिस्तान-विलय समर्थित जेहादी आन्दोलन में बदल दिया गया। जे.के.एल.एफ़. को हाशिए पर करने के लिए आई.एस.आई. ने 'हिजबुल मुजाहिदीन' को आगे बढ़ाया। आगे चल कर और जैश-ए-मोहम्मद जैसे बर्बर संगठन अस्तित्व में आये। इस दौरान आज़ादी समर्थक संगठन जे.के.एल.एफ़. हाशिए पर जाता रहा।

1990 में भारतीय सुरक्षाबलों के साथ हुई मुठभेड़ में हाजी (HAZY गुट) का अशफ़ाक़ बानी मारा गया तथा यासीन मालिक को घायलावस्था में गिरफ़्तार कर लिया गया। 1992 तक आते-आते जे.के.एल.एफ़. के अधिकांश लड़ाके मारे जा चुके या गिरफ़्तार कर लिए गये थे। जो बचे, वे हिजबुल मुजाहिदीन या अन्य इस्लामी उग्रवादी समूहों के लिए काम करने लगे। बेहतर विकल्प मिल जाने के कारण पाकिस्तान ने जे.के.एल.एफ़.

की वित्तीय सहायता बन्द कर दी। ऐसे में मई 1994 में जेल से रिहा होने के बाद जे.के.एल.एफ़. के तत्कालीन अध्यक्ष यासीन मालिक ने मजबूरी में अनिश्चित कालीन युद्ध विराम की घोषणा कर दी। उसके दूसरे नेता अमानुल्ला ख़ाँ को यासीन मलिक का यह क़दम रास नहीं आया। उन्होंने बहैसियत चेयरमैन यासीन मलिक को संगठन से बाहर कर दिया, जिसके जवाब में यासीन मलिक गुट ने अमानुल्ला ख़ाँ को बर्ख़ास्त कर दिया। अमानुल्ला ख़ाँ गुट ने जहाँ अपनी सक्रियता का केन्द्र पाक-अधिकृत कश्मीर को बनाया, वहीं यासीन मलिक की गतिविधियाँ भारतीय कश्मीर तक सीमित हो गयीं। जून 2005 में भारत सरकार ने यासीन मलिक को पाकिस्तान जाने की इजाज़त दी। वहाँ मलिक की मुलाक़ात एक दशक बाद अमानुल्ला ख़ाँ से हुई और दोनों गुट फिर से एक हो गये, लेकिन उनकी ताब लौट नहीं पायी (अभी हाल फ़रवरी 2019 में यासीन मलिक को आतंक विरोधी क़ानून के तहत गिरफ़्तार कर, जे.के.एल.एफ़. पर फ़िर से पाबन्दी लगा दी गयी)।

धर्मयोद्धाओं का दल

हिजबुल मुजाहिदीन की स्थापना अप्रैल 1990 में 'जमात-ए-इस्लामी' के एक स्कूली अध्यापक मुहम्मद एहसान डार द्वारा की गयी, जिसने सीमा पार कर पाक कश्मीर में सैन्य प्रशिक्षण लिया था। वहाँ से लौट कर उसने भारत के विरुद्ध जेहादी जंग का ऐलान किया और संगठन का विस्तार करने लगा। पाकिस्तान सरकार के समर्थन से इसे संसाधनों की खेप मिलती रही। अफ़ग़ानिस्तान से लौटे पाकिस्तानी जिहादी भी इस संगठन का हिस्सा बन गये। हिजबुल द्वारा पहली वारदात 'अवामी एक्शन कमेटी' के अध्यक्ष मौलवी मीरवाइज़ फ़ारुक़ी की हत्या (मई 1990) थी, जिसकी वजह से भड़की हिंसा में 21 नागरिक मारे गये। 27 अक्टूबर 1990 में हिजबुल ने जम्मू-कश्मीर राज्य का पाकिस्तान में विलय का प्रस्ताव पारित कर दिया। 1991 तक यह संगठन जम्मू क्षेत्र में भी अपनी इकाइयाँ स्थापित कर चुका था। मार्च 1991 में इसने जम्मू में बसे सभी

बाहरी निवासियों को एक महीने के भीतर राज्य छोड़ देने का आदेश जारी किया। पाकिस्तान की शह पर संगठन की कमान कट्टर चरमपन्थी सैयद सलाउद्दीन को दे दी गयी।

हिजबुल ने जे.के.एल.एफ़. के बचे लड़ाकों को निशाना बनाया और असहमतों को चुन-चुन कर मारने के अभियान की शुरुआत की, यहाँ तक कि आज़ादी समर्थक बुद्धिजीवी भी उसके इस अभियान का शिकार हुए। साथ ही, धार्मिक ध्रुवीकरण का विरोध करने वाले घाटी के अमन पसन्द मुस्लिम तत्त्वों का भी सफ़ाया कर दिया गया। अब्दुल अहमद गुरु, मीरवाइज़ काज़ी निसार, प्रो. अब्दुल अहमद वानी, मोहम्मद सुल्तान भट, अब्दुल गनी लोन, अब्दुल मज़ीद डार, मानवाधिकार कार्यकर्ता हृदय नाथ वांचू आदि समेत अनेकों बुद्धिजीवी एवं राजनीतिक कार्यकर्ता 'हिजबुल' के आतंक का शिकार हुए। 1994 तक आते-आते जे.के.एल.एफ़. के कई सदस्य हिंसक कार्यवाहियाँ छोड़ राजनीति में आ गये। जेल से छूटने पर इसके सदर यासीन मलिक की एकतरफ़ा युद्ध विराम की घोषणा की वजह से हिंसक आतंकी संगठन के रूप में 'हिजबुल' का वर्चस्व पूरे कश्मीर पर कायम हो गया।

इन कार्यवाहियों के बावजूद 'हिजबुल' को घाटी में अवाम का समर्थन कभी नहीं मिला। अन्य संगठनों के बचे-खुचे गुट प्रतिशोध के नाते भारतीय सुरक्षाबलों से मिल गये तथा उसके आतंकी उन्मूलन अभियान में सहयोग करने लगे। 'हिजबुल' ने 'जमात-ए-इस्लामी' की गतिविधियों को भी निशाना बनाया। इस कारण उसने भी 'हिजबुल' का समर्थन बन्द कर दिया। आई.एस.आई. ने विदेशी चरमपन्थियों को संगठन में घुसाना शुरू कर दिया जिसके कारण आपसी ज़मीनी प्रतिद्वन्द्विता और बढ़ गयी। गतिविधियों के अंजाम देने में समन्वय जाता रहा, जिसके परिणाम स्वरूप कश्मीरी गुट ने पाक-अधिकृत कश्मीर के एक गाँव में 21 लोगों की हत्या कर दी। कश्मीरी मुजाहिदीनों को लगने लगा कि आई.एस.आई. भारत के ख़िलाफ़ उनको मोहरा बनाकर इस्तेमाल कर रही है।

इसी अवधि में 'लश्कर-ए-तैयबा' एक नये खिलाड़ी के रूप में मैदान में उतरता है और सिखों के गाँव चित्तीसिंहपुरा में 2000 की होली के दिन 35 लोगों का नरसंहार कर अपनी खौफनाक दस्तक देता है। अप्रैल 2000 में 'हिजबुल' के भारतीय कमांडर अब्दुल मजीद डार भारतीय खुफिया एजेन्सी (रॉ एवं आईबी) से बातचीत के आधार पर तीन महीने का बिना शर्त युद्धविराम की घोषणा करता है। पाक-अधिकृत कश्मीर का कमांडर सैयद सलाउद्दीन भी पाकिस्तान के इशारे पर इस प्रस्ताव का समर्थन कर देता है। प्रत्युत्तर में भारत की ओर से आतंक विरोधी अभियान का दबाव कम कर दिया जाता है।

अतिवादी इस्लामी संगठनों के साझा मंच 'मुत्तहिदा जिहाद काउंसिल' द्वारा हिजबुल के उपरोक्त क़दम की भर्त्सना की जाती है और काउंसिल से उसकी सदस्यता भी रद्द कर दी जाती है। हिजबुल के विरोध में 'लश्कर-ए-तैयबा' द्वारा कई जगहों पर आतंकी हमले कर निर्दोष नागरिकों को मार दिया जाता है, परन्तु 'हिजबुल' के नेता भारतीय प्रतिनिधियों से वार्ता जारी रखते हैं, समाधान की तरफ आगे बढ़ते हैं, परन्तु आईएसआई के दबाव में 'हिजबुल' वार्ता में पाकिस्तान को भी शामिल करने की माँग करता है, जिसे भारत द्वारा अस्वीकार कर दिया जाता है। इस गतिरोध से शान्ति प्रक्रिया अटक जाती है। बदले में सैयद सलाउद्दीन आतंकी गतिविधियों को शेष भारत में करने की धमकी जारी कर देता है। इस नाते संगठन के पाक प्रकोष्ठ और कश्मीर प्रकोष्ठों मे गहरी दरार पड़ जाती है। कश्मीरी कमांडर मजीद डार को उसके पद से हटा दिया जाता है और 'रॉ' का एजेंट होने का आरोप लगा कर संगठन से भी निष्काषित कर दिया जाता है। 2002 एवं 2003 के दौरान डार और उनके साथियों की एक-एक कर हत्या भी कर दी जाती है, जिसकी वजह से कश्मीर में 'हिजबुल' एक मृतप्राय संगठन बन जाता है, लेकिन जिहादी सैन्य प्रतिरोध के प्रतीक के रूप में वह उपस्थित रहता है।

'हिजबुल' के उपरोक्त युद्धविराम का जो हश्र हुआ, वह कश्मीर के प्रति पाकिस्तानी संलग्नता के उस अनैतिक पहलू को उजागर करता है

जो वहाँ के सन्दर्भ में पाकिस्तान की सामरिक स्थिति और वहाँ के मुस्लिम जनता के मानसिक पृथक्करण के लिए चलाये जा रहे अभियान का प्रतिफलन है। इसी से इस विवाद में पाकिस्तान को विशेष ताक़त मिलती है। उसके बरक्स जनवरी 1949 के युद्ध विराम के बाद भारत ने जुबानी जमा-ख़र्च के सिवा पाकिस्तान के क़ब्ज़े वाले भाग को वापस पाने के लिए कभी कुछ नहीं किया। 1965 के युद्ध में भी जो हिस्से भारत के क़ब्ज़े में आ गये थे, उन्हें भी ताशकन्द समझौते के बाद लौटा दिया गया, जबकि हमें पता था कि 1965 में पाकिस्तान जम्मू, लद्दाख सहित पूरे कश्मीर राज्य को एक झटके में हड़पने के कुटिल इरादे से किया गया हमला था। यहीं क्रम 1971 के युद्ध में हासिल हुए पाकिस्तानी (विशेषकर आज़ाद कश्मीर) क्षेत्रों को शिमला समझौते 1972 के तहत वापस कर दुहराया गया।

पवित्र लोगों की सेना

'लश्कर-ए-तैयबा' की स्थापना हाफ़िज़ मुहम्मद सईद ने 1990 में अफ़ग़ानिस्तान में की थी, जो 1985 के तालिबान-सोवियत युद्ध के दौरान हाफ़िज़ द्वारा स्थापित धर्मादा संस्था 'जमात-उद-दावा' का अनुसांगिक सैन्य संगठन बना। हाफ़िज़ का परिवार बँटवारे के बाद शिमला से विस्थापित होकर पश्चिमी पंजाब के सरगोधा ज़िले में बस गया था। पढ़ाई के बाद वह रियाद और लाहौर के विश्वविद्यालय में प्राध्यापक रह चुका था। बँटवारे के समय अपने परिवार के बत्तीस सदस्यों के मारे जाने की त्रासदी, उसकी स्मृतियों में गहरे धँसी हुई थी। कहते है सोवियत-अफ़ग़ान युद्ध काल में वह ओसामा बिन लादेन और उसके गुरु अब्दुल्ला आजम के सम्पर्क में आया, वहीं से उसका जीवन बदल गया। उसने स्थापना रखी कि विधर्मियों की हत्या करना और अनास्था की शक्तियों का खात्मा करना ही सच्चे मुसलमान का कर्तव्य है। वह कश्मीर- संघर्ष में भारत के मुसलमानों की मुक्ति देखता है, उसके अनुसार जिहाद तब तक चलेगा जब तक पूरी दुनिया में इस्लाम का वर्चस्व न कायम हो जाय।

'लश्कर-ए-तैयबा' ने अपनी व्यापक और दूरगामी योजना में कश्मीर को भारतीय सम्प्रभुता से मुक्ति तक चुनौती देना अपना तात्कालिक लक्ष्य घोषित किया, क्योकि संगठम की निगाह में कश्मीर का मुसलमान सबसे अधिक पीड़ित था। 'लश्कर-ए-तैयबा' के अधिकांश प्रशिक्षण शिविर अफ़ग़ान सीमा से सटे ख़ैबर पख़्तूनव्वा में स्थित थे, जिनको बाद में पाक-अधिकृत कश्मीर में स्थानान्तरित किया गया। इन केन्द्रों में कट्टर धार्मिक शिक्षा और कठोर शारीरिक प्रशिक्षण का अद्भुत सम्मिलन था। आक्रामक प्रचार तन्त्र के चलते कश्मीरी युवकों की भर्ती का अभियान चलाया गया और मानसिक अनुकूलन के ज़रिये उनमे प्रतिबद्धता के साथ तकनीकी दक्षता का प्रशिक्षण दे कर उन्हें ऐसे स्व्यंसेवकों (फ़िदाइन) में बदल दिया गया, जिन्हें अपने दिये गये मिशन के लिए अधिक से अधिक लोगों (निर्दोष) की हत्या करने में गुरेज़ न हो। ख़ास लक्ष्यों के लिए किये गये फ़िदाइन हमलों द्वारा इस संगठन में कश्मीरी संघर्ष को एक नया आयाम दे दिया। यहाँ यह समझना ज़रूरी है कि फ़िदाइन हमलों का मन्तव्य केवल आत्मघात नहीं है बल्कि प्रतिकूल से प्रतिकूल परिस्थिति में अन्तिम क्षण तक मिशन को पूरा करने में शहादत तक कटिबद्ध रहते हुए दुश्मन को अधिकतम नुकसान पहुँचाना भी है। इसके साथ ही संगठन शहादत का भरपूर महिमामण्डन करता है तथा शहादत की स्थिति प्राप्त करने को जन्नत की निश्चित गारंटी माना जाता है।

वर्ष 2000 में लश्कर-ए-तैयबा ने कश्मीर की सीमाओं से बाहर निकल देश के दूसरे हिस्सों में अपनी गतिविधियों का विस्तार किया। 3 दिसम्बर 2000 को लाल किले पर आतंकवादी हमला कर संगठन ने इसकी ज़िम्मेदारी ली। ख़ास बात रही कि जहाँ इस हमले में भारतीय सुरक्षाकर्मी मारे गये, वहीं सभी हमलावर सुरक्षित निकल गये। इस संगठन के आतंकी कार्यवाहियों की सूची बहुत लम्बी है।

- 25 जनवरी 1998 में घाटी के एक क़स्बे पनवामा में 23 कश्मीरी पण्डितों (बच्चे एवं महिलाओं सहित) क़त्ल किया गया। आतंकवादी भारतीय सेना के वेश में आये थे।

- 20 मार्च 2000 के सिखों के गाँव चित्तीसिंह(अनंतनाग) के गुरुद्वारे के सामने 30 जनों की घेर कर हत्या कर दी गयी। उस समय सिख परिवार होला महल्ला का उत्सव मना रहे थे।
- 17 जनवरी 2001-श्रीनगर हवाई अड्डे पर आतंकी हमला जिसमें 3 सुरक्षाकर्मी, दो नागरिक एवं 6 आतंकी मारे गये।
- 13 दिसम्बर 2001-भारतीय संसद पर हमला, जिसमे एक कर्मी सहित आठ सुरक्षाकर्मी एवं पाँच आतंकवादी मारे गये। इस कार्यवाही को 'लश्कर-ए-तैयबा' ने 'जैश-ए-मोहम्मद' के साथ मिल कर अंजाम दिया था।
- 14 मई 2002–कालूचक नरसंहार- आतंकियों ने पहले बस स्टैंड पर गोलियाँ चलाकर 7 यात्रियों की हत्या की। उसके बाद जम्मू कैंटोनमेंट मे घुस कर कुल 31 नागरिकों (पाँच सैन्य अधिकारियों सहित) को मौत के घात उतार दिया।
- 24 सितम्बर 2002–अक्षरधाम मन्दिर (गाँधीनगर) परिसर में हमला, जिसे दो आतंकियों द्वारा अंजाम दिया गया। तीन कमांडो सहित तीस श्रद्धालु तथा दोनों हमलावर मारे गये। सैकड़ों की संख्या में नागरिक घायल हुए।
- 23 मार्च 2003–नन्दी मार्ग जनसंहार, जिसमें 24 कश्मीरी पण्डितों की हत्या की गयी।
- 1 नवम्बर 2005 दिल्ली के भीड़ भरे बाज़ार मे बम विस्फोट, जिसमे 60 लोग मारे गये।
- 7 मार्च 2006–वाराणसी के संकटमोचन मन्दिर एवं कैंट रेलवे स्टेशन पर सीरियल बम धमाके। 28 लोग अपनी जान गँवा बैठे और सैकड़ों घायल हुए।
- 30 अप्रैल 2006 डोडा जनसंहार, जिसमे 34 हिन्दुओं को जान गँवानी पड़ी।

- 11 जुलाई 2006–मुम्बई सीरियल बम विस्फोट कुल 211 लोग मारे गये। हज़ार से ऊपर लोग घायल।
- 26-29 नवम्बर 2008-मुम्बई हमला–बारह महत्त्वपूर्ण जगहों पर एक साथ हमला। मशहूर ओबेरॉय होटल पर आतंकवादियों का क़ब्ज़ा। तीन दिन के कड़े संघर्ष के बाद हमले में शामिल 9 आतंकवादियों को मारा जा सका। एक आतंकी कसाब सीएसटी पर जिन्दा पकड़ा गया। कुल 165 लोग मारे गये तथा 500 के क़रीब घायल हुए।

ध्यान देने की ज़रूरत है कि जहाँ 'हिजबुल मुजाहिदीन' का लक्ष्य था कश्मीर का पाकिस्तान मे विलय, जिसने एक लम्बे दौर में जम्मू-कश्मीर की आज़ादी के जे.के.एल.एफ़. द्वारा चलाए गये संघर्ष को अप्रासंगिक कर दिया था, वही 'लश्कर-ए-तैयबा' कश्मीर से शुरू कर हिन्दुस्तान पर इस्लामी हुकूमत कायम करने के बृहत्तर लक्ष्य के साथ क्रूरता के नये प्रतिमान प्रस्तुत करने के कारण 'हिजबुल' को भी हाशिए पर धकेलने लगा। जघन्यता की यह प्रतियोगिता हिंसक आतंकी संगठनों की कार्यप्रणाली का अनिवार्य तत्त्व है। 'लश्कर-ए-तैयबा' ने अपनी कार्यवाहियों से एशिया के सबसे ताक़तवर इस्लामी आतंकवादी संगठन के रूप मे अपनी पहचान बनायी है।

मोहम्मद की सेना

'जैश-ए-मोहम्मद' पुराने संगठन 'हरक़त-उल-मुजाहिदीन' का नया संस्करण है। 'जैश' की स्थापना मौलाना मसूद अज़हर ने जनवरी 2000 मे कराची मे की थी। याद रहे, दिसम्बर 1999 को काठमांडू से दिल्ली जा रहे इंडियन एयरलाइंस के विमान एफ़-814 का अपहरण कर फिरौती के रूप में जिन तीन खूंखार आतंकवादी को रिहा किया गया था, मसूद अज़हर उनमे से एक था। सोवियत-अफ़ग़ान युद्ध के समय पाकिस्तानी मदरसों से जो जिहादी लड़ने गये थे, उसी समूह से एक गुट के रूप

बना था 'हरक़त-उल-मुजाहिदीन'। 1990 के आस-पास सोवियत सेनाओं के अफ़ग़ानिस्तान छोड़ने के बाद 'हरक़त-उल-मुजाहिदीन' के लड़ाके कश्मीर भेज दिये गये और आतंकी गतिविधियों मे लिप्त हो गये। उन्हीं में उनका सरगना मसूद अज़हर भी था, जिसे नकली पुर्तगाली पासपोर्ट रखने के जुर्म में भारतीय सुरक्षाबलों ने फ़रवरी 1994 में गिरफ़्तार किया था, परन्तु उन्हें पता नहीं चला कि वह इस संगठन का मार्गदर्शक है। उसने पहले तो मक़बूल भट की तरह सुरंग खोद कर जेल से भागने की असफल कोशिश की, फिर एक आतंकी अहमद ओमर सैयद शेख़ को अज़हर को छुड़ाने के मिशन के लिए दिल्ली भेजा गया, जहाँ उसने दिल्ली के एक होटल से तीन विदेशी पर्यटकों का अपहरण कर लिया और फ़िरौती मे मसूद की रिहाई की शर्त रखी, परन्तु अन्ततः सहारनपुर मे गिरफ़्तार कर लिया गया।

अपहृत किया गया उपरोक्त भारतीय विमान अमृतसर लाहौर दुबई होते हुए अन्ततः कन्धार ले जाया गया। अफ़ग़ानिस्तान के तालिबानी निज़ाम के संरक्षण मे सफल सौदेबाज़ी के तहत भारत सरकार को मसूद अज़हर, ओमर सैयद शेख़ एवं मुश्ताक़ अहमद जरगर को रिहा करना पड़ा। कन्धार से सारे आतंकवादी आईएसआई के हवाले किये गये, जिन्हें पाकिस्तान ले जाया गया।

30 जनवरी को कराची की अल रशीदा मस्जिद में मसूद अज़हर ने जनता को सम्बोधित करते हुए दावा किया कि उसकी रिहाई भारत की पराजय है और मुसलमानों को तब तक शान्त नहीं बैठना है, जब तक वे भारत और अमेरिका को तबाह न कर दें। इस काम के लिए उसने 'जैश-ए-मोहम्मद' की स्थापना की घोषणा भी की। दक्षिण पंजाब के बहावलपुर मे 1968 मे पैदा हुए मसूद अज़हर की शिक्षा कराची के देवबन्दी संस्था जामिया उलूमिया में हुई। बाद में वह वहीं अध्यापक हो गया था। सोवियत-अफ़ग़ान युद्ध के दौर में उलूमिया इस्लामिया जिहाद का गढ़ बन गया था। 80 के दशक में मसूद 'हरक़त-उल-मुजाहिदीन' मे

शामिल होकर युद्ध लड़ने अफ़ग़ानिस्तान चला गया। जोशीले वक्ता होने के कारण उसे प्रचार और संगठन का काम दिया गया। उसने जिहाद के लिए विश्व के मुसलमानों का समर्थन जुटाने के मकसद से यूरोप एवं पूर्वी अफ्रीका की यात्राएँ कीं।

'जैश-ए-मोहम्मद' का मूल मकसद जम्मू-कश्मीर को भारत से अलग कर पाकिस्तान मे शामिल करना है। कश्मीर मुक्ति के बाद जिहाद द्वारा शेष भारत में इस्लामी वर्चस्व कायम करने का बृहत्तर कार्य भी उसकी महत्त्वाकांक्षाओं में शामिल है। उसके संगठन में कश्मीर और पाकिस्तान के आप्रवासी मुसलमान भी शामिल हैं, जिसके नाते ब्रिटेन एवं अन्य पश्चिमी देशों के मुसलमानों से आर्थिक सहयोग मिलता है। पाकिस्तान मे 'जैश' की जड़ें बहुत गहरी हैं। वहाँ के चार प्रमुख शहरों से संगठन का दैनिक मुखपत्र 'इस्लाम' प्रकाशित होता है, जिसकी लगभग एक लाख प्रतियाँ छपती है। 'जैश' द्वारा की गयी आतंकवादी कार्यवाहियों का सार संक्षेप निम्नवत् है—

- 20 अप्रैल 2000–भारतीय सेना की बैठकों मे बम विस्फोट–5 सैनिक मारे गये
- 1 अक्टूबर 2001–जम्मू-कश्मीर विधान सभा परिसर मे बम विस्फोट–38 लोग हताहत हुए।
- 13 दिसम्बर 2001– 'लश्कर-ए-तैयबा' के साथ संयुक्त प्रयास से किया गया भारतीय संसद पर हमला।
- 2 जनवरी 2016–पठानकोट वायुसेना स्टेशन पर हमला–एक नागरिक सहित 7 जवान शहीद। पाँच आतंकवादी मारे गये, इस हमले की ज़िम्मेदारी 'यूनाइटेड जिहादी काउंसिल' ने ली, परन्तु इसके पीछे 'जैश-ए-मोहम्मद' का हाथ था।
- 3 जनवरी 2016–अफ़ग़ानिस्तान के मज़ार-ए-शरीफ़ में स्थित भारतीय दूतावास पर हमला, जिसे अफ़ग़ानी सुरक्षाबलों ने नाकाम कर दिया और जनहानि नहीं होने दी।

- 18 सितम्बर 2016–उरी के पास भारतीय सेना के ब्रिगेड हेडक्वार्टर पर सुबह ही हमला किया गया, जिसमें 19 सैनिक और चार आतंकवादी मारे गये।
- 14 फ़रवरी 2019–जम्मू राजमार्ग से श्रीनगर जा रहे सी.आर.पी.एफ़. काफ़िले पर विस्फोटक से भरी एक कार मे बैठे आतंकी ने पुलवामा ज़िले के लेहपोरा के पास हमला किया, जिसमें केन्द्रीय पुलिस के 40 जवान शहीद हो गये।

आतंकवाद के जनसमर्थन का पेंच

8 जुलाई 2016 को सुरक्षाबलों ने एक मुठभेड़ में हिजबुल के तत्कालीन कमांडर बुरहान वानी और उसके दो साथियों को मार गिराया। इस घटना से घाटी में व्यापक असन्तोष फैला और लम्बे विरोध प्रदर्शन हुए, जिसके चलते जनजीवन 6 महीने तक अस्त-व्यस्त रहा। इस दौरान विरोध के शमन की कार्यवाही में 96 नागरिक भी मारे गये तथा 15,000 नागरिक एवं 4,000 सुरक्षाकर्मी घायल हुए। लगभग पचास दिन घाटी कर्फ़्यू में रही। 22 वर्षीय युवा वानी की अवाम में ज़बर्दस्त लोकप्रियता थी। सोशल मीडिया में अत्यन्त प्रभावशाली वीडियो अपलोड कर वह युवकों को 'हिजबुल' में भर्ती होकर जिहादी संघर्ष के लिए प्रेरित करता था। यह घटना हमें सोचने को मजबूर करती है कि कश्मीर का जनमानस आतंकवाद के साथ खड़ा होने को क्यों मजबूर हुआ?

बुरहान वानी के बाद सज्जाद भट ने 'हिजबुल' की कमान सँभाली, वह भी सोशल मीडिया के ज़रिये संगठन के विस्तार और जनभावना को उभारने में सिद्धहस्त था। मार्च 2017 में सुरक्षाबलों से हुई मुठभेड़ में लम्बी गोलीबारी के बाद वह भागने में सफल रहा, परन्तु 26 मई 2017 को अन्ततः उसे मार दिया गया। उसकी मृत्यु के बाद भी स्थितियाँ बेकाबू हुईं और कर्फ़्यू लगाना पड़ा। सोशल मीडिया के अवतरण से आतंकी संगठनों को एक नया औज़ार मिल गया है, जिससे वे अपनी गतिविधियों का बेहतर संचालन कर पा रहे हैं।

आतंकी घटनाओं में आयी कतिपय कमी से यह निष्कर्ष निकालना सही नहीं होगा कि पुराने संगठन समाप्त हो गये हैं वरन इसके उलट सारे संगठन किसी न किसी रूप में अभी भी प्रासंगिक हैं। मूलतः जे.के. एल.एफ़. (यासीन मालिक), 'हिजबुल मुजाहिदीन' (सैयद सलाउद्दीन), 'लश्कर-ए-तैयबा' (हाफ़िज़ सईद), 'जैश-ए-मोहम्मद' (मसूद अज़हर) के नेतृत्व में कमोबेश वे न केवल अभी भी मौजूद हैं, वरन नयी शक्लें अख़्तियार कर रहे हैं, जिनकी हरक़तें अन्तर्राष्ट्रीय परिस्थितियों, पाक हुक्मरानों के रवैये, आई.एस.आई. से उनके ताज़ा रिश्तों से तय होती हैं कि उनमे से कौन-सा मोहरा अगली चाल चलेगा? कश्मीर पर निरंकुश केन्द्रीय शासन के एक वर्ष का अनुभव हमें बताता है आतंकी घटनाओं में कोई ख़ास कमी नहीं आयी है। हाँ, उसका आयाम सीमित ज़रूर हुआ है। सुरक्षाबलों को अब आतंकी कह कर किसी को मार देने की खुली छूट से स्थितियाँ और जटिल हुई हैं, ख़ासकर तब जब लोकतान्त्रिक अभिव्यक्ति कतई मंजूर नहीं है।

उदात्त धार्मिक उद्देश्यों से बने संगठन अपने विचलन से मानवता पर कितना गम्भीर संकट खड़ा कर सकते हैं, कश्मीर में समय-समय पर सक्रिय आतंकवादी जमातें, जो धर्म की भावनात्मक अपील का शोषण कर खड़े किये जाते रहे हैं। इसका जीता-जागता उदाहरण है कि मानव स्वभाव में अन्तर्निहित कुछ ऐसा ज़रूर है, जिसे धार्मिक अंधविश्वास अपनी ओर तेज़ी से खींचता है। धार्मिक अतिवादिता की जो आग पाकिस्तान ने कश्मीर में लगाई, उसकी चपेट से वह ख़ुद भी नहीं बच पाया है। दोनों ग़रीब मुल्कों (भारत एवं पाकिस्तान) ने कश्मीर के नासूर बने मसले मे अब तक जितना पैसा ख़र्च किया है, उससे दोनों की नाजुक अर्थव्यवस्था को एक अपरिहार्य बोझ ढोना पड़ रहा है। हमें याद रखना होगा कि बदनीयती के साथ इतिहास की धारा से छेड़-छाड़ करने वालों को इतिहास कभी माफ़ नहीं करता और उन्हें भारी क़ीमत चुकानी पड़ती है।

नियन्त्रण रेखा से होने वाली घुसपैठ

वर्ष-2002	घुसपैठियों की संख्या	घुसपैठ करते मारे गये आतंकवादी
जनवरी	33	22
फ़रवरी	60	11
मार्च	132	10
अप्रैल	177	16
जून	97	6
जुलाई	86	23
अगस्त	159	56
सितम्बर	235	42
कुल	1092	197
स्रोत : *मिलिट्री इंटेलिजेंस*		

कश्मीर में आतंकवाद का एक दशक

वर्ष	मारे गये आतंकवादी	गिरफ़्तार आतंकवादी	मारे गये सैनिक	घायल सैनिक
1990	466	3267	18	69
1991	632	2973	44	161
1992	637	4089	50	201
1993	1042	3405	88	405
1994	1228	3197	139	426
1995	1102	3541	186	517
1996	902	1826	150	359
1997	888	1257	153	363
1998	825	475	133	377
1999	1039	281	223	516
कुल	**8781**	**24311**	**1184**	**3394**
स्रोत : *केन्द्रीय गृह मन्त्रालय / रक्षा मन्त्रालय*				

अध्याय-चौदह

राष्ट्रीय एकीकरण, राजनीतिक एवं आर्थिक विकास की चुनौतियाँ

जम्मू-कश्मीर राज्य जन्मते ही संकटों के भँवर में फँस गया। भारत में उसके विलय को न पचा पाने की वजह से पाकिस्तान शुरू से कश्मीर का स्थायी सिरदर्द बन गया। सबसे पहले तो सैन्य हमलों के कारण पूर्व रियासत को भौगोलिक विभाजन का दंश झेलना पड़ा। आज का जम्मू-कश्मीर क्षेत्रफल के लिहाज़ से पूर्व रियासत का आधा रह गया है, साथ ही एक तिहाई आबादी से भी उसे जुदा होना पड़ा है। इसके बाद भारत की संघीय व्यवस्था में कश्मीरियों के लिए अपनी विशिष्टता को संरक्षित करने के लिए जद्दोजहद शुरू हुई, जिसे प्रथमत: भारतीय संविधान सभा ने सिद्धान्तत: स्वीकार कर लिया और प्रदेश को स्वयं के संविधान का हक़ दिया। जम्मू-कश्मीर की संविधान रचना के लिए स्वतन्त्र संविधान सभा का गठन होना और संविधान का प्रारूप प्रदान करने में समय लगना था। अत: संक्रमण कालीन शासन व्यवस्था हेतु एक ऐसे उपकरण की आवश्यकता थी, जिससे राज्य का कामकाज नियन्त्रित हो सके। अत: भारतीय संविधान में एक ऐसे प्रावधान की कल्पना की गयी, जिसके माध्यम से संघीय शासन राज्य के लिए तात्कालिक रूप से क़ानून बना सके।

भारतीय संविधान के अनुच्छेद 370 की संकल्पना इसी अवधारणा का प्रतिफल थी, जिसके अन्तर्गत भारत के राष्ट्रपति को राज्य सरकार की सहमति से भारतीय संविधान के ज़रूरी प्रावधानों को यथावत् अथवा संशोधित रूप में लागू करने का अधिकार प्रदान किया गया। इसे संविधान के इक्कीसवें अध्याय 'अस्थायी एवं विशेष प्रावधानों' शीर्षक के अन्तर्गत शामिल किया गया। ग़ौरतलब है कि इस अध्याय में शामिल अनुच्छेदों (371) में कश्मीर के साथ अन्य राज्यों, विशेषकर पूर्वोत्तर राज्यों के लिए विशेष प्रावधानों का वर्णन है। अनुच्छेद 370 मूलतः कश्मीर राज्य के लिए अस्थायी प्रावधान की श्रेणी में वर्णित है। यहाँ 'अस्थायी' का एक आशय यह हो सकता है कि प्रदेश में स्वतन्त्र संविधान बन जाने के पश्चात् सम्भवतः इस प्रावधान को विलोपित किया जाना हो, जिसकी प्रक्रिया का स्वयं इस अनुच्छेद में उल्लेख भी है। आगे चल कर यह प्रावधान राज्य और भारतीय संघ के लिए गले की हड्डी बन गया।

इस अनुच्छेद की प्रदत्त शक्ति का पहला प्रयोग राष्ट्रपति द्वारा ठीक उसी दिन किया गया, जिस दिन भारत का संविधान देश में लागू हुआ यानि 26 जनवरी 1950 को। राष्ट्रपति द्वारा जारी यह पहला आदेश 'संविधान (जम्मू-कश्मीर में लागू) आदेश 1950' के नाम से जारी हुआ, जिसमे संविधान के कतिपय बुनियादी प्रावधानों को राज्य में लागू किया गया। इस कड़ी में जारी तीसरे आदेश 'संविधान (जम्मू-कश्मीर में लागू) 1954' के अन्तर्गत मौलिक अधिकारों से जुड़े अध्याय 3 के अनुच्छेद 35 को राज्य के सन्दर्भ में संशोधित कर लागू किया गया तथा इसमें अलग खण्ड 35 ए को भी जोड़ा गया। इसके तहत नागरिकता, सम्पत्ति, नौकरी, ज़मीन एवं वज़ीफ़े के अधिकारों के निर्धारण के राज्य को शक्ति प्रदान करने का प्रावधान था। यह आदेश अपनी इसी विशेष व्यवस्था (35 ए) के कारण लम्बे विवाद का विषय बना।

कुछ क़ानूनी पेंचों का ज़िक्र करना ज़रूरी है। जम्मू-कश्मीर प्रान्त हेतु भारतीय संविधान अनुच्छेद 370 के तहत भारतीय संविधान के प्रावधानों को लागू करने के लिए राज्य विधान सभा की मंजूरी ज़रूरी है। क़ानूनी प्रावधानों को एक बार अलग भी रखें तो दिलचस्प तथ्य है कि कश्मीर राज्य भारत की सर्वोच्च न्यायपालिका एवं CAG के अधिकार क्षेत्र से

लम्बे वक़्त तक बाहर रहा, जिसके कारण वहाँ की शासन व्यवस्था का समुचित अनुश्रवण सम्भव नही था। 35ए की भांति (जिसे राज्य के अनुरोध पर अधिसूचित किया गया था) भारत के राष्ट्रपति ने (वर्ष 1950 से 1996 की अवधि में) कुल तिरपन अधिसूचनाएँ (देखे सूची) जारी की हैं जो अधिकतर कांग्रेसी शासन के दौरान जारी की गयीं। यहाँ तक कि कुछ आदेश ऐसे वक़्त में जारी हुए जब राज्य में कोई सरकार वजूद में नहीं थी और प्रान्त राष्ट्रपति शासन के अधीन था। ज़ाहिर है, ऐसी स्थिति में राज्यपाल की सलाह पर जारी हुए आदेश अनुच्छेद 370 की शक्तियों को क्षरित करते हुए लागू किये गये। 26 जनवरी 1957 को लागू हुए जम्मू-कश्मीर के संविधान के तहत वहाँ सदरे रियासत और वज़ीर-ए-आज़म के पदों का प्रावधान किया गया था, परन्तु 1965 में संशोधित कर क्रमशः राज्यपाल तथा मुख्यमन्त्री पदनाम दिये गये।

इस तरह हम देखते हैं कि 6 अगस्त 2019 के पहले तक अनुच्छेद 370 को प्रर्याप्त रूप से निष्प्रभावी किया जा चुका था। ऐसा नही हैं कि समय-समय पर भारत सकरार के इन क़दमों पर कश्मीर में कोई विरोध अथवा प्रतिक्रिया न हुई हो। पाकिस्तान परस्त एवं अलगाँवादी तत्त्वों ने इसे हमेशा तूल दिया और कश्मीरी आवाम को भारत विरोधी भावनाओ को भड़काने की कोशिश करते रहे।

मोटे तौर पर अनुच्छेद 370 (विशेषकर 35 ए) को तुष्टीकरण का नाम देकर निशाने पर रखा गया। यहाँ हमें याद रखना होगा कि 35 ए मूलतः पूर्व रियासत में 1927 से लागू क़ानून की पुनरावृत्ति थी, जिसे 1954 में महज़ क़ानूनी औपचारिकता के लिए प्रकाशित किया गया था। यदि ऐसा नहीं किया जाता तो भी 1923 का क़ानून प्रभावी रहता। कहने का अर्थ यह है कि 35 ए को जोड़ कर हमने कश्मीर को कुछ नया नहीं दिया था। नेहरू सरकार में कश्मीरी मामलों के मन्त्री रहे डॉ. श्यामा प्रसाद मुखर्जी के नेतृत्व में स्थापित 'भारतीय जनसंघ' ने अपनी स्थापना से इस अनुच्छेद का विरोध अपने मूल संकल्पना में घोषित किया। ज्ञातव्य है कि इसके विरोध में चले आन्दोलन 'एक निशान-एक विधान' का नेतृत्व करते हुए डॉ. मुखर्जी का देहान्त भी जम्मू में हृदयाघात के कारण हो गया,

जिससे पार्टी के कार्यकर्ताओं में एक स्थायी रोष घर कर गया। कोढ़ में खाज का काम किया 35 ए के प्रावधानों ने, जिसके तहत कोई ग़ैर कश्मीरी जम्मू-कश्मीर प्रान्त में सम्पत्ति अर्जन नहीं कर सकता। हालाँकि 1954 से पूर्व 1927 से रियासत मे लागू क़ानून में कश्मीर नागरिकों के संरक्षण मिला हुआ था, परन्तु आज़ाद भारत में इसे क़ानूनी जामा पहनाने से प्रान्त से ईर्ष्या भाव रखने वाले ग़ैर कश्मीरियों को एक सुप्त कुण्ठा को व्यक्त करने का अवसर मिल गया। देश के बँटवारे में धार्मिक विभाजन के कारण हुई जनसंहार की त्रासदी की स्मृतियाँ अभी ताज़ी थीं। ऐसे माहौल में भारतीय समाज के एक हिस्से को धार्मिक तुष्टीकरण के नाम पर एक वृतांत खड़ा करने का मौक़ा मिल गया। जम्मू-कश्मीर राज्य को मिले विशेष अधिकारों के विरुद्ध शेष भारत के मानस में ऐसा दुष्प्रचार रचा जाने लगा मानो कश्मीरी देश के अन्य राज्यों का शत्रु है। इन धारणाओं के चलते कश्मीरी अवाम का भारतीयकरण अवरुद्ध रहा।

शेख़ के बन्दी जीवन में कश्मीर के भारतीयकरण के सार्थक प्रयास किये जा सकते थे, परन्तु केन्द्र एवं राज्य के नेत्तृव एवं दूरगामी कार्ययोजना के अभाव में यह काम किसी के ऐजेंडे पर नही था। हमने केवल 'कश्मीर हमारा है' नारे लगाने के अलावा कुछ भी सार्थक नहीं किया, जिससे कश्मीरी अवाम (जिसने अपना भविष्य भारत में देखा था) का विश्वास भारत की शासन व्यवस्था में बढ़ सके। इतना ज़रूर है कि कश्मीर मसले पर हमने अब तक पड़ोसी देश पाकिस्तान से चार युद्ध (1947, 1965, 1971, 1999) लड़ लिए हैं, जिसका हासिल है—युद्ध विराम एवं तीन समझौते-(ताशकंत, शिमला और लाहौर घोषणा-पत्र), जिनका व्यवहार में दोनों ओर से आरोप-प्रत्यारोप के लगाने के सिवा कभी व्यावहारिक अमल नही हुआ।

समाज का लोकतांत्रीकरण

कश्मीर और भारत के एकीकरण के क्रम में हमें बदलती हुई समकालीन राजनीतिक परिस्थितियों एवं तत्कालीन विमर्श एवं दृष्टिकोणो पर भी नज़र डालनी चाहिए। कश्मीर के मामले में नेहरू का दृष्टिकोण एवं कार्यनीति काफ़ी हद तक सुविचारित थी। वहीं दूसरे सबसे महत्त्वपूर्ण पक्षकार शेख़

अब्दुल्ला में इस विषय को लेकर एक हद तक की स्पष्टता के बावजूद उनमें संशय एवं विचलन दिखायी देता है। कश्मीर के विशेष महत्त्व को समझते हुए नेहरू ने इस विषय को परराष्ट्र (विदेश) मन्त्रालय के अधीन रखा था, जो मन्त्रालय के रूप में प्रधानमन्त्री के पास था। यहाँ यह सवाल उठता है कि रियासतों के विलय का सारा मामला जब गृहमन्त्री के रूप में सरदार पटेल देख रहे थे तो कश्मीर उन रियासतों से अलग क्यों था? इसकी तह में जाने पर हमें पता चलता है कि पटेल कश्मीर के भविष्य को ले कर के बहुत उत्साहित नहीं थे। अपने कतिपय पत्राचारों और वार्तालाप में उन्होंने कश्मीर को भारत के भविष्य की समस्याओं की सूची में रखा था। कहा तो यहाँ तक जाता है कि लियाक़त-नेहरू समझौते के दौरान उन्होंने पाकिस्तान के प्रधानमन्त्री लियाक़त अली खान से पेशकश की थी यदि हैदराबाद एवं जूनागढ़ के मामले में पाकिस्तान तटस्थ हो जाये तो वे भारत की कश्मीर नीति को पाकिस्तानी रुख़ के अनुरूप विचार करने को भारत सरकार तैयार हो सकती है।

भारत के संविधान निर्माताओं मे से प्रमुख व्यक्ति डॉ. भीमराव अम्बेडकर के मन में भी कश्मीर को लेकर अलग संकल्पनाएँ थीं। वे जम्मू एवं लद्दाख क्षेत्र को स्वायत्तता देते हुए दो केन्द्र शासित प्रदेशों के रूप में भारत का अंग बनाए जाने हेतु उत्सुक थे, वहीं मुस्लिम बहुल्य कश्मीरी क्षेत्रों (कश्मीर घाटी, गिलगित–बाल्टिस्तान आदि) को पाकिस्तान को सौंपने का विचार करते हुए इस समस्या का समाधान देखते थे। तत्कालीन कांग्रेस के भीतर भी नेहरू की कश्मीर-नीति के मुक़ाबले पटेल एवं अम्बेडकर जैसे विचार रखने वालों की बहुतायत थी। एक तरह से कहा जा सकता है कि कश्मीर को ले कर नेहरू लगभग अकेले पड़ गये थे। समाजवादी चिन्तक डॉ. राम मनोहर लोहिया भारतीय उपमहाद्वीप के 'भारतीय महासंघ' के रूप में पुनर्गठित के मुखर प्रवक्ता थे एवं कश्मीर की समस्या का समाधान उसी के भीतर खोजने के हिमायती थे। इस प्रकार हम देखते हैं कि कश्मीर मुद्दे को लेकर भारतीय राजनेताओं के चिन्तन में एकरूपता का सर्वथा अभाव था। यहाँ पर तत्कालीन राजनीतिक कतारों 'हिन्दू महासभा, जनसंघ' एवं

'राष्ट्रीय स्वयंसेवक संघ' के विचार बिलकुल दूसरे ध्रुव पर थे, जो कश्मीर को किसदी भी प्रकार की स्वायत्तता देने के घोर विरोधी थे। साफ़ है, ऐसे माहौल में कश्मीर का भारतीय राष्ट्र में स्वाभाविक विलयन अथवा एकीकरण कैसे अंजाम तक पहुँचता?

जम्मू-कश्मीर का भारतीयकरण करने का एक कारगर तरीक़ा हो सकता था, प्रदेश के अवाम को राजनीतिक गतिविधियों को सक्रिय करते हुए उन्हें राष्ट्रीय राजनीति से जोड़ना। इस प्रक्रिया की पड़ताल करने से हमें पता चलता है कि आज़ादी के समय तत्कालीन केन्द्रीय नेतृत्व ने इस दिशा में कोई ठोस पहल नहीं की। राष्ट्रीय राजनीतिक दल होने के नाते कांग्रेस पार्टी को यह ज़िम्मेदारी लेनी चाहिए थी, परन्तु हमें दिखता है कि लम्बे समय तक कांग्रेस इस दिशा में उदासीन रही और उसने पूरा मैदान शेख़ अब्दुल्ला और उनकी पार्टी 'नेशनल कॉन्फ्रेंस' के हवाले कर दिया और कांग्रेस पार्टी विपक्ष में दिखने को भी तैयार नहीं थी। नेशनल कॉन्फ्रेंस और शेख़ की सम्भावित निरंकुशता को कैसे नियन्त्रित करना है, इस दिशा में उसने किसी राजनीतिक कार्ययोजना की ज़रूरत तक नहीं समझी। अन्ततः शेख़ अब्दुल्ला के विरुद्ध प्रतिपक्ष के रूप में ऐसे तत्त्व एकजुट हुए, जो बुनियादी तौर पर स्वयं साम्प्रदायिक हितों की रक्षा के लिए लामबन्द हुए थे एवं उनके पास भी जम्मू-कश्मीर के भविष्य के लिए किसी ठोस कार्ययोजना का सर्वथा अभाव था। बलराज मधोक के नेतृत्व में यह कार्य 'जम्मू-कश्मीर प्रजा पार्टी' के माध्यम से चलता रहा। वर्ष 1951 में सम्पन्न हुए चुनावों में भी 'नेशनल कॉन्फ्रेंस' के अलावा किसी भी राजनीतिक दल ने अपने प्रत्याशी उतारने तक से परहेज़ किया तो वहीं 'प्रजा पार्टी' ने भी चुनावों का बहिष्कार कर 'नेशनल कॉन्फ्रेंस' के सभी उम्मीदवारों के निर्विरोध चुने जाने का रास्ता साफ़ कर दिया। डॉ. श्यामा प्रसाद मुखर्जी के नेतृत्व में 'जनसंघ' के गठन के पश्चात् ही जम्मू-कश्मीर में राजनीतिक गहमागहमी की शुरुआत हुई, परन्तु दुर्भाग्य से प्रदेश को लेकर 'जनसंघ' की सोच भी एकांगी रही जिसने 'प्रजा पार्टी' के साम्प्रदायिक एजेंडे के विस्तार के रूप में अपनी राजनीतिक कार्यवाइयों को सीमित रखा।

नि:सन्देह इस परिदृश्य में शेख़ अब्दुल्ला की कार्यपद्धति में मनमानापन आना स्वाभाविक रहा होगा। 1953 में शेख़ की गिरफ़्तारी इन्हीं अन्तर्विरोधों का प्रस्फुटन था। शेख़ के नेपथ्य में जाने के बावजूद प्रदेश में कांग्रेस ने किसी राजनीतिक भूमिका के लिए कोई प्रयास नहीं किये। 'नेशनल कॉन्फ्रेंस' का एकाधिकार 1957 और 1962 के चुनावों में बरक़रार रहा। इस दौरान प्रतिपक्ष की कोई सार्थक आवाज़ नहीं सुनाई देती। 1962 के चुनावों के पश्चात् 'नेशनल कॉन्फ्रेंस' में हुई टूट के पश्चात् ही वहाँ की राजनीति में दूसरा कोण आया। 'नेशनल कॉन्फ्रेंस' के दूसरे गुट के नेता मोहम्मद सादिक़ के नेतृत्व में 1964 में 'जनतांत्रिक नेशनल कॉन्फ्रेंस' का गठन हुआ, जिसके विलय के पश्चात् ही जम्मू-कश्मीर में 'भारतीय राष्ट्रीय कांग्रेस' का अस्तित्व सामने आ पाया। इसे हम किसी स्वतन्त्र राजनीतिक दल के उद्‌भव या विकास के रूप में स्वीकार नहीं कर सकते क्योंकि यह पूर्णतया आयातित नेतृत्व और कार्यकर्ताओं का नामान्तरण ही कहा जायेगा। जम्मू-कश्मीर की कांग्रेस पार्टी 'भारतीय राष्ट्रीय कांग्रेस' के मूल उद्‌भव एवं उसके लम्बे संघर्ष की विरासत से बिलकुल अछूती थी और उसके प्रादेशिक कार्यकर्ताओं को कॉंग्रेस की विचारधारा उसके मूल्यों से स्वमेव दीक्षीत होना सम्भव नहीं था। यही वजह रही होगी कि जम्मू-कश्मीर के सन्दर्भ में कांग्रेस पार्टी अपने राष्ट्रीय परिप्रेक्ष्य के बावजूद एक राजनीतिक दल के रूप में एक स्वतन्त्र और वैकल्पिक पहलक़दमी लेने में नाकाम रही। जहाँ तक 'जनसंघ' या 'भारतीय जनता पार्टी' का प्रश्न है, उनकी समझ और वैचारिकी में घुली हुई संकीर्णता एवं प्रतिक्रियावाद के नाते उनसे अपेक्षा करना, कि वे कश्मीरी अवाम के भारतीयकरण की परियोजना को किसी लोकतान्त्रिक प्रक्रिया के तहत पूरा कर पायेंगे, ज़्यादती होगी। कहने में गुरेज़ नहीं है कि ले-दे कर यह कार्यभार प्रदेश की राजनीतिक पार्टियों के हवाले ही रखा गया, जिसमें वे भी पूरी तरह विफल रहीं।

यहाँ यह मानने में संकोच नहीं है कि कुछ हद तक 35 ए के प्रावधानों से राज्य का स्वत: स्फूर्त औद्योगिक विकास बाधित हुआ। इस वजह से दूसरे राज्यों की तुलना में जम्मू-कश्मीर में पूँजी निवेश एक बड़ी समस्या बनी रही। इसके अलावा ढांचागत विकास में भी राज्य पिछड़ता चला

गया जबकि इसी दौरान अन्य पर्वतीय राज्यों, विशेषकर हिमांचल प्रदेश ने पनबिजली, पर्यटन एवं दवा उद्योग में कमाल की सफलता हासिल की। उसके बरक्स कश्मीर अपने परम्परागत उत्पादन और पर्यटन उद्योग पर ही निर्भर रहा। रही-सही कसर आतंकवाद के उभार ने पूरी कर दी, जिसने प्रदेश की अर्थव्यवस्था को लगातार एक अराजक स्थिति में बनाए रखा। यह अलग बात है कि विकास के मानवीय सूचकांक के नज़रिये से प्रदेश की स्थिति देश के अन्य राज्यों से अभी भी बेहतर है।

केन्द्र सरकार और राज्य सरकार की खींचतान का लम्बा ब्यौरा पहले ही दिया जा चुका है, जिसकी वजह से प्रदेश बुनियादी विकास के सन्दर्भ में एक दूरगामी योजना से मरहूम रहा। राजनीतिक स्वार्थों के नाते अस्थिर और लगातार बदलते निज़ाम (देखें सारिणी) के मौसम में राजनीतिक आकाओं को अपने व्यक्तिगत स्वार्थों से आगे जनता के सवालों पर विचारने की फुर्सत ही कहाँ थी कि वे सामाजिक और आर्थिक चुनौतियों से निपटने की कोई कारगर रणनीति बना सकते। प्रदेश के राजनेताओं में भी मात्र अल्पकालिक लाभ के लिए अपनी समस्त ऊर्जा ख़र्च कर दी और जनता को प्रशिक्षित करने एवं राष्ट्रीय भूमिका में उतारने के मामले में कोई रुचि नहीं ली। शेष भारतीय मानस में भी कश्मीरियों के प्रति लगभग ऐसी ही अलगाँववादी सोच बसती चली गयी। उनके लिए कश्मीर के भूगोल का तो महत्त्व था, पर कश्मीरियों के लिए भारतीय समाज में कोई जगह होनी चाहिए, ऐसा ख़याल उनके अवचेतन से भी मिटता चला गया।

इस प्रक्रिया की जटिलता को समझने के लिए हमें कश्मीरी पण्डितों के पलायन पर विचार करना होगा। ग़ौर से विचार करें तो हमें पता चलता है, यह पलायन रियासत के विघटन से ही प्रारम्भ हो गया था। कश्मीर पण्डित डोगरा शासन की राज्यसत्ता के संचालक थे एवं कश्मीर रियासत की सम्पदा के बड़े हिस्से पर काबिज़ थे। उन्हें पता था कि आज़ादी के बाद शेष भारत की तरह कश्मीरी समाज में भी वर्चस्ववादी ताक़तों का

क्षरण होना तय था। इस वजह से राज्य की भावी सत्ता संरचना में उनकी भूमिका सीमित होनी ही थी। दीवार पर लिखी इन इबारतों ने उनके मानस में राज्य के प्रति एक मोहभंग की स्थिति बनी होगी। ऐसा मुमकिन है और अपनों के भविष्य को संरक्षित करने हेतु उन्होंने कश्मीर से बाहर निकलना तेज़ कर दिया हो। रही-सही कसर शेख़ द्वारा लागू किये ज़मीन सुधार क़ानूनों ने पूरी कर दी। अब उनमें जन्मभूमि के प्रति बचा खुचा प्रेम भी छोटा पड़ने लगा। कश्मीर में रहकर वहाँ समाज के लोकतांत्रीकरण एवं एकीकरण में उनकी दिलचस्पी निरन्तर कम होती गयी, जिसके कारण कश्मीरी समाज में वे अलग-थलग होते चले गये।

कोढ़ में खाज का काम किया 1990 में आतंकवादियों की खुली धमकियों और हमलों ने, जिसकी वजह से वे अन्तिम विस्थापन के लिए विवश हो गये। आर्थिक रूप से मज़बूत कश्मीरी पण्डितों को छोड़ दें तो उनका बड़ा मध्य वर्ग अपनी जड़ों से उखड़ने के कारण गहरे संकट में पड़ गया एवं जम्मू एवं दिल्ली के शिविरों के जीवनयापन के लिए मजबूर हुआ। अपने ऊपर आयी इस विपदा का उन्हें कतई भान नहीं रहा होगा। उनका संकट सुलझने के बजाय जटिल होता गया। नाम मात्र की सरकारी सहायता से उनकी ज़रूरतों एवं आकांक्षाओं को पूरा करना सत्य से मुँह छुपाना था। भारत की केन्द्रीय सत्ता ने उनके पुनर्वास के लिए जुबानी जमा-ख़र्च के अलावा कुछ सार्थक नहीं किया। हाँ, उन्हें राजनीतिक मुद्दा बना उनके भावनात्मक दोहन एवं शेष हिन्दू भारत में कश्मीरियों के प्रति नफ़रत बढ़ाने में एक औज़ार ज़रूर बनाया। कश्मीर के सन्दर्भ में कश्मीरी पण्डितों की यह यातना कश्मीर का बेहद दुखद पहलू है। हमें ध्यान देना होगा कि कश्मीर के सवाल को हल किये बिना हम कश्मीरी पण्डितों को न्याय नहीं दिला सकते। उनकी यातना और दुखों का अन्त तभी सम्भव है, जब हम कश्मीर में शान्ति और लोकतन्त्र को बहाल कर उसे भारत के एक सामान्य राज्य की सूची में ला पायेंगे।

अध्याय-पन्द्रह

बदलता भारत और जम्मू एवं कश्मीर राज्य का विघटन

2014 में भाजपा की सरकार गठन के बाद कश्मीर के सम्बन्ध में घोषणा की गयी कि अपने आदिपुरुष अटल बिहारी बाजपेयी द्वारा प्रतिपादित कश्मीरियत और जम्हूरियत के सिद्धान्त पर आगे बढ़ना है, परन्तु अन्दरख़ाने पार्टी में कश्मीरी जनता के प्रति काफ़ी दुराग्रह था। परिस्थितियाँ ऐसी बनती गयीं कि भाजपा को सेना को खुली छूट देनी पड़ी, जिसके नतीजे भयावह रहे और कश्मीरी अवाम का केन्द्र के प्रति रहा-सहा विश्वास भी समाप्त हो गया। 35ए और धारा 370 पर भाजपा का रुख़ सर्वविदित था। वे लगभग सभी चुनावों के पार्टी घोषणा-पत्र के अनिवार्य मुद्दे थे। अटल शासन तथा मोदी शासन के पहले कार्यकाल में सहयोगी दलों के दबाव में यह मुद्दा नेपथ्य में ज़रूर रहा, परन्तु 2014 के बाद ही भाजपा इसे समाप्त करने की जुगत में लग गयी थी। इसके क़ानूनी काट के तरीक़े ढूँढ़ने का कार्य अत्यन्त गोपनीय तरीक़े से पार्टी के भीतर जारी रहा।

2019 में मोदी के प्रचण्ड बहुमत प्राप्त करते ही लगने लगा था कि यह सरकार अपने पुराने संकल्प को अमली जामा पहना देगी। सोने पर सुहागा था, अमित शाह का गृहमन्त्री के रूप में अवतरण। मोदी का समर्थन और अमित शाह की कटिबद्धता का परिणाम था कि 5 और 6

अगस्त को भारतीय संसद ने बहुमत से धारा 370 के संशोधन के साथ, राष्ट्रपति द्वारा विगत में जारी समस्त अधिसूचनाओं को निरस्त कर दिया। दिलचस्प है कि जारी हुई दो अभिसूचनाओं में यह उल्लेख तो मिलता कि भारतीय संविधान के समस्त प्रावधान जम्मू-कश्मीर में प्रभावी होंगे, परन्तु 1957 में लागू हुए जम्मू-कश्मीर के संविधान की हैसियत (LOCUS STANDI) या उसके निरस्त्रीकरण का स्पष्ट पता नहीं चलता। यह एक विधिक विसंगति है, जिसके बारे में इस विषय पर विशेषज्ञों के मध्य हुई चर्चाओं में इस पहलू पर लेखक की जिज्ञासा का समाधान नहीं हो पाया है।

भारत सरकार के इस क़दम की आलोचना विश्वभर में लोकतन्त्र में यक़ीन रखने वालों समुदायों ने की है, साथ ही भारत की कुछ राजनीतिक पार्टियों, मानवाधिकार कार्यकर्ताओं और जनपक्षधर बुद्धिजीवियों द्वारा तीखी प्रतिक्रिया भी हुई है। कश्मीरी अवाम के बारे में बस इतना कहा जा सकता है कि उनकी सुध किसी को नहीं है। भारत के उच्चतम न्यायालय में इसके विरोध में याचिकाओं की बाढ़ है, जिसका निपटान भारत की न्याय प्रणाली अपनी रफ़्तार से ही करेगी। ऐसा साफ़ दिखता है कि फ़िलहाल उसका इरादा केन्द्र की ताक़तवर सत्ता से पंगा लेना नहीं है। भाजपा की केन्द्र सरकार द्वारा उठाये गये क़दमों की एक दूसरे कोण से विवेचना की जा सकती है।

सर्वविदित है कि विगत में भारत की केन्द्र सरकारों ने अब तक अनुच्छेद 370 के अन्तर्गत जारी पचासेक आदेशों के माध्यम से कमोबेश भारतीय संविधान के सारे महत्त्वपूर्ण प्रावधान जम्मू-कश्मीर पर लागू कर अनुच्छेद 370 को पर्याप्त रूप से शक्तिहीन (Redundant) कर दिया था। प्रदेश के विशेषाधिकार के नाम पर महज़ 35ए के प्रावधान बचे हुए थे, जिसे लेकर भाजपा ने शेष भारतीय मानस में एक ईर्ष्याजनित विरोध का वातावरण बनाने में सफलता प्राप्त कर ली थी। कश्मीर मामलों के जानकार एवं संविधान विशेषज्ञों को अनुमान था कि भाजपा सरकार 35 ए के वर्तमान प्रावधानों को निरस्त कर अपना घोषित लक्ष्य प्राप्त कर सकती है।

इस हेतु उसे राष्ट्रपति द्वारा स्वयं के जारी आदेश 1954 को मात्र उक्त सीमा तक संशोधित करने वाला एक और आदेश जारी करने की ज़रूरत होती, जिसके क्षेत्राधिकारों के विषय में कोई संवैधानिक प्रश्न उठाना यों भी कठिन होता क्योंकि उक्त प्रावधान राष्ट्रपति के आदेशों द्वारा ही 1954 से लागू हुए थे। हमें यह स्मरण रखना चाहिए कि राष्ट्रपति द्वारा जारी हुए समस्त परवर्ती आदेश 1954 के संशोधन के क्रम में ही जारी किये जाते रहे है। इसका एक संवैधानिक कारण यह हो सकता है कि यह वह अन्तिम आदेश था, जिसे अनुच्छेद की भावना के अनुरूप जम्मू-कश्मीर की संविधान सभा की सम्पुष्टि (Ratification) प्राप्त था।

यहाँ सवाल उठता है कि भाजपा ने इस अपेक्षाकृत आसान रास्ते की बजाय जोखिम भरा रास्ता क्यों अपनाया? इसे समझने की ज़रूरत है। पहला कारण हो सकता है कि पार्टी ने पिछले सत्तर सालों में जो कथानक गढ़ा था, वह अनुच्छेद 370 को समाप्त करने कि घोषणा से लक्षित था। इसलिए मजबूरन उसे अपनी कार्यवाही में अनुच्छेद 370 को शामिल करना पड़ा, उसकी विवशता को दर्शाता है, जिसके बिना उसका संकल्प अधूरा दिखता (यों तकनीकी तौर वह अभी भी अधूरा है क्योंकि मृत अनुच्छेद 370 अभी भी भारतीय संविधान का हिस्सा है)। दूसरा बड़ा कारण है कि भाजपा अपने इस क़दम से एक बृहत्तर सन्देश देना चाहती थी, जिसके निशाने पर कश्मीरी अवाम से कहीं अधिक उसका लक्ष्य शेष भारतीय मानस को सम्बोधित करना था। भला कश्मीरी जनता को अपमानित किये बिना समर्थकों को आनन्दित करना कैसे मुनासिब होता? केन्द्र सरकार के इस फ़ैसले पर जिस तरह ग़ैर भाजपा दलों (विशेषकर राज्यों तक सीमित क्षेत्रीय दलों) ने मौन साध रखा, वह अकल्पनीय है, ख़ासकर जब वे केन्द्र पर लगातार संविधान प्रदत्त संघीय प्रणाली को कमज़ोर करने का रोना रोते रहे हैं और बदले में प्रताड़ित होते रहते हैं।

इसी क्रम में जम्मू-कश्मीर प्रान्त के विघटन अथवा पुनर्गठन पर भी चर्चा कर लेना समीचीन होगा। लम्बे समय से प्रदेश, विशेषकर घाटी की

स्थिति पर नियन्त्रण करने में नाकाम रहने की वजह से सरकारी हलक़ों में प्रदेश को तीन भागों— कश्मीर,जम्मू एवं लद्दाख बाँटने की सोच काफ़ी पहले से पक रही थी (देखें मानचित्र)। भाजपा तो खुले मन से इसके पक्ष में थी। लद्दाख क्षेत्र के जनप्रतिनिधि स्वयं कश्मीर से अलग होने की माँग भी करते रहे थे। इसी परिप्रेक्ष्य में प्रदेश के पुनर्गठन का फ़ैसला लिया गया होगा, परन्तु वह मूल योजना से थोड़ा अलग सामने आया क्योंकि जम्मू को अभी कश्मीर के साथ ही रखा गया है। मुमकिन है, सोचा गया होगा कि घाटी को जम्मू से अलग कर तीसरे क्षेत्र के रूप में बाँटना राजनीतिक और प्रशासनिक नियन्त्रण की दृष्टि से जोखिम भरा हो सकता है, अत: जम्मू को इस परिस्थिति के सन्तुलन हेतु उपयोग करना श्रेयस्कर रहेगा।

राष्ट्रीय सम्प्रभुता के नाम पर भावनात्मक मुद्दे के रूप मे चुनावी राजनीति मे कश्मीर के सवाल का भरपूर दोहन होता रहा है। तीसेक साल में एक ऐसा नेरेटिव गढ़ा गया मानो घाटी का हर मुसलमान भारत विरोधी आतंकवादी है, जिनसे सहानुभूति प्रदर्शित करने वाला भारतीय स्वत: राष्ट्रद्रोही मान लिया जाता है। शायद यही वजह है कि सरकार की इस दमनकारी कार्यवाही का वह विरोध हमें दिखाई नहीं दिया जिसकी यह माँग करता था। विपक्षी दलों के एक बड़े हिस्से ने इस मुद्दे पर मौन ही साध रखा है। कुछ दलों (कांग्रेस और वाम दलो) ने सिद्धान्तत: इसका विरोध किया, परन्तु कश्मीरी अवाम को जिस मरहम की ज़रूरत थी, वे भी वह मुहैया न करा पाये । भारतीय जनमानस के बड़े हिस्से ने इसका स्वागत यों किया मानो सारे मर्ज़ की दवा मिल गयी हो। सरकार के इस क़दम को आलोचकों का एक बड़ा धड़ा भी इसे इसी तरह देख रहा है जैसे हल्के ना-नुकुर के बाद उनके द्वारा बाबरी मस्जिद का ध्वन्स और राम मन्दिर पर सर्वोच्च न्यायालय के ताज़ा फ़ैसले को समाधान मानकर (Fete Accomply) आत्मसात् कर लिया गया है।

इस घटना का यह प्रतिफल ज़रूर हुआ है कि कश्मीर एक खुली जेल में तब्दील हो गया है और दो वर्ष पूरा करने के बावजूद अनिश्चित

समय तक के लॉकडाउन में है। वहाँ की आर्थिक व्यवस्था भगवान भरोसे है। कश्मीर समस्या के लोकतान्त्रिक समाधान के सारे दरवाज़े बन्द हो चुके हैं। ताबूत में इस आख़िरी कील ने ज़हनी तौर पर कश्मीर को हमसे और अधिक दूर कर दिया है। आधुनिक इतिहास में ऐसी मिसालें मिलना मुश्किल है। लोकसभा में अधिसूचनाओं पर हुई बहस के दौरान प्रतिपक्ष के एक सांसद ने कश्मीर का दुख बयान करते हुए सम्भावना जतायी थी कि भारत सरकार नें कश्मीर को फ़िलस्तीन के रास्ते पर धकेल दिया है। ख़ुदा न करे, उनकी भविष्यवाणी सच में तब्दील हो।

यही वज़ह है कि आज जब आम कश्मीरी अपने संकट के सबसे बुरे दौर में है। हम भारतीयों को इसका ज़रा-सा भी मान नहीं है, बल्कि एक वितृष्णा और ईर्ष्या का भाव ज़रूर है कि उन्हें अपने किये की सज़ा तो मिलनी ही चाहिए। लम्बे काल तक शान्ति, सद्भाव और सामाजिक समरसता का हमसफ़र रहा कश्मीर आज धार्मिक, क्षेत्रीय एवं सांस्कृतिक विभाजन के साथ युद्ध के मुहाने पर है। आतंकवाद और बेगानेपन से बेतरह मार खाया वह कराह रहा है। अब तो उसका संवैधानिक दर्ज़ा एक पायदान और घटा कर केन्द्र शासित क्षेत्र में तब्दील करते हुए उसे दो टुकड़ों में बाँट दिया गया है। जम्मू-कश्मीर क्षेत्र को पूर्व कश्मीर क्षेत्र के महज़ एक चौथाई हिस्से तक सीमित कर, प्रान्त और वहाँ के बाशिन्दों को उनकी औक़ात बतायी गयी है। आतंकवाद की प्रयोगशाला बना धरती के स्वर्ग कहा जाने वाला कश्मीर और वहाँ के आवाम को अपने किये की सज़ा इससे कमतर क्या हो सकती है?

6 अगस्त 2019 को ही पूर्व जम्मू-कश्मीर राज्य का दर्ज़ा घटा कर उसे दो केन्द्र शासित क्षेत्रों (जम्मू एवं कश्मीर, लद्दाख) में विघटित कर दिया गया (देखें नक़्शा)। इस विभाजन का पहला भौगोलिक स्वरूप मीडिया के द्वारा प्रकाशित किया गया (देखें मानचित्र), जिसके अनुरूप लद्दाख में लद्दाख के अलावा अक्साई चिन को शामिल किया गया था एवं बाक़ी क्षेत्रों, वर्तमान जम्मू-कश्मीर के अलावा आज़ाद कश्मीर, गिलगित–बाल्टिस्तान, सियाचिन-ग्लेशियर एवं शक्सगाम घाटी को

जम्मू-कश्मीर केन्द्र शासित क्षेत्र का हिस्सा बताया गया था। परन्तु * 8/9 अक्तूबर 2019 को भारत सरकार द्वारा जारी नक़्शे में स्थितियाँ पलट गयीं। इसमें आज़ाद कश्मीर को जम्मू-कश्मीर केन्द्र शासित क्षेत्र का हिस्सा तथा बाक़ी बचे क्षेत्रों को लद्दाख में दिखाया गया (देखें भारत सरकार द्वारा जारी मानचित्र)। ग़ौर करने पर पता चलता है कि इनका क्षेत्रफल क्रमश: 56 हज़ार वर्ग किमी एवं 1 लाख 66 हज़ार वर्ग किमी बनता है। मोटे तौर पर यह पुनर्गठन इतनी जल्दबाज़ी में किया गया कि इसके प्रशासनिक पक्ष पर कोई ध्यान दिया गया होगा, इसमें सन्देह है। महज़ लद्दाख केन्द्र शासित क्षेत्र देश के पूरे क्षेत्रफल का बीसवाँ हिस्सा है जो कई पूर्ण प्रदेशों के क्षेत्रफल से कई गुना अधिक है। पुनर्गठन की कार्यवाही महज़ एक भौगोलिक विभाजन से पूरी नहीं होती वरन इसकी लम्बी प्रशासनिक प्रक्रिया है, जिसकी शुरुआत कब होगी, पता नहीं। नक़्शे में लेह ज़िले की जैसी स्थिति दर्शायी गयी, वहीं हमें अपनी तैयारी की गम्भीरता की पोल खोलती है। भारत की तुलना में पाकिस्तान ने इससे भी हास्यापद क़दम उठाते हुए पाकिस्तानी सरकार द्वारा अपने देश के पुनर्गठित नक़्शे जारी किये, जिसमें जूनागढ़ को पाकिस्तान का हिस्सा बताया गया है मानो दोनों देशों में अधकचरी होड़ लगी हो।

---

*5/6 अगस्त के जारी अधिसूचनाओं को क्रियन्वित करते हुए भारत सरकार ने पहला मानचित्र 8 अक्टूबर 2019 को जारी किया था, जिसमें एक भारी चूक के कारण उसे 9 अक्टूबर 2019 को पुन: प्रकाशित किया गया। भारत के बदलते भूगोल को उसके नक़्शों में ढूँढ़ने की कोशिश करें, कई दिलचस्प कहानियाँ हाथ लगेंगी।

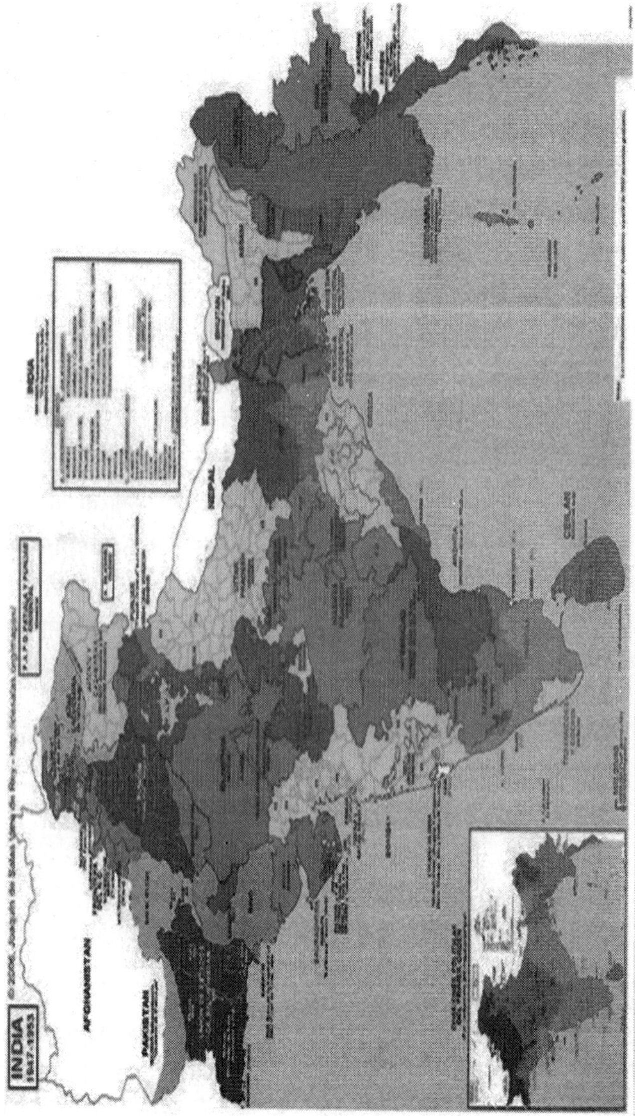
INDIA
AFGHANISTAN
PAKISTAN

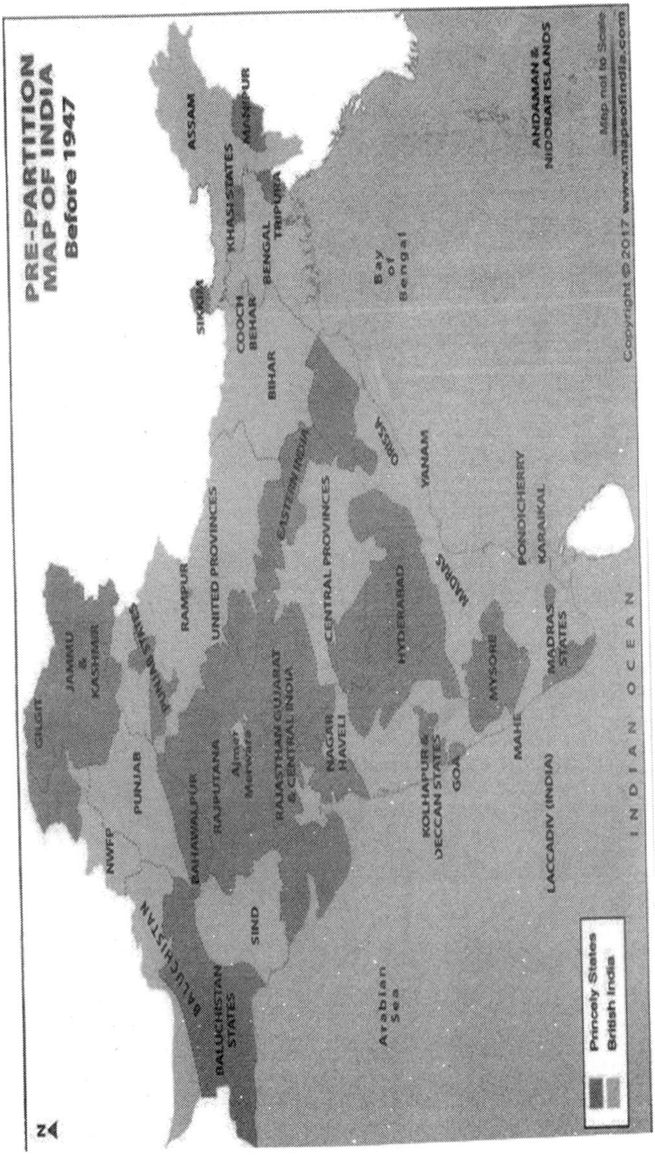
PRE-PARTITION
MAP OF INDIA
Before 1947
N
GILGIT
JAMMU & KASHMIR
PUNJAB
NWFP
BALUCHISTAN
BALUCHISTAN STATES
SIND
BAHAWALPUR
RAJPUTANA
Ajmer Merwara
RAJASTHAN GUJARAT & CENTRAL INDIA
NAGAR HAVELI
RAMPUR
UNITED PROVINCES
CENTRAL PROVINCES
EASTERN INDIA
HYDERABAD
MADRAS
MYSORE
MADRAS STATES
KOLHAPUR & DECCAN STATES
GOA
MAHE
LACCADIV (INDIA)
PONDICHERRY
KARAIKAL
YANAM
ORISSA
BIHAR
COOCH BEHAR
SIKKIM
BENGAL
TRIPURA
KHASI STATES
ASSAM
MANIPUR
Bay of Bengal
Arabian Sea
INDIAN OCEAN
ANDAMAN & NICOBAR ISLANDS
Princely States
British India
Map not to Scale
Copyright © 2017 www.mapsofindia.com

Administrative Divisions of India in 1951
Jammu and Kashmir
Punjab
Patiala and East Punjab States Union
Himachal Pradesh
Delhi
Rajasthan
Ajmer
Uttar Pradesh
Vindhya Pradesh
Bihar
West Bengal
Assam
Manipur
Tripura
Madhya Bharat
Bhopal
Madhya Pradesh
Orissa
Kutch
Saurashtra
Bombay
Hyderabad
Mysore
Madras
Coorg
Travancore Cochin
Lakshadweep
Andaman and Nicobar Islands
INDIA IN PIXELS
Source: Livemint

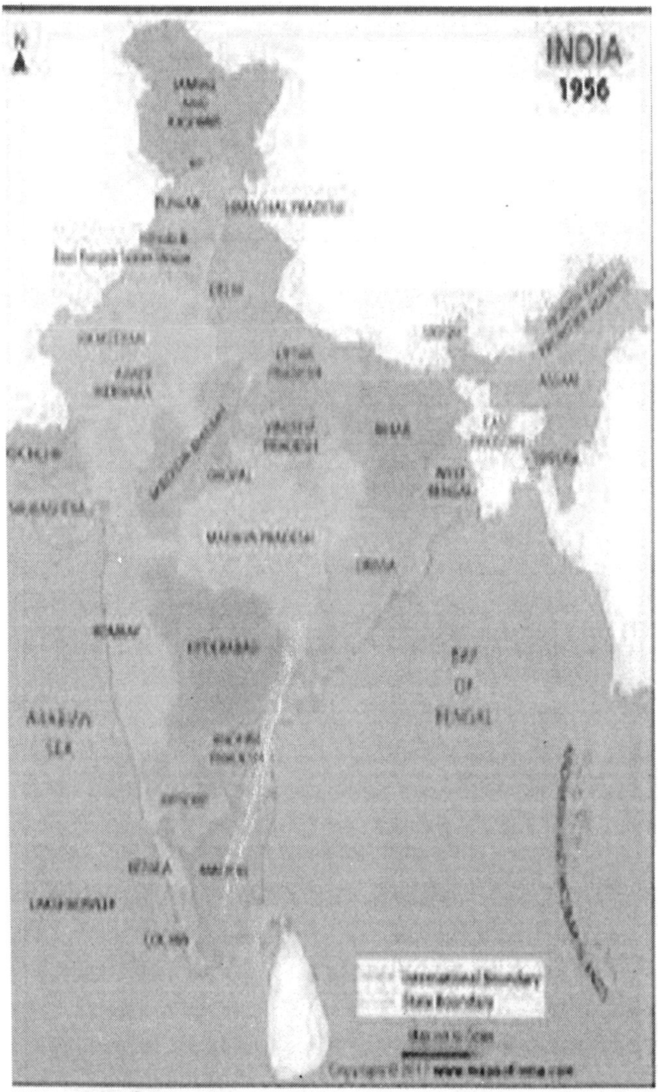
INDIA
1956

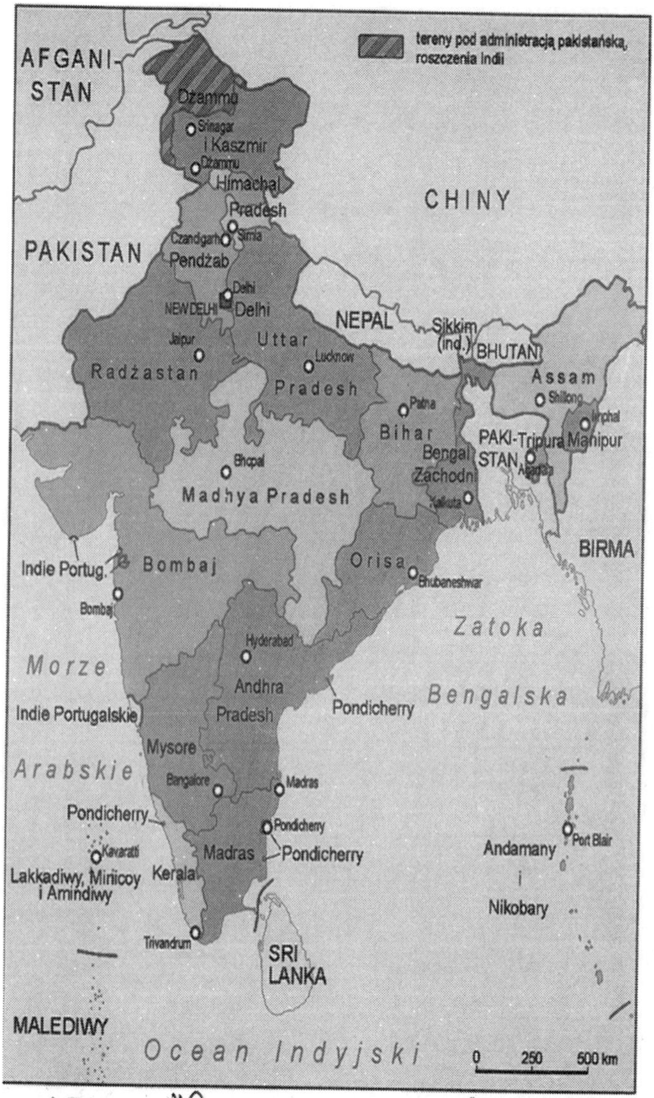

भारत का राजनैतिक मानचित्र 1956 (राज्य पुनर्गठन के पश्चात्)

वर्ष 2008 में भारत का राजनैतिक मानचित्र

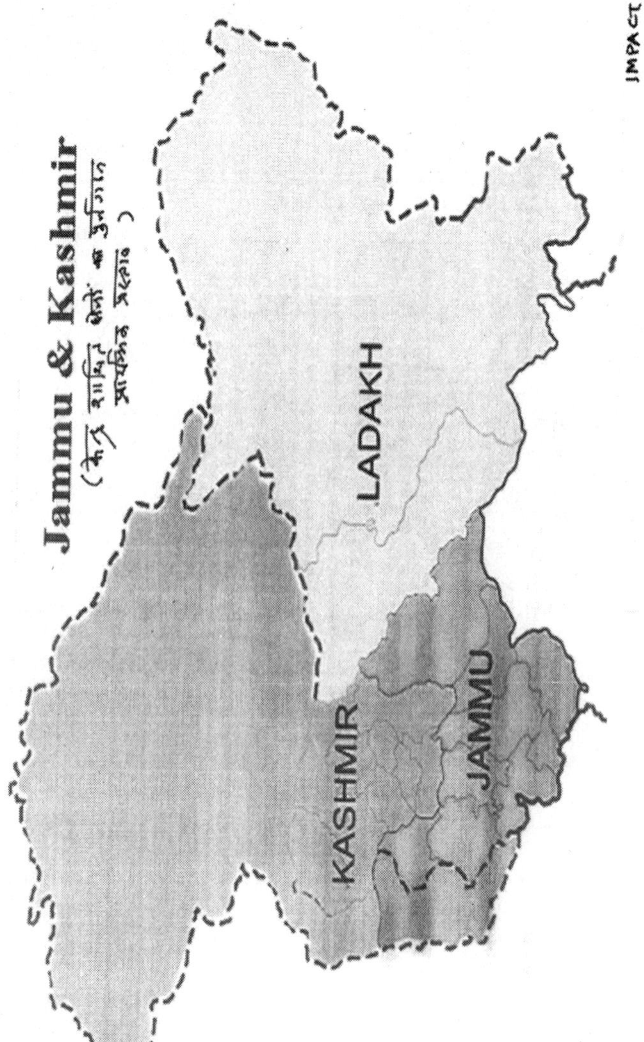
Jammu & Kashmir
LADAKH
KASHMIR
JAMMU
IMPACT

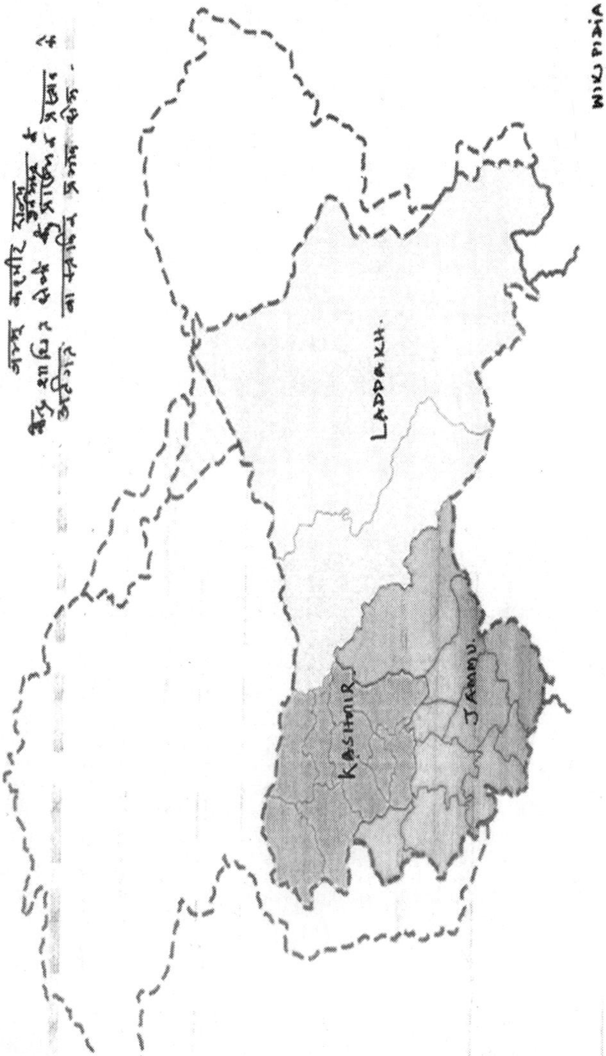
LADDAKH.
KASHMIR
JAMMU.

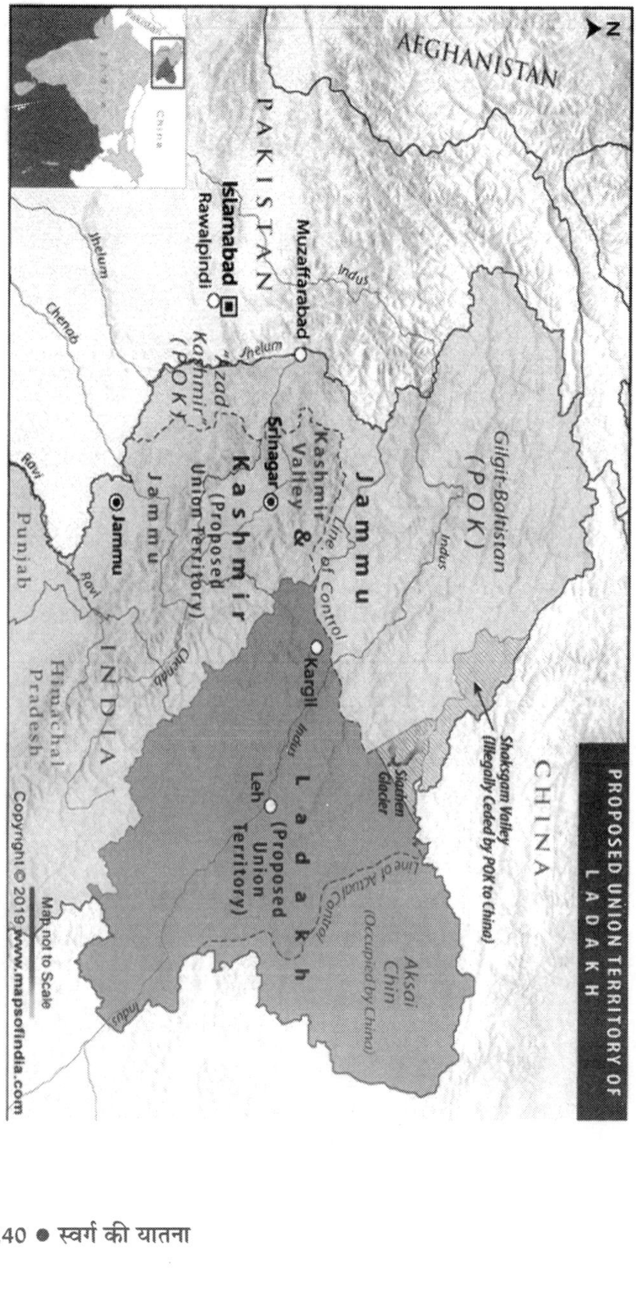

PROPOSED UNION TERRITORY OF LADAKH
AFGHANISTAN
PAKISTAN
CHINA
Gilgit-Baltistan (POK)
Shaksgam Valley (Illegally Ceded by POK to China)
Siachen Glacier
Aksai Chin (Occupied by China)
Line of Actual Control
Line of Control
Jammu & Kashmir (Proposed Union Territory)
Kashmir Valley
Srinagar
Jammu
Azad Kashmir (POK)
Muzaffarabad
Islamabad
Rawalpindi
Ladakh (Proposed Union Territory)
Kargil
Leh
INDIA
Punjab
Himachal Pradesh
Indus
Jhelum
Chenab
Ravi
Map not to Scale
Copyright © 2019 www.mapsofindia.com

MAP OF UT OF JAMMU & KASHMIR AND UT OF LADAKH

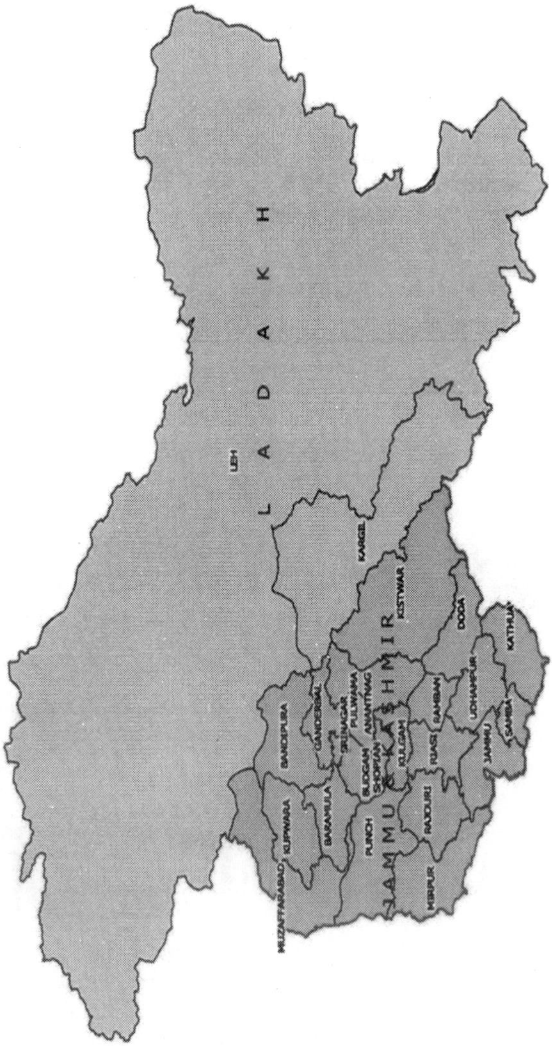

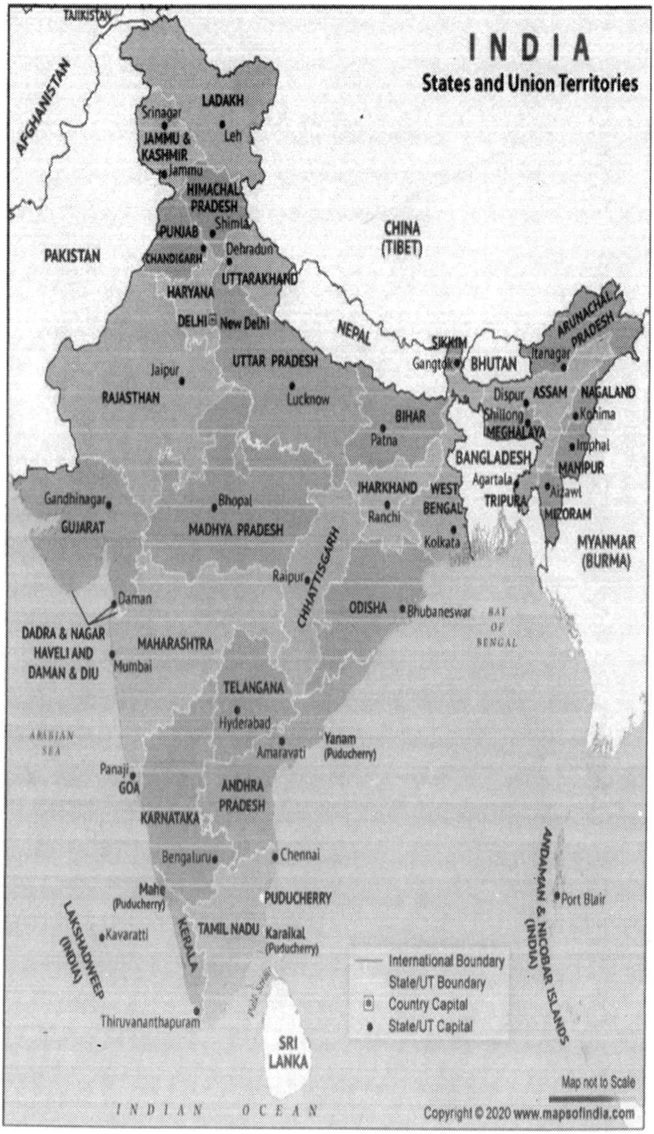
INDIA
States and Union Territories
TAJIKISTAN
AFGHANISTAN
PAKISTAN
CHINA
(TIBET)
NEPAL
BHUTAN
BANGLADESH
MYANMAR
(BURMA)
SRI
LANKA
LADAKH
Leh
Srinagar
JAMMU &
KASHMIR
Jammu
HIMACHAL
PRADESH
Shimla
PUNJAB
CHANDIGARH
Dehradun
UTTARAKHAND
HARYANA
DELHI
New Delhi
UTTAR PRADESH
Lucknow
RAJASTHAN
Jaipur
BIHAR
Patna
SIKKIM
Gangtok
ARUNACHAL
PRADESH
Itanagar
ASSAM
Dispur
NAGALAND
Kohima
Shillong
MEGHALAYA
Imphal
MANIPUR
Agartala
TRIPURA
Aizawl
MIZORAM
JHARKHAND
Ranchi
WEST
BENGAL
Kolkata
GUJARAT
Gandhinagar
MADHYA PRADESH
Bhopal
CHHATTISGARH
Raipur
ODISHA
Bhubaneswar
BAY
OF
BENGAL
Daman
DADRA & NAGAR
HAVELI AND
DAMAN & DIU
MAHARASHTRA
Mumbai
TELANGANA
Hyderabad
ARABIAN
SEA
Yanam
(Puducherry)
Amaravati
Panaji
GOA
ANDHRA
PRADESH
KARNATAKA
Bengaluru
Chennai
Mahe
(Puducherry)
PUDUCHERRY
LAKSHADWEEP
(INDIA)
Kavaratti
KERALA
TAMIL NADU
Karaikal
(Puducherry)
Thiruvananthapuram
ANDAMAN & NICOBAR ISLANDS
(INDIA)
Port Blair
International Boundary
State/UT Boundary
Country Capital
State/UT Capital
Map not to Scale
INDIAN OCEAN
Copyright © 2020 www.mapsofindia.com

अध्याय-सोलह

एक विकलांग की शवयात्रा

(सन्दर्भ : अनुच्छेद 370)

अनुच्छेद 370 का जन्म तो 17 अक्तूबर 1949 को हुआ, जब संविधान सभा ने इसे अपनी मंजूरी दी थी, परन्तु इसके बीज 26 अक्तूबर 1947 को महाराजा हरी सिंह और गवर्नर जनरल माउंटबैटन के कश्मीर विलय-पत्र (Instrument of Accession) के हस्ताक्षर होते ही पड़े थे। ज़ाहिर है, विलय-पत्र की शर्तों को भारतीय संविधान का अंग बनाए जाने के सवाल पर लम्बी कश-म-कश रही होगी। ऐसे प्रावधान की ज़रूरत यों भी थी कि विलय के समय जम्मू-कश्मीर के लिए अलग संविधान की माँग स्वीकार कर ली गयी थी, परन्तु राज्य के संविधान को मूर्त रूप देने में वक़्त लगना था। विदित हो कि भारत की संविधान सभा 1945 में गठित हुई थी, जिसने दिसम्बर 1949 में मसौदे को मंजूरी दी जो 26 जनवरी 1950 को लागू हुआ। जम्मू-कश्मीर प्रान्त की संविधान सभा हेतु चुनाव अक्टूबर 1951 में सम्पन्न हुआ एवं गठित संविधान सभा ने जम्मू-कश्मीर के संविधान का कार्य 1957 में पूरा किया। यहाँ यह उल्लेख करना समीचीन होगा कि जम्मू-कश्मीर का संविधान भी देश के संविधान के भाँति उसी तारीख़ यानि 26 जनवरी को लागू किया है। हाँ, साल बदलकर 1957 हो गया।

इस संक्रमण काल के लिए भारत की संविधान सभा को भारत के संविधान में किसी व्यवस्था का प्रावधान करना अपरिहार्य था, जिसके तहत जम्मू-कश्मीर को उसका संविधान बन जाने तक वहाँ की संवैधानिक

स्थिति को नियन्त्रित किया जा सके। वस्तुतः अनुच्छेद 370 को ऐसे ही उपकरण के रूप में प्रतिपादित किया गया। सम्भवतः इसी समझ के तहत इसे जम्मू-कश्मीर के लिए भारत के संविधान के अस्थायी प्रावधानों में जगह दी गयी थी। संक्रमर्णीय एवं विशिष्ट शीर्षक के तहत उसका प्रथम पाठ तो हमें यही बताता है। इस कारण अनुच्छेद के Clause (3) के तहत उसके संशोधन अथवा निरस्तीकरण (Repealment) का अधिकार जम्मू-कश्मीर की संविधान सभा (Constitutional Assembly) की सम्पुष्टि की शर्त के साथ भारत के राष्ट्रपति को दिया गया था।

असली समस्या तब उत्पन्न हुई जब जम्मू-कश्मीर की संविधान सभा अनुच्छेद 370 की प्रासंगिकता अथवा स्थायित्व के बारे कोई निर्णय लिए बिना भंग हो गयी। यह कहना कठिन है कि इतने महत्त्वपूर्ण प्रश्न को स्थायी रूप से हल क्यों नहीं किया गया? साथ ही, जम्मू-कश्मीर के संविधान बन जाने के पश्चात् इसकी उपयोगिता के बारे में पुनर्विचार क्यों नहीं हुआ?

जिस प्रकार शेख़ अब्दुल्ला विलय की शर्तों एवं जम्मू-कश्मीर के लिए विशेष अधिकारों का उल्लेख भारतीय संविधान में शामिल कराने का प्रयास करते रहे और अन्ततः संविधान सभा को इसके लिए सहमत कराने में सफल हुए, ज़ाहिर है इसकी प्रतिक्रिया होनी थी। विलय कि शर्तों एवं विशेष प्रावधानों का शुरुआती विरोध जम्मू की पार्टी 'प्रजा-परिषद्' द्वारा बलराज मधोक के नेतृत्व में प्रारम्भ हुआ। यद्धपि कश्मीर में आज़ादी के समय तक हिन्दू-मुसलमान विभाजन की कोई ज़मीन नहीं थी, पर वहाँ की मुस्लिम बहुलता की वजह से हिन्दू आबादी (ख़ासकर जम्मू की) को इस वर्चस्व की आशंका तो रही होगी। हिन्दू हितों की राजनीति करने वाले भारत के दूसरे राज्यों का हिन्दू मानस भी इस सवाल से प्रभावित हुआ होगा। नवम्बर 1952 में जम्मू में 'एक देश दो विधान, दो निशान दो प्रधान' के नारे के साथ 'प्रजा-परिषद्' का आन्दोलन शुरू हुआ, जिसे तत्कालीन 'हिन्दू महासभा' और 'जनसंघ' का समर्थन प्राप्त था। कैबिनेट मन्त्री डॉ. श्यामप्रसाद मुखर्जी, जिन्होंने कश्मीर के सवाल पर मतभेद के कारण केन्द्र सरकार से इस्तीफ़ा देकर 'भारतीय जनसंघ' की स्थापना की थी,

11 मई 1953 को जम्मू पहुँचे और गिरफ़्तार कर लिए गये। 23 जून को जेल में हृदयगति रुक जाने से उनकी दुखद मृत्यु हो गयी, जिसकी देशभर में रोषपूर्ण प्रतिक्रिया हुई। कांग्रेस के भीतर मौजूद दक्षिणपन्थी सोच के नेताओं ने नेहरू पर शेख़ अब्दुल्ला के प्रति झुकाव का आरोप भी लगाया। राजनीतिक तौर पर वे नेहरू का तो कुछ न बिगाड़ पाये, पर दबावस्वरूप नेहरू के मन में एक शंका ज़रूर घर कर गयी, जिसने उनको शेख़ से ख़ुद को दूर करना शुरू किया। नेहरू विरोधी कांग्रेसी शेख़ अब्दुल्ला के पीछे पड़ गये, जिसके कारण धीरे-धीरे शेख़ के मन में भी कांग्रेस, ख़ासकर नेहरू की प्रतिबद्धताओं को लेकर उनके विश्वास में कमी आयी।

भारतीय संविधान में अनुच्छेद 370 की मौजूदगी तथा जम्मू-कश्मीर की संविधान सभा का बन जाना शेख़ के लिए एक बड़ी उपलब्धि ज़रूर थी, परन्तु शेख़ इस मुग़ालते में रहे कि धर्मपरस्त पाकिस्तान बनने में जिन्ना की जो भूमिका थी, वही वे धर्मनिरपेक्ष कश्मीर के निर्माण में निभाएँगे। एक बार विलय हो जाने के बाद भारत के लिए यह सम्भव नहीं था कि वह अपने और पाकिस्तान के बीच कश्मीर को बिलकुल स्वतन्त्र मार्ग पर चलने देता। हिन्दू बहुल भारत की जनभावना को अनदेखा करना भारत सरकार, कांग्रेस और नेहरू के लिए भी एक सीमा के आगे सम्भव नहीं था।

सर्वविदित है कि 'भारतीय जनसंघ' की स्थापना 'राष्ट्रीय स्वयंसेवक संघ' की भारत को हिन्दू राष्ट्र बनाने के परियोजना के लिए की गयी थी। ज़ाहिर है, 'जनसंघ' को अपनी राजनीतिक क्रियाकलापों में हिन्दू हितों (एक अर्थ में मुस्लिम विरोध) को केन्द्र में रखना था। राष्ट्रवाद के अनिवार्य तत्त्व 'शत्रु' के रूप में पाकिस्तान को चिन्हित किया गया। यह संकल्पना भारतीय राष्ट्रवाद की संघी अवधारणा की बुनियाद है। अनुच्छेद 370 के कारण कश्मीर भी उसके राजनीतिक एजेंडे के केन्द्र में आ गया। तुष्टीकरण के नाम पर मुसलमान विरोध, देशभक्ति की आड़ में कश्मीर और पाकिस्तान से जुड़े प्रसंगों पर ही 'जनसंघ' के जन्म और बाद में भाजपा का पूरा राजनीतिक विमर्श खड़ा है, जिसकी उम्र सत्तर साल की होने को है।

अनुच्छेद 370 के अन्तर्गत राष्ट्रपति द्वारा जारी किये आदेश

जारी हुए आदेशों की कड़ी में पहला आदेश

संविधान (जम्मू-कश्मीर पर लागू) आदेश 1950, 26 जनवरी 1950 को राष्ट्रपति द्वारा उसी तारीख़ को जारी किया गया, जिस दिन भारत का संविधान अस्तित्व में आया। ग़ौरतलब सवाल बनता है कि यह योजनाबद्ध था अथवा महज़ संयोग? इसके अन्तर्गत संघीय सूची के 38 विषयों का उल्लेख था। संविधान के कुल 22 भागों में से 10 भागों से सम्बन्धित कतिपय अनुच्छेदों को यथावत अथवा संशोधित रूप में लागू किया गया। सम्पूर्ण अनुच्छेदों में से 235 अनुच्छेद अलग रखे गये। मात्र 29 अनुच्छेद संशोधित रूप में लागू किये गये तथा 9 अनुच्छेदों को आंशिक रूप से लागू किया गया (पढ़ें पूरा आदेश)।

इस कड़ी में दूसरा आदेश

संविधान (जम्मू-कश्मीर पर लागू) 1952, 15 नवम्बर 1952 को प्रकाशित किया गया, जिसमें राज्य सरकार द्वारा आनुवंशिक शासन के समापन के निर्णय को समाहित करने के लिए अनुच्छेद 370 में वर्णित वाक्य 'राष्ट्रपति द्वारा मान्यताप्राप्त जम्मू-कश्मीर के महाराजा' के स्थान पर 'राज्य विधानसभा की अनुशंसा पर राष्ट्रपति द्वारा मान्यता प्राप्त सदरे रियासत' को स्थापित किया गया। असल में इस आदेश की पृष्ठभूमि में था, नेहरू-शेख़ के मध्य हस्ताक्षरित दिल्ली समझौता 1952।

तीसरा आदेश

संविधान (जम्मू-कश्मीर पर लागू) आदेश 1954 दिनांक 14 मई 1954 को जारी किया गया, जिसका उद्देश्य राज्य और केन्द्र के मध्य हुए दिल्ली समझौता 1952 की सहमतियों को वैधानिक रूप देना था, जिसके मुख्य बिन्दु निम्नवत् हैं। (पूरा आदेश परिशिष्ट संलग्न है)

1. जम्मू-कश्मीर की प्रजा को भारतीय नागरिकता प्रदान करते हुए अनुच्छेद 35 को संशोधित कर तथा 35A के रूप में एक अन्य प्रावधान जोड़ते हुए लागू करना, जिसमें स्थायी निवासियों का

निर्धारण एवं अचल सम्पत्तियों, रिहाइश एवं नौकरी के सम्बन्ध में क़ानून बनाने का अधिकार राज्य सरकार को दिया गया।

2. भारतीय संविधान के मौलिक अधिकार प्रदेश में लागू किये गये।
3. उच्चतम न्यायलय का प्राधिकार प्रदेश में बढ़ाया गया।
4. राष्ट्रीय आपातकाल की घोषणा को राज्य में प्रभावी करने हेतु केन्द्र सरकार को अधिकृत किया गया।
5. प्रदेश और केन्द्र के विविध सम्बन्धों को अन्य प्रान्तों की भाँति समान रूप से लागू किया गया।
6. प्रदेश के स्ववृत्ति (disposition) का अधिकार राज्य सरकार की अनुशंसा पर केन्द्र सरकार को दिया गया।

उपरोक्त आदेशों के अतिरिक्त 11 फरवरी 1956 से प्रारम्भ होकर 19 फरवरी 1996 के मध्य संविधान के अन्य प्रावधानों के प्रदेश में लागू करने हेतु कुल 53 आदेश जारी हो चुके हैं। जिसके फलस्वरूप संघसूची के कुल 97 विषयों में से 94 विषय एवं कुल 395 अनुच्छेदों में (देखे सूची) से 260 अनुच्छेदों को प्रदेश में लागू किया जा चुका है। दिलचस्प तथ्य है कि इन आदेशों की संवैधानिकता पर संशय को निरुद्ध करने के लिए सभी आदेशों को आदेश 1954 के संशोधन/अनुक्रम (Extension) के रूप में जारी किया गया है, न कि 'प्रतिस्थानी' के रूप में। इसका एक तकनीकी पहलू है कि अनुच्छेद 370 की धारा 2 के अनुसार राज्य सरकार की सहमतियों से जारी हुए सभी आदेशों को जम्मू-कश्मीर की संविधान सभा द्वारा अनुमोदित किया जाना आवश्यक है। ऐसे में संविधान सभा के विघटन के पश्चात् जारी आदेशों को संवैधानिक मान्यता कैसे प्रदान की जाती? हमें याद रखना चाहिए कि आदेश 1954 वह अन्तिम आदेश था जिस पर राज्य की संविधान सभा की मुहर लगी थी। बाद के जारी आदेशों के सम्बन्ध में ऐसा सम्भव नहीं था। अधिकांश आदेश राज्य सरकार (संविधान सभा की अनुपस्थिति में) की सहमति जारी किये गये, परन्तु कुछ आदेश ऐसे भी हैं, जिन्हें राष्ट्रपति शासन की अवधि में भी जारी किया गया, जबकि राज्य में कोई सरकार नहीं थी। इन परिस्थितियों में राज्यपाल की संस्तुति को राज्य

सरकार की संस्तुति माना गया। संविधान विशेषज्ञों ने केन्द्र द्वारा अपनायी गयी उपरोक्त प्रक्रिया को अनुच्छेद 370 का क्रमिक क्षरण माना है।

अनुच्छेद 370 की प्रकृति को लेकर एक लम्बी बहस रही है। इस प्रावधान के आलोचकों का तर्क रहा है कि यह एक अस्थायी प्रावधान रहा है, अत: इसे अन्तहीन सीमा तक संविधान में बने रहने का कोई औचित्य नहीं है। नि:सन्देह संविधान में इस प्रावधान को अस्थायी एवं संक्रमणकालीन शीर्षक के अन्तर्गत रखा गया है, परन्तु यहाँ हमें यह समझना होगा कि ऐसा क्यों किया गया? सर्वविदित है कि भारतीय संविधान सभा जिस संविधान को अन्तिम रूप दे रही है, उस समय जम्मू-कश्मीर प्रदेश का ओहदा (Status) अनिश्चित था। इसके अतिरिक्त जम्मू-कश्मीर प्रान्त के लिए अलग संविधान की माँग की गयी थी, जिसके लिए पृथक् संविधान सभा का गठन होना था। ऐसी परिस्थिति में जम्मू-कश्मीर प्रान्त के संक्रमणकालीन प्रशासन के नियमन हेतु भारत सरकार के एक उपकरण की आवश्यकता थी। अनुच्छेद 370 का महत्त्व इसी सन्दर्भ में देखा जाना चाहिए। अनुच्छेद 370 के अन्तर्गत भारत के राष्ट्रपति को अधिकृत किया गया कि वे आवश्यकतानुसार अस्थायी तौर पर भारतीय संविधान के प्रावधानों को (यथावत अथवा संशोधित रूप में) जम्मू-कश्मीर प्रान्त पर लागू करने के आदेश दे सकते हैं। समय-समय पर राष्ट्रपति द्वारा जारी किये गये आदेश अनुच्छेद 370 के प्रावधानों के अन्तर्गत आच्छादित थे। स्वयं अनुच्छेद 370 में इस तथ्य का उल्लेख है कि राज्य सरकार की सहमति से राष्ट्रपति द्वारा जारी आदेशों को तदन्तर जम्मू-कश्मीर की संविधान सभा द्वारा अनुमोदन आवश्यक होगा।

इससे स्पष्ट होता है कि अनुच्छेद 370 के अन्तर्गत जारी आदेश स्थायी रूप से तभी वैध माने जायेंगे जब उन्हें जम्मू-कश्मीर की संविधान सभा का अनुमोदन प्राप्त हो जाये। इन तथ्यों के आलोक में भारत की संविधान सभा द्वारा उपयोग किये गये प्रत्ययों-अस्थायी एवं संक्रमणकालीन का आशय स्पष्ट हो जाना चाहिए। एक अन्य महत्त्वपूर्ण बिन्दु को ध्यान में रखना चाहिए कि जम्मू-कश्मीर की संविधान सभा के क्रियाशील होते ही अनुच्छेद 370 के अन्तर्गत राष्ट्रपति को भेजी जाने वाली अनुशंसाओं

का अधिकार राज्य सरकार से निकल कर संविधान सभा में विहित हो जायेगा। यहाँ यह सवाल बनता है कि संविधान सभा के विघटन के पश्चात् क्या यह अधिकार पुन: राज्य सरकार को वापस लौट जायेगा? जिसका उत्तर कठिन है, पर कल्पना के लिए एक विचार बनता है कि राज्य में नया संविधान लागू होने के बाद अनुच्छेद 370 की व्यावहारिकता समाप्त हो जाती है, अत: यह सवाल स्वयं में गौण हो जायेगा। दुर्भाग्य से ऐसा हुआ नहीं।

भारत की संविधान सभा में अनुच्छेद 370 के भविष्य एवं उपादेयता के सम्बन्ध में समस्त अधिकार जम्मू-कश्मीर की संविधान सभा को दिया गया था, जिसकी अनुशंसा पर भारत के राष्ट्रपति अनुच्छेद 370 का संशोधन अथवा विलोपन करेंगे। हमें ज्ञात है कि 1957 में जम्मू-कश्मीर का संविधान लागू हुआ एवं तदुन्तर संविधान सभा को भंग कर राज्य की विधान सभा के चुनाव सम्पन्न हुए। संविधान सभा के अपने भंग होने तक अनुच्छेद 370 के सन्दर्भ में कोई अनुशंसा नहीं दी थी तो इसके क्या मायने निकाले जा सकते हैं? पहला तो यह हो सकता है कि प्रदेश में स्वयं का संविधान लागू होते ही अनुच्छेद 370 की उपादेयता समाप्त हो जाती है और व्यावहारिक अर्थों में वह अप्रासंगिक (Redundant) हो जाना चाहिए। दूसरा यह कि भविष्य कि किसी गत्यात्मक परिस्थिति हेतु इसे यथावत् रखा गया ताकि राष्ट्रपति समानुकूल निर्णय ले सकें। एक तीसरी व्याख्या यह भी हो सकती है कि भारत सरकार ने प्रदेश पर अपना संवैधानिक नियन्त्रण बनाए रखने हेतु इस बाबत यथास्थिति बनाये रखी। तीसरी व्याख्या यों भी महत्त्वपूर्ण है कि भारत सरकार ने 1957 में जम्मू-कश्मीर में संविधान लागू हो जाने के पश्चात् बज़रिये अनुच्छेद 370 के अन्तर्गत राष्ट्रपति को मिले अधिकारों का उपयोग जारी रखा। एक मोटे अनुमान के अनुसार, जम्मू कश्मीर संविधान सभा भंग होने के पश्चात् राष्ट्रपति के स्तर से लगभग पचासेक आदेश जारी किये गये।

एक दिलचस्प पहलू यह भी है कि 1957 में कश्मीर में लागू हुआ संविधान एक पूर्ण दस्तावेज़ न हो कर एक पूरक दस्तावेज़ था तथा अनुच्छेद 370 के तहत जारी किये आदेश जम्मू-कश्मीर के संविधान का

हिस्सा बने बिना क़ानूनी तौर पर यथावत लागू रहे। इस आलोक में माना जा सकता है कि अनुच्छेद 370 की प्रासंगिकता क़ायम थी। इस मामले में सर्वोच्च न्यायालय का अभिमत कुछ ऐसा ही रहा। इन तथ्यों के आलोक में तो कहा जा सकता है कि अनुच्छेद 370 भारत का विशेषाधिकार था न कि जम्मू-कश्मीर का। 5 अगस्त एवं 6 अगस्त 2019 को जारी राष्ट्रपति के आदेश तो इसी व्याख्या को पुष्ट करते हैं।

यहाँ एक और प्रश्न का उठना लाज़िमी है कि संविधान सभा के भंग हो जाने के बाद क्या अनुच्छेद 370 में वर्णित अनुशंसा के अधिकार राज्य विधान सभा अथवा सरकार को वापस बहाल हो जाते हैं अथवा नहीं? क्योंकि ऐसी स्थिति में राज्य सरकार अथवा राज्यपाल (राष्ट्रपति शासन के दौरान) की अनुशंसा पर जारी राष्ट्रपति द्वारा जारी हुए सभी आदेशों को संविधान सभा का अनुमोदन प्राप्त करने का कौन-सा ज़रिया होगा? इस नाते 1957 के पश्चात् जारी हुए सभी आदेशों की वैधता पर सवालिया निशान उठता है क्योंकि संविधान सभा की अनुपस्थिति में लिए गये निर्णयों को संविधान सभा द्वारा अनुमोदित करना अनुच्छेद 370 के प्रावधान की एक महत्त्वपूर्ण शर्त है। सम्भवत: इसीलिए 1957 के बाद जारी किये गये समस्त आदेश 1954 के आदेश क्रम में जारी किये गये। यद्यपि यह प्रक्रिया (संविधान सभा द्वारा अनुमोदन प्राप्त) कितनी विधि सम्मत है, इस पर बहस हो सकती है।

अनुच्छेद 370 के सम्बन्ध में एक अन्य व्याख्या भी प्रचलित है, जिसके अनुसार जम्मू-कश्मीर संविधान सभा द्वारा 370 के सम्बन्ध में बिना किसी टिप्पणी के स्वयं भंग हो जाना अनुच्छेद को भारतीय संविधान के स्थायी प्रावधान बना देता है। इस सन्दर्भ में जम्मू-कश्मीर उच्च न्यायालय एवं भारत के माननीय सर्वोच्च न्यायालय ने स्वयं द्वारा दिये गये कतिपय फ़ैसलों में यह प्रतिपादित किया है कि अनुच्छेद 370 की तत्कालीन प्रवृत्ति स्थायी रूप ग्रहण कर चुकी है तद्नुसार संविधान सभा की अनुपस्थिति के नाते इसका विलोपन अथवा संशोधन सम्भव नहीं है।

भाजपा की केन्द्र सरकार द्वारा उठाये गये क़दमों की एक और कोण से विवेचना की जा सकती है। सर्वविदित है कि भारत सरकार ने अब तक अनुच्छेद 370 के अन्तर्गत जारी पचासेक आदेशों के माध्यम से कमोवेश भारतीय संविधान के सारे महत्त्वपूर्ण प्रावधान जम्मू-कश्मीर पर लागू कर अनुच्छेद 370 को पर्याप्त रूप से शक्तिहीन कर दिया था। प्रदेश को विशेषाधिकार के नाम पर महज़ 35ए को प्रावधान बचा हुआ था, जिसे लेकर भाजपा ने शेष भारतीय मानस में एक ईर्ष्याजनित विरोध का वातावरण बनाने में सफलता प्राप्त कर ली थी। कश्मीर मामलों के जानकार एवं संविधान विशेषज्ञों को अनुमान था कि भाजपा सरकार 35 ए के वर्तमान प्रावधानों को निरस्त कर अपना घोषित लक्ष्य प्राप्त कर सकती है। इस हेतु उसे राष्ट्रपति द्वारा स्वयं के जारी आदेश 1954 को मात्र उक्त सीमा तक संशोधित करने वाला एक और आदेश जारी करने की ज़रूरत थी, जिसके क्षेत्राधिकारों के विषय में कोई संवैधानिक प्रश्न उठाना यों भी कठिन होता क्योंकि उक्त प्रावधान राष्ट्रपति के आदेशों द्वारा ही 1954 से लागू हुए थे।

अनुच्छेद 370 का ख़ात्मा: कुछ वैधानिक सवाल

केन्द्र की भाजपा सरकार ने अपने पूर्वजों के द्वारा किये गये संकल्प को अन्ततः 5 अगस्त 2019 को साकार कर उन्हें श्रद्धांजलि देने का कर्त्तव्य पूरा किया है, परन्तु यह सब कुछ जम्मू-कश्मीर को सैन्य छावनी मे बदलते हुए, जिस गोपनीय ढंग (कटुआलोचक इसे षड्यंत्र कहना पसन्द करेंगे) एवं आपाधापी में यह कार्य सम्पन्न किया गया है, वह नैतिक सवाल तो खड़े करता ही है, साथ ही पूरी प्रक्रिया का विश्लेषण करने से पता चलता है कि इसके वैधानिक पहलू की विसंगतियों से भी सुरक्षित नहीं किया जा सका है। इस कृत्य पर क़ानूनी सवाल खड़े होते हैं। इस विषय पर क्रमिक विचार करने के लिए ज़रूरी होगा कि संविधान के मूल प्रावधानों और तदन्तर हुए परिवर्तनों को सारणीबद्ध कर आमने-सामने रखते हुए समझना बेहतर होगा।

सारणी–1

संविधान (जम्मू-कश्मीर में लागू) आदेश 1954 सी. ओ. 48 दि. 19.05.1954 में वर्णित पाठ	भारतीय संविधान मूल पाठ
(झ) अनुच्छेद 35 में	35. इस भाग के उपबन्धों को प्रभावी करने के लिए विधान इस संविधान मे किसी बात के होते हुए भी.
(i) संविधान के प्रारम्भ के प्रति निर्देशों का यह अर्थ लगाया जायेगा कि वे इस आदेश के प्रारम्भ के प्रति निर्देश हैं	(क) संसद को शक्ति होगी और किसी राज्य के विधान मण्डल को शक्ति नहीं होगी कि वह-
(ii) खण्ड (क) (i) मे अनुच्छेद 16 के खण्ड (3) अनुच्छेद 32 के खण्ड (3) शब्दों, कोष्ठकों और अंकों का लोप किया जायेगा और	(i) जिन विषयों के लिए अनुच्छेद 16 के खण्ड (3) अनुच्छेद 32 के खण्ड (3), अनुच्छेद 33 और अनुच्छेद 34 के अधीन संसद विधि द्वारा उपबन्ध कर सकेगी उनमे से किसी के लिए, और
(iii) खण्ड (ख) के पश्चात् निम्नलिखित खण्ड जोड़ा जायेगा अर्थात – (ग़) संविधान (जम्मू–कश्मीर को लागू होना) आदेश 1954 के प्रारम्भ के पूर्व या पश्चात् निवारक निरोध कि बाबत जम्मू–कश्मीर राज्य के विधान–मण्डल द्वारा बनायी गयी कोई विधि इस आधार पर शून्य नहीं होगी कि वह इस भाग के उपबन्धों मे से किसी से असंगत है, किन्तु ऐसी कोई विधि उक्त आदेश के प्रारम्भ से पच्चीस वर्ष के अवसान पर ऐसी असंगति कि मात्रा तक उन बतो के सिवाय प्रभावहीन हो जायेगी जिन्हें उनके अवसान के पूर्व किया गया है या करने के लोप किया गया है ।	(ii) ऐसे कार्य के लिए, जो इस भाग के अधीन अपराध घोषित किये गये हैं, दण्ड विहित करने के लिए, विधि बनाए और संसद इस संविधान के प्रारम्भ के पश्चात् यथाशक्य शीघ्र ऐसे कार्यो के लिए जो उपखण्ड (ii) मे निर्दिष्ट हैं, दण्ड विहित करने के लिए विधि बनाएगी।

(त्र) अनुच्छेद 35 के पश्चात् निम्नलिखित नया अनुच्छेद जोड़ा जायेगा अर्थात :	खण्ड (क) के उपखण्ड (i) मे निर्दिष्ट विषयों में से किसी से सम्बन्धित या उस खण्ड के उपखण्ड (ii) मे निर्दिष्ट किसी कार्य के लिए दण्ड का उपबन्ध करने वाली कोई प्रवृत विधि, जो भारत के राज्य क्षेत्र मे इस संविधान के प्रारम्भ से ठीक पहले प्रवृत थी, उसके निबन्धनों के और अनुच्छेद 372 के अधीन उसमे किये गये किन्हीं अनुकूलनों और उपान्तरणों के अधीन रहते हुए तब तक प्रवृत्त रहेगी जब तक उसका संसद द्वारा परिवर्तन या निरसन या संसोधन नहीं कर दिया जाता है।
35क स्थायी निवासियों और उनके अधिकारो कि बाबत विधियों की व्यावृत्ती– इस संविधान मे अन्तविष्ट किसी बात के होते होए भी, जम्मू–कश्मीर राज्य मे प्रवृत्त ऐसी कोई विधमान विधि और इसके पश्चात् राज्य के विधान–मण्डल द्वारा अधिनियमित ऐसी कोई विधि –	स्पष्टीकरण— इस अनुच्छेद में "प्रवृत्त विधि" पद का वही अर्थ है जो अनुच्छेद 372 में है।
(क) जो उन व्यक्तियों के वर्गो को परिभाषित करती है जो जम्मू-कश्मीर राज्य के स्थायी निवासी हैं या होंगे या	
(ख) जो –	
(i) राज्य सरकार के अधीन नियोजन :	
(ii) राज्य में स्थावर सम्पत्ति के अर्जन :	
(iii) राज्य में बस जाने या	
(iv) छात्रवृत्तियों के या ऐसी अन्य प्रकार कि सहायता के जो राज्य सरकार प्रदान करे अधिकार, कि बाबत ऐसे स्थायी निवासियों को कोई विशेष अधिकार और विशेषाधिकार प्रदत्त करती है या अन्य व्यक्तियों पर कोई निर्बधन अधिरोपित करती है , इस आधार पर शून्य नहीं होगी कि वह इस भाग के किसी उपबन्ध द्वारा भारत के अन्य नागरिकों को प्रदत्त किन्ही अधिकारों से असंगत या उनको छीनती या शून्य करती है।	

सारिणी–2

संविधान (जम्मू-कश्मीर में लागू) आदेश 2019 सी. ओ. 272 दि, 05.08.2019मे वर्णित पाठ	भारतीय संविधान मूल पाठ
अधिसूचना नयी दिल्ली, 5 अगस्त, 2019 सा. का. नि. 551(अ)–राष्ट्रपति द्वारा किया गया निम्नलिखित आदेश सर्वसाधारण की सूचनार्थ प्रकाशित किया जाता है:-	367. निर्वचन–(1) जब तक कि सन्दर्भ से अन्यथा अपेक्षित न हो, इस संविधान के निर्वाचन के लिए साधारण खण्ड अधिनियम, 1897 ऐसे अनुकूलनों और उपांतरणों के अधीन रहते हुए, जो अनुच्छेद 372 के अधीन उसमे किये गये वैसे, ही लागू होगा जैसे वह भारत डोमिनियन के विधान–मण्डल के किसी अधिनियम के निर्वाचन के लिए लागू होता है
संविधान (जम्मू-कश्मीर मे लागू) आदेश, 2019 **सी. ओ. 272**	(2) इस संविधान के संसद के या उसके द्वारा बनाए गये अधिनियमों या विधियों के प्रति किसी निर्देश का अथवा किसी राज्य के विधान–मण्डल के या उसके द्वारा बनाए गये अधिनियमों या विधियों के प्रति किसी निर्देश का यह अर्थ लगाया जायेगा कि उसके अन्तर्गत, यथास्थिति , राष्ट्रपति द्वारा निर्मित अध्यादेश या किसी राज्यपाल द्वारा निर्मित अध्यादेश के प्रति निर्देश है।
संविधान के अनुच्छेद 370 के खण्ड (1) द्वारा प्रदत्त शक्तियों का प्रयोग करते हुए राष्ट्रपति, जम्मू और कश्मीर् राज्य सरकार की सहमति से निम्नलिखित आदेश करते हैं :	(3) इस संविधान के प्रयोजनों के लिए, " विदेशी राज्य" से भारत से भिन्न कोई राज्य अभिप्रेत है:
1. (1) इस आदेश का नाम संविधान (जम्मू और कश्मीर पर लागू) आदेश, 2019 है। (2) यह तुरन्त प्रवृत्त होगा और इसके बाद यह समय-समय पर यथा संशोधित संविधान (जम्मू और कश्मीर पर लागू) आदेश, 1954 का अधिक्रमण करेगा।	परन्तु संसद द्वारा बनायी गयी किसी विधि के उपबन्धों के अधीन रहते हुए राष्ट्रपति आदेश द्वारा यह घोषणा कर सकेगा कि कोई राज्य उन प्रयोजनों के लिए, जो उस आदेश मे विनिर्दिष्ट किये जायें, विदेशी राज्य नहीं हैं।

2. समय-समय पर यथा संशोधित संविधान के सभी उपबन्ध जम्मू और कश्मीर राज्य के सम्बन्ध मे लागू होंगे और जिन अपवादों और संशोधनों के अधीन ये लागू होंगे, वे निम्न प्रकार होंगे:-
अनुच्छेद 367 मे निम्नलिखित खण्ड जोड़ा जायेगा अर्थात् :-
(4) संविधान, जहाँ तक यह जम्मू और कश्मीर के सम्बन्ध मे लागू है , के प्रयोजन के लिए-
(क) इस संविधान या इसके उपबन्धों के निर्देशों को, उक्त राज्य के सम्बन्ध में यथा लागू संविधान और उसके उपबन्धों का निर्देश माना जायगा :
(ख) जिस व्यक्ति को राज्य की विधान सभा की सिफ़ारिश पर राष्ट्रपति द्वारा जम्मू एवं कश्मीर के सदर–ए–रियायत, जो तस्थानिक रूप से पदासीन राज्य की मन्त्रिपरिषद् की सलाह पर कार्य कर रहे हैं, के रूप मे तस्थानिक रूप से मान्यता दी गयी है, उनके निर्देशों को जम्मू एवं कश्मीर के राज्यपाल के लिए निर्देश माना जायेगा
(ग) उक्त राज्य की सरकार के निर्देश को, उनकी मन्त्रिपरिषद् की सलाह पर कार्य कर रहे जम्मू एवं कश्मीर के राज्यपाल के लिए निर्देशों को शामिल करता हुआ माना जायेगा; तथा
(घ) इस संविधान के अनुच्छेद 370 के परन्तुक में "खण्ड (2) मे उल्लेखित राज्य की संविधान सभा " अभिव्यक्ति की " राज्य की विधान सभा" पढ़ा जायेगा।

सारिणी-3

संविधान (जम्मू-कश्मीर में लागू) आदेश 2019 सी. ओ. 273 दि. 06.08.2019	भारतीय संविधान मूल पाठ
अधिसूचना नयी दिल्ली, 6 अगस्त 2019 सा.का.नि. 562 (अ)- राष्ट्रपति द्वारा की गयी निम्नलिखित घोषणा सर्वसाधारण की जानकारी के लिए अधिसूचना की जाती है :-	**370 जम्मू-कश्मीर राज्य के सम्बन्ध मे अस्थायी उपबन्ध-** 1) इस संविधान मे किसी बात के होते हुए भी,-
संविधान के अनुच्छेद 370(3) के अधीन घोषणा **"स. आ. 273"**	(क) अनुच्छेद 238 के उपबन्ध जम्मू-कश्मीर राज्य के सम्बन्ध में लागू नहीं होंगे :
राष्ट्रपति, सांसद की शिफारिश पर भारत के संविधान के अनुच्छेद 370 के खण्ड (1) के साथ पठित अनुच्छेद 370 के खण्ड (3) द्वारा प्रदत्त शक्तियों का प्रयोग करते हुए यह घोषणा करते हैं कि 6 अगस्त 2019 से उक्त अनुच्छेद 370 के सभी खण्ड, सिवाय निम्नलिखित के, जो नीचे दिये गये के अनुसार हैं, प्रचलन मे नहीं रहेंगे, अर्थात:-	(ख) उक्त राज्य के लिए विधि बनाने की संसद की शक्ति:-
"370 इस संविधान के समय समय पर यथा–संशोधित, सभी उपबन्ध बिना किन्हीं उपांतरणों या उपवादों 152 या अनुच्छेद 308 या इस संविधान के किसी अन्य अनुच्छेद या जम्मू–कश्मीर के संविधान मे किसी अन्य उपबन्ध या किसी विधि, दस्तावेज़, निर्णय अध्यादेश, आदेश, उपविधि , नियम, अधिसूचना या भारत के राज्यक्षेत्र मे विधि का बल रखने वाली रूढ़ि या प्रथा या किसी अन्य लिखित, सन्धि या क़रार जो अनुच्छेद 363 के अधीन यथा परिकल्पित या अन्यथा है, मे तत्प्रतिकूल किसी बात के अन्तर्विष्ट होते हुए भी, जम्मू–कश्मीर राज्य को लागू होंगे।	(i) संघ सूची और समवर्ती सूची के उन विषयों तक सीमित होगी, जिनको राष्ट्रपति उस राज्य की सरकार से परामर्श करके, उन विषयों के तत्स्थानी विषय घोषित कर दे, जो भारत डोमिनियन में उस राज्य के अधिमिलन को शासित करने वाले अधिमिलन पत्र में ऐसे विषयों के रूप में विनिर्दिष्ट हैं जिनके सम्बन्ध में डोमिनियन विधान–मण्डल उस राज्य के लिए विधि बना सकता है और

(ii) उक्त सूचियों के उन अन्य विषयों तक सीमित होगी जो राष्ट्रपति, उस राज्य की सरकार की सहमति से, आदेश द्वारा विनिर्दिष्ट करे ।
स्पष्टीकरण- इस अनुच्छेद के प्रयोजनों के लिए उस राज्य की सरकार से वह व्यक्ति अभिप्रेत है जिसे राष्ट्रपति से, जम्मू–कश्मीर के महाराजा की 5 मार्च, 1948 की उद्घोषणा के अधीन तत्समय पदस्थ मन्त्रिपरिषद् की सलाह पर कार्य करने वाले जम्मू-कश्मीर के महाराजा के रूप में तत्समय मान्यता प्राप्त थी,
(ग) अनुच्छेद 1 और इस अनुच्छेद के उपबन्ध उस राज्य के सम्बन्ध मे लागू होंगे ;
(घ) इस संविधान के ऐसे अन्य उपबन्ध ऐसे अपवादों और उपान्तरणों के अधीन रहते हुए, जो राष्ट्रपति आदेश द्वारा विनिर्दिष्ट करे, उस राज्य के सम्बन्ध मे लागू होंगे:
परन्तु ऐसे कोई आदेश जो उपखण्ड (ख) के पैरा (i) मे निर्दिष्ट राज्य के अधिमिलन पत्र में विनिर्दिष्ट विषयों से सम्बन्धित है, उस राज्य की सरकार से परामर्श करके ही किया जायेगा अन्यथा नहीं
परन्तु यह और कि ऐसे कोई आदेश जो अन्तिम पूर्ववर्ती परन्तुक मे निर्दिष्ट विषयों से भिन्न विषयों से सम्बन्धित है, उस सरकार कि सहमति से ही किया जायेगा अन्यथा नहीं
(2) यदि खण्ड (1) के उपखण्ड (ख) के पैरा (ii) मे या उस खण्ड के उपखण्ड (घ) के दूसरे परन्तुक में निर्दिष्ट उस राज्य की सरकार की सहमति, उस राज्य का संविधान बनाने के प्रयोजन के लिए संविधान सभा के समक्ष ऐसे विनिश्चय के लिए रखा जायेगा जो वह उस पर करे।
(3) इस अनुच्छेद के पूर्वगामी उपबन्धों में किसी बात के होते हुए भी राष्ट्रपति लोक अधिसूचना द्वारा घोषणा कर सकेगा कि यह अनुच्छेद प्रवर्तन में नहीं रहेगा या ऐसे अपवादों और उपान्तरणों सहित ही और ऐसी तारीख़ से, प्रवर्तन में रहेगा, जो वह विनिर्दिष्ट करे : परन्तु राष्ट्रपति द्वारा ऐसी अधिसूचना निकाले जाने से पहले खण्ड(2) में निर्दिष्ट उस राज्य की संविधान सभा कि सिफ़ारिश आवश्यक होगी।

सारणी–4

भारतीय संविधान के कतिपय प्रावधान, जिसमें जम्मू एवं कश्मीर का उल्लेख है ।
भाग 6 राज्य अध्याय 1 साधारण
152 परिभाषा इस भाग में जब तक कि सन्दर्भ से अन्यथा उपेक्षित न हों " राज्य" पद के अन्तर्गत जम्मू-कश्मीर राज्य नहीं है,
भाग- 14 संघ और राज्यों के अधीन सेवाएँ **अध्याय 1–सेवाएँ**
308 निर्वाचन–इस भाग में , जब तक कि सन्दर्भ से अन्यथा अपेक्षित न हों, 'राज्य' पद के अन्तर्गत जम्मू-कश्मीर राज्य नहीं है।

आइए, भारत सरकार द्वारा जारी की गयी विभिन्न अधिसूचनाओं एवं आदेशों की थोड़ी बारीक पड़ताल करें। सारणी–I में संविधान के अनुच्छेद 35 का मूल पाठ प्रस्तुत किया गया है तथा उसके बरक्स राष्ट्रपति द्वारा जारी आदेश 1954 में जम्मू-कश्मीर में लागू अनुच्छेद 35 का संशोधित पाठ दर्शाया गया है। विद्वान पाठक दोनों के अन्तर को आसानी से समझ सकते हैं। इस आदेश का सबसे दिलचस्प और निर्णायक भाग है 35-ए, जिसे अतिरिक्त रूप से जोड़ा गया है, जिसके द्वारा राज्य को स्थायी निवासियों राज्य में बसने एवं सम्पत्ति अर्जन के सम्बन्ध में विशिष्ट अधिकार प्रदत्त किये गये हैं। यही व्यवस्था शेष भारत के नागरिकों के लिए ईर्ष्या और विवाद का विषय बताई जाती है जबकि हमें याद रखना चाहिए कि संविधान के अनुच्छेद 371 के अन्तर्गत कई अन्य राज्यों को मिलते-जुलते विषयों में विशेषाधिकार प्रदान किये गये हैं, पर उनकी चर्चा 35-ए की तरह कभी नहीं होती, क्योंकि उनसे राजनीतिक पार्टियों को कोई ख़ास नफ़ा-नुकसान की गुंजाइश नहीं दिखती। यहाँ हमें याद रखना चाहिए कि जम्मू-कश्मीर रियासत में इस प्रकार का क़ानून राजतन्त्र के दौरान 1927 से लागू था एवं रह सकता था। रियासत के भारत में विलय के पश्चात् स्थायी वैधानिकता प्रदान की गयी। तकनीकी रूप से यह फिर भी आदेश 1954 द्वारा अपरिहार्य कार्यवाही नहीं थी।

अनुच्छेद 370 के संशोधन की प्रक्रिया (Abrogation) में प्रथमत: अनुच्छेद में अन्तर्निहित खण्ड (1) की शक्ति को प्रयोग करते हुए भारत के राष्ट्रपति द्वारा 5 अगस्त 2019 को अब तक चल रही परिपाटी का अनुगमन करते हुए संविधान (जम्मू-कश्मीर में लागू) आदेश 2019 की अधिसूचना जारी की जाती है, जिसके पहले पैरा के बिन्दु (2) द्वारा संविधान (जम्मू-कश्मीर में लागू) 1954 तथा तद्न्तर समय-समय पर जारी हुए उक्त आदेश के संशोधनों को अतिक्रमित(निरस्त) कर दिया जाता है, जिसका आशय पैरा (2) में स्पष्ट किया गया है कि वर्तमान भारतीय संविधान के समस्त उपबन्ध जम्मू-कश्मीर राज्य पर लागू होंगे।

यहाँ महज़ एक अपवाद का उल्लेख भी किया गया जो भारतीय संविधान के अनुच्छेद 367 विरेचन (Interpretation) से सम्बन्धित होगा। अनुच्छेद 367 के मूल में तीन बिन्दुओं का उल्लेख है, परन्तु जम्मू-कश्मीर के लिए अनुच्छेद 367 में चौथा बिन्दु भी जोड़ा गया। इसका आशय एवं उद्देश्य हमें बाद में स्पष्ट होगा। इस बिन्दु द्वारा जम्मू-कश्मीर की कार्यपालिका, विधायिका एवं सदरे रियासत (राज्यपाल) अन्तर्सम्बन्धों की व्याख्या करते हुए उनको क्रमिक प्रति-स्थानियों के रूप में चिन्हित करने का प्रपंच किया गया है।

यहाँ सवाल उठता है कि अनुच्छेद 367 को बिन्दु (4) की उपयोगिता क्या होगी एवं इसका क्षेत्राधिकार क्या होगा? क्योंकि वस्तुत: यह खण्ड जम्मू-कश्मीर में लागू राज्य के संविधान का हिस्सा बनाया जाना है, जिसकी तार्किक उपादेयता संदिग्ध है क्योंकि आदेश 6 अगस्त 2019 द्वारा भारतीय संविधान को राज्य पर लागू हो जाने के बाद जम्मू-कश्मीर राज्य के संविधान की अधिस्थिति (Locus Standi) सवालों के घेरे में पड़ जायेगी। आश्चर्यजनक तथ्य है आदेश द्वारा भारतीय संविधान को राज्य पर आरोपित किया गया, परन्तु जम्मू-कश्मीर संविधान की स्थिति को अस्पष्ट रखा गया। दो दस्तावेज़ों के आपसी टकराव के कारण यह एक विरोधाभासी स्थिति निर्मित करती है। इस आदेश के प्रारम्भ में यह दावा किया गया है कि उक्त आदेश राष्ट्रपति द्वारा जम्मू-कश्मीर राज्य सरकार की सहमति से जारी किया जा रहा है। वस्तुस्थिति यह रही है कि 5 अगस्त 2019 को राज्य राष्ट्रपति शासन के अधीन था। अत: राज्य सरकार की सहमति का आशय संदिग्ध हो जाता है।

मामले में इस मोड़ पर हमें अनुच्छेद 367 को जम्मू-कश्मीर के सन्दर्भ का स्मरण करने का औचित्य पता चलता है, जिसके द्वारा उपरोक्त वर्णित विसंगतियों की काट करने का उपक्रम अनुच्छेद 367 को जम्मू-कश्मीर संविधान का अंग बनाने और बिन्दु (4) द्वारा सहमतियों का घालमेल कर उसे वैधानिक बनाने का खेल किया गया। यहाँ भी एक

चूक पर ध्यान देने की आवश्यकता है। आदेश दिनांक 5 अगस्त 2019 की वैधानिकता को बल देने के लिए उचित होता कि जम्मू-कश्मीर राज्य के अनुच्छेद 367 से सम्बन्धित प्रक्रिया पहले पूर्ण कर ली जाती। हमें पता है कि इस पूरे प्रकरण को किस गति एवं गोपनीयता से संचालित किया गया? शायद इस तकनीकी पहलू पर विचार करना रह गया अन्यथा कम-से-कम आदेश में अनुच्छेद 367 से सम्बन्धित पाठ को पहले क्रम पर रखा जाना चाहिए था, जिससे सहमतियों के सवाल का शायद कुछ बेहतर जवाब दिया जा सकता।

अब आते हैं मुद्दे के सबसे अहम पड़ाव सारणी (3) पर, जिसमें संविधान (जम्मू-कश्मीर में लागू) आदेश 2019 दि. 05 अगस्त 2019 का वर्णन है, जिसके अनुसार अनुच्छेद 370 के मूल पाठ को नये पाठ द्वारा प्रस्थापित किया गया है। लब्बोलुवाब यह है कि पूर्ववर्ती आदेश दि. 5 अगस्त 2019 की स्थापनाओं एवं आशय को अनुच्छेद 370 का परवर्तित पाठ बनाया गया है। हाँ, एक क़दम और आगे बढ़ कर जम्मू-कश्मीर राज्य संविधान के प्रावधानों के अतिक्रमण का उल्लेख ज़रूर किया गया है। यहाँ एक बड़ा सवाल उठता है कि संविधान जैसे दस्तावेज़ को किसी सन्दर्भ की तरह उल्लेख मात्र से क्या उसे निरस्त माना जा सकता है?

यहाँ हमें भारत सरकार की उस मंशा का पता भी चलता है कि उसने अपने आदेश दि. 5 अगस्त 2019 में अनुच्छेद 367 से सम्बन्धित संशोधित पाठ का क्या प्रयोजन परिकल्पित किया था? विशेषकर बिन्दु (घ) जिसमें संविधान सभा की अभिव्यक्ति को राज्य विधानसभा के तुल्य बताया गया।

एक अन्य दिलचस्प कोण बनता है कि भारत सरकार ने अनुच्छेद 370 के पाठ के रूपान्तरण की प्रक्रिया को शीर्षक दिया है-संविधान (जम्मू-कश्मीर में लागू) आदेश 2019। यहाँ यह प्रश्न उठना लाज़िमी है कि इसे भारतीय संविधान में किस प्रकार प्रतिस्थापित किया जायेगा? हमें याद रखना चाहिए कि अनुच्छेद 370 के अन्तर्गत राष्ट्रपति द्वारा जारी किये गये समस्त आदेश जम्मू-कश्मीर राज्य के लिए अधिसूचित किये गये

आदेशों का कोई भी अंश भारतीय संविधान को आच्छादित नहीं करता। इस आदेश में एक अन्य विसंगति की ओर भी ध्यान देना होगा कि उक्त आदेश अनुच्छेद 370 खण्ड (1) से खण्ड (3) द्वारा अर्जित शक्तियों के अन्तर्गत राष्ट्रपति ने संसद की सिफ़ारिश पर जारी किये हैं। ग़ौरतलब है कि अनुच्छेद 370 के अन्तर्गत भारतीय संसद की सिफ़ारिश के किसी अधिकार का उल्लेख नहीं है। यह अधिकार अनुच्छेद खण्ड (3) के तहत राज्य सरकार को प्रदत्त है। अतः यह आश्चर्यजनक है कि आदेश के प्रारम्भ में 'संसद' पद का उपयोग के क्या निहितार्थ है?

वस्तुतः सम्पूर्ण कवायद को यानि आदेश दि. 6 अगस्त 2019 को भारतीय संविधान के अनुच्छेद 370 का संशोधन होने के नाते संविधान का संशोधन माना जाना चाहिए। इस प्रकरण के रणनीतिकारों की मंशा भी यही रही होगी कि भारतीय संविधान के अनुच्छेद 370 को कैसे संशोधित किया जाये? 'संसद की सिफ़ारिश' जैसे पद का प्रयोग करते हुए भारत सरकार का अभीष्ट वस्तुतः इसे संविधान संशोधन का भावार्थ देना था, परन्तु यहाँ भी एक पेंच है कि यदि संशोधित पाठ को भारतीय संविधान का अंग बनना है तो उसे संविधान संशोधन सम्बन्धित अनुच्छेद 368 के रास्ते संसद का अनुमोदन लेना चाहिए था, लेकिन भारत सरकार इतनी जल्दी में थी कि वह इतने उपक्रमों के लिए प्रस्तुत नहीं रही होगी। इसके अतिरिक्त अनुच्छेद में वर्णित पद 'संविधान सभा' भारतीय संविधान का पद है, अतः इसे ' राज्य की विधान सभा' के रूप में दर्शाने हेतु भारतीय संविधान के विरेचन (Interpretation) से सम्बन्धित अनुच्छेद 367 को तद्नुसार संशोधन करने के पश्चात् ही अनुच्छेद 370 के पाठ को संशोधित किया जा सकता था। ज़ाहिर है, इसके लिए भारतीय संविधान में संशोधन की अनिवार्यता होती क्योंकि भारतीय संविधान के किसी पद को राष्ट्रपति के आदेश द्वारा बदला जाना वैधानिक कसौटियों पर खरा नहीं उतरता।

अब तक यह स्पष्ट हो गया होगा कि अनुच्छेद 370 का संशोधन अनुच्छेद में विहित शर्तों को पूर्ण करने के पश्चात् भारतीय संविधान के

प्रावधानों के अन्तर्गत भारतीय संसद द्वारा संशोधित होना चाहिए था, लेकिन यहाँ भी एक कठिनाई है कि अनुच्छेद में वर्णित पद 'राज्य की संविधान सभा' की सहमति कहाँ से लायी जाती? सहमतियों के इसी सवाल को हल करने के लिए अनुच्छेद 367 के मनचाहे बदलाव को जम्मू-कश्मीर संविधान पर आरोपित करने का घालमेल किया गया। यह प्रयास काम कर पाता यदि अनुच्छेद 370 जम्मू-कश्मीर राज्य संविधान का हिस्सा होता, परन्तु अफसोस ! ऐसा नहीं था।

यहाँ प्रश्न उठता है कि भाजपा के रणनीतिकारों को अपना लक्ष्य कैसे हासिल होता? इसका एक वैधानिक रास्ता था कि प्रथमत: भारतीय संविधान के अनुच्छेद 367 को हम उसी तरह संशोधित करते जैसा कि दि. 5 अगस्त 2019 के आदेश में किया गया। तद्नुसार राज्य की विधान सभा को राज्य की संविधान सभा के रूप में भारतीय संविधान की विधिक मान्यता प्राप्त हो जाती एवं क्रमानुसार अनुच्छेद 370 की वर्णित औपचारिकताओं को पूर्ण कर हम राज्य विधान सभा की सिफ़ारिश पर भारतीय अनुच्छेद 370 का जो भी तिया-पाँचा करना चाहते, कर सकते थे। लेकिन सवाल तो अब भी बना रहता कि भारत सरकार राज्य विधान सभा की सहमति कैसे प्राप्त करती? कहानी तो वहीं की वहीं रुकी होती। न नौ मन तेल होता न राधा नाचती।

यहाँ यह कल्पना करना फ़िज़ूल है कि भाजपा सरकार ने अपने राजनीतिक लक्ष्यों को साधने के लिए संवैधानिक डगर पर चलना क्यों पसन्द नहीं किया? हद तो तब हो जाती है जब आदेश 5 अगस्त 2019 में उसने अनुच्छेद 367 (संशोधित) में 'राज्य संविधान सभा' के लिए 'राज्य विधान सभा' वैकल्पिक पद का तो सृजन किया, परन्तु अपने परवर्ती आदेश दि. 6 अगस्त 2019 में वह उसका प्रयोजन हासिल करने में विफल रही। ले-देकर उसने कठपुतली राज्यपाल के कन्धे का इस्तेमाल कर भारतीय संसद को अप्रासंगिक करते हुए अपने मकसद को हासिल कर लिया। सभी पाठकों को एक अन्य रहस्य पर ग़ौर करने की ज़हमत लेनी चाहिए।

आदेश दि. 6 अगस्त 2019 में अनुच्छेद 370 के संशोधित पाठ में अनुच्छेद 152 और अनुच्छेद 308 को अपवादों के रूप में उल्लेख किया गया है। आख़िर इनका क्या रहस्य है? यहाँ हमें स्मरण होना चाहिए कि अब तक की तमाम क़वायदों के बावजूद अनुच्छेद 152 एवं 308 के पाठ को अब तक अपरिवर्तित रखा गया है, यहाँ तक कि जब जम्मू-कश्मीर भारत के राज्यों की सूची में शामिल हो चुका है।

इस सवाल का जवाब हमें सारिणी (4) पर नज़र डालते हुए मिलेगा, जिसमें भारतीय संविधान के भाग-6 (राज्य) से सम्बन्धित अनुच्छेद 152 तथा भाग-14 (संघ एवं राज्य के अधीन सेवाएँ) के शुरुआती उद्धृत वाक्यांशों में छुपा हुआ है। इन दोनों अनुच्छेदों के अस्वीकरण (Disclaimer) के अनुसार जहाँ तक उपरोक्त अनुच्छेदों का प्रभाव क्षेत्र का सवाल है, जम्मू-कश्मीर राज्य अभी भी भारतीय राज्य की श्रेणी में सम्मिलित नहीं था। दिलचस्प है कि जम्मू-कश्मीर की संविधान सभा ने 1954 में जम्मू-कश्मीर को भारत का अभिन्न अंग मानते हुए भारत के राज्य की मान्यता दी थी, जिसे राज्य पुनर्गठन अभियोग 1956 के प्रकाशन में शामिल भी कर लिया गया, परन्तु उपरोक्त अनुच्छेदों 152 एवं 308 के पाठ को यथावत् रखा गया।

भारतीय संविधान के अद्यतन पाठ को समझने के लिए इन सतरों के लेखक ने बाज़ार में उपलब्ध संविधान के नये प्रकाशनों को खंगालना शुरू किया तो पता चला कि विद्वान सम्पादकों ने राष्ट्रपति के आदेश दि. 5 अगस्त के वर्णन के अनुच्छेद 367 का संशोधित पाठ मानते हुए उसके अन्तर्गत शामिल कर लिया है (देखें सेंट्रल लॉ पब्लिकेशन, नयी दिल्ली) द्वारा सम्पादित भारतीय संविधान प्रकाशन 2020) जैसे कि वह भारतीय संविधान का संशोधन हो। लेखक ने जिज्ञासावश भारत सरकार के पक्ष को जाँचने की कोशिश की तो पता चलता कि विधि विभाग के पोर्टल पर भारत का संविधान 2019 5/6 अगस्त की अधिसूचनाओं से अप्रभावित रूप में है, भारत का संविधान 2020 पोर्टल पर अगस्त 2021

में ही उपलब्ध हो पाया। ग़नीमत है, भारत के विधि विभाग द्वारा भारतीय संविधान नवीनतम प्रकाशन (वर्ष 2020) में यह ग़लती नहीं की गयी है। इस तथ्य से इतना तो कहा जा सकता है कि भारत सरकार दि. 5 अगस्त 2019 की अधिसूचना को भारतीय संविधान का हिस्सा नहीं मानती। हाँ, 6 अगस्त 2019 की अधिसूचना स्वाभाविक रूप से उसका अंश दर्शायी गयी है। यहाँ सवाल फिर उठता है कि आदेश 5 अगस्त 2019 को भारतीय संविधान का हिस्सा बनाए बिना 6 अगस्त 2019 की अधिसूचना (अनुच्छेद 370 के संशोधन की प्रक्रिया) कितनी वैधानिक है?

इन विलक्षण प्रावधानों के औचित्य की तहों में जाने की ज़रूरत है जो हमें भारतीय संविधान की सबसे बड़ी ख़ूबी को उद्घाटित करता है कि मूलत: संघीयता में ही उसकी आत्मा का वास है।

परिशिष्ट

क. सन्दर्भ ग्रन्थ सूची

1. स्टेट, नेशन एंड एथनिसिटी इन कंटेम्परारी साउथ एशिया–इश्तियाक़ अहमद
2. तबक़त ए अकबरी-ख़्वाजा निज़ामुद्दीन अहमद (अनुवाद: ब्रजेंद्रनाथ डे)
3. कश्मीर बिहाइंड द वेल-एम.जे. अकबर
4. नेहरू : द मेकिंग ऑफ़ इंडिया-एम.जे. अकबर
5. औलिया –ए- कश्मीर-एम.वाई.तांग (सं.)-एम.ए. अन्दराबी
6. हिस्ट्री ऑफ़ सिविलाइज़ेशन ऑफ़ सेंट्रल एशिया (एड.)-एम. एस. और बोसवर्थ असिमोव
7. ए हिस्ट्री ऑफ़ कश्मीर-पी.एन.के. बामजी
8. कल्चरल एंड पॉलिटिकल हिस्ट्री ऑफ़ कश्मीर-पी.एन.के. बामजी
9. ड़ाटर्स ऑफ़ वितस्ता–प्रेमनाथ बजाज
10. इनसाइड कश्मीर–प्रेमनाथ बजाज
11. कश्मीर इन क्रूसिबल–प्रेमनाथ बजाज
12. टू नेशंस एंड कश्मीर-लॉर्ड क्रिस्टोफर बर्डवुड
13. कश्मीर: रूट्स ऑफ़ कॉन्फ़लिक्ट्स, पाथ टू पीस-सुमन्त्रा बोस
14. हाफ़वे टू फ्रीडम-मार्गरेट बॉर्के-व्हाइट
15. द स्ट्रगल फॉर कश्मीर-माइकल ब्रेचर

16. द गिलगिट रिबेलियन-विलियम ए ब्राउन
17. स्पेशल स्टेट्स ऑफ़ जम्मू एंड कश्मीर-के.एच. बट, शिक्षा प्रकाशन, दिल्ली
18. कश्मीर डिस्पयूट: अ कश्मीरी पर्सपेक्टिव-डॉ. शब्बीर चौधरी
19. हिस्टरी ऑफ़ नॉर्दन एरियाज़ ऑफ़ पाकिस्तान, नेशनल इंस्टीट्यूट ऑफ़ हिस्टॉरिकल एंड कल्चरल रिसर्च-दूसरा संस्करण-डॉ. ए.एच. दानी
20. वॉर एंड डिप्लोमेसी इन कश्मीर : 1947-48, सेकेंड एडिशन-सी. दासगुप्ता
21. जम्मू एण्ड कश्मीर : अ विक्टिम-दयासागर
22. अ हिस्टरी ऑफ़ गिलगित एण्ड बाल्टिस्तान, दूसरा संस्करण-परवेज दीवान
23. कश्मीर : द वाजपेयी इयर्स-ए.एस. दुल्लत
24. किंग्स ऑफ़ कश्मीर-जोगेश चन्द्र दत्त
25. हिस्टरी ऑफ़ द मुग़ल्स ऑफ़ सेंट्रल एशिया : मिर्जा मुहम्मद हैदर की तारीख़-ए-रशीदी, दुघाट-एन इलियास
26. ए लॉन्ग ड्रीम ऑफ़ होम-वरद शर्मा एवं सिद्धार्थ गीगू
27. पाकिस्तान आकुपायेड कश्मीर : द अनटोल्ड स्टोरी-वीरेन्द्र गुप्ता एवं आलोक बंसल
28. एन एटलस ऑफ़ द मुग़ल एंपायर– इरफान हबीब
29. माई कश्मीर : डाइंग ऑफ़ द लाइट-वजाहत हबीबुल्लाह
30. द मैनी फ़ेसेज़ ऑफ़ कश्मीरी नेशनलिज़्म-नन्दिता हकसर
31. द स्टेट इन मेडिवल कश्मीर-रतन लाल हंगलू
32. कश्मीर अंडर सुल्तान्स–मोहिबुल हसन
33. फ्रीडम स्ट्रगल इन कश्मीर-एफ.एम. हसनैन
34. कश्मीर : द हिस्टरी ऑफ़ हिमालयन वैली-फिदा मोहम्मद खान हसनैन

35. अनरावेलिंग द कश्मीर नॉट-अमन एम. हिंगोरानी
36. द ग्रेट डिवाइड : ब्रिटेन-भारत-पाकिस्तान-एच.वी. हडसन
37. द लेटर मुग़ल्स-विलियम इरविन (अनु: जदुनाथ सरकार)
38. अंटिल माइ फ्रीडम हैज कम-संजय काक
39. राजतरंगिणी-कल्हण
40. द कश्मीरी पण्डित-आनन्द कौल
41. बिटविन डेमोक्रेसी एण्ड नेशन : जेंडर एण्ड मिलिटरीजेशन इन कश्मीर-सीमा क़ाज़ी
42. गिलगित-बाल्टिस्तान : अ डिस्प्युटेड टेरिटरी ऑर 'अ फ़ोस्सिल ऑफ़ इंट्रीगुएस'-अमानुल्लाह खान
43. कश्मीर'ज़ ट्रांजिशन टु इस्लाम : द रोल ऑफ़ मुस्लिम ऋषिज-मोहम्मद इशाक खान
44. पर्सपेक्टिव ऑन कश्मीर-मोहम्मद इशाक खान
45. डेंजर इन कश्मीर-जोसेफ कोर्बेल
46. लुकिंग बैक-मेहर चन्द महाजन
47. कश्मीर अक्रॉस एलओसी-डी.ए. महापात्रा और सीमा शेखावत
48. कश्मीर अंडर मुग़ल्स-अब्दुल मजीद मट्टू
49. द स्टोरी ऑफ़ इंटीग्रेशन ऑफ़ इंडियन स्टेट्स-वीपी मेनन
50. कश्मीर: द केस फॉर फ्रीडम-पंकज मिश्रा
51. माई इयर्स विद नेहरू : कश्मीर-बी.एन. मलिक
52. बीइंग द अदर : द मुस्लिम इन इंडिया–सईद नक़वी
53. बियॉन्ड हेडलाइंस–कुलदीप नय्यर
54. अवर मून हैज ब्लड क्लॉट्स–राहुल पण्डिता
55. द फाउंडिंग ऑफ़ द कश्मीर स्टेट : ए बायोग्राफी ऑफ़ महाराजा गुलाब सिंह-के.एम.पन्निकर
56. अ हिस्टरी ऑफ़ मुस्लिम रूलर इन कश्मीर-आर.के. परिमू
57. अक्रॉस द लाइन ऑफ़ कंट्रोल : इंसाइड पाकिस्तान एडमिनिसटर्ड कश्मीर-लव पुरी

58. सेक्रेट्स ऑफ़ कश्मीर वैलि-फरहाना काजी
59. कश्मीर : द अनटोल्ड स्टोरी–हुमरा कुरैशी
60. हिन्दू रूलर्स एण्ड मुस्लिम सब्जेक्ट्स–मृदु राय
61. कश्मीर इन कॉन्फ्लिक्ट : इंडिया, पाकिस्तान एंड द अन-एंडिंग वॉर–विक्टोरिया शोफिल्ड
62. आई बिलीव : अ फ़िलॉसफ़ी फॉर द ग्लोबल सोसाइटी–करण सिंह
63. अ हिस्टरी ऑफ़ सिख्स–खुशवन्त सिंह
64. द अर्ली हिस्ट्री ऑफ़ इंडिया-विंसेंट स्मिथ
65. कश्मीर : द अनटोल्ड स्टोरी–क्रिस्टोफ़र स्नोडन
66. अंडरस्टैंडिंग कश्मीर एंड कश्मीरीज़-क्रिस्टोफ़र स्नोडन
67. अ हिस्टरी ऑफ़ कश्मीर-जी.एम.डी. सूफ़ी
68. भारत, पाकिस्तान एण्ड सीक्रेट जिहाद-प्रवीण स्वामी
69. अ मिशन इन कश्मीर-एंड्रयू व्हाइटहेड
70. प्रिलिमिनरी रिपोर्ट ऑफ़ सेटलमेंट ऑपरेशंस इन कश्मीर एण्ड जम्मू-ए विग्नेट
71. ब्रिटिश पैरामौंट्सी इन कश्मीर-माधवी यासीन
72. प्राचीन भारत सभ्यता का इतिहास–सर रमेशचन्द दत्त
73. प्राचीन भारत का इतिहास–रोमिला थापर
74. मध्यकालीन भारत का इतिहास–इरफ़ान हबीब
75. आधुनिक भारत का इतिहास–प्रो. बिपिन चन्द्रा
76. आधुनिक भारत–सुमित सरकार
77. बर्नियर की भारत यात्रा–फ़ैविक्स बर्नियर एम.डी.
78. डिस्कवरी ऑफ़ इण्डिया–जवाहरलाल नेहरू
79. द वैली ऑफ़ कश्मीर–वॉल्टर आर. लॉरेंस
80. जिओग्राफ़ी ऑफ़ जम्मू एण्ड कश्मीर–माजिद हुसैन
81. वार एण्ड डिप्लोमेसी ऑफ़ कश्मीर–सी. दासगुप्ता

82. जिन्ना : हिज सक्सेजेस, फ़ेल्योर एंड रोल इन हिस्ट्री–प्रो. इश्तियाक़ अहमद
83. जिन्ना : भारत–विभाजन के आईने में–जसवन्त सिंह
84. अनटोल्ड स्टोरी–जनरल बी. एम. कौल
85. प्लेस ऑफ़ चिनार–शेख़ मोहम्मद अब्दुल्ला
86. भारतीय विभाजन की अन्तकथा–प्रियवन्द
87. भारतीय राजनीति के दो आख्यान–प्रियवन्द
88. आज़ादी से पहले आज़ादी के बाद–राज खन्ना
89. कश्मीर-विरासत और सियासत–उर्मिलेश
90. कश्मीर टेस्तामेंट्स–ख़्वाजा समाउल्लाह
91. अंडरस्टैंडिंग कश्मीर प्रोब्लेम " द बिग्निंग ऑफ़ प्रेजेंट फ़ेज़"–बलराज पुरी
92. कश्मीर टूवड्र्स इमरजेंसी–बलराज पुरी
93. माई फ्रोजेन टर्बुलेंस इन कश्मीर–जगमोहन
94. एयर अपरैंट–डा. कर्ण सिंह
95. द लाइन ऑफ़ पीस–कुलदीप नैयर
96. द डिफेंस मेकओवर–प्रवीण साहनी
97. कश्मीरनामा–अशोक कुमार पाण्डेय
98. एंडगेम बिगिन्स–द हेरॉल्ड (पाकिस्तान) फ़रवरी 2004 में छपा ज़फ़र अब्बास का लेख
99. द आइसमैन गोयथ–18 जनवरी 2004 'हिन्दुस्तान' में प्रकाशित ए. जी नूरानी का लेख
100. जम्मू एवं कश्मीर राज्य निर्वाचन आयोग की रिपोर्ट 1989-90
101. जम्मू-कश्मीर इन फ़िफ़्टी इयर्स–जम्मू –कश्मीर राज्य सूचना विभाग की रिपोर्ट 1998
102. इन डेप्थ रिपोर्ट अबाउट कश्मीर–बीबीसी रिपोर्ट
103. भारतीय जनगणना आयोग, नयी दिल्ली की रिपोर्ट

104. जम्मू एवं कश्मीर का संविधान 1957–विधि विभाग भारत सरकार, नयी दिल्ली

105. भारत का संविधान- संस्करण 2020–विधि विभाग, भारत सरकार, नयी दिल्ली

106. भारत का संविधान–(ग्यारहवें संस्करण का पुनर्मुद्रण 2020) सेंट्रल लॉ पब्लिकेशन

107. राष्ट्रीय अभिलेखागार, भारत सरकार, नयी दिल्ली

108. राजकीय अभिलेखागार- जम्मू एवं कश्मीर, श्रीनगर

109. राज्य सूचना विभाग, जम्मू एवं कश्मीर, श्रीनगर द्वारा जारी आँकड़े

ख. मानचित्रों की सूची

13. ब्रिटिश भारत का मानचित्र (1947 की आज़ादी से पहले)–मैप ऑफ़ इंडिया
14. भारत का राजनीतिक मानचित्र–1951–लाइवमिंट
15. भारत का राजनीतिक मानचित्र 1956 (राज्य के पुनर्गठन के पूर्व)–मैप ऑफ़ इंडिया
16. भारत का राजनीतिक मानचित्र 1956 (राज्य के पुनर्गठन के पश्चात्)-विकीपीडिया
17. भारत का राजनीतिक मानचित्र 2002–मैप ऑफ़ इंडिया
18. जम्मू-कश्मीर राज्य का केन्द्र शासित क्षेत्र में पुनर्गठन का प्रारम्भिक प्रस्ताव का मानचित्र-विकीपीडिया
19. जम्मू-कश्मीर राज्य का केन्द्र शासित क्षेत्र में पुनर्गठन का वास्तविक प्रभावी मानचित्र-विकीपीडिया
20. जम्मू-कश्मीर राज्य का केन्द्र शासित क्षेत्र में पुनर्गठन का वैकल्पिक प्रस्ताव का मानचित्र–मैप ऑफ़ इंडिया
21. जम्मू-कश्मीर राज्य का केन्द्र शासित क्षेत्र–सर्वे ऑफ़ इंडिया
22. भारत का राजनीतिक मानचित्र 2020–मैप ऑफ़ इंडिया

ग. दस्तावेज़ों की सूची (पाठ सहित)

1. अमृतसर सन्धि (16 मार्च 1846)
2. कश्मीर–पाक स्टैंड स्टिल समझौता (12 अगस्त 1947)
3. संयुक्त राष्ट्र संघ सुरक्षा परिषद का प्रस्ताव–21 अप्रैल 1948
4. संयुक्त राष्ट्र सुरक्षा परिषद प्रस्ताव (13 अगस्त 1948)
5. आयोग का प्रस्ताव–5 जनवरी 1949
6. ताशकन्द समझौता (10 जनवरी 1966)
7. जम्मू-कश्मीर राज्य का संविधान (प्रमुख अंश)
8. लॉर्ड माउंटबैटन को महाराजा हरीसिंह का पत्र (दिनांक 26 अक्तूबर 1947)
9. महाराजा की घोषणा-कश्मीर का भारत में अधिमिलन -
10. जम्मू-कश्मीर के प्रधानमन्त्री को सदरे-रियासत कर्ण सिंह का पत्र
11. दिल्ली-समझौता–1952
12. शिमला समझौता–03 जुलाई 1972
13. इन्दिरा-शेख़ समझौता–13 नवम्बर 1974
14. भारतीय संविधान के अनुच्छेद–370 के प्रावधान
15. भारतीय संविधान के अनुच्छेद–367 के प्रावधान
16. जम्मू-कश्मीर विधानसभा द्वारा पारित स्वायत्तता–प्रस्ताव के मुख्य बिन्दु

17. जम्मू-कश्मीर में सक्रिय प्रमुख अलगाववादी संगठन और हथियारबन्द उग्रवादी गुट
18. प्रमुख हथियारबन्द/ आतंकवादी संगठन
19. साक्षात्कार

परिशिष्ट-1

अमृतसर सन्धि (16 मार्च, 1846)

ब्रिटिश सरकार व जम्मू के महाराज गुलाब सिंह के बीच ब्रिटिश सरकार की ओर से महारानी की सम्मानित प्रिवी कौंसिल के सदस्य, ईस्ट इण्डिया कम्पनी के सम्पूर्ण अधीनस्थ क्षेत्रों के गवर्नर जनरल एवं ईस्ट इंडीज़ में होने वाली सभी गतिविधियों के निर्देशक एवं नियंत्रक माननीय सर हेनरी हार्डिंग, जीसीबी के आदेशानुसार जनाब फ्रेडरिक करी, एस्कवायर व ब्रवेट-मेजर हेनरी माँटगामरी लॉरेंस एवं दूसरी ओर से स्वयं महाराजा गुलाब सिंह की उपस्थिति में तय की गयी सन्धि–1846.

अनुच्छेद 1–ब्रिटिश सरकार महाराजा गुलाब सिंह एवं उनके पुरुष वंशजों को सिन्धु नदी के पूर्व व रावी नदी के पश्चिम का सम्पूर्ण पर्वतीय क्षेत्र व उसके अधीनस्थ भाग, जिसमें चम्बा शामिल है पर लाहोल नहीं, जो कि 9 मार्च 1846 की लाहौर की सन्धि के अनुच्छेद चार के तहत लाहौर राज्य द्वारा ब्रिटिश सरकार के सुपुर्द किये गये थे, उनकी स्वतन्त्र रियासत के रूप में हमेशा के लिए स्थानान्तरित करती है।

अनुच्छेद 2–महाराज गुलाब सिंह को स्थानान्तरित किये गये इस भूखण्ड की पूर्वी सीमा का निर्धारण ब्रिटिश सरकार एवं महाराजा गुलाब सिंह के इस उद्देश्य के लिए नियुक्त कमिश्नरों द्वारा किया जायेगा और इस सन्दर्भ में सर्वे होने के बाद ही चर्चा की जायेगी।

अनुच्छेद 3–उन्हें व उनके वंशजों को किये गये इस स्थानान्तरण के एवज़ में महाराजा गुलाब सिंह ब्रिटिश सरकार को पचहत्तर लाख रुपये अदा करेंगे जिसमें से पचास लाख मौजूदा साल 1846 ई. की पहली अक्टूबर तक देने होंगे।

अनुच्छेद 4–महाराजा गुलाब सिंह के अधीन इस क्षेत्र की सीमाएँ बिना ब्रिटिश सरकार की सहमति के कभी नहीं बदली जा सकेंगी।

अनुच्छेद 5–महाराजा गुलाब सिंह लाहौर या किसी अन्य पड़ोसी राज्य से उपजे किसी भी विवाद या मसले को सुलझाने के लिए ब्रिटिश सरकार की मध्यस्थता में सौपेंगे व इस सन्दर्भ में ब्रिटिश सरकार द्वारा लिए गये निर्णय को स्वीकार करेंगे।

अनुच्छेद 6–महाराजा गुलाब सिंह व उनके वंशज अपने सम्पूर्ण सैन्यबल समेत अपने राज्य से लगे भू-भागों व अन्य पर्वतीय क्षेत्रों में तैनात होने पर ब्रिटिश सेनाओं का हिस्सा बनने की आश्वस्ति देते हैं।

अनुच्छेद 7–महाराजा गुलाब सिंह बग़ैर ब्रिटिश सरकार की रज़ामन्दी के किसी भी ब्रिटिश या अन्य यूरोपीय व अमेरिकी राज्य के निवासी की सेवायें लेने या विस्तारित करने का काम नहीं करने की आश्वस्ति देते हैं।

अनुच्छेद 8–महाराजा गुलाब सिंह ख़ुद को स्थानान्तरित किये गये भूखण्ड के सन्दर्भ में, 11 मार्च, 1846 को ब्रिटिश सरकार व लाहौर दरबार के बीच हुई परस्पर सन्धि के अनुच्छेद पाँच, छह व सात के प्रावधानों का सम्मान करने की आश्वस्ति देते हैं।

अनुच्छेद 9–ब्रिटिश सरकार महाराजा गुलाब सिंह को अपने राज्य की बाहरी शत्रुओं से रक्षा करने में हर सम्भव सहायता देगी।

अनुच्छेद 10–महाराजा गुलाब सिंह ब्रिटिश सरकार का प्रभुत्व स्वीकार करते हैं, अत: इसके प्रतीक के रूप में वे ब्रिटिश सरकार को हर वर्ष एक घोडा, उत्कृष्ट नस्ल की बारह बकरियाँ (छह नर व छह मादा) व तीन जोड़ी कश्मीरी शॉल भेंट करेंगे।

दस अनुच्छेदों की इस सन्धि को ब्रिटिश सरकार की ओर से गवर्नर जनरल माननीय सर हेनरी हार्डिंग के आदेशानुसार जनाब फ्रेडरिक करी,

एस्क्वायर व ब्रवेट-मेजर हेनरी माँटगामरी लॉरेंस एवं स्वयं महाराजा गुलाब सिंह की उपस्थिति में आज के दिन तय किया गया है व गवर्नर जनरल माननीय सर हेनरी हार्डिंग की मुहर द्वारा इसकी सम्पुष्टि की गयी है।

अमृतसर में प्रभु के वर्ष अठारह सौ छियालीस की मार्च के सोलहवें दिन या रबी-उल-अवल के सत्रहवें दिन (हिजरी सम्वत् 1262) को पूर्ण किया गया।

(हस्ताक्षर) एच. हार्डिंग (मुहर)
(हस्ताक्षर) एफ. करी
(हस्ताक्षर) एच.एम. लॉरेंस

परिशिष्ट-2

कश्मीर-पाक स्टैंडस्टिल समझौता

कश्मीर रियासत के प्रधानमन्त्री का अन्तर्राष्ट्रीय सम्बन्ध विभाग, कराची के सरदार अब्दुर रब निश्तोर के नाम टेलीग्राम (12 अगस्त 1947)

जम्मू कश्मीर सरकार पाकिस्तान के साथ उन सभी मसलों पर यथास्थिति समझौतों का स्वागत करेगी, जिन पर निवर्तमान ब्रिटिश सरकार के साथ वे मौजूद हैं। हमारा सुझाव है कि सभी मसलों के निबटारे और किसी नये समझौते के लागू होने तक मौजूदा बन्दोबस्त जारी रहें।

परिशिष्ट-3

संयुक्त राष्ट्र संघ सुरक्षा परिषद का प्रस्ताव (21 अप्रैल, 1948)

सुरक्षा परिषद जम्मू और कश्मीर राज्य से सम्बन्धित विवाद के बारे में भारत सरकार की शिकायत पर भारत के प्रतिनिधि को सुनने और पाकिस्तान के प्रतिनिधि के प्रत्युत्तर और जवाबी शिकायत सुनने के बाद इस दृढ़ मत का होते हुए कि जम्मू और कश्मीर में शीघ्र ही शान्ति और व्यवस्था के पुनर्स्थापन की अत्यावश्यकता है और भारत और पाकिस्तान को आविलम्ब लड़ाई बन्द करने की पूरी कोशिश करनी चाहिए। इस बात पर सन्तोष प्रकट करते हुए कि प्रजातान्त्रिक ढंग से स्वतन्त्र और निष्पक्ष जनमत द्वारा जम्मू और कश्मीर के भारत या पाकिस्तान में अधिमिलन का प्रश्न तय किया जाना चाहिए।

यह विचार करते हुए कि विवाद के चलते रहने से अन्तर्राष्ट्रीय शान्ति और सुरक्षा के ख़तरे में पद जाने की सम्भावना है, परिषद 17 जनवरी के प्रस्ताव की फिर से पुष्टि करती है;

यह संकल्प करती है कि परिषद के 20 जनवरी सन 1948 के प्रस्ताव द्वारा स्थापित आयोग की सदस्यता बढ़ा कर पाँच कर दी जायेगी। परिषद आयोग को आदेश देती है कि वह तुरन्त भारत उपमहाद्वीप जाये और शान्ति एवं व्यवस्था पुनर्स्थापित करने और दोनों सरकारों द्वारा जनमत लिए जाने के बारे में आवश्यक उपाय करने के लिए अपनी मध्यस्थता और अपनी सेवा भारत सरकार और पाकिस्तान सरकार को अर्पित करे

जो एक-दूसरे के सहयोग से और आयोग के सहयोग से कार्य करेंगी। परिषद आयोग को यह भी अनुदेश देती है कि वह इस प्रस्ताव के अन्तर्गत और उस उद्देश्य से किये गये कार्य की सूचना परिषद को देगी।

आयोग भारत या पाकिस्तान में स्वतन्त्र एयर निष्पक्ष जनमत के लिए अनुकूल परिस्थितियाँ पैदा करने के लिए उपयुक्त माहौल भी बनाएगा।

I. शान्ति और व्यवस्था का पुनर्स्थापन

1. पाकिस्तान सरकार का यह उत्तरदायित्व है कि वह :

(क) जम्मू और कश्मीर राज्य से कबाइलियों और ऐसे पाकिस्तानी नागरिकों को, जो समान्यत: उस राज्य के निवासी नहीं हैं और जो लड़ाई के प्रायजनों के लिए राज्य में घुस आये हैं, वापस बुलाने और इस प्रकार के लोगों द्वारा राज्य में अतिक्रमण को रोकने और राज्य में लड़ने वाले लोगों को सहायता दिये जाने को रोकने,

(ख) सभी सम्बन्धित व्यक्तियों को यह प्रख्यापित करने कि इसमें और निम्नांकित पंक्तियों में उल्लिखित उपायों में वर्ण, जाति या दल का ख़याल न करते हुए राज्य के सभी नागरिकों को अपने विचार व्यक्त करने और राज्य के अधिमिलन के प्रश्न पर मत देने की पूरी स्वतन्त्रता है और इसलिए शान्ति और व्यवस्था बनाए रखने में उन्हे सहयोग देना चाहिए, का भरसक प्रयास करेगी;

2. भारत सरकार...

(क) जब परिषद के 20 जनवरी के प्रस्ताव के अनुसार स्थापित आयोग के सन्तोषानुसार यह निश्चित हो जाये कि कबाइली वापस जा रहे हैं और युद्ध–बन्दी के इन्तज़ाम हो चुके हैं, तो जम्मू और कश्मीर से अपनी फौजें हटाने और उत्तरोत्तर उनकी संख्या कम करने के लिए और विधि एवं व्यवस्था बनाए रखने हेतु असैनिक अधिकारियों के सहायतार्थ न्यूनतम संख्या

में फ़ौजें वहाँ रखे जाने के लिए आयोग और परामर्श से एक योजना कार्यान्वित करेगी।

(ख) यह प्रख्यापित करेगी कि चरणों में सैनिक हटाए जा रहे हैं और वह प्रत्येक चरण की समाप्ति का ऐलान करेगी।

(ग) जब उपरोक्त (क) के अनुसार न्यूनतम संख्या में भारतीय फौज रह जाती है, आयोग के परामर्श से बाक़ी फौजों को, निम्नांकित सिद्धान्तों के अनुसार तैनात करने की व्यवस्था करेगी।

(i) सैनिकों की उपस्थिति से राज्य के निवासी भयग्रस्त होने और न इसका आभास हो कि वे भयभीत हो रहे हैं।

(ii) अग्रक्षेत्रों में कम से कम संख्या में सैनिक रखे जाते हैं।

(iii) आरक्षित सैनिक जिनकी संख्या कुल संख्या में सम्मिलित है, अपने वर्तमान अड्डा क्षेत्र में रखे जाते हैं।

3. भारत सरकार को इससे सहमत होना चाहिए कि उस समय तक जब तक जनमत प्रशासक, जिनका उल्लेख नीचे किया गया है, राज्य की फौजों और पुलिस को निर्देश देने और उनकी देख-रेख करने, जिसकी व्यवस्था पैराग्राफ 8 में की गयी है, के अधिकार का प्रयोग आवश्यक न समझे, वे जनमत प्रशासक द्वारा समस्त क्षेत्रों में रखे जायेंगे।

4. पैराग्राफ 2 (क) में उल्लिखित योजना के कार्यान्वयन के बाद प्रत्येक ज़िलें में स्थानीय रूप से भरती किये गये कर्मचारी, यथासम्भव विधि और व्यवस्था पुनर्स्थापित करने और बनाए रखने के लिए, अल्पसंख्यकों के संरक्षण को ध्यान में रखते हुए इस्तेमाल किये जाने चाहिए, परन्तु शर्त यह है कि पैराग्राफ 7 में उल्लिखित जनमत प्रशासक द्वारा जो भी अतिरिक्त कर्मचारियों की आवश्यकता पड़ेगी, उनकी व्यवस्था व्यवस्था की जायेगी।

5. यदि स्थानीय फौज अपर्याप्त मालूम पड़े तो आयोग भारत सरकार और पाकिस्तान सरकार की सहमति से किसी भी डोमिनियन की ऐसी फौज को, जो वह शान्ति-स्थापना के लिए कारगर समझे, इस्तेमाल करने की व्यवस्था करेगा।

II. जनमत

6. भारत सरकार का यह उत्तरदायित्व होगा कि वह यह सुनिश्चित करे कि राज्य की सरकार , जब जनमत-संग्रह की तैयारी हो रही हो और जनमत लिया जा रहा हो, मन्त्रियों के स्तर पर प्रशासन के संचालन में प्रमुख राजनीतिक वर्गों के उत्तरदायी प्रतिनिधियों को आमन्त्रित करती है।
7. भारत सरकार का यह उत्तरदायित्व होगा कि वह यह सुनिश्चित करे कि जम्मू और कश्मीर में जनमत –प्रशासन स्थापित किया जाये तो भारत या पाकिस्तान में राज्य अधिमिलन के प्रश्न पर यथाशीघ्र जनमत लेगा।
8. भारत सरकार का यह उत्तरदायित्व होगा कि वह यह सुनिश्चित करे कि राज्य द्वारा जनमत-प्रशासक को वे अधिकार हस्तांतरित कर दिये जाते हैं जो वह न्यायमुक्त और निष्पक्ष रूप से जनमत लिए जाने के लिए आवश्यक समझें। इन अधिकारों में केवल इस प्रयोजन के लिए राज्य की फौजों और पुलिस को निर्देश देना और उनकी देख-रेख करना शामिल होगा।
9. भारत सरकार जनमत-प्रशासक की प्रार्थना पर भारतीय फौजों से ऐसी सहायता उपलब्ध कराएगी जो वह अपने कर्तव्यों के पालन के लिए आवश्यक समझे।
10. (क) भारत सरकार इससे सहमत होगी कि संयुक्त राष्ट्र के सेक्रेटरी-जनरल द्वारा नामित व्यक्ति जनमत-प्रशासक नियुक्त होगा।

    (ख) जनमत-प्रशासक, जम्मू और कश्मीर राज्य के अधिकारी के रूप में कार्य करेगा और उसे अपने सहायकों और अन्य अधीनस्थ कर्मचारियों को नामित करने और जनमत-सम्बन्धित विनियमों का मसविदा तैयार करने का अधिकार होगा। इस प्रकार नामित व्यक्तियों की नियुक्ति

विधिवत् होनी चाहिए और इस प्रकार के विनियम विधिवत जम्मू और कश्मीर द्वारा प्रख्यापित किये जाने चाहिए।

(ग) भारत सरकार का यह उत्तरदायित्व होगा कि वह यह सुनिश्चित करे कि जम्मू और कश्मीर सरकार जनमत-प्रशासक द्वारा नामित पूर्णतः अर्ह व्यक्तियों को राज्य की न्यायिक व्यवस्था के अन्तर्गत विशेष मजिस्ट्रेट ऐसे मुक़दमों की सुनवाई के लिए नियुक्त करती है, जिनका जनमत प्रशासक की राय में स्वतन्त्र और निष्पक्ष जनमत की तैयारी और उसके संचालन से निकट सम्बन्ध हो।

(घ) प्रशासक की सेवा-शर्तें संयुक्त राष्ट्र के सेक्रेटरी-जनरल और भारत सरकार द्वारा अलग से तय की जायेंगी। प्रशासक अपने सहायकों और अधीनस्थ कर्मचारियों की सेवा-शर्तें निर्धारित करेगा।

(च) प्रशासक को राज्य सरकार और सुरक्षा परिषद के आयोग के माधम से सुरक्षा परिषद, भारत सरकार, पाकिस्तान सरकार और आयोग से सम्बद्ध उनके प्रतिनिधियों से पत्र-व्यवहार करने का अधिकार होगा। उसका यह कर्तव्य होगा कि वह उपरोक्त किन्हीं या सभी को (जैसा वह अपने विवेक से निश्चय करे) ऐसी परिस्थितियों की सूचना दे जो उसकी राय में स्वतन्त्र रूप से जनमत के लिए जाने में विघ्न डालती हों।

11. भारत सरकार का यह उत्तरदायित्व होगा कि वह जनमत के लिए जाने में मतदाताओं को धमकी देने या रिश्वत द्वारा या अन्य प्रकार से उन पर बेज़ा ज़ोर-दबाव डालने को ख़ुद रोके और उसके रोकने में प्रशासक और उसके अमलों को पूरा सहयोग दे। भारत सरकार को सार्वजनिक रूप से यह घोषित कराना चाहिए कि ऐसा करना एक अन्तर्राष्ट्रीय दायित्व है और जम्मू और कश्मीर में सभी सरकारी अधिकारी और कर्मचारी उससे बाध्य होंगे।

12. भारत सरकार को स्वयं और राज्य सरकार के द्वारा भी यह घोषित करना चाहिए और यह प्रख्यापित करना चाहिए कि जम्मू और कश्मीर राज्य के सभी नागरिकों को, चाहे वे जिस जाति, वर्ण, दल के हों, राज्य के अधिमिलन के प्रश्न पर अपना मत व्यक्त करने की स्वतन्त्रता होगी और उन्हें कोई भय नहीं होगा और लोगों को भाषण की, यात्रा करने की, वैधरूप से राज्य में आने-जाने की स्वतन्त्रता होगी और प्रेस को भी स्वतन्त्रता रहेगी।

13. भारत सरकार भरसक प्रयत्न करके यह सुनिश्चित करेगी कि उन नागरिकों के अलावा, जो राज्य में समान्यतया रहते हों या जो 15 अगस्त, सन 1947 को या उसके बाद वैध प्रयोजनों से राज्य में आ गये हों, सभी भारतीय नागरिक राज्य से बाहर चले जाते हैं।

14. भारत सरकार यह सुनिश्चित करेगी कि राज्य सरकार सभी राजनीतिक बन्दियों को मुक्त कर देती है और सभी सम्भव उपाय करेगी कि....

    (क) राज्य के समस्त नागरिक जो उपद्रव के कारण राज्य से बाहर चले गये हैं, अपने घरों में वापस आने के लिए आमन्त्रित किये जाते हैं और वे राज्य के नागरिकों की तरह अपने अधिकारों का प्रयोग करते हैं और ऐसा करने के लिए स्वतन्त्र हैं।

    (ख़) किसी को परेशान नहीं किया जाता है।

    (ग) राज्य के सभी भागों में अल्पसंख्यकों को पर्याप्त संरक्षण दिये जाते हैं।

15. जनमत-संग्रह के अन्त में सुरक्षा परिषद का आयोग परिषद को यह प्रमाण-पत्र देगा कि जनमत स्वतन्त्र और निष्पक्ष रूप से लिया गया है या नहीं।

परिशिष्ट-4

आयोग का प्रस्ताव (13 अगस्त, 1948)

भारत और पाकिस्तान के लिए संयुक्त राष्ट्र का आयोग: भारत और पाकिस्तान के प्रतिनिधियों द्वारा जम्मू और कश्मीर राज्य में स्थिति के बारे में व्यक्त विचारों पर सावधानी के साथ विचारोपरान्त, और इस मत का होते हुए कि अन्तिम रूप से स्थिति का समाधान करने के लिए भारत और पाकिस्तान सरकारों को सहायतार्थ उसके प्रयासों को फ़लीभूत करने के लिए तुरन्त लड़ाई-बन्दी और स्थिति का सुधार, जिसके बिना अन्तर्राष्ट्रीय शान्ति और सुरक्षा ख़तरे में पड़ने की सम्भावना है, अत्यन्त आवश्यक है। आयोग भारत सरकार और पाकिस्तान सरकार को एक साथ निम्नांकित प्रस्ताव भेजने का संकल्प करता है –

युद्धविराम सन्धि

(क) भारत सरकार और पाकिस्तान सरकार सहमत है कि दोनों सरकारों द्वारा इन प्रस्तावों के स्वीकृत होने के चार दिनों के भीतर दोनों सरकारों द्वारा परस्पर सम्मत यथाशीघ्र किसी व्यावहारिक तिथि को उनके उच्च कमान (हाई कमांड) अलग-अलग और एक साथ युद्धबन्दी के आदेश जारी करेंगे जो जम्मू और कश्मीर राज्य में उनके नियन्त्रणधीन समस्त फौजों पर लागू होगा।

(ख) भारत और पाकिस्तान फौजों के उच्च कमान (हाई कमांड) सहमत हैं कि वे ऐसे कोई उपाय न करेंगे जो जम्मू और कश्मीर राज्य में उनके नियन्त्रणाधीन फौजों की सैनिक शक्ति में वृद्धि करें।

इन प्रस्तावों के प्रयोजन के लिए 'उनके नियन्त्रणाधीन फौजों में' ऐसी सब फौजें शामिल समझी जायेंगी जो संगठित और असंगठित हों जो अपनी-अपनी ओर लड़ रही हों या लड़ाई में भाग ले रही हों।

(ग) भारत और पाकिस्तान के कमांडर-इन-चीफ़ फौजों की वर्तमान तैनाती में आवश्यक स्थानीय परिवर्तनों के बारे में, जिसने युद्दबन्दी में सुगमता हो, शीघ्र वार्ता करेंगे।

(घ) आयोग अपने विवेक से और जैसा वह व्यावहारिक समझे, सैनिक प्रेक्षक नियुक्त करेगा, जो आयोग के प्राधिकार से और दोनों कमानों के सहयोग से लड़ाई-बन्दी के आदेश के अनुपालन की देख-रेख करेंगे।

(च) भारत सरकार और पाकिस्तान सरकार सहमत हैं कि वे अपने-अपने लोगों से अनुरोध करेंगे कि वे और बातचीत करने के विचार से अनुकूल वातावरण बनाने और उसे बनाए रखने में सहायता दें।

भाग 2

सन्धि क़रारनामा

भाग 1 में उल्लिखित तुरन्त युद्धबन्दी के प्रस्ताव की स्वीकृति के साथ-साथ दोनों सरकारें निम्नलिखित सिद्धान्तों को सन्धि-क़रारनामा का आधार स्वीकार करती हैं। इसके ब्योरे उनके प्रतिनिधियों और आयोग के विचार-विमर्श से तय किये जायेंगे।

(क) 1. चूँकि जम्मू और कश्मीर राज्य में पाकिस्तान के सैनिकों की उपस्थिति समाप्त करने पर पाकिस्तान सहमत है।

2. पाकिस्तान की सरकार जम्मू और कश्मीर राज्य से कबाइलियों और पाकिस्तानी नागरिकों को, जो समान्यतया वहाँ के निवासी नहीं हैं और जो लड़ाई के प्रयोजनों के लिए वहाँ घुस आये हैं, हटाए जाने के लिए भरसक प्रयास करेगी।

3. जब तक समस्या का अन्तिम समाधान नहीं हो जाता, पाकिस्तानी सैनिकों द्वारा ख़ाली किये गये क्षेत्र आयोग की देख-रेख में स्थानीय प्राधिकारियों द्वारा प्रशासित होंगे।

(ख़) 1. जब आयोग भारत सरकार को यह सूचित कर देगा कि भाग 2 क (2) में उल्लिखित कबाइली और पाकिस्तानी नागरिक हट गये हैं, और फलतः वह स्थिति समाप्त हो गयी है, जिसका उल्लेख भारत सरकार ने सुरक्षा परिषद से किया था और जिसके फलस्वरूप कहा गया था कि भारतीय फौजों की उपस्थिति वहाँ आवश्यक हो गयी थी और जम्मू और कश्मीर राज्य से पाकिस्तानी फ़ौजें हटाई जा रही हैं, तब भारत सरकार उस राज्य से अपनी अधिकांश फौजों को आयोग द्वारा सम्मत चरणों में हटाएगी।

2. जब तक जम्मू और कश्मीर राज्य में स्थिति के अन्तिम समाधान के लिए शर्तें स्वीकार न हो जायें, भारत सरकार युद्धबन्दी की मौजूदा हद में अपनी सेना की ऐसी फौजें रखेगी जो आयोग की सहमति से स्थानीय प्राधिकारियों को विधि और व्यवस्था कायम रखने में सहायता देने के लिए आवश्यक समझी जायें।

3. भारत सरकार यह सुनिश्चित करेगी कि जम्मू और कश्मीर राज्य की सरकार सार्वजनिक रूप से यह प्रख्यापित करने के लिए कि शान्ति विधि और व्यवस्था की रक्षा की जायेगी और सभी मानव अधिकार तथा राजनीतिक अधिकार जनता को प्राप्य होंगे, यथाशक्ति सभी उपाय काम में लाएगी।

(ग) 1. हस्ताक्षर हो जाने के बाद, जैसा भी दोनों सरकारों और आयोग के बीच तय हो, सन्धि–क़रारनामा का पूरा पाठ या उसके सिद्धान्तों के बारे में एक विज्ञप्ति सार्वजनिक रूप से घोषित की जायेगी।

भाग-3

भारत सरकार और पाकिस्तान की सरकार फिर से प्रतिज्ञान करती है कि जम्मू और कश्मीर राज्य का भविष्य लोगों की इच्छानुसार निर्णीत होगा और इस उद्देश्य से, सन्धि क़रारनामा के स्वीकार हो जाने पर, दोनों सरकारें न्यायसंगत और न्यायमुक्त शर्तों के तय करने के लिए, जिससे मत-अभिव्यक्ति स्वतन्त्र हो सके, आयोग से परामर्श करने का क़रार करती हैं।

परिशिष्ट-5

आयोग का प्रस्ताव (5 जनवरी, 1949)

भारत सरकार से उनके 23 दिसम्बर के पत्र द्वारा और पाकिस्तान सरकार से उनके 25 दिसम्बर 1948 के पत्र द्वारा निम्नलिखित सिद्धान्तों के तहत जो आयोग के 13 अगस्त 1948 के संकल्प के पूरक स्वरूप हैं, तत्काल कार्यवाई हो–

1. जम्मू और कश्मीर राज्य के भारत या पाकिस्तान में अधिमिलन का प्रश्न प्रजातन्त्रात्मक ढंग से स्वतन्त्र और निष्पक्ष जनमत द्वारा तय किया जायेगा।
2. जनमत उस समय किया जायेगा जब आयोग को यह ज्ञात हो जायेगा कि 13 अगस्त 1948 के आयोग के संकल्प के भाग 1 और 2 में उल्लिखित युद्धबन्दी और सन्धि-क़रारनामा के इंतजाम हो चुके हैं और जनमत सम्बन्धी इंतजाम पूरे किये जा चुके हैं।
3. (क) संयुक्त राष्ट्र के सेक्रेटरी-जनरल आयोग की सहमति से एक जनमत प्रशासक नामित करेगा, जिसका व्यक्तित्व अन्तर्राष्ट्रीय स्तर का होगा और जिसे सामान्य-रूप से सभी का सामान्य विश्वास प्राप्त होगा। वह विधिवत् जम्मू और कश्मीर की सरकार द्वारा नियुक्त किया जायेगा।

   (ख़) जनमत प्रशासक जनमत संगठित और संचालित करने के लिए और जनमत की स्वतन्त्रता और निष्पक्षता सुनिश्चित करने के

लिए जम्मू और कश्मीर राज्य से ऐसे अधिकार प्राप्त करेगा जो वह आवश्यक समझे।

(ग) जनमत प्रशासक को ऐसे सहायकों और प्रेक्षकों को, जिन्हें वह आवश्यक समझे, नियुक्त करने का प्राधिकार होगा।

4. (क) आयोग के 13 अगस्त 1948 के संकल्प के भाग 1 और 2 के कार्यान्वित हो जाने के बाद और जब आयोग इस बात से सन्तुष्ट हो जाये कि राज्य में शान्तिमय स्थिति फिर से स्थापित हो गयी है, आयोग और जनमत प्रशासक, भारत सरकार के परामर्श से, भारतीय और राज्य की सशस्त्र फौजों के अन्तिम निपटारे के बारे में तय करेंगे, फौजों का निपटारा राज्य की सुरक्षा और जनमत की स्वतन्त्रता का यथोचित ध्यान रखते हुए किया जायेगा।

(ख़) जहाँ तक 13 अगस्त के संकल्प के भाग 2 के क (2) में निर्दिष्ट प्रदेश का सम्बन्ध है, उस प्रदेश में सशस्त्र फौजों का अन्तिम निपटारा आयोग और जनमत प्रशासक, स्थानीय अधिकारियों के परामर्श से करेंगे।

5. राज्य में सभी असैनिक और सैनिक प्राधिकारी एवं राज्य के प्रमुख राजनीतिक दलों से अपेक्षा की जायेगी कि वे जनमत की तैयारी और उसके संग्रह में जनमत प्रशासक को सहयोग दें।

6. (क) राज्य के नागरिकों को, जो उपद्रव के कारण राज्य से बाहर चले गये हैं, राज्य में वापस लौटने और नागरिकों की तरह अपने समस्त अधिकारों को प्रयोग करने के लिए, आमन्त्रित किया जायेगा और उन्हें राज्य में वापस आने की स्वतन्त्रता होगी। देश-प्रत्यावर्तन में सुविधा देने के प्रयोजन से दो आयोग नियुक्त किये जायेंगे। एक में भारत द्वारा नामित व्यक्ति होंगे और दूसरे में पाकिस्तान द्वारा नामित व्यक्ति आयोग जनमत-प्रशासक के निदेशाधीन कार्य करेगा।

इस उपबन्ध को कार्यान्वित करने में भारत और पाकिस्तान की सरकारें और जम्मू और कश्मीर राज्य में सभी प्राधिकारी जनमत-प्रशासक से सहयोग करेंगे।

(ख़) ऐसे सभी व्यक्तियों से (राज्य के नागरिकों के अलावा) जो, 15 अगस्त, 1947 को या उसके बाद वैध प्रयोजनों के अलावा अन्य प्रयोजनों के लिए राज्य में घुस आये हैं, राज्य से चले जाने को कहा जायेगा।

परिशिष्ट-6

ताशकन्द समझौता (10 जनवरी, 1966)

भारत के प्रधानमन्त्री व पाकिस्तान के राष्ट्रपति ताशकन्द में सम्पन्न हुई अपनी मुलाक़ात के बाद, व भारत व पाकिस्तान के बीच रिश्तों की मौजूदा स्थिति पर चर्चा करने के बाद, दोनों देशों के बीच सामान्य एवं शान्तिपूर्ण सम्बन्ध बहाल करने व दोनों ओर के लोगों के बीच सामंजस्य व मित्रता बढ़ने की प्रतिबद्धता घोषित करते हैं। वे भारत व पाकिस्तान के साठ करोड़ लोगों की ख़ुशहाली के लिए इन उद्देश्यों की पूर्ति बहुत ज़रूरी मानते हैं।

भारत के प्रधानमन्त्री व पाकिस्तान के राष्ट्रपति इस बात पर सहमत हैं कि दोनों पक्ष संयुक्त राष्ट्र घोषणा-पत्र के अनुसार दोनों पड़ोसी देशों के बीच बेहतर आपसी सम्बन्ध बनाने के लिए हरसम्भव प्रयास करेंगे। वे इस घोषणा-पत्र के तहत हिंसा का सहारा न लेने व आपसी मतभेदों को शान्तिपूर्ण तरीक़ों से हल करने के प्रति प्रतिबद्ध हैं। उन्होंने इस बात को समझा है कि दोनों देशों के बीच जारी तनाव न तो इस पूरे क्षेत्र, और ख़ासकर भारतीय उपमहाद्वीप के हित में हैं और न ही भारत व पाकिस्तान की जनता के। इसी सन्दर्भ में जम्मू-कश्मीर पर भी चर्चा हुई और दोनों पक्षों ने अपनी-अपनी बात रखी।

सेनाओं की वापसी

(i) भारत के प्रधानमन्त्री व पाकिस्तान के राष्ट्राध्यक्ष इस बात पर सहमत हैं कि दोनों देशों के सैन्य बल 25 फ़रवरी, 1966 तक 5 अगस्त, 1965 से पहले की अपनी–अपनी स्थितियों पर वापस लौटेंगे तथा दोनों पक्ष नियन्त्रण रेखा पर संघर्ष विराम का पालन करेंगे।

(ii) भारत के प्रधानमन्त्री व पाकिस्तान के राष्ट्रपति यह मानते हैं कि दोनों देशों के बीच सम्बन्ध एक–दूसरे के अन्दरूनी मामलों में हस्तक्षेप न करने की नीति पर ही आधारित हो सकते हैं।

(iii) भारत के प्रधानमन्त्री व पाकिस्तान के राष्ट्रपति इस बात पर सहमत हैं कि दोनों पक्ष एक–दूसरे के विरुद्ध चल रहे प्रोपेगेंडा को बढ़ावा न देते हुए ऐसे प्रचार-प्रसार को प्रोत्साहित करेंगे, जिससे दोनों देशों के बीच मित्रवत सम्बन्ध स्थापित हो सकें।

(iv) भारत के प्रधानमन्त्री व पाकिस्तान के राष्ट्रपति के बीच यह भी सहमति बनी है कि पाकिस्तान में भारत के उच्चायुक्त व भारत में पाकिस्तान के उच्चायुक्त अपनी–अपनी भूमिकाओं में वापस लौटेंगे और दोनों देशों में सामान्य राजनयिक सम्बन्ध पुनः बहाल होंगे। राजनयिक अन्तर्सम्बन्धों के सन्दर्भ में दोनों देश 1962 के विएना सम्मेलन के दिशानिर्देशों का पालन करेंगे।

आर्थिक सम्बन्ध

(v) भारत के प्रधानमन्त्री व पाकिस्तान के राष्ट्रपति ने दोनों देशों के बीच आर्थिक व व्यावसायिक सम्बन्ध पुनर्स्थापित करने व सांस्कृतिक व संचार सम्बन्धी आदान-प्रदान को बढ़ावा देने हेतु क़दम उठाने और साथ ही दोनों देशों के बीच मौजूद वर्तमान समझौतों को सही तरह से लागू करने पर सहमति ज़ाहिर की है।

(vi) भारत के प्रधानमन्त्री व पाकिस्तान के राष्ट्रपति में इस बात पर भी सहमति बनी है कि वे अपने-अपने प्रशासनों को युद्धबन्दियों के आदान-प्रदान हेतु निर्देश जारी करेंगे।

(vii) भारत के प्रधानमन्त्री व पाकिस्तान के राष्ट्रपति इस बात पर सहमत हैं कि दोनों पक्ष शरणार्थी समस्या एवं ग़ैरक़ानूनी प्रवासियों को वापस भेजने के मसलों पर चर्चा जारी रखेंगे। वे इस बात पर भी सहमत हैं कि दोनों पक्ष ऐसा माहौल बनाने को प्रयासरत होंगे जिसमें लोगों को पलायन करने पर मजबूर न होना पड़े। इसके साथ ही वे युद्ध के दौरान दोनों पक्षों द्वारा क़ब्ज़ा की गयी सम्पत्ति की वापसी सम्बन्धी चर्चा पर भी सहमत हुए हैं।

सोवियत नेताओं को धन्यवाद ज्ञापन

(viii) भारत के प्रधानमन्त्री व पाकिस्तान के राष्ट्रपति इस बात पर सहमत हैं कि दोनों देशों के लिए सीधे तौर पर महत्त्वपूर्ण मसलों पर वे सर्वोच्च स्तर से लेकर सबसे निचले स्तर तक बैठकें जारी रखेंगे। दोनों पक्ष सहमत हैं कि भारत–पाकिस्तान के संयुक्त स्तर पर ऐसी संस्थाएँ बनाना आवश्यक हैं जो अपनी-अपनी सरकारों को आगे के क़दमों को तय करने में सहायता करें।

(ix) भारतीय प्रधानमन्त्री व पाकिस्तानी राष्ट्रपति सोवियत नेताओं, सोवियत सरकार व व्यक्तिगत रूप से सोवियत संघ के मन्त्री परिषद के अध्यक्ष के प्रति दोनों पक्षों के लिए सन्तोषजनक परिणाम देने वाली इस बैठक को करवाने में उनकी रचनात्मक, दोस्तना एवं उदार भूमिका के लिए असीम कृतज्ञता आभार एवं प्रशंसा व्यक्त करते हैं। वे उज़्बेकिस्तान की सरकार व यहाँ के सज्जन लोगों प्रति भी इतने भव्य स्वागत व शानदार आतिथ्य के लिए कोटि-कोटि धन्यवाद अभिव्यक्त करते हैं।

वे सोवियत संघ की मन्त्रिपरिषद के अध्यक्ष को इस घोषणा में शामिल होने के लिए आमन्त्रित करते हैं।

मुहम्मद अयूब ख़ान	**लालबहादुर शास्त्री**
राष्ट्रपति, पाकिस्तान	प्रधानमन्त्री भारत

ताशकन्द, 10 जनवरी, 1966

परिशिष्ट–7

जम्मू-कश्मीर राज्य का संविधान (प्रमुख अंश)

नागरिकता : मौलिक अधिकार एवं कर्त्तव्य

जम्मू, कश्मीर, लद्दाख एवं सीमान्त क्षेत्रों के सभी निवासियों के लिए, जिसमें पुंछ व चिनानी इलाके भी शामिल हैं, एकीकृत व समान राज्य नागरिकता कायम की जाती है। सभी नागरिकों के लिए उनकी राष्ट्रीयता, धर्म, नस्ल या जन्म को बिना आधार बनाये, राष्ट्रीय जीवन के आर्थिक, राजनीतिक, सांस्कृतिक व सामाजिक समेत सभी पक्षों में समानता का अधिकार संवैधानिक रूप से अक्षुण रहेगा। इन अधिकारों पर प्रत्यक्ष या अप्रत्यक्ष रूप से लगायी गयी किन्हीं बन्दिशों अथवा दूसरी ओर किसी भी नागरिक या उनके वर्ग विशेष को जन्म, राष्ट्रियता, धर्म या नस्ल के आधार पर प्रत्यक्ष या अप्रत्यक्ष रूप से मिलने वाले विशेषाधिकारों के साथ ही साथ धार्मिक, नस्लीय या राष्ट्रीयता के आधार पर किसी भी तरह के अपवाद, दम्भ या नफरत के प्रचार-प्रसार को क़ानूनी रूप से दण्डित किया जायेगा।

जनता के हितों को ध्यान में रखते हुए उनमें राजनीतिक चेतना जाग्रत करने व राष्ट्रीय पुनर्जागरण को सशक्त बनाने हेतु सभी नागरिकों को निम्न अधिकार सुनिश्चित किये जायेंगे :

अभिव्यक्ति की आज़ादी
प्रेस की आज़ादी

एकत्रित होने व सभा करने की आज़ादी

जुलूस निकालने व प्रदर्शन करने की आज़ादी

जनता के हितों को ध्यान में रखते हुए और उनमे सामूहिक राजनीतिक व सांगठानिक गतिविधियों के ज़रिये आत्म अभिव्यक्ति पैदा करने के लिए सभी नागरिकों को जनसंगठनों, ट्रेड यूनियन, सहकारी समितियों, आन्दोलनों व युवा संगठनों, खेल एवं आत्मरक्षा से जुड़े संगठनों, राजनीतिक पार्टियों एवं सांस्कृतिक, वैज्ञानिक व तकनीकी समितियों में शामिल होने का अधिकार सुनिश्चित किया जायेगा।

निजत्व की अखण्डता का अधिकार हर नागरिक को सुनिश्चित किया जायेगा। किसी भी नागरिक को अदालती फ़ैसले या राज्य के एडवोकेट जनरल के आदेश के बिना गिरफ़्तारी या हिरासत में नहीं लिया जा सकता।

नागरिकों के निवास स्थान की निजता व पत्राचार की गोपनीयता क़ानून के दायरे से बाहर खण्डित नहीं की जायेगी।

मातृभूमि की सुरक्षा हर नागरिक का सर्वोच्च व पावन कर्तव्य है। देशद्रोह, शपथभंग, मातृभूमि के शत्रुओं से मिल जाना, राज्य की सैन्य क्षमता को नुकसान पहुँचाना या जासूसी करना इस कर्तव्य पालन में गम्भीरतम अपराध के रूप में पूरी क़ानूनी सख़्ती से दण्डित किया जायेगा। हर नागरिक को हथियार चलाने का अभ्यास करना आवश्यक है व सभी को इन्हें रखने का अधिकार दिया जायेगा। सभी के लिए अनिवार्य रूप से सैन्य सेवा क़ानून के दायरे में तय की जायेगी।

सभी नागरिकों को काम का अधिकार है अर्थात् वैधानिक रूप से तय न्यूनतम व अधिकतम मज़दूरी पर मात्रा और समानता के अनुसार दिये गये मेहनताने पर सबके लिए काम उपलब्ध करने की गारंटी सुनिश्चित की गयी है। रोज़गार उपलब्ध न होने की स्थिति में सभी नागरिकों का अपने व अपने परिवार के लिए जीवनयापन के समुचित प्रबन्ध की सुरक्षा हेतु एक सार्वभौमिक सामाजिक बीमे पर पूरा हक़ है। काम का अधिकार सुनिश्चित करने हेतु राष्ट्रीय अर्थव्यवस्था का योजनाबद्ध संचालन, देश में उद्योगों का विकास, उत्पादक शक्तियों में निरन्तर वृद्धि व साथ ही

साथ जनसामान्य के जीवन स्तरों में निरन्तर बढ़ोत्तरी की जायेगी, जिससे आर्थिक संकट व बेरोज़गारी का सफ़ाया हो सके।

सभी नागरिकों को आराम का अधिकार है। इस अधिकार को सुनिश्चित करने हेतु काम के घण्टों को अधिकतम आठ तक सीमित करना, मज़दूरों व कर्मचारियों के लिए सवैतनिक वार्षिक अवकाश की सुविधा एवं मेहनतकश लोगों के लिए सेहतगाहों, आरामगाहों व क्लबों के विस्तृत तन्त्र का प्रबन्ध शामिल है।

सभी नागरिकों को वृद्धावस्था के साथ-साथ बीमारी व कार्यक्षमता के ह्रास की स्थिति में आर्थिक सुरक्षा का अधिकार मिलेगा। इस अधिकार की सुनिश्चितता के लिए राज्य के ख़र्च पर कर्मचारियों व मज़दूरों के लिए सामाजिक सुरक्षा का विस्तार, काम करने वालों के लिए मुफ़्त चिकित्सा तथा कामकाजी पुरुषों व महिलाओं के लिए आरोग्य आश्रमों का विस्तृत तन्त्र स्थापित किया जायेगा।

सभी नागरिकों को शिक्षा का अधिकार सुनिश्चित होगा। इस अधिकार को सुरक्षित करने के लिए सभी को नि:शुल्क प्राथमिक शिक्षा अनिवार्य रूप से मुहैया करायी जायेगी। इसके साथ ही, उच्चतर विद्यालयों एवं यूनिवर्सिटियों में पढ़ने वाले ग़रीब छात्रों के लिए नाना प्रकार के सरकारी वज़ीफ़ों की व्यवस्था की जायेगी। मातृभाषा को पढ़ाई-लिखाई का माध्यम बनाया जायेगा। वयस्क कामगारों के लिए उनकी फ़ैक्ट्रियों व खेतों में व्यावसायिक, तकनीकी व कृषि-आधारित शिक्षा नि:शुल्क मुहैया करायी जायेगी।

महिलाओं को राष्ट्रीय जीवन के हर पहलू : आर्थिक, सांस्कृतिक, राजनीतिक और सरकारी नौकरियों में पुरुषों के समतुल्य अधिकार प्रदान किये जायेंगे। इन अधिकारों को मूर्त रूप देने हेतु हर प्रकार के रोज़गार में महिलाओं को पुरुषों के समान शर्तों व वेतन के साथ काम के अवसर दिये जायेंगे। साथ ही शिक्षा, सामाजिक सुरक्षा व आराम भी उन्हें पुरुषों के साथ समान दिया जायेगा। माँओं व बच्चों का क़ानून द्वारा विशेष ख़याल रखा जायेगा। सवैतनिक मातृत्व अवकाश के प्रावधान के साथ ही प्रसूति गृहों,

शिशु सदनों व आँगनवाड़ियों के एक विस्तृत तन्त्र के प्रबन्ध के द्वारा भी इन अधिकारों को सुरक्षित किया जायेगा।

राज्य में पैदा हुए सभी बच्चों को जन्म के संयोग या कुल को आधार बनाये बिना समान अवसर सुनिश्चित किये जायेंगे। राज्य अपने बच्चों को विश्व की सर्वोच्च सम्पदा मानते हुए उनकी देखभाल व सुरक्षा करेगा। शासन-प्रशासन व क़ानून बनाने, चिकित्सकीय, शैक्षिक, घरेलू सार्वजनिक व औद्योगिक समेत तमाम मसलों में बच्चों का हित सर्वोपरि रखा जायेगा।

सभी नागरिकों के लिए क़ानूनी सुरक्षा एवं अदालत का सहारा लेने पर त्वरित, सस्ती व निष्पक्ष प्रक्रिया सुनिश्चित की जायेगी। इस अधिकार को सुनिश्चित करने हेतु न्यायालय की स्वतन्त्रता एवं निर्वाचन, एडवोकेट जनरल के पद एवं राज्य के अन्य अधिवक्ताओं की स्वायत्तता, ज़्यादातर मुक़दमों के स्थानीय स्तर पर निस्तारण हेतु लोक अदालतों व तहसील न्यायालयों का प्रबन्ध, अदालती प्रक्रिया में स्थानीय भाषा का इस्तेमाल, क़ानूनों को संहिताबद्ध एवं स्थिर करना तथा क़ानून के समक्ष सभी नागरिकों की समानता स्थापित करना शामिल है।

सभी नागरिकों का व्यक्तिगत सम्पत्ति रखने व विरासत में प्राप्त करने का अधिकार राज्य की योजनाबद्ध अर्थव्यवस्था के दायरे के भीतर क़ानूनी रूप से अक्षुण्ण है। कोई भी व्यक्ति ऐसी अचल सम्पत्ति नहीं रख सकता जो राष्ट्रीय अर्थव्यवस्था में सकारात्मक उत्पादन की भूमिका न निभाती हो। हालाँकि ऐसे क़ानून का इस्तेमाल किसी भी पेंशनभोगी के द्वारा उसके कामकाजी जीवन में क़ानून के दायरे में अर्जित की गयी सम्पत्ति छीनने में नहीं किया जा सकता।

जम्मू और कश्मीर राज्य में काम करने योग्य हर नागरिक के लिए यह उसका दायित्व ही नहीं बल्कि गर्व का विषय होना चाहिए।

जम्मू और कश्मीर राज्य जनता के हितों की रक्षा के लिए दमन झेलने वाले, वैज्ञानिक चेतना जगाने वाले व राष्ट्रीय मुक्ति के लिए संघर्ष करने वाले सभी विदेशी नागरिकों को शरण प्रदान करेगा।

राज्य के हर नागरिक का कर्तव्य है कि वह संविधान का सम्मान करे, क़ानूनों का पालन करे, श्रमिक अनुशासन माने, सामाजिक कर्त्तव्यों का ईमानदारी से निर्वाह करे एवं समुदाय के नियमों का मान रखे।

राष्ट्रीय असेम्बली

राज्य की सर्वोच्च विधायिका यानी राष्ट्रीय असेम्बली राज्य के नागरिकों द्वारा पाँच साल के लिए चालीस-चालीस हज़ार की जनसंख्या में बँटे प्रत्येक निर्वाचन क्षेत्र में एक–एक प्रतिनिधि के अन्तर्गत चुनी जायेगी। राष्ट्रीय असेम्बली स्वयं अपना अध्यक्ष व पदाधिकारी चुनेगी एवं स्वयं ही अपनी कार्यप्रणाली तय करेगी। कोई भी क़ानून बहुमत से पास होने व राज्य प्रमुख की स्वीकृति मिल जाने पर लागू किया जा सकेगा। राष्ट्रीय असेम्बली द्वारा पारित किये गये क़ानूनों को उर्दू व साथ ही साथ राज्य के सभी समुदायों की भाषाओं में असेम्बली के स्पीकर व राज्यप्रमुख के दस्तख़त के साथ प्रकाशित किया जायेगा। राष्ट्रीय असेम्बली एक प्रत्यय समिति का चुनाव करेगी जो सभी प्रतिनिधियों के परिचय पत्रों को सत्यापित करेगी।

राष्ट्रीय असेम्बली का कोई भी प्रतिनिधि बिना असेम्बली की मंजूरी और असेम्बली के सत्र में न होने की स्थिति में असेम्बली के स्पीकर की इजाज़त के बिना गिरफ़्तार नहीं किया जा सकता। कारावास या किसी अन्य तरह की रुकावट के इस्तेमाल द्वारा बग़ैर असेम्बली के निर्णय लिए, जिसमें प्रतिनिधि को अपने बचाव का पूरा मौक़ा दिया गया हो, उसे असेम्बली की बहसों या फ़ैसलों में भाग लेने से रोका नहीं जा सकता। असेम्बली के अध्यक्ष के पास किसी प्रतिनिधि को नोग्रणी या हिरासत में रखने वाले प्राधिकारी को असेम्बली की चर्चा में भाग लेने हेतु उसे पेश करने का आदेश देने का अधिकार होगा।

राष्ट्रीय असेम्बली अपनी समझ के अनुसार किसी भी मुद्दे पर जाँच या लेखा समिति का गठन कर सकती है। सभी संस्थाओं व अधिकारियों

के लिए इन समितियों की सभी माँगों को मानने व ज़रूरी सामाग्री व काग़ज़ात मुहैया करने की बाध्यता होगी।

चुनाव होने के एक महीने के भीतर राज्य प्रमुख नव निर्वाचित असेम्बली का पहला सत्र बुलाएँगे। असेम्बली का कार्यकाल समाप्त होने या उसके पूरे होने के पहले ही इसके भंग हो जाने की स्थिति में राज्य प्रमुख ऐसा होने की तिथियों के दो महीने के अन्दर नये चुनाव करवाने को बाध्य होंगे।

चुनाव प्रक्रिया

राष्ट्रीय असेम्बली या जनपंचायतों में प्रतिनिधि मतदाताओं द्वारा समान व सार्वत्रिक मताधिकार एवं गुप्त मतदान के जरिये चुने जाते है। मताधिकार सार्वभौमिक होंगे; अट्ठारह की आयु सीमा पार कर जाने वाले राज्य के सभी नागरिक नस्ल या लिंग, राष्ट्रियता या धर्म, शैक्षिक योग्यता सामाजिक स्थिति, सम्पत्ति, पद या पहले के किसी गतिविधि को बिना आधार बनाये असेम्बली के प्रतिनिधि चुनने और स्वयं चुने जाने का अधिकार रखते हैं। इनमें मानसिक रूप में अस्वस्थ व्यक्ति या न्यायालय द्वारा चुनावी अधिकारों से वंचित किये गये लोग शामिल नहीं हैं। सिखों, कश्मीरी पण्डितों व हरिजनों को दो-दो आरक्षित सीटें प्रदान की जायेंगी और इसके लिए वे दूसरे वोट का प्रयोग कर सकते हैं। महिलाओं को पुरुषों के समतुल्य राज्य की सभी संस्थाओं में चुने जाने का अधिकार होगा।

सेना में कार्यरत नागरिकों को भी अन्य नागरिकों के समान प्रतिनिधि चुनने व स्वयं चुने जाने का अधिकार होगा।

चुनाव के लिए प्रत्याशी निर्वाचन क्षेत्रों के आधार पर आगे किये जायेंगे। किसी भी निर्वाचन क्षेत्र के कोई भी सौ मतदाता किसी प्रत्याशी को खड़ा कर सकते हैं। प्रत्याशियों से किसी भी तरह की ज़मानत राशि या कोई और शर्त पूरी नहीं करायी जायेगी।

सभी प्रतिनिधियों के लिए समय-समय पर अपने निर्वाचन क्षेत्र में अपने काम व जिस सभा में उनका चुनाव हुआ है, उसकी गतिविधियों

की एक रिपोर्ट देना अनिवार्य है; उन्हें विधान द्वारा स्थापित पद्धति से कभी भी वापस बुलाया जा सकता है।

सभी निर्वाचन क्षेत्रों में जगह-जगह पैदल दूरी पर मतदान केन्द्र बनाये जायेंगे। सौ कामगारों से ज़्यादा की फ़ैक्ट्रियों में मतदान केन्द्र स्थापित किये जायेंगे।

राष्ट्रीय भाषाएँ

राज्य की राष्ट्रीय भाषाएँ कश्मीरी, डोगरी, बाल्टी (पाल), दर्दी, पंजाबी, हिन्दी होंगी, जबकि उर्दू राज्यभर में सम्पर्क भाषा का काम करेगी। राज्य इन सभी भाषाओं के, ख़ासकर वे, जो ज़्यादा पिछड़ी हुई हैं, विकास एवं प्रोत्साहन के लिए हरसम्भव क़दम उठायेगा, जिनमें निम्न शामिल हैं :

1. एक राज्य भाषा अकादमी की स्थापना जहाँ शोधकर्ता व व्याकरणविद् भाषाओं के विकास के लिए कार्य करें।
2. लिपियों की उपलब्धता व सम्पूर्णता सुनिश्चित करना।
3. विदेशी भाषाओं से परस्पर अनुवाद के जरिये उन्हें समृद्ध बनाना।
4. उनका इतिहास पढ़ना-पढ़ाना।
5. शब्द कोश व पाठ्य-पुस्तकें विकसित करना।
6. इन भाषाओं के अध्ययन के लिए सरकारी वज़ीफ़ों का प्रबन्ध करना।
7. इन भाषाओं में क्षेत्रीय प्रेस व प्रकाशन को प्रोत्साहन।

राष्ट्रीय अर्थ योजना

राज्य का आर्थिक संचालन एक राष्ट्रीय आर्थिक योजना द्वारा किया जायेगा, जिससे जनसम्पदा में बढ़ोत्तरी, मेहनतकश नर व नारियों के भौतिक व सांस्कृतिक जीवनस्तर में सुधार एवं राष्ट्रीय सुरक्षा को सुदृढ़ किया जा सके।

परिशिष्ट-8

लॉर्ड माउंटबेटन को महाराजा हरीसिंह का पत्र (26 अक्टूबर, 1947)

प्रिय लॉर्ड माउंटबेटन,

मैं महामहिम को यह सूचना देता हूँ कि मेरे राज्य में गम्भीर आपत्तिकालीन स्थिति उत्पन्न हो गयी है और मैं आपकी सरकार की तात्कालिक सहायता की याचना करता हूँ।

जैसा कि आपको ज्ञात है, जम्मू और कश्मीर राज्य भारत या पाकिस्तान डोमिनियनों में से किसी में भी शामिल नहीं हुआ है। भौगोलिक दृष्टि से मेरा राज्य दोनों डोमोनियनों से मिला हुआ है। दोनों से इसके महत्त्वपूर्ण आर्थिक और सांस्कृतिक सम्पर्क हैं। इसके अतिरिक्त, सोवियत रिपब्लिक और चीन से भी मेरे राज्य की सीमा मिली है। भारत और पाकिस्तान डोमिनियन अपने वैदेशिक सम्बन्धों में इस तथ्य की उपेक्षा नहीं कर सकते।

तद्नुसार मैंने भारत और पाकिस्तान डोमिनियनों से मेरे राज्य से यथास्थिति क़रारनामा करने की प्रार्थना की थी। पाकिस्तान सरकार ने इस क़रारनामे को मान लिया। भारत की डोमिनियन ने मेरी सरकार की प्रतिनिधियों से इस सम्बन्ध में और वार्ता करने की इच्छा प्रकट की। मैं निम्न बातों के कारण इसकी व्यवस्था नहीं कर सका।

वास्तव में, पाकिस्तान सरकार, यथास्थिति क़रारनामा के अन्तर्गत मेरे राज्य के भीतर डाक और तार की व्यवस्था कर रही है।

यद्यपि पाकिस्तान सरकार से हमारा यथास्थिति क़रारनामा है तो भी पाकिस्तान सरकार मेरे राज्य को खाद्य, नमक और पेट्रोल की सप्लाई में बराबर अत्यधिक कमी करती जा रही है।

पाकिस्तान आधुनिक अस्त्र-शस्त्र के साथ अफ़रीदी, साड़ी पोशाक में सैनिक और desperoadoes को मेरे राज्य में पहले पुंछ क्षेत्र में, फिर सियालकोट में और अन्ततः बड़ी भारी संख्या में राजकोट की ओर हज़ारा ज़िले के समीपवर्ती क्षेत्र में घुसपैठ करने दे रहा है। फलतः राज्य में जो सीमित संख्या में सैनिक थे, उन्हें इधर-उधर तैनात किया गया और एक साथ कई स्थलों पर उन्हें दुश्मन का सामना करना पड़ा। इस प्रकार जीवन और सम्पत्ति के अन्धाधुन्ध विनाश और लूटमार को बचना असम्भव हो गया है। महोरा बिजली घर, जो पूरे श्रीनगर को बिजली सप्लाई करता है, जला दिया गया है। इतनी अधिक औरतों को भगा लिया गया है और उनके साथ बलात्कार किया गया है कि मेरा हृदय रो उठता है। इस प्रकार अत्याचारी मेरी सरकार की ग्रीष्म राजधानी श्रीनगर पर क़ब्ज़ा करने के लिए आगे बढ़ रहे हैं। वे पूरे राज्य को रौंद डालना चाहते हैं।

नॉर्थ-वेस्टर्न फ्रंटियर प्रान्त के दूरस्थ क्षेत्रों से जो कबाइली आकर सामूहिक रूप से मेरे राज्य में घुसपैठ कर रहे हैं, वे आधुनिकतम अस्त्र-शस्त्र से सुसज्जित बराबर नियमित रूप से मनशेहरा-मुज़फ्फ़राबाद मार्ग से होकर मोटर ट्रकों में आ रहे है। ऐसा नॉर्थ-वेस्टर्न फ्रंटियर प्रान्त की सरकार और पाकिस्तान की सरकार की जनकारी के बिना नहीं किया जा रहा है। मेरी सरकार द्वारा बराबर अनुरोध करने पर भी इन घुसपैठियों को रोकने या मेरे राज्य में उनके आने को बन्द करने की कोई कोशिश नहीं की गयी है। वास्तव में पाकिस्तान रेडियो और समाचार-पत्र, दोनों ने इन वाक़यों की सूचना दी है। पाकिस्तान रेडियो ने यह भी कहा है कि कश्मीर में एक अस्थायी सरकार की स्थापना की जा चुकी है।

मेरे राज्य की जनता, मुसलमान और ग़ैर-मुसलमान ने सामान्यतया इसमें कोई हिस्सा नहीं लिया है।

मेरे राज्य में जो फ़िलहाल हालत हैं और जो गम्भीर आपातकालीन स्थिति उत्पन्न हो गयी है, उसको देखते हुए भारतीय डोमिनियन से सहायता माँगने के सिवाय मेरे पास कोई चारा नहीं है। स्वभावत: भारत डोमिनियन में मेरे राज्य के शामिल हुए बिना वह मेरे द्वारा माँगी गयी सहायता नहीं भेज सकते। तद्नुसार मैंने ऐसा करना निश्चय कर लिया है और मैं आपकी सरकार की स्वीकृति के लिए अधिमिलन-पत्र संलग्न करता हूँ। एक दूसरा रास्ता और है और वह यह है कि मैं अपने राज्य और अपनी जनता को लुटेरों की दया पर छोड़ दूँ। यह मैं कभी नहीं होने दूँगा जब तक मैं इस राज्य का शासक हूँ और अपने देश की रक्षा करने के लिए मुझमें प्राण हैं।

मैं आपकी सरकार को यह भी बताना चाहता हूँ कि मेरा विचार तुरन्त इस अन्तरिम सरकार स्थापित करने और शेख़ अब्दुल्ला को अपने प्रधानमन्त्री के साथ इस संकटकालीन स्थिति में काम करने के लिए आमन्त्रित करने का है।

यदि मेरे राज्य को बचाना है तो श्रीनगर में तात्कालिक सहायता उपलब्ध करनी आवश्यक है। स्थिति की गम्भीरता का बोध भी वी.पी. मेनन को भली-भाँति है और वे स्थिति की जानकारी आपको बताएँगे, यदि और जानकारी की आवश्यकता हो।

शीघ्रता में शुभाकांक्षाओं सहित

आपका

(ह.) हरिसिंह

परिशिष्ट-9

महाराजा की घोषणा

कश्मीर का भारत में अधिमिलन

चूँकि इंडियन इंडिपेंडेंस एक्ट, 1947 में यह व्यवस्था है कि 15 अगस्त सन 1947 से एक स्वतन्त्र डोमिनियन 'भारत' स्थापित किया जायेगा और ऐसी लुप्तियों (ओमिशन), संशोधनों, अनुकूलनों और रूपान्तरणों के साथ जो गवर्नर-जनरल आदेश द्वारा निर्दिष्ट करें, गवर्नमेंट ऑफ़ इंडिया एक्ट 1935, भारत की डोमिनियन पर लागू होगा।

और चूँकि गवर्नर–जनरल द्वारा इस प्रकार अनुकूलित गवर्नमेंट ऑफ़ इंडिया एक्ट, 1935 में यह व्यवस्था है कि कोई देशी राज्य उसके शासक द्वारा अधिमिलन-पत्र के निष्पादित करने पर भारत की डोमिनियन में अधिमिलन हो सकता है—

अतएव मैं श्रीमान इन्द्र मोहिन्दर राजराजेश्वर महाराजाधिराज श्री हरिसिंह, जम्मू और कश्मीर राज्य का शासक, अपने उक्त राज्य पर अपनी सर्वोच्च सत्ता का प्रयोग करके एतद्द्वारा यह अधिमिलन-पत्र निष्पादित करता हूँ और,

1. मैं एतद्द्वारा घोषित करता हूँ कि मैं भारत की डोमिनियन में इस आशय से शामिल होता हूँ कि भारत के गवर्नर–जनरल,

डोमिनियन विधान मण्डल, संघ न्यायालय और डोमिनियन के प्रयोजनों के लिए स्थापित डोमिनियन का कोई अन्य प्राधिकारी, मेरे इस अधिमिलन-पत्र के कारण, किन्तु सदैव उसकी, शर्तों के अधीन और केवल डोमिनियन के प्रयोजनों के लिए जम्मू और कश्मीर राज्य (जिसे बाद में यह 'राज्य' कहा जायेगा) के बारे में ऐसे कृत्य करेगा जो 15 अगस्त सन् 1947 को भारत के डोमिनियन में गवर्नमेंट ऑफ़ इंडिया एक्ट, 1935 (जो इस प्रकार लागू है और जिसे बाद में 'एक्ट' कहा गया है) द्वारा या उसके अन्तर्गत उसमें निहित हों।

2. मैं एतद्द्वारा यह सुनिश्चित करने का उत्तरदायित्व लेता हूँ कि इस एक्ट के उपबन्ध, इस राज्य में, जहाँ तक वे मेरे अधिमिलन-पत्र के कारण लागू होते हैं, कार्यान्वित होंगे।

3. मैं स्वीकार करता हूँ कि इस अधिमिलन-पत्र से संलग्न परिशिष्ट में निर्दिष्ट मामलों के बारे में इस राज्य के लिए डोमिनियन विधान मण्डल क़ानून बना सकता है।

4. मैं एतद्द्वारा घोषित करता हूँ कि मैं इस आश्वासन पर भारत की डोमिनियन में शामिल होता हूँ कि यदि गवर्नर-जनरल और इस राज्य के शासक में क़रारनामा होता है, जिसके फलस्वरूप डोमिनियन विधान मण्डल के किसी क़ानून से सम्बन्धित प्रशासकीय कार्य को इस राज्य के शासक सम्पादित करेंगे तो यह समझा जायेगा कि ऐसा क़रारनामा इस विलय-पत्र का अंग है और तद्नुसार उसका प्रभाव पड़ेगा।

5. मेरे इस विलय-पत्र की शर्तों में इस एक्ट या इंडियन इंडिपेंडेंस एक्ट, 1947 के किसी संशोधन से कोई परिवर्तन न होगा, जब तक कि मैं इस अधिमिलन-पत्र के अनुपूरक पत्र द्वारा उसे स्वीकार नहीं करता।

6. इस अधिमिलन-पत्र के किसी भी बात से डोमिनियन विधान मण्डल को इस राज्य के लिए कोई ऐसा क़ानून बनाने का, जो किसी भी प्रयोजन के लिए भूमि के अनिवार्य अधिग्रहण को प्राधिकृत करे, अधिकार न होगा, किन्तु एतद्द्वारा मैं वचन देता हूँ कि यदि डोमिनियन के किसी क़ानून, जो इस राज्य पर लागू होता है, के प्रयोजनों के लिए, डोमिनियन यह समझती है कि किसी भूमि का अधिग्रहण आवश्यक है, तो मैं उसकी प्रार्थना पर उसके ख़र्चे से वह भूमि ले लूँगा या यदि वह भूमि मेरी सम्पत्ति है तो मैं ऐसी शर्तों पर जो तय हों, उसको संक्रमित कर दूँगा या तय न होने की दशा में भारत के चीफ़ जस्टिस द्वारा नियुक्त किसी मध्यस्थ द्वारा निर्धारित शर्तों पर उसे संक्रमित कर दूँगा।

7. इस अधिमिलन–पत्र की किसी भी बात से यह न समझा जायेगा कि मैं भारत के किसी भावी संविधान को स्वीकार करने के लिए किसी भी प्रकार बाध्य हूँ या ऐसे किसी भावी संविधान के अधीन भारत सरकार से कोई प्रबन्ध करने के मेरे विवेक पर कोई प्रतिबन्ध हैं।

8. इस अधिमिलन-पत्र की किसी भी बात से इस राज्य पर मेरी सर्वोच्च सत्ता के बने रहने पर कोई प्रभाव नहीं पड़ेगा या जैसा कि इस अधिमिलन-पत्र के अन्तर्गत या उसके द्वारा उपबन्धित है, उसको छोड़ कर, अन्य प्रकार से इस राज्य का शासक होने के नाते मेरे किसी अधिकार, प्राधिकार या स्वत्व पर कोई प्रभाव न पड़ेगा या इस राज्य में सम्प्रति लागू किसी क़ानून की वैधता पर कोई प्रभाव न पड़ेगा।

9. मैं एतद्द्वारा घोषित करता हूँ कि मैं इस राज्य की ओर से यह अधिमिलन–पत्र निष्पादित करता हूँ और इस पत्र में जहाँ मेरा

अथवा इस राज्य के शासक का हवाला आया है, उससे यह समझा जायेगा कि इस हवाले का सम्बन्ध मेरे वारिसों और उत्तराधिकारियों से है।

आज छब्बीस अक्तूबर, उन्नीस सौ सैंतालीस को मेरे द्वारा निष्पादित

(ह.) हरिसिंह
महाराजाधिराज,
जम्मू और काश्मीर राज्य

अधिमिलन-पत्र की मंजूरी

मैं एतद्द्वारा इस अधिमिलन-पत्र को स्वीकार करता हूँ।

आज सत्ताईस अक्तूबर, उन्नीस सौ सैंतालीस

(हस्ताक्षर) माउंटबेटन ऑफ़ बर्मा
भारत के गवर्नर-जनरल

परिशिष्ट-10

जम्मू-कश्मीर के प्रधानमन्त्री को सदरे-रियासत कर्ण सिंह का पत्र

गोपनीय

कर्ण महल

श्रीनगर, 8 अगस्त 1953

मेरे प्रिय शेख़ अब्दुल्ला,

जैसा आपको मालूम है, आज आपसे मुलाक़ात के दौरान मैंने आपके मन्त्रिमण्डल में व्याप्त गहरे मतभेदों को लेकर अपनी चिन्ता जताई थी। मैंने आपको समझाने की कोशिश की कि मन्त्रिमण्डल में विचार और काम-काज को ले कर समन्वय होना चाहिए ताकि सरकार अपनी नीतियों का सही ढंग से क्रियान्वयन कर सके।

मन्त्रिमण्डल में व्याप्त अन्त:संघर्ष से राज्य की जनता भी असमंजस में है। आपके चार में तीन काबीना मन्त्रियों ने आपके काम-काज और नीतियों पर गम्भीर सवाल उठाये हैं। इस बारे में उन्होंने आपको ज्ञापन भी दिया है, जिसकी एक प्रति मेरे पास भी प्रेषित की गयी है। इस ज्ञापन से साफ़ हो जाता है कि आपके मन्त्रिमण्डल में व्याप्त अन्तर्विरोधों की वजह से राज्य की एकता, स्थायित्व और समृद्धि भी संकट में है। आज जब हम मिले थे तो मैंने आपको मन्त्रिमण्डल की तत्काल बैठक बुला कर सरकार की एकता और स्थायित्व बनाए रखने की सम्भावनाओं पर विमर्श करने

का सुझाव दिया था। यह बैठक आज शाम को मेरे निवास पर बुलाई जा सकती थी, जिसमें हम सब लोग मिल कर एकता की सम्भावना तलाशते, पर मुझे दुख के साथ कहना पड़ता है कि आपने इस तरफ ध्यान नहीं दिया।

ऐसी स्थिति में, राज्याध्यक्ष नाते मैं इस निष्कर्ष पर पहुँचा कि वर्तमान मन्त्रिमण्डल के बने रहने का अब कोई औचित्य नहीं है। मैं आपको खेद के साथ सूचित कर रहा हूँ कि आपकी अगुवायी वाले मन्त्रिमण्डल को मैंने बर्ख़ास्त कर दिया है। इस आशय का आधिकारिक आदेश मेरे इस पत्र के साथ संलग्न है। कहना न होगा कि मैं यह क़दम उठाते समय कितना बेचैन रहा हूँ, लेकिन राज्य कि जनता की भलाई, जिसकी देखभाल करना मेरी ज़िम्मेदारी है, के लिए ये क़दम उठाना पड़ा है। इसका और कोई विकल्प नहीं था। इससे हमारे-आपके परस्पर रिश्ते और भावनाएँ नहीं प्रभावित होंगी।

आपका
(कर्ण सिंह)
सदरे रियासत

सदरे रियासत द्वारा जारी आदेश–8 अगस्त

पिछले कुछ महीने से मैं सरकार के मन्त्रियों के बीच तीव्र मतभेदों की असलियत से रू-ब-रू रहा हूँ। राजनीतिक, आर्थिक और प्रशासनिक मामलों को ले कर व्याप्त इन मतभेदों के चलते राज्य के हित प्रभावित हुए हैं। इन मुद्दों पर सरकार के सदस्य सार्वजनिक तौर पर अलग-अलग, यहाँ तक कि परस्पर विरोधी राय ज़ाहिर करते रहे हैं। ऐसे मुद्दों पर मन्त्रिमण्डल के ज़्यादातर सदस्यों की राय प्रधानमन्त्री और उनके सहयोगी मन्त्री की राय से नहीं मिलती-जुलती है। नीतिगत ऐसी स्थिति में सोच को ले कर मन्त्रिमण्डल में हुए मतैक्य नहीं रह गया है। ऐसी स्थिति में मौजूदा मन्त्रिमण्डल जनता का भी विश्वास खो चुका है। इस बीच जनता की आर्थिक परेशानियाँ भी बेइन्तहा बढ़ी हैं, जिनका तत्काल समाधान होना

चाहिए, लेकिन सरकार के स्तर पर आज स्थिति यह है कि एक ईमानदार और सक्षम प्रशासन असम्भव-सा हो गया है। सामूहिक जवाबदेही के आधार पर मन्त्रिमण्डल का काम करना भी असम्भव-सा हो गया है। इससे राज्य की एकता, प्रगति और स्थायित्व को भी क्षति पहुँची है। इसलिए, मैं कर्णसिंह, सदरे रियासत, राज्य के प्रधानमन्त्री पद से शेख़ मोहम्मद अब्दुल्ला और उनके साथ उनके मन्त्रिमण्डल को तत्काल बर्ख़ास्त करता हूँ।

श्रीनगर
8 अगस्त 1953

सदरे रियासत,
जम्मू और कश्मीर

परिशिष्ट-11

दिल्ली-समझौता (1952)

प्रधानमन्त्री पण्डित जवाहरलाल नेहरू और शेख़ मोहम्मद अब्दुल्ला के बीच समझौते के प्रावधानों की घोषणा स्वयं पण्डित नेहरू ने 24 जुलाई 1952 को संसद में की, जिसे 19 अगस्त 1952 को जम्मू एवं कश्मीर संविधान सभा ने भी अपनी मंज़ूरी दी। इसे 'दिल्ली समझौता' के नाम से जाना गया है। इस समझौते के प्रमुख बिन्दु हैं-

1. अधिमिलन के समझौते में उल्लिखित मसलों को छोड़ कर शेष सभी मामलों में, जम्मू-कश्मीर संविधान सभा के फ़ैसले के मुताबिक़ राज्य को प्रभुसत्ता प्राप्त होगी।
2. भारतीय संविधान के अनुच्छेद -5 के तहत सभी कश्मीरी भारत के नागरिक होंगे, लेकिन राज्य विधायिका में यह शक्ति निहित होगी कि वह उन विशेष अधिकारों को राज्य के निवासियों को प्रदान करे, जो 1927 और 1932 के प्रावधानों के फलस्वरूप उन्हें प्रदान हुए थे।
3. कश्मीर सहित सम्पूर्ण भारत का प्रधान भारत का राष्ट्रपति होगा।
4. यद्यपि सदर-ए-रियासत केन्द्र द्वारा मनोनीत किये जाने के बजाय राज्य विधायिका द्वारा निर्वाचित किया जायेगा, लेकिन भारत के राष्ट्रपति की सहमति के बिना वह पदभार ग्रहण नहीं कर सकेगा।

5. कश्मीर का अपना अलग राजकीय ध्वज होगा, लेकिन राष्ट्रीय ध्वज (तिरंगा) को अलग और विशिष्ट स्थान देते हुए राजकीय ध्वज फहराया जा सकेगा।
6. फ़ौरी तौर पर सर्वोच्च न्यायालय के क्षेत्र से सम्बन्धित प्रावधान जम्मू और कश्मीर पर केवल अपील करने के स्तर पर लागू होंगे।
7. आन्तरिक आपातकाल के उपबन्ध केवल राज्य विधायिका की सहमति से लागू किये जा सकेंगे।

(दिल्ली समझौते की घोषणा के बाद पैतृक राजतन्त्र को समाप्त कर, राज्याध्यक्ष को सदरे-रियासत की पदवी दे दी गयी। देखें आदेश 1952)

परिशिष्ट-12

शिमला समझौता (03 जुलाई, 1972)

भारत पाकिस्तान के बीच द्विपक्षीय सम्बन्धों पर प्रधानमन्त्री श्रीमती इन्दिरा गाँधी और पाकिस्तान के राष्ट्रपति ज़ुल्फ़िकार अली भुट्टो ने शिमला में 3 जुलाई 1972 को समझौते पर हस्ताक्षर किये:

भारत सरकार और पाकिस्तान सरकार दोनों देशों के सम्बन्धों में टकराव और संघर्ष को ख़त्म करने तथा मैत्रीपूर्ण एवं सद्भावनापूर्ण सम्बन्ध बनाने व उपमहाद्वीप में स्थायी शान्ति कायम करने का संकल्प लेती है ताकि भविष्य में दोनों देश अपने संसाधनों और शक्ति का उपयोग अपनी जनता के कल्याण कार्यों को तेज़ करने के लिए कर सकें। इस उद्देश्य की प्राप्ति के लिए भारत सरकार और पाकिस्तान सरकार के बीच यह सहमति हुई है-

1. कि दोनों के सम्बन्ध संयुक्त राष्ट्र प्रस्ताव के सिद्धान्तों व उद्देश्यों के अनुरूप चलेंगे।
2. कि दोनों देश अपने तमाम मतभेदों को आपसी बातचीत या आपसी सहमति के किसी अन्य तरीक़े से ख़त्म करने का संकल्प लेते हैं। दोनों देशों के बीच किसी भी समस्या का अन्तिम समाधान होने तक हर पक्ष यथास्थिति बनाये रखेगा और दोनों देश शान्तिपूर्ण सद्भावपूर्ण सम्बन्धों को बिगाड़ने वाला कोई काम न तो खुद करेंगे और न ही ऐसी किसी गतिविधि को सहायता या प्रोत्साहन प्रदान करेंगे।

3. कि दोनों देश समानता और आपसी लाभ के आधार पर शान्तिपूर्ण सहअस्तित्व बनाए रखेंगे, पारस्परिक क्षेत्रीय अखण्डता और प्रभुसत्ता के प्रति सम्मान रखेंगे और एक-दूसरे के आन्तरिक मामलों में हस्तक्षेप नहीं करेंगे। दोनों देश आपसी मतभेदों को सुलह–सफ़ाई से ख़त्म करके स्थायी शान्ति के वास्ते अच्छे पड़ोसी की तरह अपने सम्बन्धों को बनाए रखने के प्रतिबद्ध रहेंगे।
4. कि पिछले 25 वर्ष से दोनों देशों के आपसी सम्बन्धों को बिगाड़ने रखने वाले तमाम बुनियादी मसलों को शान्तिपूर्ण ढंग से हल किया जायेगा।
5. कि दोनों देश एक-दूसरे की राष्ट्रीय एकता, क्षेत्रीय अखण्डता, राजनीतिक स्वतन्त्रता और सम्प्रभु समानता का सदैव सम्मान करेंगे।
6. कि दोनों देश संयुक्त राष्ट्र प्रस्ताव के अनुरूप एक-दूसरे की क्षेत्रीय अखण्डता या राजनीतिक स्वतन्त्रता के ख़िलाफ़ ताक़त का इस्तेमाल करने या उसकी धमकी देने से बचेंगे।

दोनों सरकारें एक-दूसरे के ख़िलाफ़ शत्रुतापूर्ण प्रचार को रोकने के लिए अपनी तमाम शक्तियों का इस्तेमाल करेंगी। दोनों देश आपसी दोस्ताना सम्बन्धों को बढ़ाने में सहायक सूचनाओं के प्रसार को प्रोत्साहन देंगे।

दोनों देशों के सम्बन्धों को बहाल करने और उन्हें सामान्य बनाने की दिशा में उत्तरोत्तर प्रयास जारी रखने के लिए निम्न बिन्दुओं पर सहमति हुई-

1. संचार, डाक-तार व जल-थल परिवहन सेवाओं के बहाल करने की दिशा में क़दम उठाये जायेंगे। सीमाएँ खोलने व आपसी अन्तर्राष्ट्रीय उड़ानों को बहाल करने का प्रयास भी किया जायेगा।

2. एक-दूसरे के नागरिकों को अधिकाधिक यात्रा सुविधाएँ प्रदान करने के लिए समुचित क़दम उठाये जायेंगे।
3. व्यापार और आर्थिक व आपसी सहमति के अन्य क्षेत्रों में सहयोग को यथासम्भव बहाल किया जायेगा।
4. विज्ञान एवं संस्कृति के क्षेत्र में आदान-प्रदान बढ़ाया जायेगा।

इस सम्बन्ध में दोनों देशों के प्रतिनिधि मण्डल समय-समय पर मिलते रहेंगे ताकि आवश्यक ब्योरे जुटाये जाते रहें।

स्थायी शान्ति कायम करने की प्रक्रिया शुरू करने के लिए दोनों देशों के बीच तीन बातों पर सहमति हुई-

1. भारतीय और पाकिस्तान सेनाएँ अन्तर्राष्ट्रीय सीमा पर वापस बुला ली जायेंगी।
2. जम्मू-कश्मीर में 17 दिसम्बर,1971 की युद्धबन्दी के बाद की नियन्त्रण-रेखा का दोनों पक्ष बिना किसी पूर्वाग्रह के सम्मान करेंगे। दोनों मे से कोई पक्ष इस स्थिति को नहीं बदलेगा, भले ही दोनों के बीच आपसी मतभेद और दोनों की क़ानूनी व्याख्याओं में अन्तर बरक़रार रहे। दोनों देश इस नियन्त्रण–रेखा का उल्लंघन करने के लिए ताक़त का इस्तेमाल नहीं करेंगे और न ही इसकी धमकी देंगे।
3. सेनाओं की वापसी और युद्धबन्दियों की अदला-बदली की प्रक्रिया समझौते के अमल में आते ही शुरू हो जायेगी तथा 30 दिन के भीतर-भीतर पूर्ण हो जायेगी। दोनों देशों की सरकारें अपनी-अपनी संवैधानिक व्यवस्थाओं के अनुरूप इस समझौते की पुष्टि करेंगी और यह समझौता पुष्टि के बाद सम्बन्धित दस्तावेज़ों के आदान-प्रदान के साथ ही अस्तित्व में आ जायेगा।

दोनों सरकारें इस बात पर सहमत हैं कि उनके अध्यक्ष आपसी सुविधा के अनुसार उपयुक्त समय पर फिर मिलेंगे और इस बीच दोनों

पक्षों के प्रतिनिधि स्थायी शान्ति क़ायम करने और आपसी सम्बन्धों को सामान्य बनाने के उपायों और ज़रूरी व्यवस्थाओं पर विचार करने के लिए मिलते रहेंगे। दोनों पक्षों के प्रतिनिधि युद्धबन्दियों व एक-दूसरे की जेलों में क़ैद नागरिकों की अदला-बदली, जम्मू-कश्मीर समस्या के समाधान तथा कूटनीतिक सम्बन्धों की बहाली से जुड़े सवालों पर भी विचार-विमर्श करेंगे।

परिशिष्ट-13

इन्दिरा-शेख़ समझौता (13 नवम्बर, 1974)

निम्नांकित बिन्दुओं पर सहमति के बाद प्रधानमन्त्री श्रीमती इन्दिरा गाँधी के साथ शेख़ मोहम्मद अब्दुल्ला का एक समझौता हुआ, जिसके परिणामस्वरूप फ़रवरी 1975 में उन्होंने राज्य के मुख्यमन्त्री का पद सँभाला। श्रीमती गाँधी की तरफ से जी. पार्थसारथी और शेख़ मो. अब्दुल्ला की तरफ से मिर्ज़ा अफ़ज़ल बेग ने सहमति पत्र पर हस्ताक्षर किये। सहमति के प्रमुख बिन्दु हैं–

1. जम्मू और कश्मीर भारतीय संघ का अविभाज्य अंग है तथा संघ के साथ उसके सम्बन्धों का निर्धारण भविष्य में भारतीय संविधान की धारा-370 के अन्तर्गत ही होगा।
2. यद्यपि क़ानून बनाने की अवशिष्ट शक्तियाँ राज्य के पास रहेंगी तथापि संघीय संसद का ऐसे तमाम विषयों पर क़ानून बनाने का अधिकार बरक़रार रहेगा, जिनका सम्बन्ध भारत की क्षेत्रीय अखण्डता और प्रभुसत्ता को भंग करने, चुनौती देने या नकारने के किसी प्रत्यक्ष अथवा अप्रत्यक्ष प्रभाव तथा भारतीय क्षेत्र के किसी भाग को उससे अलग करने या भारत के किसी क्षेत्र को संघ को अलग करने या भारतीय राष्ट्रगान एवं भारतीय संविधान का अपमान करने के किसी भी गतिविधि को रोकने से हो।

3. यदि जम्मू-कश्मीर राज्य में भारतीय संविधान के किसी प्रावधान को अनुकूलित और संशोधित अवस्था में लागू किया गया हो तो ऐसे अनुकूलनों और संशोधनों को भारत 370 के अन्तर्गत राष्ट्र के आदेश के जरिये बदलाव या निरस्त किया जा सकता है तथा इस बारे में हर निजी प्रस्ताव को उनके गुणावगुणों के आधार पर देखा जायेगा, लेकिन जम्मू-कश्मीर राज्य में पहले से ही लागू संविधान के उन प्रावधानों को, जो संशोधित या अनुकूलित अवस्था में लागू किये गए थे, बदला नहीं जायेगा।

4. कल्याण कार्यों, सांस्कृतिक मामलों, सामाजिक सुरक्षा, वैयक्तिक क़ानून तथा व्यावहारिक क़ानून आदि के मामलों में अपने ख़ुद के क़ानून बनाने की स्वतन्त्रता को, राज्य की विशेष परिस्थितियों के अनुरूप, सुनिश्चित करने की गरज से इस बात पर सहमति व्यक्त की जाती है कि राज्य सरकार 1953 के बाद संसद द्वारा राज्य के लिए बनाये गये या राज्य में लागू किये गये समवर्ती सूची के विषयों में जुड़े किसी भी क़ानून की समीक्षा कर सकती है, उसमें संशोधन कर सकती है या चाहे तो उसे रद्द कर सकती है। लिहाज़ा, संविधान की 254वीं धारा के अन्तर्गत समुचित क़दम उठाये जाये। ऐसे मामलों में राज्य सरकार राष्ट्रपति की सहमति लेने के बारे में सहानुभूति विचार करेगी। यही दृष्टिकोण उक्त धारा की उपधारा-2 के अन्तर्गत संसद द्वारा भविष्य में बनाए जाने वाले क़ानूनों के बारे में भी अपनाया जायेगा। राज्य में ऐसा कोई भी क़ानून लागू करने से पहले राज्य सरकार से विचार-विमर्श किया जायेगा और राज्य सरकार के विचारों पर अधिकतम ध्यान दिया जायेगा।

5. जैसे कि संविधान की धारा 368 के अन्तर्गत पारम्परिक प्रावधान है, राज्य में लागू इन धाराओं को राष्ट्रपति के आदेश के जरिये संशोधित करके ऐसी व्यवस्था की जाये कि निम्नलिखित विषयों को प्रत्यक्षत: या अप्रत्यक्षत: प्रभावित करने की मंशा

से जम्मू-कश्मीर के संविधान में संशोधन हेतु राज्य विधायिका द्वारा बनाया जाने वाला कोई भी क़ानून अब तक लागू न हो, जब तक कि उस क़ानून विधायक पर राष्ट्रपति की स्वीकृति नहीं ले ली जाती। वे विषय है –

(अ) राज्यपाल की नियुक्ति, उनकी शक्तियाँ, उनके कार्य,कर्तव्य, विशेषाधिकार एवं उन्मुक्तियाँ तथा

(ब) चुनावों से जुड़े मामलों पर भारत के चुनाव आयोग का पर्यवेक्षण, दिशा-निर्देशन, नियन्त्रण एवं बिना किसी भेदभाव के मतदाता सूचियों में प्रविष्टियाँ, बालिग मताधिकार को सुनिश्चित करना और विधान परिषद का गठन, जिसका जम्मू-कश्मीर के संविधान की धाराओं -138,139,140 एवं 50 में प्रावधान है।

6. राज्यपाल और मुख्यमन्त्री के पदनाम के सवाल पर कोई समझौता सम्भव नहीं था। लिहाज़ा, इस मामले को छोड़ दिया गया।

परिशिष्ट–14

भारतीय संविधान के अनुच्छेद-370 के प्रावधान

1. इस संविधान की व्यवस्थाओं के बावजूद

   (क) धारा -238 के प्रावधान जम्मू-कश्मीर में लागू नहीं होंगे।

   (ख) इस राज्य के लिए संसद की विधायी शक्तियाँ निम्नांकित मामलों तक सीमित रहेंगी :

   (ii) संघीय सूची और समवर्ती सूची के वे विषय जिनका भारतीय संघ में जम्मू-कश्मीर के अधिमिलन सम्बन्धी समझौते में उल्लेख है और जिन्हें राष्ट्रपति ने राज्य सरकार के साथ विचार–विमर्श के बाद बाक़ायदा घोषित कर रख है। अन्य विषयों पर क़ानून राज्य सरकार बनाएगी।

   (iii) इन सूचियों के ऐसे अन्य विषय, जिन्हें राष्ट्रपति राज्य सरकार की सहमति से घोषित करें।

   व्याख्या–इस धारा के सन्दर्भ में राज्य सरकार का अर्थ राष्ट्रपति द्वारा तात्कालिक तौर पर मान्यता प्राप्त व्यक्ति से है, जैसे जम्मू-कश्मीर के महाराजा अपनी 5 मार्च 1948 की घोषणा के अन्तर्गत अपनी मन्त्रिपरिषद की सलाह से राजकाज चलाते रहे।

   (ग) इस धारा तथा धारा-1 के प्रावधान इस राज्य पर लागू होंगे।

(घ) इस संविधान के ऐसे अन्य प्रावधान भी राज्य पर प्रभावी होंगे, जिन्हे राष्ट्रपति अपवाद स्वरूप संशोधित रूप में लागू करने का आदेश दें।

इसके लिए शर्त यह है कि भारत में जम्मू-कश्मीर के अधिमिलन सम्बन्धी समझौते के उपखण्ड (ख़) के पैराग्राफ़ (अ) में वर्णित विषयों के लिए राष्ट्रपति कोई भी आदेश राज्य सरकार के साथ विचार-विमर्श के बग़ैर जारी नहीं करेंगे।

एक और शर्त यह है कि समझौते में उल्लिखित विषयों के अतिरिक्त किसी भी विषय पर क़ानून बनाने के लिए राष्ट्रपति को राज्य सरकार की सहमति अनिवार्यतः प्राप्त करनी होगी।

2. यदि इस धारा के खण्ड (अ) के उपखण्ड(ब) के पैराग्राफ़ (दो) या उपखण्ड (घ) की दूसरी शर्त के अनुरूप क़ानून बनाने के लिए राज्य सरकार की सहमति राज्य का संविधान बनाने के लिए संविधान सभा के गठन से पूर्व ली गयी हो तो उसे राज्य से विधान सभा के समक्ष रखना होगा, फिर वह चाहे जो फ़ैसला करे।

3. इस धारा के समस्त पूर्ववर्ती प्रावधानों के बावजूद राष्ट्रपति सार्वजनिक अधिसूचना के जरिये यह घोषणा कर सकते हैं कि धारा अधिसूचना जारी किये जाने की तिथि के तत्काल प्रभाव से निरस्त कर दी गयी है या इस धारा के वे आपवादिक और संशोधित प्रावधान प्रभावी रहेंगे, जिनका उल्लेख अधिघोषणा में किया गया है। इसके लिए शर्त यह है कि राष्ट्रपति द्वारा ऐसी अधिसूचना जारी किये जाने से पूर्व खण्ड (2) में वर्णित राज्य की संविधान सभा की सिफ़ारिश अनिवार्य होगी।

परिशिष्ट-15

भारतीय संविधान के अनुच्छेद–367 के प्रावधान

निर्वचन–(1) जब तक कि सन्दर्भ से अन्यथा अपेक्षित न हो, इस संविधान के निर्वचन के लिए साधारण खण्ड अधिनियम, 1897, ऐसे अनुकूलनों और उपतंरणों के अधीन रहते हुए, जो अनुच्छेद 372 के अधीन उसमें किये जायें, वैसे ही लागू होगा जैसे वह भारत डोमिनियन के विधान-मण्डल के किसी अधिनियम के निर्वचन के लिए लागू होता है।

(2) इस संविधान में संसद के या उसके द्वारा बनाए गये अधिनियमों या विधियों के प्रति किसी निर्देश का अथवा 2 *** किसी राज्य के विधान-मण्डल के या उसके द्वारा बनाये गये अधिनियमों या विधियों के प्रति किसी निर्देश का यह अर्थ लगाया जायेगा कि उसके अन्तर्गत, यथास्थिति, राष्ट्रपति द्वारा निर्मित अध्यादेश या किसी राज्यपाल 3*** द्वारा निर्मित अध्यादेश के प्रति निर्देश है।

(3) इस संविधान के प्रयोजनों के लिए, 'विदेशी राज्य' से भारत से भिन्न कोई राज्य अभिप्रेत है:

परन्तु संसद द्वारा बनायी गयी किसी विधि के उपबन्धों के अधीन रहते हुए, राष्ट्रपति आदेश द्वारा यह घोषणा कर सकेगा कि कोई राज्य उन प्रयोजनों के लिए, जो उस आदेश-4 में विनिर्दिष्ट किये जायें, विदेशी राज्य नहीं है।

1. संविधान (सातवाँ संशोधन) अधिनियम, 1956 की धारा 29 और अनुसूची द्वारा खण्ड (30) के स्थान पर (1-11-1956 से) प्रतिस्थापित।
2. संविधान (सातवाँ संशोधन) अधिनियम, 1956 की धारा 29 और अनुसूची द्वारा "पहली अनुसूची के भाग क या भाग ख में विनिर्दिष्ट" शब्दों और अक्षरों का लोप किया गया।
3. संविधान (सातवाँ संशोधन) अधिनियम, 1956 की धारा 29 और अनुसूची द्वारा (1-11-1956 से) "या राजप्रमुख" शब्दों का लोप किया गया।
4. संविधान (विदेशी राज्यों के बारे में घोषणा) आदेश, 1950, (सं.आ.2) देखिए।

परिशिष्ट-16

जम्मू-कश्मीर विधानसभा द्वारा पारित स्वायत्तता-प्रस्ताव के मुख्य बिन्दु

फारूक अब्दुल्ला की अगुवायी वाली 'नेशनल कांफ्रेंस' सरकार ने 29 नवम्बर 1996 में स्वायत्तता के सवाल और दायरे पर विचार करने के लिए एक समिति का गठन किया था। शुरू में नौ सदस्यीय समिति के अध्यक्ष डॉ. कर्ण सिंह थे। उन्होंने 31 जुलाई 1997 को अध्यक्ष पद से इस्तीफ़ा दे दिया। तब राज्य सरकार के एक वरिष्ठ मन्त्री ग़ुलाम मोहिउद्दीन शाह को, जो कर्ण सिंह की अगुवाई वाली समिति के वरिष्ठ सदस्य थे, को इसका अध्यक्ष बनाया गया। मिर्ज़ा अब्दुल रशीद, बोधराज बाली, मौलवी इफ़्तिखार हुसैन अंसारी, कुशक ठीकसे, अब्दुल रहीम राथेर, पी.एल.हांडु, ए.ए.वकील और तेजासिंह इसके सदस्य थे। 26 जून 2000 को राज्य विधान सभा ने समिति द्वारा तैयार स्वायत्तता रिपोर्ट को बाक़ायदा प्रस्ताव के रूप में पारित किया।

इसके मुख्य बिन्दु इस प्रकार हैं :-

1. रक्षा, विदेश, संचार एवं इनसे सम्बद्ध अन्य मामलों को छोड़ कर सारे मामले राज्य के हवाले हों। जम्मू-कश्मीर में मुख्यमन्त्री की जगह प्रधानमन्त्री और राज्यपाल की जगह सदरे रियासत के पद बनाए जायें।

2. संविधान के अनुच्छेद 370 को बरकरार रखने हेतु इसमे दर्ज़ 'अस्थायी' शब्द की जगह 'विशेष' शब्द को दर्ज़ किया जाये।
3. संविधान के अनुछेदों 246,248,249,250 और 251 के प्रावधानों से कश्मीर सूबे को मुक्त रखा जाये।
4. संविधान के अनुच्छेद 254, 262 और 263 को जम्मू-कश्मीर के सन्दर्भ में अप्रासंगिक रखा जाये। इनके प्रयोग सूबे में नहीं हों।
5. सन् 1953 से पहले की स्थिति को लागू करते हुए भारत के निर्वाचन आयोग के दायरे से बाहर रखा जाये। राज्य के निर्वाचन सम्बन्धी कार्यकलापों के संचालन के लिए अलग से राज्य निर्वाचन आयोग गठित किया जाये।
6. संविधान के अनुच्छेद -355, 356, 357, 358, 359 और 360 राज्य पर लागू नहीं हों।
7. संविधान के अनुच्छेद 133, 134, 135, 136, 138, 145 (1-सी) और 151(1) राज्य पर लागू न हों। अनुच्छेद 218, 220, 222 और 226 भी नहीं लागू हों। ऐसा किया जाना से राज्य सर्वोच्च न्यायालय के वैधानिक दायरे से बाहर होगा। राज्य का अपना उच्च न्यायालय ही सर्वोच्च अदालत बन जायेगा।
8. भारत के नियंत्रक परीक्षक (सी.ए.जी.) के कार्य-क्षेत्र से जम्मू-कश्मीर को मुक्त रखा जाये। इस दायित्व के निर्वहन के लिए राज्य में अलग संस्था बनायी जायेगी।
9. वित्त, सम्पत्ति-संविदाओं और वाद वाले संविधान के भाग-14 से राज्य को पूरी तरह मुक्त रखा जाये। सन 52-53 के दिल्ली समझौते के आधार पर इस बारे में नयी नीति तय की जाये।
10. जम्मू एवं कश्मीर से सम्बन्धित अब तक हुए (सन 1953 के बाद के) सारे संविधान-संशोधनों / कार्यपालक आदेशों को रद्द किया जाये।

तत्कालीन मुख्यमन्त्री फारूक अब्दुल्ला ने स्वायत्तता प्रस्ताव के विचारार्थ प्रस्तुत किया। इस बारे में उन्होंने प्रधानमन्त्री अटल बिहारी बाजपेयी से मुलाक़ात की, लेकिन केन्द्र सरकार ने इस प्रस्ताव पर विचार करने से साफ़ इनकार कर दिया। अधिसंख्य केन्द्र नेताओं का कहना था कि स्वायत्तता प्रस्ताव सन् 1953 के पहले वाली स्थिति की वापसी की माँग करता है, इसलिए इस पर विचार करने का कोई औचित्य नहीं बनता। जम्मू- कश्मीर को सन् 1953 या उसके पहले की स्थिति में कैसे लाया जा सकता है? कई विपक्षी दलों का कहना था कि सन् 1953 के पहले वाली स्थिति की वापसी आज के माहौल में सम्भव नहीं है, पर राज्य को अपेक्षकृत स्वायत्तता ज़रूर दी जानी चाहिए। जम्मू एवं कश्मीर को स्वायत्तता देकर क्षेत्रीय स्वायत्तता भी सुनिश्चित की जाये। इससे जम्मू और लद्दाख के लोगों की आकांक्षाओं की अनदेखी नहीं होगी और सूबे में क्षेत्रीय असन्तुलन को पाटा जा सकेगा। कतिपय विपक्षी दलों के अलावा जम्मू-कश्मीर के जाने-माने बुद्धिजीवी और सामाजिक-राजनीतिक कार्यकर्ता बलराज पुरी भी क्षेत्रीय स्वायत्तता की धारणा के प्रबल पैरोकार हैं।

परिशिष्ट-17

जम्मू-कश्मीर में सक्रिय प्रमुख अलगाववादी संगठन और हथियारबन्द उग्रवादी गुट

- जम्मू-कश्मीर में सक्रिय प्रमुख अलगाववादी संगठन
    1. ऑल पार्टी हुर्रियत कॉन्फ्रेंस (ए.पी.एच.सी.)

इसके प्रमुख संगठन और नेताओं के नाम-

- जम्मू–कश्मीर लिबरेशन फ्रंट (जे.के.एल.एफ़.)*
  प्रमुख नेता–मो. यासीन मालिक
- पीपुल्स कॉन्फ्रेंस **
  प्रमुख नेता–स्व. अब्दुल गाणी लोन के बाद उनके बेटे सज्जाद लोन ने नेतृत्व सँभाला है।
- पीपुल्स लीग
  प्रमुख नेता–शेख़ अज़ीज़
- जमात-ए-इस्लामी
  प्रमुख नेता–सैयद अली शाह गिलानी
- अवामी एक्शन कमेटी
  प्रमुख नेता–मिरवायज़ उमर फ़ारुख़
  (अलगाववादी संगठनों मैनयाह अपेक्षाकृत उदार और लचीला है)
- इत्तेहादुल मुसलमीन
  प्रमुख नेता–मो. अब्बास अंसारी

- मुस्लिम कॉन्फ्रेंस
  प्रमुख नेता–प्रो. अब्दुल गनी बट
  *जे.के.एल.एफ़. ने सन 2004 में हुर्रियत कॉन्फ्रेंस से नाता तोड़ लिया।
  ** पीपुल्स कॉन्फ्रेंस दो भागों में बँट गया है। सज्जाद लोन का खेमा हुर्रियत से अलग है जबकि उनके भाई बिलाल लोन की अगुवायी वाला गुट हुर्रियत का अंग है।

कॉन्फ्रेंस के सभी घटक संगठनों की सूची

1. जम्मू –कश्मीर लिबरेशन फ्रंट
2. पीपुल्स कॉन्फ्रेंस
3. जमात-ए-इस्लामी
4. मुस्लिम कॉन्फ्रेंस
5. इत्तिहाद-उल-मुसलमीन
6. अवामी एक्शन कमेटी
7. पीपुल्स लीग
8. लिबरेशन काउंसिल
9. कश्मीर बज़्मे तौहीद
10. ऑल जम्मू एंड वर्कर्स एंम्प्लाईज़ कंफेडरेशन
11. एंप्लाइज एंड वर्कर्स कंफेडरेशन
12. अंजमुन-ए-तब्लीग-उल इस्लाम
13. कश्मीर बार एसोसिएशन
14. जमात-ए-अहले-हदीस
15. जमात-ए-हमदानिया
16. पॉलिटिकल कॉन्फ्रेंस
17. जमियते-उलमा-ए-इस्लाम
18. मुस्लिम ख़वातीन मरकज़
19. जम्मू-कश्मीर पीपुल्स बेसिक राइट्स (प्रोटेक्शन) कमेटी

20. स्टूडेंट्स इस्लामिक लीग
21. औकाफ़ जामा मस्जिद
22. तहरीक-ए-औकाफ़-ए-जामा मस्जिद
23. अंजुमन-ए-औकाफ-ए- जामा मस्जिद
24. जम्मू एंड कश्मीर ह्यूमन राइट्स कमेटी
25. इस्लामिक स्टडी सर्किल
26. जम्मू-कश्मीर डेमोक्रेटिक फ्रीडम पार्टी
    अध्यक्ष–शब्बीर अहमद शाह
27. महाज-ए-आज़ादी
    प्रमुख नेता–सौफ़ी मो. अकबर

परिशिष्ट-18

प्रमुख हथियारबन्द/आतंकवादी संगठन

(1) हिजबुल मुजाहिदीन

गठन का वर्ष–सितम्बर 1989

कुल सदस्यता (सक्रिय)–3,000

नेतृत्व- मो. यूसुफ़ शाह उर्फ़ सैयद सलाहुद्दीन

सक्रियता का क्षेत्र–कश्मीर घाटी, पाक अधिकृत कश्मीर, जम्मू के डोडा, राजौरी-पुंछ विशिष्टता/ सांगठनिक सम्बद्धता –कश्मीरी मूल के सर्वाधिक गुरिल्ला लड़ाके इसी संगठन में हैं। यह 'यूनाइटेड जेहाद काउंसिल' का एक घटक है।

(2) हरक़त-उल-अंसार (हरक़त-उल-मुजाहिदीन)

गठन का वर्ष–अक्तूबर/नवम्बर 1993

सदस्यता–1,000 (इसमें पाकिस्तानी/ अफ़ग़ानी ज़्यादा हैं)

मुख्यालय- इस्लामाबाद (पाकिस्तान) और मुज़फ़्फ़राबाद (पाक अधिकृत कश्मीर)

नेतृत्व–मौलाना फ़ज़ल-उल-रहमान, मौलाना मो. अमीर

सक्रियता का क्षेत्र—बर्मा, बांग्लादेश, पाकिस्तान, भारत और तज़ाकिस्तान

(3) लश्कर-ए-तैयबा

गठन का वर्ष–1980 के दशक में
सदस्यता- लगभग 300 (ज़्यादातर विदेशी मूल के)
मुख्यालय–मुरीदके, लाहौर (पाकिस्तान)
नेतृत्व–प्रो. हफ़ीज़ मोहम्मद, सईद अमीर उल्लाह
सक्रियता को क्षेत्रफल–पाक अधिकृत कश्मीर, पाकिस्तान, जम्मू-कश्मीर(भारत)
मूल संगठन–मरकज़-दावाल-इरशाद

(4) इस्लामी इंक़लाबी महाज

मुख्यालय-लाहौर (पाकिस्तान)
नेतृत्व-इम्तियाज़ अहमद शामी

(5) अल बर्क़

गठन का वर्ष -1990
सदस्यता–300
मुख्यालय-श्रीनगर
सक्रियता को क्षेत्रफल–कुपवाड़ा, पुलवामा, श्रीनगर एवं बड़गाँव
मूल संगठन–'अल बर्क़' को स्व. अब्दुल गनी लोन की 'पीपुल्स कॉन्फ्रेंस' का हथियारबन्द गुरिल्ला संगठन माना जाता रहा है।

(6) अल बद्र

गठन का वर्ष–1998
सम्बद्धता–एक समय इसके हथियारबन्द उग्रवादी अफ़ग़ानिस्तान में हिकमतयार गुट के साथ थे। बाद में उन्होंने अल बद्र के रूप में अपने को पुनर्गठित किया।

(7) दुख़्तरान-ए-मिल्लत

'लश्कर' से सम्बद्ध इस उग्रवादी महिला-संगठन की नेता आसिया अन्द्राबी नाम की एक कश्मीरी महिला है।

(8) मुस्लिम जाँबाज़ फ़ोर्स (एमजेएफ़)

नेतृत्व–फ़िरदौस अहमद उर्फ़ बाबर बद्र

सक्रियता का क्षेत्र–कुपवाड़ा, बारामूला, श्रीनगर आदि घाटी में कई निर्दोष नागरिकों, कार्यकर्ताओं और यहाँ तक कि अलगाववादी कश्मीरी नेताओं के परिजनों के अपहरण और अनेक हत्याकांडों में इस गुट की भूमिका रही।

(9) अल-मनसूरियन

नेतृत्व- 'लश्कर-ए-तैयबा' के कमांडर ही इसके 'मुख्य संगठक' हैं।

सक्रियता का क्षेत्र–कश्मीर घाटी, जम्मू-कश्मीर के एक राज्यमन्त्री सहित कई राजनीतिक कार्यकर्ताओं और निर्दोष नागरिकों की हत्या का आरोपी।

परिशिष्ट-19

साक्षात्कार

वरिष्ठ पत्रकार उर्मिलेश द्वारा किये गये साक्षात्कार

क. मुफ़्ती मोहम्मद सईद

जम्मू-कश्मीर को बांटने का प्रस्ताव हरगिज मंजूर नहीं-मुफ़्ती*

जम्मू-कश्मीर के प्रमुख नेता और सन् 1989-90 की 'जनता दल' सरकार में केन्द्रीय गृहमन्त्री रह चुके मुफ़्ती मोहमद सईद इन दिनों केन्द्र और कश्मीरी संगठनों के बीच बातचीत के प्रबल पैरोकार बने हुए हैं। कश्मीर की राजनीति में अपनी चतुराई और पैनी समझ के लिए मशहूर मुफ़्ती साहब राज्य की फ़ारूक अब्दुल्ला सरकार की कटु आलोचना करते हैं। वे अपनी नवगठित 'जम्मू-कश्मीर पीपुल्स डेमोक्रेटिक पार्टी' को कश्मीर घाटी की राजनीति में अभी तक कोई ठोस आधार नहीं दे सके हैं, पर उनके भावी फ़ैसलों और राजनीतिक रुख़ पर केन्द्र सरकार के अलावा कश्मीर मामलों में रुचि लेने वाले राजनीतिक पर्यवेक्षकों की निगाहें लगी रहती हैं।

---

* यह इंटरव्यू उस समय लिया गया, जब मुफ़्ती मो. सईद एक विपक्षी नेता के रूप में कश्मीर में फ़ारुख़ अब्दुल्ला सरकार के ख़िलाफ़ अभियान चला रहे थे। इसके कुछ माह बाद चुनाव हुए और पीडीपी–कांग्रेस गठबन्धन के मुख्यमन्त्री बने।

मुफ़्ती मोहम्मद सईद के नयी पार्टी बनाने से पहले उनकी बेटी महबूबा मुफ़्ती राज्य विधान सभा में कांग्रेस विधायक दल की नेता थीं, पर कांग्रेस से मुफ़्ती की बग़ावत के साथ उन्होंने भी कांग्रेस से किनारा कर लिया और विधान सभा की अपनी सदस्यता से इस्तीफ़ा दे दिया। घाटी में इस समय वह 'भारत-पक्षी मध्यमार्गी राजनीतिक धारा' की महत्त्वपूर्ण हस्ती मानी जाती हैं। कश्मीर-समस्या, अलगाव के विविध पहलुओं और समाधान के फॉर्मूलों पर हमने 'जम्मू-कश्मीर पीपुल्स डेमोक्रेटिक पार्टी' संस्थापक–अध्यक्ष मुफ़्ती मोहम्मद सईद से लम्बी बातचीत की। पेश है, बातचीत के प्रमुख अंश –

प्रश्न : राज्य स्वायत्तता रिपोर्ट को ले कर विवाद अभी थमा नहीं है। फ़ारूक साहब स्वायत्तता के सवाल पर राजनीतिक दलों का समर्थन जुटाने में विफल साबित हुए हैं। इस पूरे प्रकरण पर आप क्या सोचते हैं?

उत्तर : फ़ारुख़ अब्दुल्ला साहब की कारगुज़ारियों पर क्यों प्रतिक्रिया पूछ रहे हैं वे बस अपने सियासी हितों के लिए बोलते और काम करते हैं। अब यह स्वायत्तता-रिपोर्ट को ही देख लीजिए। उन्होंने इसकी चर्चा अब छेड़ी, जब केन्द्र सरकार ने हुर्रियत सहित अन्य कश्मीरी-संगठनों से बातचीत की पहल करने का ठोस संकेत दिया। इसके पहले कहाँ थी फ़ारुख़ साहब की स्वायत्तता रिपोर्ट? क्या इसके पहले फ़ारुख़ साहब को नहीं मालूम था कि जम्मू-कश्मीर विधान से उसकी स्वायत्तता में कटौती की गयी थी। उनकी सरकार यहाँ सन 1996 से है। अब तक कहाँ थी उनकी स्वायत्तता रिपोर्ट? यहा सारा सियासी खेल है, जिसे फ़ारुख़ साहब खेलना चाहते हैं, पर अब उनका खेल ख़त्म है। कश्मीरी अवाम उन्हें पहले ही खारिज कर चुकी है। अब 'दिल्ली' को भी उनकी औक़ात मालूम हो गयी है। उनका भांडा पूरी तरह फुट चुका है। इसीलिए फ़ारुख़ साहब बेचैन हैं।

प्रश्न : क्या फ़ारुख़ अब्दुल्ला ने स्वायत्तता का सवाल केवल केन्द्र-हुर्रियत वार्ता की सम्भावना को कुन्द करने के लिए उठाया है?

उत्तर : हाँ, उसी प्रक्रिया को नष्ट करने के लिए फ़ारुख़ अब्दुल्ला ने यह शिगूफा छोड़ा है (हँसते हुए)। आप जानते हैं न कि वह कितने गम्भीर व्यक्ति हैं? दरअसल, यह समस्या और उसके सम्भावित समाधान से ध्यान हटाने का एक सोचा-समझा हथकण्डा है। अगर फ़ारुख़ अब्दुल्ला समस्या के समाधान के प्रति तनिक भी गम्भीर होते तो उन्हे पर्याप्त अवसर मिला था। सन् 96 में जब वह सरकार में आये, लोग 'मिलिटेंसी' से तंग आ चुके थे। स्वयं 'मिलिटेंट' भी थके हुए थे, पर क्या किया फ़ारुख़ साहब ने?

प्रश्न : ठीक है, आपको विरोध फ़ारुख़ अब्दुल्ला की शैली और सोच को लेकर है, पर स्वायत्तता की धारणा पर आपकी क्या राय है?

उत्तर : मैं जम्मू-कश्मीर समस्या के समाधान के पक्ष में हूँ। इसके लिए उस हर सवाल से हमें टकराना होगा और उसे सुलझाना होगा, जो यहाँ की समस्या के पर्याय बने हुए हैं। स्वायत्तता का सवाल भी इसमें एक है।

प्रश्न : क्या स्वायत्तता दिये जाने या उसका दायरा और बढ़ाने से कश्मीर समस्या सुलझ जायेगी या कुछ और भी सवाल हैं, जिनका समाधान ज़रूरी है?

उत्तर : असल में या बातें तो सामने तब आयेंगी, जब केन्द्र और कश्मीरी संगठनों के बीच बातचीत होगी। इसीलिए मैं सबसे पहले बातचीत के पक्ष में हूँ। केन्द्र और कश्मीरी-संगठनों को एक मेज़ पर आकर बात करनी हहिए। बातचीत में सब शामिल किये जायें।

प्रश्न : 'सबसे' आपका क्या मतलब है?

उत्तर : 'सबसे' का मतलब कश्मीरी संगठनों से है। इनमें हुर्रियत कॉन्फ्रेंस भी शामिल है।

प्रश्न : पर हुर्रियत कॉन्फ्रेंस तो यह भी चाहती है कि बातचीत त्रिपक्षीय हो और उसमें पाकिस्तान को भी शामिल किया जाये। क्या आप इससे सहमत हैं?

उत्तर : हुर्रियत की बात हुर्रियत वाले जानें। हम तो यह कह रहे हैं कि केन्द्र को कश्मीरी अवाम के संगठनों से बातचीत करनी चाहिए। जहाँ तक इस बाबत पाकिस्तान से बातचीत का सवाल है, वह अन्तिम दौर की बात होगी। समस्या के समाधान के सिलसिले में पाकिस्तान को 'इन्वॉल्व' तो करना ही होगा।

प्रश्न : पर भारत सरकार का कहना है कि पाकिस्तान से वह कश्मीर-मसले पर कोई बातचीत नहीं करेगी। बातचीत तभी होगी, जब पाकिस्तान कश्मीर में 'प्रॉक्सीवार' का सिलसिला बन्द करे। इस बारे में आपकी क्या सोच है?

उत्तर : मैंने पहले ही आपसे कहा कि बातचीत में पाकिस्तान का 'इन्वाल्वमेंट' अन्तिम दौर में होगा, पर 'इन्वॉल्व' तो करना ही होगा।

प्रश्न : बातचीत को लेकर एक जटिलता और है। केन्द्रीय गृहमन्त्री बार-बार कह चुके हैं कि कोई भी बातचीत संविधान के दायरे में ही होगी, जबकि हुर्रियत के नेता कहते हैं कि संविधान के दायरे की बात वह नहीं मानते । आप तो स्वयं केन्द्रीय गृहमन्त्री रहे हैं। आपकी क्या राय है?

उत्तर : मेरा मानना है कि बातचीत किसी शर्त के साथ नहीं होनी चाहिए। मेरा मानना है कि केन्द्रीय गृहमन्त्री लालकृष्ण आडवाणी को 'संविधान के दायरे वाली बात' नहीं कहनी चाहिए थी। इसका कोई मतलब नहीं है। नागालैंड वग़ैरह में वहाँ के उग्रवादी संगठनों से केन्द्र ऐसी शर्त थोपे बग़ैर बातचीत कर रहा है कि नहीं? फिर कश्मीर के लिए ऐसी शर्त क्यों? बातचीत के समय हम किसी समस्या के समाधान का रास्ता खोजते हैं। इसके लिए संविधान बाधक नहीं बनता, पर बातचीत के पहले शर्त लगाना ठीक नहीं। आप उनसे बातचीत करते। कोई बात माननी है कि नहीं, यह आप अपनी समझ और विधान से ही तय करते, पर इसके लिए शर्त लगाना उचित नहीं।

प्रश्न : क्या आपको लगता है कि केन्द्र और हुर्रियत सहित अन्य कश्मीरी संगठनों के बीच संवाद हो सकेगा?

उत्तर : मुझे लगता है कि केन्द्र के सामने आज एक अच्छा मौक़ा है। अटल बिहारी वाजपेयी की सरकार इस मायने में भाग्यशाली कही जा सकती है कि उसके सामने कश्मीर समस्या के समाधान के लिए अपेक्षाकृत ज़्यादा अनुकूल परिस्थितियाँ हैं। पता नहीं, वह सरकार इसका उपयोग कर पायेगी या नहीं?

प्रश्न : इस बीच संघ परिवार से जुड़े लोग राज्य को तीन भागों– जम्मू, कश्मीर और लद्दाख में विभाजित कर समस्या समाधान करने का फ़ॉर्मूला पेश कर रहे हैं। इस पर आपकी क्या राय है?

उत्तर : मैं नहीं जानता कि कौन लोग ऐसी बातें कह रहे हैं, पर हम इस तरह के फॉर्मूले का समर्थन कैसे कर सकते हैं?

साक्षात्कार-2

मुफ़्ती मोहम्मद सईद से यह बातचीत 30 अक्टूबर 2004 को श्रीनगर स्थित मुख्यमन्त्री निवास में हुई। मुख्यमन्त्री के रूप में वह अपना दूसरा साल पूरा कर रहे हैं। आतंकवाद, शासन-प्रशासन और विकास से जुड़े कई सवालों पर उन्होंने बेबाक़ टिप्पणी की। प्रस्तुत हैं, बातचीत के प्रमुख अंश–

प्रश्न : सत्ता में आके दो साल पूरे हो रहे हैं। इस दौरान कश्मीर के हालात कितने बदले हैं? आतंकवाद–उग्रवाद की स्थिति पर आपका क्या आकलन है?

उत्तर : देखिए, मैं आँकड़ों की बात नहीं करना चाहता। आँकड़ों के हिसाब से भी हालात बेहतर हुए हैं, पर उससे ज़्यादा बड़ा पैमाना है–अवाम की अपनी सोच का। यह बात मैं दावे से कह सकता हूँ कि कश्मीरी अवाम की सोच में बड़ा फ़र्क़ आया है। सरकार से लोगों की उम्मीदें बढ़ी हैं क्योंकि हमने इन दो सालों में साबित किया कि सरकार अवाम की है, उन्हीं के दो मुद्दों को प्राथमिकता दी गयी है। लोगों की शिकायतें सुनी जा रही हैं। अफ़सरशाही को ज़िम्मेदार और जवाबदेह बनाया गया है। आप श्रीनगर आते रहे हैं। क्या आपको यहाँ का माहौल बदला हुआ नज़र नहीं आ रहा है?

प्रश्न : लेकिन हिंसा-प्रतिहिंसा का दौर कहाँ थमा है?

उत्तर : सब कुछ अचानक नहीं बदला जा सकता। इतना कुछ यहाँ हुआ है, इतने सालों से चला आ रहा है तो महज़ कुछ महीनों में कैसे बदलेगा? वक़्त तो लगेगा ही। अब चीज़ें पटरी पर हैं। देखने की बात यह है हिंसा और आतंक रोकने के ठोस कार्यक्रम लिए गये हैं। अलगाव की भावना की वजह क्या है, इसे देखा जा रहा है और अवाम की शिकायतें दूर की जा रही हैं।

प्रश्न : अभी 25 अक्टूबर को अनन्तनाग में आपके सूबे के प्रमुख विपक्षी नेता और पूर्व विदेश राज्यमन्त्री उमर अब्दुल्ला पर क़ातिलाना हमला हुआ .....

उत्तर : अनन्तनाग में उस दिन जो कुछ हुआ, वह दुर्भाग्यपूर्ण था। क्यों वैसा हुआ, उसके पीछे कौन लोग थे, इसकी जाँच-पड़ताल कराई जा रही है।

प्रश्न : नेशनल कॉन्फ्रेंस के नेता कह रहे हैं कि श्री अब्दुल्ला की सुरक्षा में कोताही की गयी। आपकी सरकार पर आरोप लगाए जा रहे हैं।

उत्तर : यह सरासर गलत है। ऐसी बातें नहीं होनी चाहिए। कश्मीर में नेताओं पर हमले पहले भी हुए हैं। इसके लिए सरकार पर आरोप लगाना ठीक नहीं है। जिस दिन मैं विधान सभा उपचुनाव के सिलसिले में अनन्तनाग में अपनी उम्मीदवारी का पर्चा भरने गया था, उस दिन भी सरकारी दफ़्तर से कुछ ही दूरी पर बम विस्फोट हुए। इसके लिए मैं किसे ज़िम्मेदार ठहराऊँगा? मैं समझता हूँ कि हम बेहद कठिन परिस्थिति में काम करते हैं और ख़तरे सब पर हैं। इसलिए यहाँ आरोप-प्रत्यारोप की राजनीति का सिलसिला रुकना चाहिए। मैं तो चाहता हूँ कि 'मेरा विपक्ष' रहे। विपक्ष को अपना काम जमकर करना चाहिए, पर सूबे की भलाई के मुद्दे पर सभी राजनीतिक दलों में एकता भी दिखनी चाहिए।

प्रश्न : लेकिन सुरक्षा बन्दोबस्त में गड़बड़ी पर तो सवाल उठेंगे ही। उमर की गाड़ी में लगा 'जैमर' काम नहीं कर सका। इसे क्या कहेंगे?

उत्तर : इन सब बातों की जाँच कराई जा रही है। जो भी बातें आयेंगी, उस पर आगे की कार्यवाही होगी। 'जैमर' के बारे में बहुत सारी बातें कही जा रही हैं। देखिए, जाँच-पड़ताल में क्या निकलता है? लेकिन ऐसे संवेदनशील मुद्दों पर राजनीति नहीं होनी चाहिए।

प्रश्न : आपने कहा–घाटी का माहौल बादल रहा है। एक हद तक आपकी बात सही है। अब बाज़ार शाम साढ़े सात तक खुले दिख रहे हैं। पर्यटन में भी इज़ाफ़ा हुआ है, पर रोज़गार के मोर्चे पर सरकार क्या कर रही है?

उत्तर : रोज़गार एक बड़ी समस्या है, यह मैं भी मानता हूँ। इसमे वक़्त लगेगा। घाटी में औद्योगीकरण इतना आसान नहीं है। बड़े-बड़े या भारी उद्योगों की यहाँ ज़्यादा गुंजाइश नहीं है। हम यहाँ कुछ नये प्रयोग कर रहे हैं। अगले चार-पाँच साल में 100 फ़ीसदी साक्षरता के लिए हम सचेष्ट हैं। महिला साक्षरता दर बढ़ाने की कोशिश हो रही है। 'हैल्थ-केयर' पर विशेष ध्यान है। घाटी में गुलाब की खेती और फूलों के निर्यात-व्यापार को बड़े पैमाने पर स्थापित करने की योजना बनी है। सब्ज़ी–फल का कारोबार भी बढ़ रहा है। इससे गाँव में लोगों को रोज़गार मिलेगा। खेती-बाग़वानी और पर्यटन हमारी सर्वोच्च प्राथमिकता है। हमारा पर्यटन लगातार बढ़ रहा है। इस वर्ष अब तक (अक्टूबर 2004 तक) 5 लाख पर्यटक कश्मीर घाटी आये हैं। यह एक रिकॉर्ड है। इस वर्ष अमरनाथ यात्रा में 4 लाख लोग अलग से आये। दोनों को मिला दिया जाये तो संख्या 9 लाख पहुँचती है।

प्रश्न : इधर नये प्रोजेक्ट क्या आ रहे हैं?

उत्तर : बहुत सारी चीज़ें 'पाइप लाइन' में हैं। अभी कुछ ही दिनों पहले 'अमूल' का प्रोजेक्ट 'क्लियर' हुआ है। डॉ. कुरियन ने इसमें हमारी बड़ी सहायता की है। यह कुल 10 करोड़ की परियोजना है, जिसमें दुग्ध उत्पादों की विभिन्न क़िस्में उत्पादित होंगी। बगलियार प्रोजेक्ट पूरा होने पर जम्मू-कश्मीर को बड़ा फ़ायदा मिलेगा। उस पर कार्य तेज़ी से चल रहा है।

साक्षात्कार–3

कश्मीर मसले के हल के लिए त्रिपक्षीय वार्ता ज़रूरी– यासीन मलिक

('जम्मू-कश्मीर लिबरेशन फ्रंट' के अध्यक्ष मो. यासीन मालिक से यह बातचीत दिल्ली के मालवीय नगर स्थित हुर्रियत के कैंप कार्यालय में हुई। श्री मलिक कुछ ही समय पहले जेल से रिहा हुए थे।)

प्रश्न : आज ही आप रिहा हुए हैं। कैसा लग रहा है और आगे क्या योजना है?

उत्तर : जेल में मेरी तबीयत ज़्यादा ख़राब हो गयी थी। इससे काफ़ी कमज़ोरी महसूस हो रही है। वहाँ मेरे साथ ज़्यादतियाँ हुईं। हमारे साथ खूंखार अपराधियों जैसा व्यवहार किया गया। कम-से-कम भारत की सरकार को यह तो समझना ही चाहिए कि हम कोई अपराधी नहीं, राजनीतिक लोग हैं।

प्रश्न : इस बीच कश्मीर मसले पर केन्द्र सरकार नयी पहल लेने का संकेत दे रही है। हुर्रियत नेताओं की रिहायी को सन्दर्भ में महत्त्वपूर्ण माना जा रहा है। सरकार ने भी कहा है कि बेहतर माहौल बनाने के लिए कश्मीरी नेताओं की क्रमशः रिहायी हो रही है। आपकी प्रतिक्रिया?

उत्तर : जेल से रिहायी कोई भीख में तो नहीं हो रही है। क्या सरकार बता सकती है कि उसने हमें क्यों गिरफ़्तार किया था?

क्या हमने कोई अपराध किया था? किसी की सुरक्षा को हमसे ख़तरा था कि हम पर 'पब्लिक सेफ़्टी एक्ट' थोपा गया? भारत सरकार जिस तरह के क़दम उठाती है, उससे महात्मा गाँधी के नेतृत्व में चलाये गये स्वाधीनता आन्दोलन के मूल्य भी कलंकित होते हैं। कश्मीर में आत्मनिर्णय की लड़ाई लड़ रहे लोगों के साथ वह अपराधियों जैसा व्यवहार क्यों करती है?

प्रश्न : कश्मीर में आप लोग सामान्य स्थिति बनाने की पहल क्यों नहीं करते? हर तरह के आतंक को विरोध क्यों नहीं करते? अगर आप लोग राजनीतिक हैं और समस्या के लोकतान्त्रिक समाधान में यक़ीन करते हैं तो इस पर क्यों नहीं बोलते?

उत्तर : इसके लिए 'दिल्ली' दोषी है। कश्मीर को आज़ाद साँस कहां मिल रही है? दिल्ली अपना 'आतंक-राज' क्यों नहीं ख़त्म करती? लोगों को बोलने और सड़क पर निकलने का अधिकार दीजिए। तब आन्दोलन की ताक़त दिखायी देगी। कश्मीर में किसी भी कश्मीरी को बोलने का अधिकार नहीं है। 'बन्दूक की भाषा' के लिए हम लोग दोषी नहीं हैं।

प्रश्न : अभी अनन्तनाग में निर्दोष सिखों की हत्या हुई। उस पर आप लोगों ने क्यों चुप्पी साधी?

उत्तर : अनन्तनाग कांड पर घाटी में तीन दिन हड़ताल रही। हम तो जेल में थे, पर लोगों ने अपने स्तर पर प्रतिक्रिया जाहिर की। पाँच निर्दोष लोगों की सेना ने भून डाला। उसका भी पर्दाफ़ाश हुआ।

प्रश्न : हुर्रियत के कई संगठन पाकिस्तान समर्थक माने जाते हैं। क्या यह बात समस्या को और जटिल नहीं बनाती?

उत्तर : देखिए, हुर्रियत 27 संगठनों का मोरचा है। इसकी कार्यकारिणी में कुल 7 संगठनों का प्रतिनिधित्व है। इसमें 4 संगठन कश्मीर की समस्या का समाधान उसके पाकिस्तान में विलय को मानते हैं। वे साफ़ शब्दों में कहते हैं कि कश्मीर को पाक में जाना चाहिए, पर हमारे संगठन –जे.के. एल.एफ़. सहित 3 संगठन स्वतन्त्रता के हिमायती हैं। यह समस्या को जटिल बनाने वाली बात नहीं है क्योंकि हुर्रियत का मानना है कि कश्मीर

के भविष्य को फ़ैसला वहाँ की अवाम पर छोड़ देना चाहिए। उसे आत्मनिर्णय अधिकार मिलना चाहिए।

प्रश्न : पर 'पाक अधिकृत कश्मीर' में आत्मनिर्णय के लिए कभी किसी आन्दोलन की बात नहीं सुनी गयी। ऐसा क्यों?

उत्तर : पाकिस्तान संविधान के स्तर पर कश्मीरी अवाम के आत्मनिर्णय के अधिकार को स्वीकार करता है। फिर भी वहाँ समय-समय पर आवाज़ उठती रहती हैं। सन् 92 की फ़रवरी में वहाँ सीमा पर 11 कश्मीरी मारे गये थे।

प्रश्न : लम्बे अन्तराल के बाद केन्द्र कश्मीर को लेकर बातचीत का माहौल बनाने की कोशिश कर रहा है। संवाद के कुछ चैनल खुले भी हैं। औपचारिक बातचीत की सम्भावना पर आपकी क्या राय है?

उत्तर : कैसी बातचीत? मुझे नहीं लगता कि केन्द्र सरकार बातचीत को लेकर गम्भीर है। बातचीत के लिए माहौल कहाँ है? अविश्वास का पुराना माहौल आज भी बरकरार है। ऐसे में कोई सार्थक बातचीत कैसे सम्भव है?

प्रश्न : लेकिन केन्द्र सरकार ने स्पष्ट संकेत दिया है कि वह कश्मीर के मामले में भारतीय संविधान के दायरे में हर किसी से बातचीत करने को तैयार है।

उत्तर : गृहमन्त्री लालकृष्ण आडवाणी के इस तरह के एक बयान को मैंने अख़बारों में पढ़ा था। मैं बिल्कुल साफ़ कर देना चाहता हूँ कि ऐसी बातचीत के लिए हम कतई तैयार नहीं हैं। भारतीय संविधान के दायरे में बातचीत का क्या तात्पर्य? अगर ऐसी किसी बातचीत से कश्मीर का मसला हल होने वाला होता तो आज तक यह लम्बित क्यों रहता? कश्मीर का मसला ऐसा नहीं है। यह कोई केन्द्र-राज्य सम्बन्ध का मसला नहीं है।

प्रश्न : फिर कैसी बातचीत चाहते हैं?

उत्तर : हम बातचीत के विरुद्ध नहीं हैं, पर वह बिना शर्त के होनी चाहिए। संविधान के दायरे में बातचीत की बात भी एक तरह की शर्त है और हमें मान्य नहीं है।

प्रश्न : आप लोग पाकिस्तान को इसमें शामिल करने की शर्त क्यों रखते हैं?

उत्तर : हम कोई शर्त नहीं रखते। हमारा मानना है कि कश्मीर का मसला ऐतिहासिक रूप से एक जटिल मसला है और समाधान के लिए यह तीनों पक्षों की सम्बद्धता की माँग करता है। इसमें 'दिल्ली', 'इस्लामाबाद' और 'हुर्रियत' को शामिल किया जाना चाहिए।

प्रश्न : भारत कश्मीर को अपना अविभाज्य अंग मानता है। ऐसी स्थिति में केन्द्र सरकार का मानना रहा है कि वह अपने आन्तरिक मामले में किसी अन्य देश को क्यों 'इन्वॉल्व' करे?

उत्तर : पर यह भी सच है कि पिछले 52 सालों से भारत और पाकिस्तान के बीच लगभग सारी लड़ाइयाँ कश्मीर को लेकर ही हुई हैं। कश्मीर की छाती पर ही दोनों लड़ते रहे हैं। हर समय कश्मीर को ही यह त्रासदी झेलनी पड़ती रही है। फिर यह कहना क्या 'हिप्रोक्रेसी' नहीं कि कश्मीर मसले का पाकिस्तान से क्या लेना-देना? अगर कश्मीर के मसले से पाकिस्तान का कोई लेना-देना नहीं तो वाजपेयी जी बस में लाहौर क्यों गये थे? नवाज़ शरीफ़ और वाजपेयी जी ने यह बयान क्यों जारी किया कि दोनों देश कश्मीर मामले का समाधान खोजने का प्रयास करेंगे?

दरअसल, कश्मीर मसले पर त्रिपक्षीय बातचीत से ही कुछ नयी बात निकाल सकती है। वैसे तो हम बिना शर्त हर तरह की बातचीत के लिए तैयार हैं, लेकिन बातचीत सार्थक होनी चाहिए। कश्मीर में आज जो कुछ समस्या है, वह बुनियादी तौर पर कश्मीर के राजनीतिक मसले से ही जुड़ी हुई है। इसलिए जब तक बुनियादी मसला हल नहीं होता, शेष सारे प्रश्न ज़िन्दा रहेंगे।

(मई, सन 2000)

साक्षात्कार-4

'दिल्ली' वायदे के मुताबिक़ कश्मीरी जनता को आत्मनिर्णय का अधिकार दे—लोन

(अब्दुल गनी लोन से लेखक की यह बातचीत सन 2000 के जून महीने के अन्तिम सप्ताह में हुर्रियत के शिवालिक (मालवीय नगर, दिल्ली) स्थित कैंप-कार्यालय में हुई थी।)

प्रश्न : लोन साहब, जम्मू-कश्मीर के मुख्यमन्त्री फ़ारुक अब्दुल्ला के स्वायत्तता प्रस्ताव पर आपकी क्या राय है?

उत्तर : फ़ारुक अब्दुल्ला ने इसके माध्यम से अपने को 'एक्सपोज़' किया है। इसके साथ ही उन्होने भारतीय जनता पार्टी और कांग्रेस वालों को भी 'एक्सपोज़' कर दिया। दरअसल, फ़ारुक ने तो अपनी मजबूरी में यह सब किया। उसके पास अब कुछ नहीं बचा है। कश्मीर की जनता उन्हें 'ट्रेटर' और श्रीनगर में 'दिल्ली का एजेंट' मानती है। ऐसी परिस्थिति में जब वह अपने को कुछ ज़्यादा ही असहाय महसूस करने लगते थे। उन्होंने हालत सुधारने के मक़सद से स्वायत्तता की चीख़-पुकार शुरू की, पर कश्मीर में स्वायत्तता को कोई पूछने वाला नहीं है। वहाँ यह कोई मुद्दा ही नहीं है।

प्रश्न : फिर मुद्दा क्या है?

उत्तर : मुद्दा है–'आतंक-राज' की समाप्ति और कश्मीर की जनता को आत्मनिर्णय का अधिकार दिलाना। कश्मीर के वास्तविक मुद्दे यही हैं। आत्मनिर्णय का अधिकार कोई हमारी कल्पना की माँग नहीं है? भारत में कश्मीर के विलय के समय 'दिल्ली' ने हमसे यही वायदा किया था। यह कोई पुरानी बात नहीं है, पर वायदा निभाने की बजाय 'दिल्ली' ने कश्मीर घाटी में दमन और उत्पीड़न का रास्ता अपनाया है। आज घाटी में वर्षों से 'आतंक-राज' चल रहा है। इस बीच यह सिलसिला कुछ ज़्यादा ही तेज़ हुआ है। हिरासत में मौतें ज़्यादा हो रही हैं। 'आतंक-राज' जो ज़्यादा 'प्रो-एक्टिव' चल रहा है।

प्रश्न : लोग कहते हैं कि केन्द्र और हुर्रियत के बीच बातचीत की सम्भावना को कुन्द करने और अपना वजूद बचाये रखने के लिए फ़ारुक साहब ने इस प्रस्ताव को पारित करने का फ़ैसला किया। आपको क्या लगता है?

उत्तर : कश्मीर को लेकर किसी की मंशा ठीक नहीं है। इस मामले में फ़ारुक, कांग्रेस और भाजपा—सब एक से हैं। केन्द्र की सरकार कश्मीर मसले को लेकर ईमानदार नहीं है। सन 95 से लेकर अब तक कश्मीर में दसियों हज़ार लोग मारे जा चुके हैं। इतने लोगों के मारे जाने के बाद ही बातचीत की बात क्यों शुरू की जा रही है? पहले भी पहल की जा सकती थी। हम तो बातचीत के लिए हमेशा तैयार रहे हैं। हमारे संविधान में यह उल्लिखित है। (पढ़िए अनुच्छेद–दो)।

आपको दिलचस्प बात बताऊँ? मीडिया में बहुत सारी बातें आईं हैं, पर सरकार की तरफ से अभी तक बातचीत को कोई गम्भीर और ईमानदार प्रयास नहीं किया गया। गृहमन्त्री आडवाणी कहते हैं कि बातचीत संविधान के दायरे में हो सकती है । अगर संविधान के दायरे में ही समस्या का समाधान होना होता तो 50 साल से ऊपर हो गये, समाधान क्यों नहीं हुआ? एक तरफ नागालैंड के विद्रोहियों से यही आडवाणी जो के लोग बिना शर्त बातचीत कर रहे हैं, पर कश्मीर के लिए वह शर्तें थोपते हैं।

दुनिया का कोई भी न्यायपसन्द आदमी इसे जायज़ नहीं ठहरा सकता। दरअसल 'दिल्ली वाले' कश्मीर को अपना उपनिवेश समझते हैं।

प्रश्न : बातचीत में पाकिस्तान की सम्बद्धता को लेकर भी मतभेद हैं। सरकार का दृष्टिकोण है कि वह बातचीत में पाकिस्तान को शामिल नहीं करेगी। कश्मीर के लोगों और संगठनों से बातचीत कर सकती है।

उत्तर : दुनिया जानती है कि कश्मीर को लेकर दोनों मुल्कों के बीच विवाद है। भारत और पाकिस्तान कश्मीर को लेकर कई युद्ध कर चुके हैं। इसलिए विवाद का समाधान त्रिपक्षीय विचार-विमर्श से ही हो सकता है। पाकिस्तान को बातचीत में रखे बग़ैर आप 'आज़ाद-कश्मीर' (जिसे भारत में पाक अधिकृत कश्मीर कहा जाता है) का मसला कैसे तय करेंगे? वहाँ भी हमारे अपने भाई-बहन रहते हैं। वे भी उतने ही कश्मीरी हैं।

प्रश्न : पर स्वयं हुर्रियत में भी इन मुद्दों पर एक राय नहीं है। 'आत्मनिर्णय' के अधिकार से पहले ही हुर्रियत के कई संगठन कश्मीर का पाकिस्तान में विलय कराने की वक़ालत करते हैं। क्या यह सच नहीं है?

उत्तर : जहाँ तक 'ऑल पार्टी हुर्रियत कॉन्फ्रेंस' का सवाल है, उसके संविधान के 'अनुच्छेद –ए' में आत्मनिर्णय की बात की गयी है। हुर्रियत में कई संगठन हैं। कश्मीर को लेकर उनके अपने अलग-अलग विचार हो सकते हैं। सम्भव है, कुछेक कश्मीर का पाकिस्तान में विलय चाहते हों, पर हुर्रियत का ऐसा दृष्टिकोण नहीं है।

प्रश्न : क्या बातचीत स्वायत्तता पर भी हो सकती है?

उत्तर : स्वायत्तता कोई मुद्दा नहीं है। यह सब केवल फ़ारुक जैसे लोगों का शिगूफ़ा है। ठोस मुद्दों पर बातें हों।

प्रश्न : सन् 47-48 और सन् 53 के बाद भी कश्मीर मामले को लेकर कई समझौते और परस्पर सहमति के संकल्प हुए। शेख़ अब्दुल्ला साहब और इन्दिरा गाँधी के बीच सन 1975 में भी एक समझौता हुआ था। आप तो उन दिनों सूबे की संसदीय राजनीति में भी सक्रिय थे।

उत्तर : शेख़ अब्दुल्ला और इन्दिरा गाँधी जी के समझौते का कोई नामलेवा नहीं है। ये सब अप्रासंगिक बातें हैं। कश्मीर आज जहाँ खड़ा है, वहाँ से हमें बात करनी होगी।

प्रश्न : लोन साहब, आप फ़ारुक साहब से ख़ासे नाराज़ रहते हैं। उनके वालिद साहब जनाब शेख़ अब्दुल्ला की भूमिका पर आपकी क्या राय है?

उत्तर : कश्मीरियों की नज़र में वे 'ट्रेटर' थे। 'दिल्ली वालों' की नज़र में वे महान देशभक्त थे।

प्रश्न : आप बस एक लाइन में शेख़ साहब के अवदान को ख़ारिज़ कर देना चाहते हैं। कश्मीर में भूमि-सुधार जैसे बड़े काम भी शेख़ साहब ने ही किये, क्या वह कुछ भी नहीं?

उत्तर : मैं यह नहीं कहता कि उनका कोई योगदान नहीं। उनकी अपनी ख़ूबियाँ थीं, पर 'दिल्ली वालों' ने उन्हें भी 'छुरा' भोंका। हम उनके बारे में यह कहते हैं कि उन्होने समस्याएँ सुलझाई नहीं और उलझाईं। इसलिए कश्मीरी उन्हें आज पसन्द नहीं करते। पर कश्मीर का मुख्य अभियुक्त हम उन्हें नहीं, 'दिल्ली' को मानते हैं। आपने उनके भूमि-सुधार कार्यक्रम की बात की। सही है कि उनके कारण कार्यक्रम लागू हुआ, पर उन्होने यह सब क्यों किया? कश्मीरी मुसलमानों को साथ लेने के लिए किया, आम मुस्लिम किसान डोगरा-राजाओं और ज़मींदारों से क्षुब्ध था। प्रजा-परिषद–जनसंघ का आन्दोलन क्या था? डोगरा ज़मींदारों और धनी पण्डितों के हाथ से ज़मीन-जायदाद जो निकल रही थी, उसकी प्रतिक्रिया में वह आन्दोलन शुरू कराया। असली बात छुपाने के लिए उसका एक राजनीतिक स्वरूप (एक विधान, एक निशान, एक प्रधान) दिया गया। सन् 1927 से 47-48 के बीच कश्मीर में कई तरह के कुचक्र चलाये गये। यह सब इतिहास का विषय है।

प्रश्न : अन्तिम सवाल, 'राष्ट्रीय स्वयंसेवक संघ' और अमेरिका स्थित 'कश्मीर स्टडी ग्रुप' जैसे संगठन जम्मू-कश्मीर को तीन भागों में विभाजित करने की बात चला रहे हैं। इधर लद्दाख को केन्द्र शासित क्षेत्र बनाने का आन्दोलन चलाया जा रहा है। इनके प्रस्ताव पर आपकी क्या राय है?

उत्तर : यह सब साज़िश है, असली मुद्दों से ध्यान हटाने की।

घ. विशेष खण्ड

(अनुच्छेद 370 के अन्तर्गत जारी आदेशों की सूची)

भारत के संविधान के अनुच्छेद 370 के अन्तर्गत जारी आदेश (जम्मू और कश्मीर को लागू होना)।

1. संविधान (जम्मू और कश्मीर को लागू होना) आदेश, 1950 (स.आ. 10)
2. संविधान (जम्मू और कश्मीर को लागू होना) (संशोधन) आदेश, 1952 (स.आ.39)
3. संविधान (जम्मू और कश्मीर को लागू होना) दूसरा संशोधन आदेश, 1952 (स.आ.43)
4. संविधान (जम्मू और कश्मीर को लागू होना) आदेश, 1954 (स.आ.48)
5. संविधान (जम्मू और कश्मीर को लागू होना) संशोधन आदेश, 1956 (स.आ.51)
6. संविधान (जम्मू और कश्मीर) अनुसूचित जाति आदेश, 1956 (स.आ.52)
7. संविधान (जम्मू और कश्मीर को लागू होना) संशोधन आदेश, 1958 (स.आ.55)

8. संविधान (जम्मू और कश्मीर को लागू होना) दूसरा संशोधन आदेश, 1958 (स.आ.56)
9. संविधान (जम्मू और कश्मीर को लागू होना) संशोधन आदेश, 1959 (स.आ.57)
10. संविधान (जम्मू और कश्मीर को लागू होना) दूसरा संशोधन आदेश, 1959 (स.आ.59)
11. संविधान (जम्मू और कश्मीर को लागू होना) संशोधन आदेश, 1960 (स.आ..60)
12. संविधान (जम्मू और कश्मीर को लागू होना) दूसरा संशोधन आदेश, 1960 (स.आ.61)
13. संविधान (जम्मू और कश्मीर को लागू होना) संशोधन आदेश, 1961 (स.आ.62)
14. संविधान (जम्मू और कश्मीर को लागू होना) संशोधन आदेश, 1963 (स.आ.66)
15. संविधान (जम्मू और कश्मीर को लागू होना) संशोधन आदेश, 1964 (स.आ.69)
16. संविधान (जम्मू और कश्मीर को लागू होना) दूसरा संशोधन आदेश, 1964 (स.आ.70)
17. संविधान (जम्मू और कश्मीर को लागू होना) तीसरा संशोधन आदेश, 1964 (स.आ.71)
18. संविधान (जम्मू और कश्मीर को लागू होना) संशोधन आदेश, 1965 (स.आ.72)
19. संविधान (जम्मू और कश्मीर को लागू होना) दूसरा संशोधन आदेश, 1965 (स.आ.74)
20. संविधान (जम्मू और कश्मीर को लागू होना) संशोधन आदेश, 1966 (स.आ.75)
21. संविधान (जम्मू और कश्मीर को लागू होना) संशोधन आदेश, 1967 (स.आ.76)

22. संविधान (जम्मू और कश्मीर को लागू होना) दूसरा संशोधन आदेश, 1967 (स.आ.77)
23. संविधान (जम्मू और कश्मीर को लागू होना) तीसरा संशोधन आदेश, 1967 (स.आ..79)
24. संविधान (जम्मू और कश्मीर को लागू होना) संशोधन आदेश, 1967 (स.आ.80)
25. संविधान (जम्मू और कश्मीर को लागू होना) संशोधन आदेश, 1968 (स.आ.83)
26. संविधान (जम्मू और कश्मीर को लागू होना) संशोधन आदेश, 1969 (स.आ.85)
27. संविधान (जम्मू और कश्मीर को लागू होना) दूसरा संशोधन आदेश, 1969 (स.आ.86)
28. संविधान (जम्मू और कश्मीर को लागू होना) संशोधन आदेश, 1971 (स.आ.89)
29. संविधान (जम्मू और कश्मीर को लागू होना) दूसरा संशोधन आदेश, 1971 (स.आ.90)
30. संविधान (जम्मू और कश्मीर को लागू होना) तीसरा संशोधन आदेश, 1971 (स.आ.91)
31. संविधान (जम्मू और कश्मीर को लागू होना) संशोधन आदेश, 1972 (स.आ.92)
32. संविधान (जम्मू और कश्मीर को लागू होना) दूसरा संशोधन आदेश, 1972 (स.आ.93)
33. संविधान (जम्मू और कश्मीर को लागू होना) तीसरा संशोधन आदेश, 1972 (स.आ.94)
34. संविधान (जम्मू और कश्मीर को लागू होना) चौथा संशोधन आदेश, 1972 (स.आ.95)
35. संविधान (जम्मू और कश्मीर को लागू होना) संशोधन आदेश, 1974 (स.आ.97)

36. संविधान (जम्मू और कश्मीर को लागू होना) दूसरा संशोधन आदेश, 1974 (स.आ.98)
37. संविधान (जम्मू और कश्मीर को लागू होना) संशोधन आदेश, 1975 (स.आ. 100)
38. संविधान (जम्मू और कश्मीर को लागू होना) दूसरा संशोधन आदेश, 1975 (स.आ. 101)
39. संविधान (जम्मू और कश्मीर को लागू होना) संशोधन आदेश, 1976 (स.आ.103)
40. संविधान (जम्मू और कश्मीर को लागू होना) दूसरा संशोधन आदेश, 1976 (स.आ.104)
41. संविधान (जम्मू और कश्मीर को लागू होना) तीसरा संशोधन आदेश, 1976 (स.आ.105)
42. संविधान (जम्मू और कश्मीर को लागू होना) चौथा संशोधन आदेश, 1976 (स.आ.106)
43. संविधान (जम्मू और कश्मीर को लागू होना) संशोधन आदेश, 1977 (स.आ.108)
44. संविधान (जम्मू और कश्मीर को लागू होना) संशोधन आदेश, 1985 (स.आ.122)
45. संविधान (जम्मू और कश्मीर को लागू होना) दूसरा संशोधन आदेश, 1985 (स.आ.124)
46. संविधान (जम्मू और कश्मीर को लागू होना) संशोधन आदेश, 1986 (स.आ.129)
47. संविधान (जम्मू और कश्मीर को लागू होना) संशोधन आदेश, 1989 (स.आ.136)
48. संविधान (जम्मू और कश्मीर को लागू होना) दूसरा संशोधन आदेश, 1989 (स.आ.141)
49. संविधान (जम्मू और कश्मीर) अनुसूचित जाति आदेश, 1989 (स.आ. 142)

50. संविधान (जम्मू और कश्मीर को लागू होना) संशोधन आदेश, 1993 (स.आ.151)
51. संविधान (जम्मू और कश्मीर को लागू होना) संशोधन आदेश, 1994 (स.आ.154)
52. संविधान (जम्मू और कश्मीर को लागू होना) संशोधन आदेश, 1995 (स.आ.160)
53. संविधान (जम्मू और कश्मीर को लागू होना) संशोधन आदेश, 1996 (स.आ.162)
54. संविधान (जम्मू और कश्मीर को लागू होना) संशोधन आदेश, 2019 (स.आ.272)
55. संविधान (जम्मू और कश्मीर को लागू होना) संशोधन आदेश, 2019 (स.आ.273)

संविधान आदेश 10-संविधान (जम्मू और कश्मीर में लागू) आदेश, 1950 सीओ 10 (26 जनवरी, 1950)

1 संविधान (जम्मू और कश्मीर के लिए आवेदन) आदेश, 1950

भारत के संविधान के अनुच्छेद 370 के खण्ड (1) द्वारा प्रदत्त शक्तियों का प्रयोग करते हुए राष्ट्रपति जम्मू और कश्मीर राज्य की सरकार के परामर्श से निम्नलिखित आदेश देने की कृपा करते हैं, अर्थात् :

1. (1) इस आदेश को संविधान (जम्मू और कश्मीर पर लागू) आदेश कहा जा सकता है। 1950.

   (2) यह एक बार में लागू होगा।

2. संविधान के अनुच्छेद 370 के खण्ड (1) के उपखण्ड (बी) (i) के प्रयोजनों के लिए इस आदेश की पहली अनुसूची में निर्दिष्ट मामले, संघ सूची में मामले होने के कारण, एतद्द्वारा पत्राचार घोषित किया जाता है भारत के डोमिनियन में जम्मू और कश्मीर राज्य के परिग्रहण को नियन्त्रित करने वाले इंस्ट्रूमेंट ऑफ़ एक्सेशन में निर्दिष्ट मामलों के सम्बन्ध में डोमिनियन विधायिका उस राज्य के लिए क़ानून बना सकती है और

तद्नुसार उस राज्य के लिए क़ानून बनाने की संसद की शक्ति उक्त प्रथम अनुसूची में निर्दिष्ट मामलों तक सीमित होगी।

3. संविधान के अनुच्छेद 1 और अनुच्छेद 370 के प्रावधानों के अलावा संविधान के केवल अन्य प्रावधान जो जम्मू और कश्मीर राज्य के सम्बन्ध में लागू होंगे, वे ही इस आदेश की दूसरी अनुसूची में निर्दिष्ट होंगे, और इसलिए उक्त अनुसूची 2 में निर्दिष्ट अपवादों और संशोधनों के अधीन लागू होते हैं [और संशोधन के लिए कि उक्त प्रावधानों में राजप्रमुख के सभी सन्दर्भों को जम्मू और कश्मीर के सदर-ए-रियासत के सन्दर्भ के रूप में माना जायेगा]।

पहली अनुसूची

(पैराग्राफ़ 2 देखें)

[**टिप्पणी**—इस अनुसूची में प्रत्येक प्रविष्टि की संख्या संघ सूची में तद्नुरूपी प्रविष्टि की संख्या है।]

1. रक्षा की तैयारी सहित भारत और उसके प्रत्येक भाग की रक्षा।
2. नौसेना, सैन्य और वायु सेना और संघ के अन्य सशस्त्र बल।
3. छावनी क्षेत्रों का परिसीमन, ऐसे क्षेत्रों में स्थानीय स्वशासन, छावनी प्राधिकरणों के ऐसे क्षेत्रों के भीतर संविधान और शक्तियाँ और ऐसे क्षेत्रों में आवास (किराये के नियन्त्रण सहित) का विनियमन।
4. नौसेना, सैन्य और वायु सेना के कार्य।
5. हथियार, आग्नेयास्त्र, गोला-बारूद और विस्फोटक।
6. इसके उत्पादन के लिए आवश्यक रक्षा और खनिज संसाधनों के प्रयोजन के लिए परमाणु ऊर्जा।
9. रक्षा, विदेश मामलों या भारत की सुरक्षा से सम्बन्धित कारणों से निवारक निरोध।

10. विदेश मामले; सभी मामले जो संघ को किसी भी विदेशी देश के साथ सम्बन्ध में लाते हैं।

11. राजनयिक, काउंसिलर और व्यापार प्रतिनिधित्व। 12.संयुक्त राष्ट्र संगठन।

13. अन्तर्राष्ट्रीय सम्मेलनों, संघों और अन्य निकायों में भाग लेना और उनमें लिये गये निर्णयों को लागू करना।

14. विदेशों के साथ सन्धियों और समझौतों में प्रवेश करना और विदेशों के साथ सन्धियों, समझौतों और सम्मेलनों को लागू करना।

15. युद्ध और शान्ति।

16. विदेशी अधिकार क्षेत्र।

17. प्राकृतिककरण और एलियंस।

18. प्रत्यर्पण।

19. भारत में प्रवेश और उत्प्रवास और निष्कासन; पासपोर्ट और वीज़ा।

20. भारत के बाहर के स्थानों की तीर्थयात्रा।

21. समुद्र या हवा में समुद्री डकैती और अपराध, भूमि पर या ऊँचे समुद्रों या हवा में किये गये राष्ट्रों के क़ानून के ख़िलाफ़ अपराध।

22. रेलवे, लेकिन जम्मू और कश्मीर राज्य के स्वामित्व वाली किसी भी रेलवे के सम्बन्ध में, और या तो उस राज्य द्वारा संचालित या उसकी ओर से संचालित भारत सरकार द्वारा राज्य के साथ एक अनुबन्ध के अनुसार, उसके विनियमन तक सीमित सुरक्षा, अधिकतम और न्यूनतम दरों और किराए, स्टेशन और सेवा टर्मिनल शुल्क, यातायात के अन्तर-परिवर्तन और माल और यात्रियों के वाहक के रूप में रेलवे प्रशासन की ज़िम्मेदारी के सम्बन्ध में, और किसी भी रेलवे के सम्बन्ध में जो पूरी तरह से राज्य के भीतर स्थित है और भारत सरकार

के स्वामित्व वाली रेलवे के साथ संचार की एक सतत् लाइन नहीं बनाता है, चाहे वह एक ही गेज का हो या नहीं। सुरक्षा के सम्बन्ध में उसके विनियमन और माल और यात्रियों के वाहक के रूप में रेलवे प्रशासन की ज़िम्मेदारी तक सीमित है।

25. समुद्री नौवहन और नौवहन, ज्वारीय जल पर नौवहन और नौवहन सहित; व्यापारिक समुद्री के लिए शिक्षा और प्रशिक्षण का प्रावधान और राज्यों और अन्य एजेंसियों द्वारा प्रदान की जाने वाली ऐसी शिक्षा और प्रशिक्षण का विनियमन,
26. लाइटहाउस, जिसमें लाइटशिप, बीकन और नौवहन और विमान की सुरक्षा के लिए अन्य प्रावधान शामिल हैं।
27. संसद या मौजूदा क़ानून द्वारा बनाए गये क़ानून द्वारा या उसके तहत घोषित बन्दरगाह, उनके परिसीमन सहित, और उनमें बन्दरगाह प्राधिकरणों के गठन और शक्तियों सहित प्रमुख बन्दरगाह हैं।
28. पोर्ट क्वारंटाइन, जिसके अन्तर्गत इससे जुड़े अस्पताल भी हैं; नाविक और समुद्री अस्पताल।
29. वायुमार्ग ; विमान और हवाई नेविगेशन; हवाई अड्डों का प्रावधान; हवाई यातायात और हवाई अड्डों का विनियमन और संगठन; राज्यों और अन्य एजेंसियों द्वारा प्रदान की जाने वाली ऐसी शिक्षा और प्रशिक्षण के वैमानिकी शिक्षा और प्रशिक्षण और विनियमन के प्रावधान।
30. रेलवे, समुद्र या हवाई मार्ग से यात्रियों और माल की ढुलाई।
31. डाक और तार, टेलीफ़ोन, वायरलेस, प्रसारण और
74. संसद के प्रत्येक सदन और प्रत्येक सदन के सदस्यों और समितियों की शक्तियाँ, विशेषाधिकार और उन्मुक्तियाँ; संसद की समितियों या संसद द्वारा नियुक्त आयोगों के समक्ष साक्ष्य देने या दस्तावेज़ पेश करने के लिए व्यक्तियों की उपस्थिति को लागू करना।

75. संघ के मन्त्रियों के वेतन और भत्ते; नियंत्रक-महालेखापरीक्षक की अनुपस्थिति की छुट्टी और सेवा की अन्य शर्तों के सम्बन्ध में वेतन, भत्ते और अधिकार।

76. संघ के खातों की लेखापरीक्षा।

77. उच्चतम न्यायालय का गठन और संगठन और उसमें ली जाने वाली फ़ीस, उच्चतम न्यायालय के समक्ष वक़ालत करने के हक़दार व्यक्ति,

80. किसी राज्य से सम्बन्धित पुलिस बल के सदस्यों की शक्तियों और क्षेत्राधिकार का उस राज्य के बाहर के रेलवे क्षेत्रों में विस्तार।

93. उपरोक्त मामलों में से किसी के सम्बन्ध में क़ानूनों के विरुद्ध अपराध। 94. पूर्वोक्त मामलों में से किसी के प्रयोजन के लिए पूछताछ और आँकड़े।

95. उच्चतम न्यायालय को छोड़कर सभी न्यायालयों की अधिकारिता और शक्तियाँ, पूर्वोक्त मामलों में से किसी के सम्बन्ध में, लेकिन राज्य सरकार की सहमति के बिना, ऐसा नहीं है कि न्यायालयों के अलावा किसी अन्य न्यायालयों को कोई अधिकारिता या शक्तियाँ प्रदान की जाती हैं, राज्य में या उसके सम्बन्ध में अधिकारिता का प्रयोग करना; नौवाहन विभाग क्षेत्राधिकार,

96. पूर्वोक्त मामलों में से किसी के सम्बन्ध में फ़ीस, लेकिन किसी भी अदालत में ली गयी फ़ीस शामिल नहीं है।

दूसरी अनुसूची

(पैराग्राफ 3 देखें)

संविधान के प्रावधान लागू अपवाद संशोधन

भाग V अनुच्छेद 72(1) (सी), 72(3),

133, 134, 135, 136, 138,

145(1)(सी) और 151(2)। (1) अनुच्छेद 80 और 81 इस संशोधन के अधीन लागू होंगे कि राज्यों की परिषद और सदन में राज्य के प्रतिनिधि। लोगों को क्रमशः राज्य सरकार के परामर्श से राष्ट्रपति द्वारा चुना जायेगा,

3 (1ए) अनुच्छेद 54 और 55 संशोधनों के अधीन लागू होंगे- (ए) कि संसद के दोनों सदनों के निर्वाचित सदस्यों और संसद के किसी भी सदन के प्रत्येक निर्वाचित सदस्य के सन्दर्भ में क्रमशः शामिल माना जायेगा, उन सदनों में राज्य के प्रतिनिधियों और ऐसे प्रत्येक प्रतिनिधि के लिए एक सन्दर्भ,

(बी) कि राज्यों की विधान सभाओं के निर्वाचित सदस्यों और ऐसे प्रत्येक निर्वाचित सदस्य के सन्दर्भ में क्रमशः एक सन्दर्भ शामिल माना जायेगा। द. राज्य की संविधान सभा के सदस्य और ऐसे प्रत्येक सदस्य को, और

(ग) राज्य की जनसंख्या चौवालीस लाख दस हज़ार मानी जायेगी।

(2) अनुच्छेद 149 और 150 इस संशोधन के अधीन लागू होंगे कि राज्य के सन्दर्भ में जम्मू और कश्मीर राज्य को शामिल नहीं किया जायेगा। -

भाग XI अनुच्छेद 247 से 252, खण्ड

(3) और (4) अनुच्छेद 257 और अनुच्छेद 260, 262 और 263।

(1) अनुच्छेद का खण्ड (1)

246 पैराग्राफ़ के प्रावधानों के अधीन लागू होगा:

(2) इस आदेश का और खण्ड

अनुच्छेद 246 के (2) और (3) राज्य के सम्बन्ध में लागू नहीं होंगे।

(2) अनुच्छेद का खण्ड (1)

259, के अधीन लागू होगा

संशोधन के बाद, "जब तक संसद द्वारा क़ानून द्वारा अन्यथा प्रदान नहीं किया जाता है", शब्द "और इस तरह के क़ानून के लिए राज्य की सहमति प्राप्त की गयी है" शब्दों को सम्मिलित माना जायेगा।

भाग XII अनुच्छेद 264 और 265, खण्ड

(2) अनुच्छेद 267 का, लेख

268 से 281, अनुच्छेद 283 का खण्ड (2), अनुच्छेद 286 से 291, 293, 295, 296, और 297. भारत की।

(2) अनुच्छेद 282 और 284 केवल तभी तक लागू होंगे जब तक वे संघ या भारत के सार्वजनिक खाते से सम्बन्धित हैं। (3) अनुच्छेद 298, 299 और 300 केवल वहीं तक लागू होंगे जहाँ तक वे संघ या सरकार से सम्बन्धित हैं।

भाग XV अनुच्छेद 325 से 329 अनुच्छेद 324 केवल तभी तक लागू होगा जब तक वह संसद और राष्ट्रपति और उपराष्ट्रपति के कार्यालयों के चुनावों से सम्बन्धित है।

भाग XVI लेख, 332, 333 और 337 से 342. (1) अनुच्छेद 330 केवल तभी तक लागू होगा जब तक वह अनुसूचित जातियों के लिए आरक्षित सीटों से सम्बन्धित है।

(2) अनुच्छेद 334 केवल तभी तक लागू होगा जब तक वह लोक सभा से सम्बन्धित है।

(3) अनुच्छेद 335 केवल तभी तक लागू होगा जब तक वह संघ से सम्बन्धित है।

भाग XVII शून्य इस भाग के प्रावधान केवल तभी तक लागू होंगे जब तक वे संघ की राजभाषा और सर्वोच्च न्यायालय की कार्यवाही से सम्बन्धित हैं।

भाग XIX अनुच्छेद 362, 363 4 [और

अनुच्छेद 366 का 365 और खण्ड (21)] (1) अनुच्छेद 361 केवल तभी तक लागू होगा जब तक वह राष्ट्रपति से सम्बन्धित है।

(2) अनुच्छेद 364 केवल तभी तक लागू होगा जब तक वह संसद द्वारा बनाए गये क़ानूनों से सम्बन्धित है।

भाग XX शून्य अनुच्छेद 368 अतिरिक्त परन्तुक के अधीन लागू होगा :

"बशर्ते कि जम्मू और कश्मीर राज्य के सम्बन्ध में ऐसा कोई संशोधन तब तक प्रभावी नहीं होगा जब तक कि अनुच्छेद 370 के खण्ड (1) के तहत राष्ट्रपति के आदेश द्वारा लागू नहीं किया जाता है।"

भाग XXI अनुच्छेद 369, 371 और 373,

अनुच्छेद 374 का खण्ड (4),

अनुच्छेद 5 [376, 378 और

386] और खण्ड (2)

अनुच्छेद 388. (1) अनुच्छेद 37 के खण्ड (3) में "किसी भी ऐसे राज्य के मन्त्री" शब्दों के बाद, "जम्मू और कश्मीर राज्य के अलावा अन्य" शब्दों को अन्तःस्थापित माना जायेगा।

(2) अनुच्छेद 389 केवल तभी तक लागू होगा जब तक वह डोमिनियन विधानमण्डल में लम्बित विधेयकों से सम्बन्धित है।

(3) अनुच्छेद 390 केवल तभी तक लागू होगा जब तक वह समेकित से सम्बन्धित है

पैन XXII शून्य शून्य।

पहली अनुसूची शून्य शून्य।

दूसरी अनुसूची पैराग्राफ 6 शून्य।

भारत की निधि।

तीसरी अनुसूची फ़ॉर्म V, VI, VII और VIII शून्य।

चौथी अनुसूची शून्य शून्य।

आठवीं अनुसूची शून्य शून्य।

1. इस आदेश को सी.ओ. 48, इंफ्रा द्वारा अधिक्रमित किया गया था।
2. सीओ द्वारा जोड़ा गया 43. 3. सीओ द्वारा डाला गया। 39. 4. सीओ द्वारा डाला गया। 43.
5. सीओ द्वारा प्रतिस्थापित 43, "376 और 378" के लिए।

विधायी विभाग

अधिसूचना, नयी दिल्ली (15 नवम्बर, 1952)

स.का.नि.1903.- राष्ट्रपति द्वारा दिया गया निम्नलिखित आदेश सामान्य जानकारी के लिए प्रकाशित किया जाता है :

स.आ. 43

संविधान (जम्मू और कश्मीर के लिए लागू होना) दूसरा संशोधन आदेश, 1952

भारत के संविधान के अनुच्छेद 370 के खण्ड (1) द्वारा प्रदत्त शक्तियों का प्रयोग करते हुए राष्ट्रपति जम्मू और कश्मीर राज्य की सरकार के परामर्श से निम्नलिखित आदेश देते हैं :

1. (1) इस आदेश को संविधान (जम्मू-कश्मीर पर लागू) द्वितीय संशोधन आदेश, 1952 कहा जा सकता है।

   (2) यह 17 नवंबर, 1952 को लागू होगा।
2. संविधान (जम्मू और कश्मीर के लिए आवेदन) आदेश, 1950 (इसके बाद "मुख्य आदेश" के रूप में सन्दर्भित) के पैराग्राफ़ 3 के अन्त में, "और संशोधन के लिए" कि उक्त में सभी सन्दर्भों को जोड़ा जायेगा। राजप्रमुख के प्रावधानों का निर्माण जम्मू और कश्मीर के सदर-ए-रियासत के सन्दर्भ में किया जायेगा।

3. मूल आदेश की दूसरी अनुसूची में,-

(ए) भाग XIX से सम्बन्धित दूसरे कॉलम में प्रविष्टि में, अंक "365" के बाद शब्द, कोष्ठक और अंक "और अनुच्छेद 366 का खण्ड (21)" डाला जायेगा; तथा

(बी) भाग XXI से सम्बन्धित दूसरे कॉलम में अंक और शब्द "376 और 378" के स्थान पर अंक और शब्द "376, 378 और 386" प्रतिस्थापित किया जायेगा।

[न. एफ.23(6)/32-सी]

एस.आर.ओ. 1904.—राष्ट्रपति द्वारा की गयी निम्नलिखित घोषणा को सामान्य जानकारी के लिए अधिसूचित किया जाता है :

स.आ. 44

संविधान के अनुच्छेद 370 (3) के तहत घोषणा

भारत के संविधान के अनुच्छेद 370 के खण्ड (3) द्वारा प्रदत्त शक्तियों का प्रयोग करते हुए राष्ट्रपति जम्मू और कश्मीर राज्य की संविधान सभा की सिफारिश पर यह घोषणा करते हुए प्रसन्न होते हैं कि, 17वें दिन से नवम्बर, 1952 का उक्त अनुच्छेद 370 इस संशोधन के साथ लागू होगा कि उसके खण्ड (1) में "स्पष्टीकरण" के स्थान पर निम्नलिखित स्पष्टीकरण रखा गया है, अर्थात्:-

"स्पष्टीकरण।-इस अनुच्छेद के प्रयोजनों के लिए राज्यों की सरकार का अर्थ उस व्यक्ति से है, जिसे राष्ट्रपति द्वारा राज्य की विधान सभा की सिफ़ारिश पर जम्मू-कश्मीर के सदर-ए-रियासत के रूप में कार्य करने वाले के रूप में मान्यता दी गयी है। राज्य की मन्त्रिपरिषद की सलाह पर जो उस समय पद पर है"

[न.एफ.23(6)/52-सी]

राजेन्द्र प्रसाद

अध्यक्ष

के.वी.के. सुन्दरम,

सचिव

संविधान[1] (जम्मू-कश्मीर को लागू होना) आदेश,1954 सं.आ. 48

राष्ट्रपति, संविधान के अनुच्छेद 370 के खण्ड (1) द्वारा प्रदत्त शक्तियों का प्रयोग करते हुए जम्मू-कश्मीर राज्य की सरकार की सहमति से निम्नलिखित आदेश करते हैं :

1. (1) इस आदेश का संक्षिप्त नाम संविधान (जम्मू-कश्मीर को लागू होना) आदेश, 1954 है।

(2) यह 14 मई, 1954 को प्रवृत्त होगा और ऐसा होने पर संविधान (जम्मू-कश्मीर को लागू होना) आदेश, 1950 को अधिक्रान्त देगा।

2. [2][संविधान के अनुच्छेद 1 तथा अनुच्छेद 370 के अतिरिक्त उसके 20 जून, 1964 को यथा प्रवृत्त और संविधान (उन्नीसवाँ संशोधन) अधिनियम, 1966 संविधान (इक्कीसवाँ संशोधन) अधिनियम, 1967, संविधान (तेइसवाँ संशोधन) अधिनियम

---

1 विधि मन्त्रालय की अधिसूचना सं.का.नि.आ. 1610, तारीख़ 14 मई, 1954 भारत का राजपत्र, असाधारण, भाग 2, धारा 3, पृष्ठ 821 में प्रकाशित।

2 प्रारम्भ में आने वाले शब्द संविधान आदेश 56, संविधान आदेश 74, संविधान आदेश 76, संविधान आदेश 79, संविधान आदेश 89, संविधान आदेश 91, संविधान आदेश 94, संविधान आदेश 98, संविधान आदेश 103, संविधान आदेश 104, संविधान आदेश 105, संविधान आदेश 108, संविधान आदेश 136 और तत्पश्चात् संविधान आदेश 141 द्वारा संशोधित होकर उपरोक्त रूप में आये।

1969 की धारा 5, संविधान (चौबीसवाँ संशोधन) अधिनियम, 1971, संविधान (पच्चीसवाँ संशोधन) अधिनयम 1971 की धारा 2, संविधान (छब्बीसवाँ संशोधन) अधिनियम, 1971 संविधान (तीसवाँ संशोधन) अधिनयम 1972, संविधान (इकतीसवाँ संशोधन) अधिनियम, 1973 की धारा 2, संविधान (तैंतीसवाँ संशोधन) अधिनयम, 1974 की धारा 2, संविधान (अड़तीसवाँ संशोधन) अधिनियम, 1975 की धारा 2,5,6 और 7, संविधान (उनतालीसवाँ संशोधन) अधिनियम, 1975, संविधान (चालीसवाँ संशोधन) अधिनियम, 1976, संविधान (बावनवाँ संशोधन) अधिनियम, 1985 की धारा 2,3,और 6 और संविधान (इकसठवाँ संशोधन) अधिनियम, 1988 द्वारा यथासंशोधित, जो उपबन्ध जम्मू-कश्मीर राज्य के सम्बन्ध में लागू होने और वे अपवाद और उपांतरण जिनके अधीन वे इस प्रकार लागू होंगे, निम्नलिखित होंगे :-

(1) उद्देशिका

(2) भाग 1

अनुच्छेद 3 में निम्नलिखित और परन्तुक जोड़ा जायेगा अर्थात:-
"परन्तु यह और जम्मू-कश्मीर राज्य के क्षेत्र को बढ़ाने या घटाने या उस राज्य के नाम या उसकी सीमा में परिवर्तन करने का उपबन्ध करने वाला कोई विधेयक उस राज्य के विधान-मण्डल की सहमति के बिना संसद में पुन:स्थापित नहीं किया जायेगा।"

(3) भाग 2

(क) यह भाग जम्मू-कश्मीर राज्य के सम्बन्ध में 26 जनवरी, 1950 से लागू समझा जायेगा।

(ख) अनुच्छेद 7 में निम्नलिखित और परन्तुक जोड़ा जायेगा, अर्थात:
"परन्तु यह और कि इस अनुच्छेद की कोई बात जम्मू-कश्मीर राज्य के ऐसे स्थायी निवासी को लागू नहीं होगी जो ऐसे राज्य

क्षेत्र को जो इस समय पाकिस्तान के अन्तर्गत है, प्रव्रजन करने के पश्चात् उस राज्य के क्षेत्र को ऐसी अनुज्ञा के अधीन लौट आया है जो उस राज्य में पुनर्वास के लिए या स्थायी रूप से लौटने के लिए उस राज्य के विधान-मण्डल द्वारा बनायी गयी किसी विधि के प्राधिकार द्वारा या उसके अधीन दी गयी है, तथा ऐसा प्रत्येक व्यक्ति भारत का नागरिक समझा जायेगा।"

(4) भाग 3

(क) अनुच्छेद 13 में, संविधान के प्रारम्भ के प्रति निर्देशों का यह अर्थ लगाया जायेगा कि वे इस आदेश के प्रारम्भ के प्रति निर्देश है।

[1] * * * * *

(ग) अनुच्छेद 16 के खण्ड (3) में, राज्य के प्रति निर्देश का यह अर्थ लगाया जायेगा कि उसके अन्तर्गत जम्मू-कश्मीर राज्य के प्रति निर्देश नहीं है।

(घ) अनुच्छेद 19 में, इस आदेश के प्रारम्भ से [2][[3][पच्चीस]वर्ष] की अवधि के लिए,—

(i) खण्ड (3) और (4) में, "अधिकार के प्रयोग पर" शब्दों के पश्चात् "राज्य की सुरक्षा या" शब्द अन्त:स्थापित किये जायेंगे;

(ii) खण्ड (5) में, "या किसी अनुसूचित जनजाति के हितों के संरक्षण के लिए" शब्दों के स्थान पर "अथवा राज्य की सुरक्षा के हितों के ; लिए" शब्द रखे जायेंगे; और

(iii) निम्नलिखित नया खण्ड जोड़ा जायेगा, अर्थात :-

'(7) खण्ड (2), (3), (4) और (5) में आने वाले "युक्तियुक्त निर्बन्धन" शब्दों का यह अर्थ लगाया जायेगा कि वे निर्बन्धन ऐसे हैं जिन्हें समुचित विधान-मण्डल युक्तियुक्त समझता है।'

---

1 संविधान आदेश 124 द्वारा (4-2-1985 से) खण्ड (ख) का लोप किया गया।

2 संविधान आदेश 69 द्वारा "दस वर्ष" के स्थान पर प्रतिस्थापित।

3 संविधान आदेश 97 द्वारा "बीस" के स्थान पर प्रतिस्थापित।

(ड) अनुच्छेद 22 के खण्ड (4) में "संसद" शब्द के स्थान पर "राज्य विधान-मण्डल" शब्द रखे जायेंगे और खण्ड (7) में "संसद विधि द्वारा विहित कर सकेगी" शब्दों के स्थान पर "राज्य विधान-मण्डल विधि द्वारा विहित कर सकेगा" शब्द रखे जायेंगे।

(च) अनुच्छेद 31 में, खण्ड (3), (4) और (6) का लोप किया जायेगा और खण्ड (5) के स्थान पर निम्नलिखित खण्ड रखा जायेगा अर्थात :-

"(5) खण्ड (2) की कोई बात—

(क) किसी वर्तमान विधि के उपबन्धों पर अथवा

(ख) किसी ऐसी विधि के उपबन्धों पर, जिसे राज्य इसके पश्चात् –

(i) किसी कर या शास्ति के अधिरोपण या उद्ग्रहण के प्रयोजन के लिए अथवा

(ii) सार्वजनिक स्वास्थ्य की अभिवृद्धि या प्राण या संपंत्ति के संकट-निवारण के लिए अथवा

(iii) ऐसी सम्पत्ति की बाबत, जो विधि द्वारा निष्क्रान्त सम्पत्ति घोषित की गयी है, बनाए, कोई प्रभाव नहीं डालेगी।

(छ) अनुच्छेद 31क में खण्ड(1) के परन्तुक का लोप किया जायेगा; और खण्ड (2) के उपखण्ड (क) के स्थान पर निम्नलिखित उपखण्ड रखा जायेगा अर्थात :-

(क) "सम्पदा" से ऐसी भूमि अभिप्रेत होगी जो कृषि के प्रयोजनों के लिए या कृषि के सहायक प्रयोजनों के लिए या चरागाह के लिए अधिभोग में है या पट्टे पर दी गयी है और इसके अन्तर्गत निम्नलिखित भी हैं अर्थात :-

(i) ऐसी भूमि पर भवनों के स्थल और अन्य संरचनाएँ;

(ii) ऐसी भूमि पर खड़े वृक्ष;

(iii) वन भूमि और वन्य बंजर भूमि;

(iv) जल से ढके क्षेत्र और जल पर तैरते हुए खेत;

(v) जन्दर और घराट स्थल;

(vi) कोई जागीर, इनाम, मुआफ़ी या मुक़र्ररी या इसी प्रकार का अन्य अनुदान,

किन्तु इसके अन्तर्गत निम्नलिखित नहीं हैं :-

(i) किसी नगर या नगरक्षेत्र या ग्राम आबादी में कोई भवन-स्थल या किसी ऐसे भवन या स्थल से अनुलग्न कोई भूमि;

(ii) कोई भूमि जो किसी नगर या ग्राम के स्थल के रूप में अधिभोग में है या

(iii) किसी नगरपालिका या अधिसूचित क्षेत्र या छावनी या नगरक्षेत्र में या किसी क्षेत्र में, जिसके लिए कोई नगर योजना स्कीम मंजूर की गयी है, भवन निर्माण के प्रयोजनों के लिए आरक्षित कोई भूमि।

[1][(ज) अनुच्छेद 32 में, खण्ड (3) का लोप किया जायेगा।]

(झ) अनुच्छेद 35 में–

(i) संविधान के प्रारम्भ के प्रति निर्देशों का यह अर्थ लगाया जायेगा कि वे इस आदेश के प्रारम्भ के प्रति निर्देश हैं;

(ii) खण्ड(क) (i) में, "अनुच्छेद 16 के खण्ड (3), अनुच्छेद 32 के खण्ड 93)" शब्दों, कोष्ठकों और अंकों का लोप किया जायेगा और

(iii) खण्ड (ख) के पश्चात् निम्नलिखित खण्ड जोड़ा जायेगा अर्थात:

"(ग) संविधान (जम्मू-कश्मीर को लागू होना) आदेश, 1954 के प्रारम्भ के पूर्व या पश्चात्, निवारक निरोध की बाबत जम्मू-कश्मीर राज्य के विधान-मण्डल द्वारा बनायी गयी कोई विधि इस आधार पर शून्य नहीं होगी कि वह इस भाग के उपबन्धों में से किसी असंगत है, किन्तु ऐसी कोई विधि उक्त आदेश के

1 संविधान आदेश 89 द्वारा खण्ड (ज) के स्थान पर प्रतिस्थापित।

प्रारम्भ से [1][[2][पच्चीस]वर्ष] के अवसान पर, ऐसी असंगति की मात्रा तक, उन बातों के सिवाय प्रभावहीन हो जायेगी जिन्हें उनके अवसान के पूर्व किया गया है या करने का लोप किया गया है।"

(ञ) अनुच्छेद 35 के पश्चात् निम्नलिखित नया अनुच्छेद जोड़ा जायेगा अर्थात;

"35 क. **स्थायी निवासियों और उनके अधिकारों की बाबत विधियों की व्यावृत्ति**–इस संविधान में अन्तर्विष्ट किसी बात के होते हुए भी, जम्मू-कश्मीर राज्य में प्रवृत्त ऐसी कोई विद्यमान विधि और इसके पश्चात् राज्य के विधान-मण्डल द्वारा आदि नियमित ऐसी कोई विधि–

(क) जो उन व्यक्तियों के वर्गों को परिभाषित करती है जो जम्मू-कश्मीर राज्य के स्थायी निवासी हैं या होंगे या

(ख) जो–

(i) राज्य सरकार के अधीन नियोजन;

(ii) राज्य में स्थावर सम्पत्ति के अर्जन;

(iii) राज्य में बस जाने; या

(iv) छात्रवृत्तियों के या ऐसी अन्य प्रकार की सहायता के जो राज्य सरकार प्रदान करे, अधिकार,

की बाबत ऐसे स्थायी निवासियों को कोई विशेष अधिकार और विशेषाधिकार प्रदत्त करती है या अन्य व्यक्तियों पर कोई निर्बंधन अधिरोपित करती है, इस आधार पर शून्य नहीं होगी कि वह इस भाग के किसी उपबन्ध द्वारा भारत के अन्य नागरिकों को प्रदत्त किन्हीं अधिकारों से असंगत है या उनको छीनती या न्यून करती है।

---

1 संविधान आदेश 69 द्वारा "दस वर्ष" के स्थान पर प्रतिस्थापित।

2 संविधान आदेश 97 द्वारा "बीस" के स्थान पर प्रतिस्थापित।

(5) भाग 5

[1][(क) अनुच्छेद 55 के प्रयोजनों के लिए जम्मू-कश्मीर राज्य की जनसंख्या तिरसठ लाख समझी जायेगी;

(ख) अनुच्छेद 81 में, खण्ड (2) और (3) के स्थान पर निम्नलिखित खण्ड रखे जायेंगे, अर्थात :-

"(2) खण्ड (1) के उपखण्ड (क) के प्रयोजनों के लिए,—

(क) लोक सभा में राज्य को छह स्थान आबँटित किये जायेंगे ;

(ख) परिसीमन अधिनियम, 1972 के अधीन गठित परिसीमन आयोग द्वारा राज्य को ऐसी प्रक्रिया के अनुसार, जो आयोग उचित समझे, एक सदस्यीय प्रादेशिक निर्वाचन क्षेत्रों में विभाजित किया जायेगा ;

(ग) निर्वाचन क्षेत्र में, यथासाध्य, भौगोलिक रूप से संहत क्षेत्र होंगे और उनका परिसीमन करते समय प्राकृतिक विशेषताओं, प्रशासनिक इकाइयों की विद्यमान सीमाओं, संचार की सुविधाओं और लोक सुविधा को ध्यान में रखा जायेगा;

(घ) उन निर्वाचन-क्षेत्रों में, जिनमें राज्य विभाजित किया जाये, पाकिस्तान अधिकृत क्षेत्र समाविष्ट नहीं होंगे।

(3) खण्ड (2) की कोई बात लोक सभा में राज्य के प्रतिनिधित्व पर तब तक प्रभाव नहीं डालेगी जब तक परिसीमन अधिनियम, 1972 के अधीन संसदीय निर्वहन क्षेत्रों के परिसीमन से सम्बन्धित परिसीमन आयोग के अन्तिम आदेश या आदेशों के भारत के राजपत्र में प्रकाशन की तारीख़ को विद्यमान सदन का विघटन न हो जाये।

(4) (क) परिसीमन आयोग राज्य की बाबत अपने कर्तव्यों में अपनी सहायता करने के प्रयोजन के लिए अपने साथ पाँच व्यक्तियों को सहयोजित करेगा, जो राज्य का प्रतिनिधित्व करने वाले लोक सभा के सदस्य होंगे।

---

1 संविधान आदेश 98 द्वारा खण्ड (क) और खण्ड (ख) के स्थान पर प्रतिस्थापित।

(ख) राज्य से इस प्रकार सहयोजित किये जाने वाले व्यक्ति सदन की संरचना का सम्यक् ध्यान रखते हुए लोकसभा के अध्यक्ष द्वारा नाम निर्दिष्ट किये जायेंगे।

(ग) उपखण्ड (ख) के अधीन किये जाने वाले प्रथम नाम निर्देशन लोकसभा के अध्यक्ष द्वारा संविधान (जम्मू-कश्मीर को लागू होना) दूसरा संशोधन आदेश, 1974 के प्रारम्भ से दो मास के भीतर किये जायेंगे।

(घ) किसी भी सहयोजित सदस्य को परिसीमन आयोग के किसी विनिश्चय पर मत देने या हस्ताक्षर करने का अधिकार नहीं होगा।

(ङ) यदि मृत्यु या पदत्याग के कारण किसी सहयोजित सदस्य का पद रिक्त हो जाता है तो उसे लोकसभा के अध्यक्ष द्वारा और उपखण्ड (क) और (ख) के उपबन्धों के अनुसार यथाशक्य शीघ्र भरा जायेगा।

[1][(ग) अनुच्छेद 133 में खण्ड (1) के पश्चात् निम्नलिखित खण्ड अन्त:स्थापित किया जायेगा,

अर्थात :-

'(1क) संविधान (तीसवाँ संशोधन) अधिनियम, 1972 की धारा 3 के उपबन्ध जम्मू-कश्मीर राज्य के सम्बन्ध में इस उपांतरण के अधीन लागू होंगे कि उसमें "इस अधिनियम", "यह अधिनियम पारित नहीं किया गया हो" और "इस अधिनियम द्वारा यथा संशोधित उस खण्ड के उपबन्धों की" के प्रति निर्देशों का यह अर्थ लगाया जायेगा कि वे क्रमश: "संविधान (जम्मू-कश्मीर को लागू होना) दूसरा संशोधन आदेश, 1974", "उक्त आदेश ले प्रारम्भ", "उक्त आदेश पारित नहीं किया गया हो" और "उक्त खण्ड के उपबन्धों, जैसे कि वे उक्त आदेश के प्रारम्भ के पश्चात् हों" के प्रति निर्देश हैं']।

[2][(घ)] अनुच्छेद 134 के खण्ड (2) में "संसद" शब्द के पश्चात् "राज्य के विधान-मण्डल के अनुरोध पर" शब्द अन्त:स्थापित किये जायेंगे।

---

1 संविधान आदेश 98 द्वारा अन्त:स्थापित ।

2 संविधान आदेश 98 द्वारा खण्ड (ग) और खण्ड (घ) को खण्ड (घ) और खण्ड (ङ) के रूप में पुन:अक्षरांकित किया गया।

[1][(ङ)] अनुच्छेद 135 **** और 139 का लोप किया जायेगा।

[2] * * * * * * *

[3][(5क) भाग 6

[4][(क) अनुच्छेद 153 से 217 तक, अनुच्छेद 219, अनुच्छेद 221, अनुच्छेद 223, 224, 224 क और 225 तथा अनुच्छेद 227 से 237 तक का लोप किया जायेगा।]

(ख) अनुच्छेद 220 में संविधान के प्रारम्भ के प्रति निर्देशों का यह अर्थ लगाया जायेगा कि वे संविधान (जम्मू-कश्मीर को लागू होना) संशोधन आदेश, 1960 के प्रति निर्देश हैं।

[5][(ग) अनुच्छेद 222 में खण्ड (1) के पश्चात् निम्नलिखित नया खण्ड अन्त:स्थापित किया जायेगा अर्थात :

"(1क) प्रत्येक ऐसा अन्तरण जो जम्मू-कश्मीर के उच्च न्यायालय से अथवा उस उच्च न्यायालय को हो, राज्यपाल के परामर्श के पश्चात् किया जायेगा।"]]

(6) भाग 11

[6][(क) अनुच्छेद 246 के खण्ड (1) में आने वाले "खण्ड (2) और खण्ड (3)" शब्दों, कोष्ठकों और अंकों के स्थान पर "खण्ड (2)" शब्द, कोष्ठक और अंक रखे जायेंगे और खण्ड (2) में आने वाले "खण्ड (3) में किसी बात के होते हुए भी" शब्दों, कोष्ठकों और अंक का तथा सम्पूर्ण खण्ड (3) और खण्ड (4) का लोप किया जायेगा।]

[7][[8][(ख) अनुच्छेद 248 के स्थान पर निम्नलिखित अनुच्छेद रखा जायेगा, अर्थात :

---

1 संविधान आदेश 60 द्वारा अंक "136" का लोप किया गया।

2 संविधान आदेश 56 द्वारा खण्ड (च) और खण्ड (छ) का लोप किया गया।

3 संविधान आदेश 60 द्वारा (26-1-1960 से) अन्त:स्थापित।

4 संविधान आदेश 98 द्वारा खण्ड (क) के स्थान पर प्रतिस्थापित।

5 संविधान आदेश 74 द्वारा (24-11-1965 से) खण्ड (ग) के स्थान पर प्रतिस्थापित

6 संविधान आदेश 66 द्वारा खण्ड (क) के स्थान पर प्रतिस्थापित ।

7 संविधान आदेश 85 द्वारा खण्ड (ख) और खण्ड(खख), मूल खण्ड (ख) के स्थान पर प्रतिस्थापित

8 संविधान आदेश 93 द्वारा खण्ड (ख) के स्थान पर प्रतिस्थापित ।

"248. अवशिष्ट विधायी शक्तियाँ संसद को, —

[1][(क) विधि द्वारा स्थापित सरकार को आतंकित करने या जनता या जनता के किसी अनुभाग में आतंक उत्पन्न करने या जनता के किसी अनुभाग को पृथक् करने या जनता के विभिन्न अनुभागों के बीच समरसता पर प्रतिकूल प्रभाव डालने वाले आतंकवादी कार्यों को अन्तर्वलित करने वाले क्रियाकलाप को रोकने के सम्बन्ध में:]

[2][(कक) भारत की प्रभुता तथा प्रादेशिक अखण्डता को अनअंगीकृत, प्रश्नगत या विच्छिन्न करने अथवा भारत राज्यक्षेत्र के किसी भाग का अध्यर्पण कराने अथवा भारत राज्यक्षेत्र के किसी भाग को संघ से विलग कराने वाले अथवा भारत के राष्ट्रीय ध्वज, भारतीय राष्ट्रगान और इस संविधान का अपमान करने वाले [3][अन्य क्रियाकलाप को रोकने] के सम्बन्ध में ; और

(ख) (i) समुद्र या वायु द्वारा विदेश यात्रा पर ;

(ii) अन्तर्देशीय विमान यात्रा पर;

(iii) मनीऑर्डर, फ़ोन, तार और तार को सम्मिलित करते हुए, डाक वस्तुओं पर,

कर लगाने के सम्बन्ध में,

विधि बनाने की अनन्य शक्ति है।।]

[4][स्पष्टीकरण–इस अनुच्छेद में, "आतंकवादी कार्य" से बमों, डायनामाइट या अन्य विस्फोटक पदार्थों या ज्वलनशील पदार्थों या अग्न्ययुधों या अन्य प्राणहर आयुधों या विषों का या अपायकर गैसों या अन्य रसायनों या परिसंकटमय प्रकृति के किन्हीं पाँच पदार्थों का (चाहे वे जैव हों या अन्य) उपयोग करके किया गया कोई कार्य या बात अभिप्रेत है।]

---

1 संविधान आदेश 122 द्वारा अन्त:स्थापित।

2 संविधान आदेश 122 द्वारा खण्ड(क) को खण्ड (कक) के रूप में पुन:अक्षरांकित किया गया।

3 संविधान आदेश 122 द्वारा "क्रियाकलापों को रोकने" के स्थान पर प्रतिस्थापित।

4 संविधान आदेश 122 द्वारा अन्त:स्थापित।

[1][(खख) अनुच्छेद 249 के खण्ड (1) में, "राज्य सूची में प्रगणित ऐसे विषय के सम्बन्ध में, जो उस संकल्प में विनिर्दिष्ट है," शब्दों के स्थान पर "उस संकल्प में विनिर्दिष्ट ऐसे विषय के सम्बन्ध में, संघ सूची या समवर्ती सूची में प्रगणित विषय नहीं हैं", शब्द रखे जायेंगे।]

(ग) अनुच्छेद 250 में, "राज्य-सूची में प्रगणित किसी भी विषय के सम्बन्ध में" शब्दों के स्थान पर "संघ-सूची में प्रगणित न किये गये विषयों के सम्बन्ध में भी" शब्द रखे जायेंगे।

[2]* * * * * * *

(घ) अनुच्छेद 253 में निम्नलिखित परन्तुक जोड़ा जायेगा अर्थात :

"परन्तु संविधान (जम्मू-कश्मीर को लागू होना) आदेश, 1954 के प्रारम्भ के पश्चात्, जम्मू-कश्मीर राज्य के सम्बन्ध में व्यवस्था के प्रभावित करने वाला कोई विनिश्चय भारत सरकार द्वारा उस राज्य की सरकार की सहमति से ही किया जायेगा"।।

[3]* * * * * * *

[4][(च)] अनुच्छेद 255 का लोप किया जायेगा।

[4][(छ)] अनुच्छेद 256 को उसके खण्ड (1) के रूप में पुन:संख्यांकित किया जायेगा और उसमें निम्नलिखित नया खण्ड जोड़ा जायेगा, अर्थात:-

"(2) जम्मू-कश्मीर राज्य अपनी कार्यपालिका शक्ति का इस प्रकार प्रयोग करेगा जिससे उस राज्य में संविधान के अधीन संघ के कर्तव्यों और उत्तरदायित्वों का संघ द्वारा निर्वहन सुगम हो और विशिष्टतया उक्त राज्य यदि संघ वैसी अपेक्षा करे, संघ की ओर से और उसके व्यय पर सम्पत्ति का अर्जन या अधिग्रहण करेगा अथवा यदि सम्पत्ति उस राज्य की हो तो ऐसे

1 संविधान आदेश 129 द्वारा खण्ड (खख) के स्थान पर प्रतिस्थापित।

2 संविधान आदेश 129 द्वारा खण्ड (9घ) का लोप किया गया।

3 संविधान आदेश 66 द्वारा खण्ड (च) का लोप किया गया।

4 संविधान आदेश 66 द्वारा खण्ड (छ) और खण्ड (ज) को खण्ड (च) और खण्ड (छ) के रूप में पुन:अक्षरांकित किया गया।

निबन्धनों पर, जो करार पाये जाये या करार के अभाव में जो भारत के मुख्य न्यायमूर्ति द्वारा नियुक्त मध्यस्थ द्वारा अवधारित किये जायें, उसे संघ को अन्तरित करेगा"।

[1]* * * * * * *

[2][(ज) अनुच्छेद 261 के खण्ड (2) में "संसद द्वारा बनायी गयी" शब्दों का लोप किया जायेगा।]

(7) भाग 12

[3]* * * * * * *

[4][(क)] अनुच्छेद 267 के खण्ड (2), अनुच्छेद 273, अनुच्छेद 283 के खण्ड (2) 5[और अनुच्छेद 290] का लोप किया गया।

[4][(ख)] अनुच्छेद 266,282,284,298,299 और 300 में राज्य या राज्यों के प्रति निर्देशों का यह अर्थ लगाया जायेगा कि उनके अन्तर्गत जम्मू-कश्मीर राज्य के प्रति निर्देश नहीं हैं।

[4][(ग)] अनुच्छेद 277 और 295 में, संविधान के प्रारम्भ के प्रति निर्देशों का यह अर्थ लगाया जायेगा कि वे इस आदेश के प्रारम्भ के प्रति निर्देश हैं।

(8) भाग 13

[5]*** अनुच्छेद 303 के खण्ड (1) में, "सातवीं अनुसूची की सूचियों में से किसी में व्यापार और वाणिज्य सम्बन्धी किसी प्रविष्टि के आधार पर", शब्दों का लोप किया जायेगा।

[6]* * * * * * *

---

1 संविधान आदेश 56 द्वारा खण्ड (झ) का लोप किया गया।

2 संविधान आदेश 56 द्वारा खण्ड (ञ) को खण्ड (झ) के रूप में पुन:अक्षरांकित किया गया और तत्पश्चात् संविधान आदेश 66 द्वारा उसे खण्ड (ज) के रूप में पुन:अक्षरांकित किया गया।

3 संविधान आदेश 55 द्वारा अन्त:स्थापित खण्ड(क) और खण्ड(ख) का संविधान आदेश 56 द्वारा लोप किया गया।

4 संविधान आदेश 55 द्वारा खण्ड (क), खण्ड (ख) और खण्ड (ग) को क्रमश: खण्ड (ग), खण्ड (घ) और खण्ड (ङ) के रूप में पुन:अक्षरांकित किया गया और तत्पश्चात् संविधान आदेश 56 द्वारा उन्हे क्रमश: खण्ड (क), खण्ड (ख) और खण्ड (ग) के रूप में पुन:अक्षरांकित किया गया।

5 संविधान आदेश 94 द्वारा "अनुच्छेद 290 और अनुच्छेद 291" के स्थान पर प्रतिस्थापित।

6 संविधान आदेश 56 द्वारा कोष्ठक और अक्षर "(क)" तथा "(ख)" का लोप किया गया।

(9) भाग 14

[1][अनुच्छेद 312 में, "राज्यों के" शब्दों के पश्चात् "(जिसके अन्तर्गत जम्मू-कश्मीर राज्य भी है)" कोष्ठक और शब्द अन्त:स्थापित किये जायेंगे।]

[2][(10) भाग 15

(क) अनुच्छेद 324 के खण्ड(1) में, जम्मू-कश्मीर के विधान-मण्डल के दोनों सदनों में से किसी सदन के निर्वाचनों के बारे में संविधान के प्रति निर्देश का यह अर्थ लगाया जायेगा कि वह जम्मू-कश्मीर के संविधान के प्रति निर्देश है।

[3][(ख) अनुच्छेद 325,326,327 और 329 में राज्य के प्रति निर्देश का यह अर्थ लगाया जायेगा कि उसके अन्तर्गत जम्मू-कश्मीर के प्रति निर्देश नहीं है।

(ग) अनुच्छेद 328 का लोप किया जायेगा।

(घ) अनुच्छेद 329 में, "या अनुच्छेद 328" शब्दों और अंकों का लोप किया जायेगा।]

[4][(ङ) अनुच्छेद 329(क) में, खण्ड (4) और (5) का लोप किया जायेगा।]

(11) भाग 16

5* * * * * * *

[6][(क)] अनुच्छेद 331, 332, 333,4[336 और 337] का लोप किया जायेगा।

---

1 संविधान आदेश 56 द्वारा पूर्ववर्ती उपांतरण के स्थान पर प्रतिस्थापित।

2 संविधान आदेश 60 द्वारा (26-1-1960 से) उपपैरा (10) के स्थान पर प्रतिस्थापित।

3 संविधान आदेश 75 द्वारा खण्ड (ख) और खण्ड (ग) के स्थान पर प्रतिस्थापित।

4 संविधान आदेश 105 द्वारा अन्त:स्थापित

5 संविधान आदेश 124 द्वारा खण्ड (क) का लोप किया गया।

6 संविधान आदेश 124 द्वारा खण्ड (घ) और खण्ड (ग) को खण्ड (क) और खण्ड(ख) के रूप में पुन:अक्षरांकित किया गया।

[1][(ख)] अनुच्छेद 334 और 335 में राज्य या राज्यों के प्रति निर्देशों का यह अर्थ लगाया जायेगा कि उनके अन्तर्गत जम्मू-कश्मीर राज्य के प्रति निर्देश नहीं है।

[2][(ग) अनुच्छेद 339 के खण्ड (1) में "राज्यों के अनुसूचित क्षेत्रों के प्रशासन और अनुसूचित जनजातियों" शब्दों के स्थान पर "राज्यों की अनुसूचित जनजातियों" शब्द रखे जायेंगे।]

(12) भाग 17

इस भाग के उपबन्ध केवल वहीं लागू होंगे जहाँ तक वे —

(i) संघ की राजभाषा,

(ii) एक राज्य और दूसरे राज्य के बीच अथवा किसी राज्य और संघ के बीच पत्रादि की राजभाषा और

(iii) उच्चतम न्यायालय में कार्यवाहियों की भाषा,

से सम्बन्धित है।

(13) भाग 18

(क) अनुच्छेद 352 में निम्नलिखित नया खण्ड जोड़ा जायेगा अर्थात:

"[3][(6)] केवल आन्तरिक अशान्ति या उसका संकट सन्निकट होने के आधार पर की गयी आपात की उद्घोषणा (अनुच्छेद 354 की बाबत लागू होने के सिवाय) जम्मू-कश्मीर राज्य के सम्बन्ध में तभी लागू होगी [4][जब वह—

(क) उस राज्य की सरकार के अनुरोध पर या उसकी सहमति से की गयी है; या

(ख) जहाँ वह इस प्रकार नहीं की गयी है वहाँ वह राज्य की सरकार के अनुरोध पर या उसकी सहमति से राष्ट्रपति द्वारा बाद में लागू की गयी है।]"।

---

1 संविधान आदेश 124 द्वारा खण्ड "336, 337, 339 और 342" के स्थान पर प्रतिस्थापित।

2 संविधान आदेश 124 द्वारा अन्त:स्थापित।

3 संविधान आदेश 104 द्वारा "(4)" के स्थान पर प्रतिस्थापित।

4 संविधान आदेश 100 द्वारा कुछ शब्दों के स्थान पर प्रतिस्थापित।

[1][(ख) अनुच्छेद 356 के खण्ड (1) में इस संविधान के उपबन्धों या उपबन्ध के प्रति निर्देशों का जम्मू-कश्मीर राज्य के सम्बन्ध में यह अर्थ लगाया जायेगा कि उनके अन्तर्गत जम्मू-कश्मीर के संविधान के उपबन्धों या उपबन्ध के प्रति निर्देश है:

[2][(खख) अनुच्छेद 356 के खण्ड (4) में दूसरे परन्तुक के पश्चात् निम्नलिखित परन्तुक अन्त:स्थापित किया जायेगा अर्थात :

'परन्तु यह भी कि जम्मू-कश्मीर राज्य के बारे में 18 जुलाई, 1990 को खण्ड(1) के अधीन जारी की गयी उद्घोषणा के मामले में इस खण्ड के पहले परन्तुक में "तीन बर्ष" के प्रति निर्देश का यह अर्थ लगाया जायेगा कि वह [3]["सात वर्ष"] के प्रति निर्देश है]']।

(ग) अनुच्छेद 360 का लोप किया जायेगा।]

(14) भाग 19

[4]* * * * * * *

[5][(क) [अनुच्छेद 365] का लोप किया जायेगा।

[6]* * * * * * *

[7][(ख)] अनुच्छेद 367 में निम्नलिखित खण्ड जोड़ा जायेगा अर्थात:

"(4) इस संविधान के, जैसा कि वह जम्मू-कश्मीर राज्य के सम्बन्ध में लागू होता है, प्रयोजनों के लिए,

(क) इस संविधान या उसके उपबन्धों के प्रति निर्देशों का यह अर्थ लगाया जायेगा कि वे उक्त राज्य के सम्बन्ध में लागू संविधान के या उसके उपबन्धों के प्रति निर्देश भी है।

---

1 संविधान आदेश 71 द्वारा खण्ड (ख) के स्थान पर प्रतिस्थापित।

2 संविधान आदेश 151 द्वारा जोड़ा गया।

3 संविधान आदेश 154 द्वारा "चार वर्ष" के स्थान पर पुन:संविधान आदेश 160 द्वारा "पाँच वर्ष" के स्थान पर पुन:संविधान आदेश 162 द्वारा (6-7-1966 से) "छह वर्ष" के स्थान पर प्रतिस्थापित।

4 संविधान आदेश 74 द्वारा खण्ड (क) का लोप किया गया।

5 संविधान आदेश 74 द्वारा खण्ड (ख) और खण्ड (ग) को खण्ड (क) और खण्ड (ख) के रूप में पुन:अक्षरांकित किया गया।

6 संविधान आदेश 94 द्वारा "अनुच्छेद 362 और अनुच्छेद 365" के स्थान पर प्रतिस्थापित।

7 संविधान आदेश 56 द्वारा मूल खण्ड (ग) का लोप किया गया।

[1][(कक) राज्य की विधान सभा की सिफ़ारिश पर राष्ट्रपति द्वारा जम्मू-कश्मीर के सदरे-रियासत के रूप में तत्समय मान्यता प्राप्त तथा तत्समय पदस्थ राज्य मन्त्री-परिषद की सलाह पर कार्य करने वाले व्यक्ति के प्रति निर्देशों का यह अर्थ लगाया जायेगा कि वे जम्मू-कश्मीर के राज्यपाल के प्रति निर्देश हैं।

(ख) उस राज्य की सरकार के प्रति निर्देशों का यह अर्थ लगाया जायेगा कि उनके अन्तर्गत अपनी मन्त्री-परिषद की सलाह पर कार्य कर रहे जम्मू-कश्मीर के राज्यपाल के प्रति निर्देश हैं:

परन्तु 10 अप्रैल, 1965 से पूर्व की किसी अवधि की बाबत ऐसे निर्देशों का यह अर्थ लगाया जायेगा कि उनके अन्तर्गत अपनी मन्त्री-परिषद की सलाह से कार्य कर रहे सदरे-रियासत के प्रति निर्देश हैं;]

(ग) उच्च न्यायालय के प्रति निर्देशों के अन्तर्गत जम्मू-कश्मीर राज्य के उच्च न्यायालय के प्रति निर्देश हैं;

[2]* * * * * *

[3][(घ)] उक्त राज्य के स्थायी निवासियों के प्रति निर्देशों का यह अर्थ लगाया जायेगा कि उनसे ऐसे व्यक्ति अभिप्रेत हैं, जिन्हें राज्य में प्रवृत्त विधियों के अधीन राज्य की प्रजा के रूप में, संविधान (जम्मू-कश्मीर को लागू होना) आदेश, 1954 के प्रारम्भ से पूर्व, मान्यता प्राप्त थी या जिन्हें राज्य के विधान-मण्डल द्वारा बनायी गयी किसी विधि द्वारा राज्य के स्थायी निवासियों के रूप में मान्यता प्राप्त है; और

[4][(ङ) राज्यपाल के प्रति निर्देशों के अन्तर्गत जम्मू-कश्मीर के राज्यपाल के प्रति निर्देश हैं:

---

1 संविधान आदेश 74 द्वारा खण्ड (ख) के स्थान पर प्रतिस्थापित।

2 संविधान आदेश 56 द्वारा खण्ड (घ) का लोप किया गया।

3 संविधान आदेश 74 द्वारा खण्ड (ङ) को खण्ड (घ) के रूप में पुन:अक्षरांकित किया गया।

4 संविधान सभा 74 द्वारा खण्ड (ङ) के स्थान पर प्रतिस्थापित ।

परन्तु 10 अप्रैल, 1965 से पूर्व की किसी अवधि की बाबत ऐसे निर्देशों का यह अर्थ लगाया जायेगा कि वे राष्ट्रपति द्वारा जम्मू-कश्मीर के सदरे-रियासत के रूप में मान्यता प्राप्त व्यक्ति के प्रति निर्देश हैं और उनके अन्तर्गत राष्ट्रपति द्वारा सदरे-रियासत की शक्तियों का प्रयोग करने के लिए सक्षम व्यक्ति के रूप में मान्यता प्राप्त किसी व्यक्ति के प्रति निर्देश भी हैं।]"]

(15) भाग 20

[1][(क) [2][अनुच्छेद 368 के खण्ड (2) में] निम्नलिखित परन्तुक जोड़ा जायेगा अर्थात:--

"परन्तु यह और कि कोई संशोधन जम्मू-कश्मीर राज्य के सम्बन्ध में तभी प्रभावी होगा जब वह अनुच्छेद 370 के खण्ड (1) के अधीन राष्ट्रपति के आदेश द्वारा लागू किया गया हो"।

[3][(ख)] अनुच्छेद 368 के खण्ड (3) के पश्चात् निम्नलिखित खण्ड जोड़ा जायेगा, अर्थात :--

"(4) जम्मू-कश्मीर संविधान के ---

(क) राज्यपाल की नियुक्ति, शक्तियों, कृत्यों, कर्तव्यों, उपलब्धियों, भत्तों, विशेषाधिकारों या उन्मुक्तियों ; या

(ख) भारत के निर्वाचन आयोग द्वारा निर्वाचनों के अधीक्षण, निदेशन और नियन्त्रण, विभेद के बिना निर्वाचन नामावलि में सम्मिलित किये जाने की पात्रता, वयस्क मताधिकार और विधान परिषद के गठन, जो जम्मू-कश्मीर संविधान की धारा 138, 139, 140 और 50 में विनिर्दिष्ट विषय हैं, से सम्बन्धित किसी उपबन्ध में या उसके प्रभाव में कोई परिवर्तन करने के लिए जम्मू-कश्मीर राज्य के विधान-मण्डल द्वारा बनायी गयी किसी विधि का कोई प्रभाव तभी होगा जब ऐसी विधि राष्ट्रपति के विचार के लिए आरक्षित रखने के पश्चात्, उनकी अनुमति प्राप्त कर लेती है"।

---

1 संविधान सभा 101 द्वारा खण्ड (क) के रूप में संख्यांकित।

2 संविधान आदेश 91 द्वारा "अनुच्छेद 368 में" के स्थान पर प्रतिस्थापित।

3 संविधान आदेश 101 द्वारा अन्त:स्थापित।

(16) भाग 21

(क) अनुच्छेद 369, 371, [1][371क,] [2][372क,] 373, अनुच्छेद 374 के खण्ड (1), (2), (3) और (5) और [3][अनुच्छेद 376 से 378क तक का और अनुच्छेद 392] का लोप किया जायेगा।

(ख) अनुच्छेद 372 में, ----

(i) खण्ड (2) और (3) का लोप किया जायेगा ;

(ii) भारत के राज्यक्षेत्र में प्रवृत्त विधि के प्रति निर्देशों के अन्तर्गत जम्मू-कश्मीर राज्य के राज्यक्षेत्र में विधि का बल रखने वाली हिदायतों, ऐलानों, इश्तिहारों, परिपत्रों, रोबकारों, इरशादों, याददाश्तों, राज्य परिषद के संकल्पों, संविधान सभा के संकल्पों और अन्य लिखतों के प्रति निर्देश भी होंगे ; और

(iii) संविधान के प्रारम्भ के प्रति निर्देश का यह अर्थ लगाया जायेगा कि वे इस आदेश के प्रारम्भ के प्रति निर्देश है।

(ग) अनुच्छेद 374 के खण्ड (4) में राज्य में प्रिवी कौंसिल के रूप में कार्यरत प्राधिकारी के प्रति निर्देश का यह अर्थ लगाया जायेगा कि वह जम्मू-कश्मीर संविधान अधिनियम, संवत 1996 के अधीन गठित सलाहकार बोर्ड के प्रति निर्देश है और संविधान के प्रारम्भ के प्रति निर्देशों का यह अर्थ लगाया जायेगा कि वे इस आदेश के प्रारम्भ के प्रति निर्देश हैं।

(17) भाग 22

अनुच्छेद 394 और 395 का लोप किया जायेगा।

(18) पहली अनुसूची

1 संविधान आदेश 74 द्वारा अन्त:स्थापित।

2 संविधान आदेश 56 द्वारा अन्त:स्थापित।

3 संविधान आदेश 56 द्वारा "अनुच्छेद 376 से अनुच्छेद 392 तक" के स्थान पर प्रतिस्थापित।

(19) दूसरी अनुसूची

[1]* * * * * * *

(20) तीसरी अनुसूची

प्ररूप 5, 6, 7 और 8 का लोप किया जायेगा।

(21) चौथी अनुसूची

[2][(22) सातवीं अनुसूची

(क) संघ-सूची में, ---

(i) प्रविष्टि 3 के स्थान पर "3. छावनियों का प्रशासन" प्रविष्टि रखी जायेगी;

[3][(ii) प्रविष्टि 8, 9, [4][और 34], [5]*** प्रविष्टि 79 और प्रविष्टि 81 में, "अन्तरराज्यीय प्रवजन" शब्दों का लोप किया जायेगा;]

[6]* * * * * * *

[7][(iii) प्रविष्टि 72 में, ---

(क) किसी ऐसी निर्वाचन याचिका में जिसके द्वारा उस राज्य के विधान-मण्डल के दोनों सदनों में से किसी सदन के लिए निर्वाचन प्रश्नगत है, जम्मू-कश्मीर राज्य के उच्च न्यायालय द्वारा किये गये किसी विनिश्चय या आदेश के विरुद्ध उच्चतम न्यायालय को अपीलों के सम्बन्ध में राज्यों के प्रति निर्देशों का यह अर्थ लगाया जायेगा कि उसके अन्तर्गत जम्मू-कश्मीर राज्य के प्रति निर्देश हैं ;

---

1 संविधान आदेश 56 द्वारा पैरा 6 से सम्बन्धित उपांतरण का लोप किया गया।

2 संविधान आदेश 66 द्वारा उपपैरा 922) के स्थान पर प्रतिस्थापित।

3 संविधान आदेश 85 द्वारा मद (ii) के स्थान पर प्रतिस्थापित।

4 संविधान आदेश 92 द्वारा "34 और 60" के स्थान पर प्रतिस्थापित।

5 संविधान आदेश 95 द्वारा 'प्रविष्टि 67 में "और अभिलेख" शब्दों' शब्दों और अंकों का लोप किया गया।

6 संविधान आदेश 74 द्वारा मूल मद (iii) का लोप किया गया।

7 संविधान आदेश 83 द्वारा मद (iii) के स्थान पर प्रतिस्थापित।

(ख) अन्य मामलों के सम्बन्ध में राज्यों के प्रति निर्देशों का यह अर्थ लगाया जायेगा कि उसके अन्तर्गत उस राज्य के प्रति निर्देश नहीं हैं; [1][और]]

[2][(iv) प्रविष्टि 97 के स्थान पर निम्नलिखित प्रविष्टि रखी जायेगी अर्थात :

[3][97. (क) विधि द्वारा स्थापित सरकार को आतंकित करने या लोगों या लोगो के किसी अनुभाग में आतंक उत्पन्न करने या लोगों के किसी अनुभाग को पृथक् करने या लोगों के विभिन्न अनुभागों के बीच समरसता पर प्रतिकूल प्रभाव डालने वाले आतंकवादी कार्यों को अन्तवर्लीत करने वाले,

(ख) भारत की प्रभुता तथा प्रादेशिक अखण्डता को अनअंगीकृत , प्रश्नगत या विच्छिन्न करने अथवा भारत राज्यक्षेत्र के किसी भाग का अध्यर्पण कराने अथवा भारत राज्यक्षेत्र के भाग को संघ से विलग कराने अथवा भारत के राष्ट्रीय ध्वज, भारतीय राष्ट्र-गान और इस संविधान का अपमान करने वाले क्रियाकलाप को रोकना,

समुद्र या वायु द्वारा विदेश यात्रा, अन्तर्देशीय विमान यात्रा और डाक वस्तुयाओं पर जिनके अन्तर्गत मनीऑर्डर, फोनतार और तार हैं, कर।

स्पष्टीकरण --- इस प्रविष्टि में, "आतंकवादी कार्य" का वही अर्थ है जो अनुच्छेद 248 के स्पष्टीकरण में है ।]]

(ख) राज्य सूची का लोप किया जायेगा।

[4][(ग) समवर्ती सूची में, ---

[5][(i) प्रविष्टि 1 के स्थान पर निम्नलिखित प्रविष्टि रखी जायेगी, अर्थात :

---

1 संविधान आदेश 85 द्वारा अन्त:स्थापित।

2 संविधान आदेश 93 द्वारा मद (iv) के स्थान पर प्रतिस्थापित।

3 संविधान आदेश 122 द्वारा (4-6-4985 से) प्रविष्टि 97 के स्थान पर प्रतिस्थापित।

4 संविधान आदेश 69 द्वारा खण्ड (ग) के स्थान पर प्रतिस्थापित।

5 संविधान आदेश 70 द्वारा मद (i) के स्थान पर प्रतिस्थापित।

"1. दण्ड विधि, (जिसके अन्तर्गत सूची 1 में विनिर्दिष्ट विषयों में से किसी विषय से सम्बन्धित विधियों के विरुद्ध अपराध और सिविल शक्ति की सहायता के लिए नौसेना, वायु सेना संघ के किन्हीं अन्य सशस्त्र बलों के प्रयोग नहीं है) जहाँ तक ऐसी दण्ड विधि इस अनुसूची में विनिर्दिष्ट विषयों में से किसी विषय में से किसी विषय में से किसी विषय से सम्बन्धित विधि के विरुद्ध अपराधों से सम्बन्धित है"।]

[1][[2][(iक)प्रविष्टि 2 के स्थान पर निम्नलिखित प्रविष्टि रखी जायेगी, अर्थात :---

"2. दण्ड प्रक्रिया (जिसके अन्तर्गत अपराधों को रोकना तथा दण्ड न्यायालयों का, जिनके अन्तर्गत उच्चतम नयायालय और उच्च न्यायालय नहीं हैं, गठन और संगठन है) जहाँ तक उसका सम्बन्ध ---

(i) किन्हीं ऐसे विषयों से, जो ऐसे विषय हैं, जिनके सम्बन्ध में संसद को विधियाँ बनाने की शक्ति है, सम्बन्धित विधियों के विरुद्ध अपराधों से है; और

(ii) किसी विदेश से राजनयिक और कौंसिलीय अधिकारियों द्वारा शपथ दिलाए जाने तथा शपथपत्र लिए जाने से है" ।

(i ख) प्रविष्टि 12 के स्थान पर, निम्नलिखित प्रविष्टि रखी जायेगी, अर्थात :---

"12. साक्ष्य तथा शपथ, जहाँ तक उनका सम्बन्ध ----

(i) किसी विदेश में राजनयिक और कौंसिलीय अधिकारियों द्वारा शपथ दिलाए जाने तथा शपथ-पत्र लिए जाने से है; और

[3]["97. गतिविधियों की रोकथाम---

(ii) किन्हीं ऐसे अन्य विषयों से है, जो ऐसे विषय हैं, जिनके सम्बन्ध में संसद को विधियाँ बनाने की शक्ति है"।]

---

1 संविधान आदेश 94 द्वारा अन्त:स्थापित।

2 संविधान आदेश 122 द्वारा द्वारा उपखण्ड (iक) और उपखण्ड (iख) के स्थान पर प्रतिस्थापित।

3 संविधान आदेश 122 द्वारा (4-6-4985 से) प्रविष्टि 97 के स्थान पर प्रतिस्थापित।

(iग) प्रविष्टि 13 के स्थान पर "13. सिविल प्रक्रिया, जहाँ तक उसका सबन्ध किसी विदेश में राजनयिक तथा कौंसिलीय अधिकारियों द्वारा शपथ दिलाए जाने तथा शपथ-पत्र लिए जाने से हैं" प्रविष्टि रखी जायेगी ;]

[1]* * * * * * *

[2][3(ii) प्रविष्टि 30 के स्थान पर "30. जन्म-मरण सांख्यिकी, जहाँ तक उसका सम्बन्ध जन्म तथा मृत्यु से है, जिसके अन्तर्गत जन्म और मृत्यु पंजीकरण है" प्रविष्टि रखी जायेगी ;]

[4]* * * * * * *

[5][(iii) प्रविष्टि 3, प्रविष्टि 5 से 10 तक (जिसमें ये दोनों सम्मिलित हैं), प्रविष्टि 14, 15, 17, 20, 27, 28, 29, 31, 32, 37, 38, 41 तथा 44 का लोप किया जायेगा;

(iii क) प्रविष्टि 42 के स्थान पर "42. सम्पत्ति का अर्जन और अधिग्रहण, जहाँ तक उसका सम्बन्ध सूची 1 की प्रविष्टि 67 या सूची 3 की प्रविष्टि 40 के अन्तर्गत आने वाली सम्पत्ति के या किसी ऐसी मानवीय कलाकृति के, जिसका कलात्मक या सौन्दर्यात्मक मूल्य है, अर्जन से है" प्रविष्टि रखी जायेगी ; और]

[6][(iv) प्रविष्टि 45 में, "सूची 2 या सूची 3" के स्थान पर "इस सूची" शब्द रखे जायेंगे।]

(23) आठवीं अनुसूची

[7][(24) नवीं अनुसूची

1 संविधान आदेश 74 द्वारा मद (ii) और (iii) का लोप किया गया।

2 संविधान आदेश 70 द्वारा अन्त:स्थापित।

3 संविधान आदेश 74 द्वरा मद (iv) को मद (ii) के रूप में पुन:संख्यांकित किया गया।

4 संविधान आदेश 72 द्वारा मद (v) और (vi) का लोप किया गया।

5 संविधान आदेश 95 द्वारा मद (iii) के स्थान पर प्रतिस्थापित।

6 संविधान आदेश 74 द्वारा मद (vii) को मद (iv) के रूप में पुन:संख्यांकित किया गया।

7 संविधान आदेश 74 द्वारा उपपैरा (24) के स्थान पर प्रतिस्थापित।

[1][(क)] प्रविष्टि 64 के पश्चात्, निम्नलिखित प्रविष्टियाँ जोड़ी जायेंगी अर्थात :---

[2][64क] जम्मू-कश्मीर राज्य कुठ अधिनियम (संवत् 1978 का सं.1);

[2][64ख] जम्मू-कश्मीर अभिधृति अधिनियम (संवत् 1980 का सं.2);

[2][64ग] जम्मू-कश्मीर भूमि अन्य संक्रमण अधिनियम (संवत् 1995 का सं.5);

[3]* * * * * * *

[4][64घ] जम्मू-कश्मीर बृहत् भू-सम्पदा उत्सादन अधिनियम (संवत् 2007 का सं.17);

[4][64ङ] जागीरों और भू-राजस्व के अन्य समनुदेशनों आदि के पुनर्ग्रहण के बारे में 1951 का आदेश स. 6-एच, तारीख़ 10 मार्च, 1951;

(ii) कोई अन्य मामला, जिसके सम्बन्ध में संसद को क़ानून बनाने की शक्ति है।

[5][64च] जम्मू-कश्मीर बन्धक सम्पत्ति की वापसी अधिनियम, 1976 (1976 का अधिनियम 14);

64 छ. जम्मू-कश्मीर ऋणी राहत अधिनियम, 1976 (1976 का अधिनियम 15)।]

[6][(ख) संविधान (उनतालीसवाँ संशोधन) अधिनियम, 1975 द्वारा अन्त:स्थापित प्रविष्टि 87 से 124 तक को क्रमश: प्रविष्टि 65 से 102 के रूप में पुन:संख्यांकित किया जायेगा।]

[7][(ग) प्रविष्टि 125 से 188 तक को क्रमश: प्रविष्टि 103 से 166 के रूप में पुन:संख्यांकित किया जायेगा।]

---

1 संविधान आदेश 105 द्वारा संख्यांकित।

2 संविधान आदेश 98 द्वारा पुन:संख्यांकित।

3 संविधान आदेश 106 द्वारा ल्पों किया गया।

4 संविधान आदेश 1106 द्वारा पुन:संख्यांकित।

5 संविधान आदेश 106 द्वारा अन्त:स्थापित।

6 संविधान आदेश 105 द्वारा अन्त:स्थापित।

7 संविधान आदेश 108 द्वारा (31-12-1977 से) अन्त:स्थापित।

[1][(25) दसवीं अनुसूची**

(क) "[अनुच्छेद 102(2) और अनुच्छेद 191 (2)]" शब्दों, कोष्ठकों और अंको के स्थान पर, "[अनुच्छेद 102(2)]" कोष्ठक, शब्द और अंक रखे जायेंगे;

(ख) पैरा 1 के खण्ड (क) में, "या किसी राज्य की, यथास्थिति, विधानसभा या विधान-मण्डल का कोई सदन" शब्दों का लोप किया जायेगा;

(ग) पैरा 2 में,--

(i) उपपैरा 1 में, स्पष्टीकरण के खण्ड (ख) के उपखण्ड (ii) में, "यथास्थिति, अनुच्छेद 99 या अनुच्छेद 188" शब्दों और अंकों के स्थान पर, "अनुच्छेद 99" शब्द और अंक रखे जायेंगे ;

(ii) उपपैरा (3) में, "यथास्थिति, अनुच्छेद 99 या अनुच्छेद 188" शब्दों और अंकों के स्थान पर "अनुच्छेद 99" शब्द और अंक रखे जायेंगे;

(iii) उपपैरा (4) में, संविधान (बावनवाँ संशोधन) अधिनियम, 1985 के प्रारम्भ के प्रति निर्देश का यह अर्थ लगाया जायेगा कि वह संविधान (जम्मू-कश्मीर को लागू होना) संशोधन आदेश, 1989 के प्रारम्भ के प्रति निर्देश है;

(घ) पैरा 5 में, "अथवा किसी राज्य की विधान परिषद के सभापति या उप सभापति अथवा किसी राज्य की विधान सभा के अध्यक्ष या उपाध्यक्ष" शब्दों का लोप किया जायेगा;

(ङ) पैरा 6 के उपपैरा (2) में, "यथास्थिति, अनुच्छेद 122 के अर्थ में संसद की कार्यवाहियाँ हैं या अनुच्छेद 212 के अर्थ में राज्य के विधान-मण्डल की कार्यवाहियाँ हैं" शब्दों और अंकों के स्थान पर "अनुच्छेद 122 के अर्थ में संसद की कार्यवाहियाँ हैं" शब्द और अंक रखे जायेंगे;

(च) पैरा 8 के उपपैरा (3) में, "यथास्थिति, अनुच्छेद 105 या अनुच्छेद 194" शब्दों और अंकों के स्थान पर "अनुच्छेद 105" शब्द और अंक रखे जायेंगे।]

---

1 संविधान आदेश 136 द्वारा अन्त: स्थापित।

संविधान (जम्मू और कश्मीर को लागू) दूसरा संशोधन आदेश, 1965

स.आ.-74

संविधान के अनुच्छेद 370 के खण्ड (1) द्वारा प्रदत्त शक्तियों का प्रयोग करते हुए, राष्ट्रपति, जम्मू और कश्मीर राज्य की सरकार की सहमति से निम्नलिखित आदेश देते हैं: -

1. (1) इस आदेश को संविधान (जम्मू और कश्मीर पर लागू) दूसरा संशोधन आदेश 1965 कहा जा सकता है।

(2) यह एक बार में लागू होगा।

2. संविधान (जम्मू और कश्मीर पर लागू) आदेश, 19541 के पैरा 2 में,-

(1) प्रारम्भिक भाग में, शब्द, अंक और अक्षर "जैसा कि जून, 1964 के 20वें दिन को लागू है" प्रतिस्थापित किया जायेगा;

(2) (2) उप-पैरा (5ए) (भाग VI से सम्बन्धित) में, खण्ड (ग) के लिए निम्नलिखित खण्ड प्रतिस्थापित किया जायेगा, अर्थात्: -

(ग) अनुच्छेद 222 में, खण्ड (1) के बाद, निम्नलिखित नया खण्ड (ग), निम्नलिखित नया खण्ड डाला जायेगा अर्थात्: -

"(1ए) जम्मू और कश्मीर के उच्च न्यायालय या उस उच्च न्यायालय से प्रत्येक ऐसा स्थानांतरण राज्यपाल के परामर्श के बाद किया जायेगा।"

(3) उप-अनुच्छेद (14) में (भाग XIX से सम्बन्धित),

(क) खण्ड (क) छोड़ा जायेगा;

(ख) खण्ड (ख) और (ग) को क्रमश: खण्ड (क) और (ख) के रूप में फिर से लिखा जायेगा;

(ग) खण्ड (ख) में जैसा कि फिर से लिखा गया है, अनुच्छेद 367 के खण्ड (4) में-

(i) उपखण्ड (ख) के स्थान पर निम्नलिखित उपखण्ड रखे जायेंगे अर्थात्:-

"(एए) राज्य की विधान सभा की सिफारिश पर राष्ट्रपति द्वारा जम्मू-कश्मीर के सदर-ए-रियासत के रूप में मान्यता प्राप्त व्यक्ति के सन्दर्भ में, राज्य के मन्त्रिपरिषद की सलाह पर कार्रवाई कुछ समय के लिए कार्यालय में, जम्मू और कश्मीर के राज्यपाल के सन्दर्भ के रूप में माना जायेगा;

(ख) उक्त राज्य की सरकार के सन्दर्भ में जम्मू और कश्मीर के राज्यपाल के सन्दर्भों को शामिल किया जायेगा जो उनकी मन्त्रिपरिषद की सलाह पर कार्य कर रहे हैं:

बशर्ते कि 10 अप्रैल, 1965 से पहले की किसी भी अवधि के सम्बन्ध में, ऐसे सन्दर्भों को उनकी मन्त्रिपरिषद की सलाह पर सक्रिय सदर-ए-रियासत के सन्दर्भ सहित माना जायेगा;";

(ii) उपखण्ड (ङ) के स्थान पर निम्नलिखित उपखण्ड रखा जायेगा, अर्थात्:-

"(ङ) राज्यपाल के सन्दर्भ में जम्मू और कश्मीर के राज्यपाल के सन्दर्भ शामिल होंगे:

बशर्ते कि 10 अप्रैल, 1965 से पहले की किसी भी अवधि के सम्बन्ध में, ऐसे सन्दर्भों को राष्ट्रपति द्वारा जम्मू-कश्मीर के सदर-ए-रियासत के रूप में मान्यता प्राप्त व्यक्ति के सन्दर्भ में और मान्यता प्राप्त किसी भी व्यक्ति के सन्दर्भ के रूप में माना जायेगा। राष्ट्रपति द्वारा सदर-ए-रियासत की शक्तियों का प्रयोग करने के लिए सक्षम होने के नाते";

(4) उप-अनुच्छेद (16) (पैरा XXI से सम्बन्धित) खण्ड (अ) में, अंक "371" के बाद, अंक और अक्षर "371ए" डाला जायेगा;

(5) उप-पैरा (22) (सातवीं अनुसूची से सम्बन्धित) में,

(i) खण्ड (ए) में,

(क) विषय (ii) में, शब्द "और" अन्त में जोड़ा जायेगा;

(ख) विषय (iii) छोड़ा जायेगा;

(ग) विषय (iv) को विषय (iii) के रूप में फिर से क्रमांकित किया जायेगा;

(ii) खण्ड (ग) में,-

(क) विषय (ii) और (iii) छोड़ा जायेगा;

(ख) विषय (iv), (v) और (vi) को क्रमश: विषय (ii), (iii) और (iv) के रूप में फिर से क्रमांकित किया जायेगा,

(ग) मद में (iii) इस प्रकार पुन: क्रमांकित,

(अ) शब्द के रूप में, अंक और कोष्ठक "प्रविष्टियाँ 12 से 23 (दोनों सम्मिलित)" शब्द, अंक और कोष्ठक "प्रविष्टियाँ 12 से 21 (दोनों सम्मिलित)" को प्रतिस्थापित किया जायेगा;

(ब) अंक "36, छोड़े जायेंगे;

(6) उप-अनुच्छेद (24) (नौवीं अनुसूची से सम्बन्धित) के स्थान पर, निम्नलिखित उप-अनुच्छेद को प्रतिस्थापित किया जायेगा, अर्थात् -

1(24) नौवीं अनुसूची

प्रविष्टि 64 के बाद, निम्नलिखित प्रविष्टियाँ जोड़ी जायेंगी, अर्थात्:-

"65. जम्मू और कश्मीर राज्य कुथ अधिनियम (संवत् 1978 की संख्या 1)

66. जम्मू और कश्मीर उत्पत्ति अधिनियम (संवत् 1980 की संख्या II),

67. जम्मू और कश्मीर ऐट नेशन ऑफ़ लैंड एक्ट1 (सं. V की संवत् 1995)

68. जम्मू और कश्मी्र में गिरवी रखी सम्पत्ति अधिनियम (सं. XVI की संवत् 2006)

69. जम्मू और कश्मीर व्यथित देनदार राहत अधिनियम (संवत् 2006 की संख्या XVII)

70. जम्मू और कश्मीर बड़ी भूमि सम्पदा उन्मूलन अधिनियम (संख्या XVII की संवत् 2007)

71. जागीरों की बहाली और भू-राजस्व के अन्य कार्यों आदि के सम्बन्ध में 1951 का आदेश संख्या 6-एच, दिनांक 10 मार्च, 1951।

विधि, न्याय और कम्पनी कार्य मन्त्रालय
(विधायी विभाग)
अधिसूचना, नयी दिल्ली (1 मई, 1974)

सा.का.नि. 208 (ङ)- राष्ट्रपति द्वारा किया गया निम्नलिखित आदेश सर्वसाधारण की जानकारी के लिए प्रकाशित किया जाता है :

सं.आ.97

संविधान (जम्मू-कश्मीर को लागू होना) संशोधन आदेश 1974

संविधान के अनुच्छेद 370 के खण्ड (1) द्वारा प्रदत्त शक्तियों का प्रयोग करते हुए राष्ट्रपति जम्मू-कश्मीर राज्य की सरकार की सहमति से निम्नलिखित आदेश करते है :

1. (1) इस आदेश का नाम संविधान (जम्मू-कश्मीर को लागू होना) संशोधन आदेश, 1974 है।

(2) यह आदेश तुरन्त प्रदत्त होगा।

2. संविधान (जम्मू-कश्मीर को लागू होना) आदेश, 1954 के पैरा 2 में, (भाग 3 से सम्बन्धित) उप-पैरा (4) के अन्तर्गत, खण्ड (घ) में और खण्ड (झ) के उपखण्ड (iii) में, 'बीस' शब्द के स्थान पर, 'पच्चीस' शब्द रखा जायेगा।

वि.वि.गिरि.
राष्ट्रपति
[सं.फा. 19(3)/74-वि.1]
के.के. सुन्दरम, सचिव

विधि एवं न्याय मन्त्रालय
(विधायी विभाग)
अधिसूचना नयी दिल्ली (5 अगस्त, 2019)

सा.का.नि.551(अ)– राष्ट्रपति द्वारा किया गया निम्नलिखित आदेश सर्वसाधारण की सूचनार्थ प्रकाशित किया जाता है:-

संविधान (जम्मू-कश्मीर में लागू) आदेश 2019

सी.ओ. 272

संविधान के अनुच्छेद 370 के खण्ड 91) द्वारा प्रदत्त शक्तियों का प्रयोग करते हुए राष्ट्रपति जम्मू और कश्मीर राज्य सरकार की सहमति से निम्नलिखित आदेश करते हैं :-

1. (1) इस आदेश का नाम संविधान (जम्मू और कश्मीर पर लागू) आदेश,2019 है।

(2) यह तुरन्त प्रवृत्त होगा। इसके बाद यह समय-समय पर यथा संशोधित संविधान (जम्मू और कश्मीर पर लागू) आदेश, 1954 का अधिक्रमण करेगा।

2. समय-समय पर यथा संशोधित के सभी उपबन्ध जम्मू और कश्मीर राज्य के सम्बन्ध में लागू होंगे और जिन अपवादों और आशोधनों के अधीन ये लागू होंगे, वे निम्न प्रकार होंगे :-

"(4) संविधान, जहाँ तक यह जम्मू-कश्मीर के सम्बन्ध में लागू है, के प्रयोजनों के लिए–

(क) इस संविधान या इसके उपबन्धों के निर्देशों को उक्त राज्य के सम्बन्ध में यथा लागू संविधान और उसके उपबन्धों का निर्देश माना जायेगा;

(ख) जिस व्यक्ति को राज्य की विधान सभा की सिफ़ारिश पर राष्ट्रपति द्वारा जम्मू एवं कश्मीर के सदर-ए-रियासत, जो तत्स्थानिक रूप से पदासीन राज्य की मन्त्रिपरिषद की सलाह पर कार्य कर रहे हैं, के रूप में तत्स्थानिक रूप से मान्यता दी गयी है, उनके लिए निर्देशों को जम्मू एवं कश्मीर के राज्यपाल के लिए निर्देश माना जायेगा।

(ग) उक्त राज्य की सरकार के निर्देशों को उनकी मन्त्रिपरिषद की सलाह पर कार्य कर रहे जम्मू एवं कश्मीर के राज्यपाल के लिए निर्देशों को शामिल करता हुआ माना जायेगा तथा

(घ) इस संविधान के अनुच्छेद 370 के परन्तुक में "खण्ड (2) में उल्लिखित राज्य की संविधान सभा" अभिव्यक्ति को "राज्य की विधान सभा" पढ़ा जायेगा"।

रामनाथ कोविन्द

राष्ट्रपति

[फा.सं. 19(2)/ 2019–विधायी 1]

डॉ.जी. नारायण राजू, सचिव

विधि एवं न्याय मन्त्रालय
(विधायी विभाग)
अधिसूचना नयी दिल्ली (6 अगस्त, 2019)

सा.का.नि.562(अ)- राष्ट्रपति द्वारा की गयी निम्नलिखित घोषणा सर्वसाधारण की जानकारी के लिए अधिसूचित की जाती है:-

संविधान के अनुच्छेद 370 (3) के अधीन घोषणा

"सं.आ. 273"

राष्ट्रपति, संसद की सिफ़ारिश पर भारत के संविधान के अनुच्छेद 370 के खण्ड (1) के साथ पठित अनुच्छेद 370 के खण्ड (3) द्वारा प्रदत्त शक्तियों का प्रयोग करते हुए यह घोषणा करते हैं कि 6 अगस्त, 2019 से उक्त अनुच्छेद 370 के सभी खण्ड, सिवाय निम्नलिखित के, जो नीचे दिये गये के अनुसार हैं, प्रचालन में नहीं रहेंगे अर्थात :

"370. इस संविधान के समय-समय पर यथा-संशोधित, सभी उपबन्ध बिना किन्हीं उपांतरणों या अपवादों के अनुच्छेद 152 या अनुच्छेद 308 या इस संविधान के किसी अन्य-अनुच्छेद या जम्मू-कश्मीर के संविधान में किसी अन्य उपबन्ध या किसी विधि, दस्तावेज़, निर्णय, अध्यादेश, आदेश, उपविधि, नियम, विनियम, अधिसूचना या भारत के राज्यक्षेत्र में विधि का बल रखने वाली किसी रूढ़ि या प्रथा या किसी अन्य लिखित, स न्धि या करार जो अनुच्छेद 363 के अधीन यथा परिकल्पित या अन्यथा है,

में तत्प्रतिकूल किसी बात के अन्तर्विष्ट होते हुए भी, जम्मू-कश्मीर राज्य को लागू होंगे"।

रामनाथ कोविन्द

राष्ट्रपति

[फा.सं. 19(3)/ 2019–वि. 1]

डॉ. जी. नारायण राजू, सचिव

❑❑

दृष्टिकोण से ही सही, समानभाव का अनुभव अवश्य करते। यह सही है कि हम दोनों भिन्न-भिन्न स्वार्थों का प्रतिनिधित्व करते हैं। फिर भी इस बात पर विश्वास करने का कोई कारण नहीं दीखता कि स्वार्थ यदि टकराते भी हों तो इसका यह अर्थ कदापि नहीं हो सकता कि एक पक्ष के हित कतई मिटा दिये जाएं।''

'धुन के धनी' के लेखक, सत्यदेव विद्यालंकार की टिप्पणी :

इस पत्र में व्यासजी का व्यक्तित्व, चरित्र और कर्तृत्व, जिस रूप में देदीप्यमान होता है, उसके सम्बन्ध में अधिक लिखना अनावश्यक है। व्यासजी की जोशीली कार्यशैली, अदम्य उत्साह, बेदाग चरित्र, समझौताहीन वृत्ति, एकमात्र जनहित की दृष्टि, घोरतम आर्थिक संकट में भी किसी भी कीमत पर भ्रष्ट न होने वाला निष्कलंक पवित्र जीवन, अपने एकाकी श्रम से आत्मनिर्माण की साधना, संकटों से जूझने का अभ्यासी हृदय और साथियों के विश्वासघात तथा मित्रद्रोह को क्षमा कर उदारता तथा सहिष्णुता की प्रतिमूर्ति आदि विशिष्ट गुणों का इस पत्र में जो सजीव चित्र उपस्थित किया गया है, उससे अधिक उत्कृष्ट चित्र कदाचित् उनका कोई परम स्नेही भी उपस्थित नहीं कर सकता। यह थीं अमिट छाप, जो उन्होंने अपने शत्रु माने गये कट्टर-से-कट्टर विरोधियों के हृदय पर अंकित की थी।

*** जनसत्ता, नई दिल्ली के कार्यकारी सम्पादक ओम थानवी के अनुसार रायसाहब का नाम रायबहादुर सेठ सांगीदास थानवी था। फलौदी में इनकी बहुत बड़ी हवेली थी। ओम थानवी भी फलौदी के ही हैं।**

TOTAL SEATS : ELECTED M.L. AS. OF CONGRESS AND OTHER PARTIES IN

Year	No. of Seats	JAT		RAJPUT		BRHAMAN		VASHYA		MUSLIM		SC	
		Total	INC	Total	INC	Total	INC	Total	INC	Total	INC	Total	INC
1952	160	12	9	54	3	22	19	15	13	2	2	10	9
1957	176	23	16	26	15	24	22	14	9	4	4	16	10
1962	176	24	15	36	12	27	16	18	8	3	2	29	12
1967	184	28	14	29	9	26	17	22	11	6	4	34	13
1972	184	33	22	22	19	21	14	22	18	6	5	32	27
1977	200	32	13	21	3	24	2	24	2	9	2	36	9
1980	200	30	19	19	12	28	18	20	9	10	9	35	21
1985	200	32	12	19	6	34	21	12	4	8	5	34	24
1990	200	32	7	19	2	19	4	18	3	8	3	35	6
1993	200	38	18	23	7	21	7	18	5	5	4	33	6
1998	200	35	24	18	13	20	18	17	12	13	11	33	30
2003	200	27	14	22	4	15	8	18	5	5	4	33	5
Total		**346**	**183**	**308**	**105**	**281**	**166**	**218**	**99**	**79**	**55**	**360**	**172**

नोट: 1) 1998 के विधानसभा चुनाव के बाद जाट अन्य पिछड़ी जाति में सम्मिलित कर दिये गये हैं।

2) अन्य पिछड़ी जातियों की संख्या बढ़ती जा रही हैं। अन्य जातियों के विधायक भी चुने जाने लगे हैं।

RAJSTHAN IN DIFFERENT CASTES FROM 1952 TO 2003

ST		OBC		YADAV		GURJAR		VISHNOI		SIKH/SINDHI/ PUNJABI		MALI		KAYASTH		SIRVI	
Total	INC	Total	INC	Total	INC	Total	INC	Total	INC	Total	INC	Total	INC	Total	INC	Total	INC
6	4	4	2	4	3	2	-	-	-	1	1	2	-	1	1	-	-
14	9	6	5	2	1	1	1	2	2	2	1	1	1	1	-	-	-
20	10	5	4	1	1	-	-	2	1	3	1	1	1	3	2	-	-
20	10	7	2	1	-	3	1	3	3	3	1	-	-	2	2	-	-
22	16	11	11	2	2	2	1	4	4	5	2	1	-	2	2	-	-
25	1	8	3	3	-	8	1	2	1	6	1	-	-	1	1	1	1
26	16	9	9	3	3	8	6	3	3	5	3	1	1	2	1	1	1
26	20	12	6	2	1	9	3	3	3	4	2	3	3	2	2	-	-
29	10	11	3	3	1	12	5	4	3	6	1	2	-	1	1	1	-
27	12	12	5	2	1	9	4	3	2	7	4	1	-	-	-	1	1
24	19	12	7	3	2	10	6	5	4	5	4	3	2	1	1	1	1
24	6	53	22	2	2	8	2	2	1	5	1	2	1	1	1	0	0
263	**133**	**150**	**79**	**28**	**17**	**72**	**30**	**33**	**27**	**52**	**22**	**15**	**9**	**17**	**14**	**5**	**4**

3) 2003 में उपरोक्त के अतिरिक्त जो चुने गये वे इस प्रकार हैं : भाजपा में पाटीदार 1, धाकड़ 3, कलबी 2, कूमावत 3, रावत 1, सभी ओबीसी में हैं। कांग्रेस में चारण 1, कलाल 1।

4) कांग्रेस-भाजपा के अलावा 24 विधायक अन्य दलों तथा निर्दलीय हैं। उनकी जातियों का पता अधिकृत रूप से नहीं मिल सका।